»Ich werde etwas. Ich fühle, dass nun bald die Zeit kommt, wo ich mich nicht zu schämen brauche, wo ich mit Stolz fühlen werde, dass ich Malerin bin.«
Am 20. November 1907 stirbt in Worpswede bei Bremen, kurz nach der Geburt der Tochter, die 31-jährige Malerin Paula Modersohn-Becker. In knapp zehn Jahren hat sie ein gewaltiges Werk geschaffen, anknüpfend an Cézanne, Gauguin und van Gogh, gleichzeitig und in vielfacher Hinsicht vergleichbar mit dem frühen Picasso.
Barbara Beuys erzählt spannend von der bisher fast unbekannten Kindheit in Dresden, von der Ausbildung zur Malerin in Berlin, dem Schauplatz der Avantgarde in Kunst und Literatur, und dem Künstlerdorf Worpswede.
Gegen alle Klischees entsteht ein neues Bild von Paula Modersohn-Becker: eine selbstbewusste Frau, die Nüchternheit mit Spiritualität verbindet, die mit Rilke befreundet ist, Nietzsches *Zarathustra* intensiv studiert, die im Leben und in der Kunst zur Moderne gehört und die auch als Mutter ihre Arbeit als Malerin nicht aufgeben will – eine Pionierin der europäischen Malerei. Fotografien und Farbtafeln illustrieren Leben und Werk.

Zwischen den Konventionen des 19. Jahrhunderts und dem Aufbruch in die Moderne, zwischen dem anmutigen Dresden und dem brodelnden Berlin, zwischen dem einsamen Künstlerdorf Worpswede und der Kunstmetropole Paris, zwischen dem Wunsch nach Familie und der bedingungslosen Leidenschaft für die Kunst – hundert Jahre nach dem frühen Tod der Malerin erzählt Barbara Beuys das spannende Leben von Paula Modersohn-Becker, die mit ihren provokanten Bildern zu einer der ganz Großen der europäischen Moderne wurde.

Barbara Beuys, geboren 1943, studierte Geschichte, Philosophie und Soziologie. Sie arbeitete als Redakteurin u.a. beim Stern und bei der ZEIT. Heute lebt Barbara Beuys als freie Autorin in Köln.

Im insel taschenbuch liegen von Barbara Beuys ebenfalls vor: *Der Preis der Leidenschaft. Chinas große Zeit: Das dramatische Leben der Li Qingzhao* (it 3418) und *Blamieren mag ich mich nicht. Das Leben der Annette von Droste-Hülshoff* (it 3458)

insel taschenbuch 3419
Barbara Beuys
Paula Modersohn-Becker

Barbara Beuys
Paula Modersohn-Becker

Oder: Wenn die Kunst das Leben ist

*Mit 12 Fotografien
und 16 Seiten Farbtafeln*

Insel Verlag

Für Silke

5. Auflage 2022

Erste Auflage 2009
insel taschenbuch 3419
© Insel Verlag Berlin 2018
Die vorliegende Biographie erschien erstmals
im Carl Hanser Verlag München 2007.
Alle Rechte vorbehalten, insbesondere das der Übersetzung,
des öffentlichen Vortrags sowie der Übertragung
durch Rundfunk und Fernsehen, auch einzelner Teile.
Kein Teil des Werkes darf in irgendeiner Form
(durch Fotografie, Mikrofilm oder andere Verfahren)
ohne schriftliche Genehmigung des Verlages
reproduziert oder unter Verwendung elektronischer
Systeme verarbeitet, vervielfältigt oder verbreitet werden.
Vertrieb durch den Suhrkamp Taschenbuch Verlag
Satz: Greiner & Reichel, Köln
Druck: CPI books GmbH, Leck
Printed in Germany
ISBN 978-3-458-35119-1

www.insel-verlag.de

Paula Modersohn-Becker wurde einunddreißig Jahre alt. Als sie am 20. November 1907 starb, hinterließ die Malerin rund 750 Bilder und 1400 Handzeichnungen. Obwohl jeder in Familie und Freundeskreis wusste, dass das Malen ihr Leben war, hatte niemand geahnt, wie revolutionär dieses umfangreiche Werk war. Paula Modersohn-Becker erweist sich mit ihren Bildern als eine Vorläuferin der europäischen Moderne, mit Cézanne und van Gogh, mit Gauguin, Matisse und dem frühen Picasso.

Eine Kindheit in Dresden
1876 bis 1888

Zwölf Jahre eines Lebens sind eine lange Zeit. Zumal die ersten. Im Taufregister der Matthäuskirche in Dresden-Friedrichstadt ist für das Jahr 1876 unter der Nummer 96 mit spitzer Feder eingeschrieben, dass Minna Hermine Paula Becker »den achten Februar, ¼ 11 Uhr« geboren und den »17ten April« durch den Archidiakon Frommhold zu Hause getauft wurde. Paula, so wird sie von allen genannt, lebt zwölf Jahre in der Stadt an der Elbe. Eine fröhliche, eine bunte Kindheit inmitten einer großen Familie und einer zahlreichen Verwandtschaft, umgeben von eindrucksvollen Zeugnissen einer anmutigen Kulturlandschaft. Eine einsame, eine träumerisch-tränenreiche Kindheit, in die der Tod kräftige Spuren zeichnet und die Blumen zu ihren Vertrauten werden.

Große Ferien 1886. In Hosterwitz, einem der romantischen Villenorte an den Elbhängen zwischen Dresden und Pillnitz, hat sich Familie Becker in der Villa Angermann einquartiert. (Heute Haus Hoheneichen, ein katholisches Bildungsinstitut.) Weit geht der Blick über den Fluss und das Tal. Der spitze weiße Turm der Kirche »Maria am Wasser« markiert das Ufer, während in der Ferne die Silhouette der Hügel im Dunst verschwimmt. Montag, der 19. Juli ist ein warmer Sommertag. »Wir Vier« nennen sich die älteren Becker-Geschwister gerne – neben Paula, jetzt zehn Jahre alt, sind es Kurt, dreizehn, Milly, zwölf, und Günther, neun Jahre alt.

Diesmal warten die Vier auf die beiden Cousinen Cora und Maidli Parizot, zehn und acht Jahre alt, und auf Freddy von Bültzingslöwen, den zwölfjährigen Cousin, um zu einer nahen Sandgrube zu laufen. Sie wollen dort die tags zuvor begonnenen Löcher tiefer in den Sand hineintreiben. (Das Flurstück ist ungefähr die Nr. 37 unterhalb der heutigen Dresdner Straße, die von Pillnitz über Hosterwitz und Wachwitz parallel zur Elbe Richtung Dresden verläuft.)

Der dreizehnjährige Kurt Becker hat 1886 ein Ferientagebuch geführt: »Die Mädchen zogen ihre Kleider aus, damit sie sich nicht wie am Sonntage so schmutzig machten. Cora hatte bald das allerschönste und tiefste Loch, das Cora sehr gern mit den Schwalbennestern oben am Rande verglich. Parizots mussten bald gehen, deshalb arbeiteten wir desto eifriger an unsern Löchern. Da löste sich eine hohe Sandwand ab und stürzte gerade da, wie Cora ihren Kopf aus dem Loche ziehen wollte, auf uns nieder. Wir waren alle verschüttet. Ich bis fast an den Mund. Milly und Paula bis an die Brust. Milly half uns andern allen, da sie zuerst heraus war. Als wir frei waren, schrie auf einmal Milly: Cora fehlt. Cora ist verschüttet. Ich schickte sie sofort zu Angermann, selbst lief ich ins Dorf und schickte Männer ... aber Freddy hatte Dr. Brauer schon geholt. Ich glaubte fest und sicher, Cora müsse noch leben, aber der Dr. sagte anders, der sagte, sie sei tot. Ein Gehirnschlag hatte ihrem blühenden Leben schon nach einer Minute ein Ende gemacht.« Im Kirchenbuch von »Maria am Wasser« ist unter dem 19. Juli 1886 Coras Tod »durch Ersticken in der Sandgrube« eingetragen.

Paula Becker ist vierundzwanzig, als sie diesen jähen Einbruch des Todes in ihr frühes Leben in einem Brief erwähnt, das erste und einzige Mal: »Sie hieß Cora und war auf Java groß geworden. Wir lernten uns mit neun Jahren kennen und liebten uns sehr. Sie war sehr reif und klug. Mit ihr kam der erste Schimmer von Bewusstsein in mein Leben.« Die Cousine Cora war nicht die einzige in der Verwandtschaft, die in fremden Welten zu Hause war und in Dresden ihren Lebensmittelpunkt fand.

Paulas Tante Herma von Bültzingslöwen, die Schwester der Mutter, folgte ihrem Mann Günther Parizot 1873 nach Java, wo er eine Plantage erwarb. Hier wurden ihre Töchter Emilie und Cora geboren. Auch die beiden Brüder von Paulas Mutter trieb es ins ferne Südostasien. Als Kaufleute und Plantagenbesitzer auf Java erwirtschafteten Onkel Günther und Onkel Wulf von Bültzingslöwen ein Vermögen, das ein luxuriöses Leben in Deutschland erlaubte. Onkel Wulfs Frau machte sich 1880 mit ihrem sechsjährigen Sohn Freddy auf die lange Reise von den indonesischen Inseln – damals holländische Kolonie – nach Dresden. Eine elegante, selbstbewusste Frau, Engländerin, deren Lebensgeschichte nicht nur ihren Dresdener Nichten und Neffen wie ein Märchen vorkommen musste. Cornelia von Bültzingslöwen, geborene Hill – von allen Cora genannt, wie Paulas verunglückte Cousine – kam 1852 auf einem niederländischen Segelschiff zur Welt, in Sichtweite der Küste Javas, wo ihr Vater eine Plantage besaß. Aufgewachsen auf Neuseeland, übersiedelte sie mit achtzehn Jahren nach Java, wo sie dann Wulf von Bültzingslöwen kennen lernte.

Die von Weltoffenheit und Mobilität geprägten Familien mütterlicher- und väterlicherseits umgeben das Kind Paula wie ein weitgespanntes Netz. Einige Verwandte werden Paulas Leben anteilnehmend, fördernd und damit weichenstellend begleiten. Dabei war die bürgerliche Familie Becker den von Bültzingslöwens durchaus ebenbürtig.

Carl Woldemar Becker, Paulas Vater, wurde 1841 in Odessa geboren, damals das Paris des Ostens genannt, mit feinen Geschäften und breiten Promenaden längs dem Uferstreifen am Schwarzen Meer. Sein Großvater war aus Sachsen als Lehrer ins Baltikum gezogen. Sein Vater Adam von Becker – Paulas Großvater – brachte es zum Professor und Direktor des französischen Lycée Richelieu in Odessa. Zum Kaiserlich-Russischen Wirklichen Rat ernannt und mit dem persönlichen Adelstitel ausgezeichnet, setzte er sich 1862 mit seiner dritten Frau in Dresden zur Ruhe. Carl Woldemar und Oskar, die Kinder aus seiner ersten Ehe, lebten nach dem Tod ihrer Mutter schon seit 1850 in Dresden.

Entgegen der Familientradition wählt Paulas Vater nicht die Geisteswissenschaften, sondern entscheidet sich für die neue moderne Ausbildung zum Ingenieur am Dresdener Polytechnikum. 1872, mit einunddreißig Jahren, leitet er als Eisenbahnfachmann für das Königreich Sachsen das Ingenieursbüro Chemnitz I.

Nur ein Jahr zuvor, 1871, nach dem siegreichen Krieg gegen Frankreich, war im Spiegelsaal des Schlosses von Versailles das Deutsche Kaiserreich proklamiert worden. Die neue deutsche Nation hatte sich mit einem Paukenschlag auf der politischen Bühne Europas etabliert und stürmte – nicht zuletzt mit Hilfe der hohen Reparationszahlungen, zu denen Frankreich verpflichtet worden war – auch im industriellen Bereich wie im Rausch vorwärts, aufwärts. Expansion hieß das Zauberwort, und die Entwicklung der Eisenbahn spiegelt das Aufbruchsfieber. Gerade mal 18 500 Kilometer Schienen waren bis 1871 gelegt worden. Im neuen deutschen Reich stieg diese Zahl bis ins Jahr 1890 auf 42 000 Kilometer. Die Eisenbahn war Motor und Teil des Aufstiegs Deutschlands zur wirtschaftlichen Großmacht in Europa, den temporäre Einbrüche und Konjunkturkrisen nicht aufhalten konnten.

*Die Eltern: Woldemar Becker und Mathilde von
Bültzingslöwen als Verlobte, Chemnitz um 1871*

1872 heiraten Paulas Eltern Mathilde von Bültzingslöwen, aus altem thüringischen Adel, und Carl Woldemar Becker in Chemnitz. 1873 wechselt Woldemar Becker den Arbeitgeber und geht zur privaten »Berlin-Dresdner Eisenbahngesellschaft«. Als Bau- und Betriebsinspektor ist er für den sächsischen Teil der neuen Linie Dresden-Berlin verantwortlich, die gegenüber der alten die Fahrt um 22 Minuten verkürzen soll.

Dass die Familie, inzwischen ist der Sohn Kurt geboren, der neuen Arbeit folgt und nach Dresden zieht, ist allen willkommen. In Dresden leben die Großeltern Becker und von Bültzingslöwen, Woldemars vier jüngere Halbgeschwister, und von Mathildes fünf Geschwistern werden sich demnächst drei mit ihren Familien hier einfinden. Für Woldemar Becker ist Dresden seit über zwanzig Jahren heimatliches Terrain und Kunstgenuss zugleich. Ingenieurstudium und Interesse für die modernen Naturwissenschaften verbinden sich bei ihm mit traditionellen kulturellen Vorlieben.

Als junger Mann hat Woldemar Becker Paris und London bereist und sich gründlich in den dortigen Museen umgesehen. Er kennt sich aus in europäischer Malerei und ist über die neueste Literatur informiert und spielt Klavier; außer Russisch spricht er Französisch und Englisch. Natürlich ist er mit den Kunstschätzen der Elbmetropole seit Jahren vertraut: die weltberühmte Gemäldegalerie, für die August der Starke und sein Sohn rund 4000 Gemälde ankauften; der Zwinger, ein unvergleichliches Bau-Juwel des Rokoko, die Frauenkirche, deren grandiose Kuppel nördlich der Alpen einmalig ist, Hofkirche und Kreuzkirche – um nur die Bauwerke des 18. Jahrhunderts zu nennen.

Die Familie des Ingenieurs Becker zieht in die westliche Friedrichstadt, wo ein neuer Bahnhof gebaut wird. In der Schäferstraße 59, Ecke Menageriestraße befindet sich im Erdgeschoss das Kontor der Eisenbahngesellschaft. Woldemar Becker braucht nur in den ersten Stock zu gehen, um bei Frau und Kindern zu sein. In dieser Wohnung wird 1874 Bianca Emilie geboren, von allen nur Milly genannt. (Das Eckhaus in der Schäferstraße wurde in den fünfziger Jahren des vorigen Jahrhunderts abgerissen.) Als im Februar 1876 Paula folgt, wird es zu eng für die fünfköpfige Familie.

Friedrichstadt ist keine typische Industrie-Ansiedlung, wie sie sich in der zweiten Hälfte des 19. Jahrhunderts rund um die Städte legten, um Fabriken und Arbeiterfamilien aufzunehmen. Unter dem Namen Neustadt-Ostra wurde hier nach dem Dreißigjährigen Krieg Land als Gewerbegebiet vergeben, das der Adel und Angehörige des Hofes ohne Skrupel für luxuriöse Landhäuser mit großzügigen Gartenanlagen nutzten. Es war angemessen, dass August der Starke 1727 der Gräfin Lubomirska, die sein Bett geteilt hatte, ein Grundstück in dieser Gegend, dem späteren Friedrichstadt, schenkte. Sie ließ ein bescheidenes Domizil bauen, das Camillo Marcolini, Direktor der Porzellanmanufaktur Meißen, 1778 zu einem prächtigen Palais mit dem schönsten Dresdener Garten ausbaute. Gut ein halbes Jahrhundert später war es vorbei mit galanten Empfängen, festlichen Soireen und höfischem Prunk. Das Palais Marcolini wurde verkauft, und die Stadt Dresden machte daraus 1849 ein Pionier-Krankenhaus der Moderne, dessen guter medizinischer Ruf noch heute besteht.

In der Friedrichstraße 29, heute Nummer 46, gegenüber dem Krankenhaus mit der vornehmen Vergangenheit, bezieht nach Paulas Geburt im Jahre 1876 Familie Becker das Erdgeschoss. Es ist ein einstöckiges Einzelhaus mit langgezogener Front, einem großen Vorgarten und ausgedehntem hinterem Gartengelände. (Heute ist es »Kinderhaus« für den Nachwuchs des Krankenhauspersonals.)

Ein Jahr nach dem Umzug wird Günther geboren, 1880 kommt Hans auf die Welt. Noch einmal umziehen? Nein, es gibt eine Lösung, die Paula und ihrer älteren Schwester Milly sehr gefällt. Nur zwei Häuser weiter haben sich Tante Minchen und Tante Marie wohnlich eingerichtet. Auf dem Trinitatis-Friedhof in Dresden erinnert die steinerne Grabplatte auf dem Familiengrab der Beckers bis heute an »Fräulein Wilhelmine Becker«, die 1816 in Reval geboren wurde. Wilhelmine – Minna – Minchen war eine Schwester von Woldemar Beckers Vater, also seine Tante und somit die Großtante von Paula und ihren Geschwistern.

Mathilde und Woldemar Becker vertrauten ihr ohne Bedenken jeden Abend zwei ihrer Kinder an, seit es für die siebenköpfige Familie eng in der Wohnung geworden war: »Von da ab gingen Jahre lang Milly und Paula allabendlich zum Schlafen zu ihr – Tante Minchen – hinüber«, erinnert sich Bruder Kurt. Die Kinder liebten Tante Minchen. Die Tante, die den größten Teil ihres Lebens in Russland verbracht hatte, konnte – im baltischen Dialekt – viele Geschichten erzählen. Zum Beispiel, wenn die Kinder fragten, warum sie so einen dicken Kropf habe: »Ich aß ein Stückchen Kuchen. Da kam heimlich ein Bienchen, setzte sich darauf, so hab ich es mit verschluckt und dafür hat es mich in den Hals gestochen.«

Einerseits schien Tante Minchen wie eine Figur aus den Märchen, von denen die Kinder nie genug bekommen. Doch die kleine Person trug auch handfest zur guten Stimmung bei, wenn sie sonntags den kurzen Weg von ihrer Wohnung in die Nummer 29 zurücklegte und bei Familie Becker der Sonntagsbraten noch nicht auf dem Tisch stand. Paula und die Geschwister wussten schon, was folgte: Tante Minchen, in den Sechzigern, und das war damals uralt, ging zum Klavier und spielte den einzigen Galopp, den sie kannte: »Die Liebe ist ein Pulverfass, das Herz, das ist der Zunder, der Zunder, der Zunder. Und fällt ein Fünkchen nur hinein, so brennt der ganze Plunder, der Plunder, der Plunder.«

Im gleichen Haushalt mit der Großtante wohnte die wesentlich jüngere »Haupttante« Marie, eine Halbschwester von Woldemar Becker. Sie würde 1886, mit dreißig Jahren, den Witwer Charles Hill auf Java heiraten, den Vater ihrer Schwägerin Cornelia – Cora – von Bültzingslöwen. Zu Beginn der 1880er Jahre sah Paula ihre Tante Marie fast jeden Abend. Die Zeit bei Tante Minchen schuf enge Bindungen und blieb allen Beteiligten tief im Gedächtnis.

»Jetzt sitze ich nun an Tante Minchens Sekretär und ich kann mir so himmlisch einbilden, es wäre wie in alten Zeiten, wo ich noch dein gutes Kind war.« Es ist Mai 1893. Das Erbstück steht in Bremen, wo die siebzehnjährige Paula Becker mit ihrer Familie lebt, und der Brief geht an Tante Marie, die mit ihrem Mann nach England übergesiedelt war. Es hatte Dissonanzen zwischen Nichte und Tante gegeben – davon später –, und Paula hofft, dass die Erinnerung an Dresden helfen wird, eine versöhnliche Stimmung zu erzeugen.

»Ich habe Deinen Brief hervorgenommen. Aus dem zieht es hervor wie ein Stück alte Friedrichstraße. Dass man einmal Kind war, gar nichts dachte, lebte, ruhig lebte ...« Es ist Januar 1899, Paula Becker kurz vor ihrem 23. Geburtstag. Diesmal ist es ein Brief von Tante Marie, der Paula an die Dresdener Zeit, an die Jahre in der Friedrichstraße erinnert hatte. Wehmütig, so darf man es interpretieren, denn es war eine schöne Zeit.

Die Nichte lässt sich anstecken von dieser Erinnerung. Ob es die elterliche Wohnung, die Abende bei Tante Minchen und Tante Marie oder bei den Großeltern waren: Das Kind Paula musste nichts bedenken. Es konnte ruhig leben, in der Geborgenheit einer weitläufigen Verwandtschaft. Lebhaft und gesellig ging es zu bei den Beckers und den Bültzingslöwens, den Besuchen kreuz und quer oder den gemeinsamen Unternehmungen der beiden durch die Heirat von Paulas Eltern verbundenen Familien. Die Cousinen und Cousins konnten sich zu gemeinsamen Spielen treffen, weil ihre Mütter viel Zeit miteinander verbrachten. Für die arbeitenden Väter waren Ferien eine Seltenheit. Aus dem Tagebuch von Kurt Becker im Sommer 1886 beim Bericht über eine Dampferfahrt auf der Elbe: »Unterwegs machte Mama noch ein schönes Gedicht für Papa, der leider nicht mit uns kommen konnte.«

Es war üblich, dass Paulas Eltern und die Geschwister der Mutter sich – mit allen Kindern – im Sommer in eine Pension oder privat in den Villenorten elbaufwärts einmieteten. Erwachsene und Kinder verbrachten viel Zeit zusammen – beim Wandern, beim Dampferfahren, beim Baden oder beim gemütlichen Zusammensein im Garten mit dem weiten Blick auf den Fluss, das breite Tal, die sanften Hügel.

Doch die Kinder waren in diesen Ferienwochen keineswegs ständig an die Erwachsenen gebunden. Die Erwachsenen vertrauten auf die Solidarität in der Kinder-Gruppe und dass die Älteren sich für die Jüngeren verantwortlich fühlten. Dabei machten die Eltern keinen Unterschied zwischen Jungen und Mädchen, beide erhielten die gleichen Freiheiten.

Vielleicht ist dieses Vertrauen und Loslassen-Können an das Lebensgefühl einer Zeit geknüpft, in der das Leben noch spürbar vom Tod gezeichnet war. In den achtziger Jahren des 19. Jahrhunderts starben von 1000 Neugeborenen in Deutschland 244 im ersten Lebensjahr. Die durchschnittliche Lebenserwartung für Jungen lag bei 35,6 und die für Mädchen bei 44,8 Jahren. Gerade mal 120 Jahre ist das her. Coras Tod in der Sandgrube, unerwartet und grausam, reiht sich ein in eine Kette von Todeserfahrungen, die Paulas Kinderjahre prägten.

Es war Paulas dritter Geburtstag, der 8. Februar 1879, als ihre Cousine Emilie Parizot, die ältere Schwester der geliebten Cora, im Alter von fünf Jahren an einer Lungenentzündung starb. Paula Becker kann daran keine eigene Erinnerung haben, doch in der Familie wurde das Andenken an die tote Cousine lebendig gehalten. Dafür wird der Tod des Bruders Hans, der 1882 mit zwei Jahren an Diphtherie starb, sich der sechsjährigen Paula ins Gedächtnis gegraben haben, zumal er auf dem Friedhof der Matthäuskirche, keine fünf Minuten entfernt auf der anderen Seite der Friedrichstraße, begraben wurde. Bei jedem Gang aus dem Haus hat die weithin sichtbare Kirche mit der Friedhofsmauer die Familie an diesen frühen Tod erinnert. Im gleichen Jahr starb Großvater Bültzingslöwen, der Vater der Mutter. Großvater Becker war im Jahr zuvor zu Grabe getragen worden. Ein tiefer Schmerz wird der Tod von Tante Minchen gewesen sein, die 1884 im Beckerschen Familiengrab ihre letzte Ruhe erhielt.

Im September 1885 gibt es bei den Beckers zum letzten Mal Nachwuchs: Die Zwillinge Herma und Henry, meist Henner genannt, werden geboren. Kurt, Milly, Paula, Günther, Herma, Henner – damit ist die Geschwisterfolge abgeschlossen, die mit Mathilde und Woldemar Becker eine Familie bildet. Zum Jahresabschluss dürfen die älteren Geschwister das neue Jahr begrüßen. Dank Kurt wissen wir: »Dieses Silvester war das erste, an welchem wir bis zwölf aufblieben ... Nach dem Abendessen ... gossen wir Blei. Paula goss einen auf einem Schafe reitenden Schäfer, Milly einige Blumen und ich einen Jäger.«

Weihnachten hatte es eine Extra-Bescherung für die Kinder bei den zwei verwitweten Großmüttern gegeben. Sobald genug Schnee lag, traf man sich mit den Cousinen und Cousins zum gemeinsamen Schlittenfahren. Und dann war das nächste Familienfest nicht mehr weit – Paulas Geburtstag am 8. Februar. Bald darauf schloss sich im Jahresablauf ein weiteres Familienritual an: »Unsere liebe Mama gibt uns immer kurz nach Paulas Geburtstag einen Maskenball ... Es kamen noch viele andere Kinder ... Nachdem wir Kaffee getrunken hatten, wurden lebende Bilder aufgeführt.«

Mathilde Becker, die »liebe Mama«, interessierte sich für die ganze Palette der schönen Künste. Ihre größte Begeisterung jedoch galt der Literatur und dem Theater. Goethe und Shakespeare standen ganz oben in ihrem Pantheon. Mit verteilten Rollen klassische Dramen vorzulesen war ein übliches Vergnügen im Familienkreis, aber auch wenn die Beckers sich zum geselligen Beisammensein mit befreundeten Familien trafen. Die Kinder erfuhren durch Vater und Mutter, dass es nichts Schöneres gab, als sich in die Welt der Bücher zu versenken. Und es war die Welt der Märchen, in der Paula Becker bald zu Hause war. Beim oben genannten Kinder-Maskenball wurde »Dornröschen« in »lebenden Bildern« dargestellt.

»Ich sitze am französischen Kamin«, begann Paula Becker am 4. Januar 1900 ihren zweiten Brief aus Paris an die Eltern. Die wussten, worauf ihre Tochter anspielte. »Träumereien an französischen Kaminen. Märchen von Richard Leander«, 1871 erschienen und sofort ein Bestseller, gehörte zu den Büchern der Becker-Kinder. In der Welt der Märchen spielten die Blumen, die auch den hinteren Garten in der Friedrichstraße überreich bevölkerten, eine prominente Rolle.

Gleich im zweiten Märchen vom »Goldtöchterchen« reden die Blumen miteinander. Das müde Gänseblümchen, das kaum noch die Augen aufhalten kann, erhält von der weißen Aster dicht daneben den guten Rat: »Gänseblümchen, mein Engelchen, fall nicht vom Stengelchen!

Geh zu Bett, mein Kind.« Und brav schließt die Gänseblume die Augen. »Heino im Sumpf« heißt die Geschichte, in der eine böse Königin dem treuen Heino eine rote Blume auf den Weg pflanzt, und »wer sie bricht, muss sein Liebstes vergessen«.

Ganz besonders lebendig wurde die Blumenwelt, wenn Paula die Märchen von Hans Christian Andersen hörte und las. Seit der ersten deutschen Ausgabe seiner Märchen im Jahre 1839, der viele weitere folgten, wurde der Dichter aus Kopenhagen zum Märchenkönig in den Kinderzimmern des deutschen Bürgertums. Kaum eine Geschichte, in der die Blumen nicht von sich reden machen. In den Geschichten der »Schneekönigin« sucht die kleine Gerda verzweifelt ihren Freund Kay und fragt die Feuerlilie und das Schneeglöckchen, die Winde und die Hyazinthen: »Wisst ihr, wo der kleine Kay lebt?« Alle antworten, doch sie erzählen nur ihre eigene selbstbezogene Geschichte.

Es sind erstaunlich viele Andersen-Märchen, in denen die Blumen mit dem Tod eine enge Verwandtschaft eingehen. Rosen werden in den Sarg gestreut für die letzte Reise. Rosen wachsen auf den Gräbern der geliebten Toten. Blumen pflückt jener Engel, der die Kinder, wenn sie sterben, zu Gott bringt, damit sie im Himmel noch schöner blühen. »Die Geschichte einer Mutter« ist das eindrücklichste aller Blumenmärchen. Jeder Mensch, heißt es dort, hat seine Blume. Sie wachsen im Treibhaus des Todes. Millionen Blumen, jede Blume ein Menschenleben. Der Tod ist der Gärtner des Herrgotts. Reißt er auf Gottes Befehl eine Blume aus, um sie in den Paradiesgarten zu verpflanzen, ist es vorbei mit dem irdischen Leben jenes Menschen.

Paula Becker muss Andersens Märchen geliebt haben. Weihnachten 1900 bedankt sie sich begeistert bei Otto Modersohn, ihrem Verlobten, für seine Geschenke – »Bismarckbriefe und Andersen, welche Fülle der Genüsse«.

Die kleine Paula hatte einen kurzen Gang von der Märchen-Blumenwelt zu den Blumenbeeten im großen Garten hinter dem Haus. Sie ging viele Male zu den Blumen, deren Namen heute altmodisch klingen und erlebte dort Stunden, die sich in ihrem Gemüt, ihrer Seele, ihrer Erinnerung tief verwurzelten:

»So denke ich bei jeder Hummel an das Reseden- und Levkojenbeet hinter dem Turnreck, wo der Tummelplatz für die Hummeln war. Es ist wunderbar, wie solch ein kleines Kindergemüt ein Ding ergreift und von ihm innerlich durchtränkt wird, sich dem Eindruck in seiner Unbewusstheit völlig hingebend.« Als sie das im April 1900 ihrem Bruder Kurt schreibt, öffnet Paula Becker einen Spalt zu dem, was ihr Innerstes bewegt, wenn sie fortfährt: »Diese Auffassung in unsere bewussten Jahre mit hinüber zu nehmen, das ist etwas Wundervolles. Mir geht es manchmal so. Und dann habe ich Stunden, wo Sein und Nichtsein miteinander verfließen wie in unserm alten Garten. Ihr merkt davon nicht viel. Das sind versteckte zarte flüchtige Dinge, die das Auge der Sonne scheuen, aber so sind die Dinge, aus denen mein Leben besteht … Das sind die Dinge, die Stunden, die meine Kunst ausmachen, mein Leben, meine Religion, meine Seele.«

Was die vierundzwanzigjährige Paula hier ihrem älteren Bruder offenbart ist ihr größter Schatz, vielleicht ihr größtes Geheimnis. Um zu benennen, was eigentlich unaussprechlich ist, ist die Blume für sie zum Zeichen geworden: »Ich schreibe Dir dies alles zu Deinem Geburtstage … weil wir, wenn wir miteinander sprechen, doch nicht bis zum Innerlichsten kommen. Da muss manchmal einer dem andern erzählen von der Blume, die da drinnen blüht.« Zwei Jahre nach diesem Brief notiert Paula Becker in ihr Tagebuch: »… es kommen mir die Tränen oft wie in der Kindheit jene großen Tropfen … Ich lebe im letzten Sinne wohl ebenso einsam als in meiner Kindheit. Diese Einsamkeit macht mich manchmal traurig und manchmal froh.«

Das schützende Netz der Familie, das Paula umgab, die Tage, die angefüllt waren vom gemeinsamen Spiel mit den Geschwistern, den Cousinen und Cousins, die vergnügten Sommer im Elbtal, die Besuche bei den Onkeln, Tanten und Großmüttern und den Freundinnen der Mutter: das war das eine Leben. Auch die große Stadt mit den eindrucksvollen Kirchen, die Straßen voller Menschen und Droschken, wo es laut und schnell zuging, gehörten dazu.

Doch das Kind Paula ging darin nicht auf. Es nahm um so schärfer wahr, dass neben dieser bewussten äußeren Welt die anderen unbewussten Stunden eine große Macht über sie hatten. Träume nahmen Gestalt an, Paula fühlte Regungen im Innern, von denen sie niemandem erzählen konnte. Es waren Erfahrungen und Wahrnehmungen, die nichts Flüchtiges an sich hatten, sondern als ständige Begleiter ihre Kinderjahre prägten. Und die sie bewusst und dankbar mitnahm in ihr weiteres Leben.

»Kennen Sie den Grünen Heinrich? Er ist sehr lang und sehr zart. ... Ich liebe ihn sehr. Er ist eins von ›meinen‹ Büchern.« Das steht in einem Brief von Paula Becker im Dezember 1900 an Rainer Maria Rilke. Über seine Kinderjahre lässt Gottfried Keller den Grünen Heinrich sagen, »dass ich die Leute nicht verstand und mich selbst nicht zu erkennen geben konnte«. Er war mitten unter den Menschen ein einsames Kind, »das Leben, die sinnliche Natur waren merkwürdigerweise mein Märchen, in dem ich meine Freude suchte«. In der Lebensgeschichte vom Grünen Heinrich konnte Paula Becker sich wiederfinden mit den zarten flüchtigen Dingen, die ihr Leben ausmachten und den Allernächsten verborgen blieben.

Vielleicht hätte Cora sie verstanden. Aber Cora war tot, neben ihr gestorben an jenem schrecklichen Tag, als der Sand sie alle verschüttete. Kurt hatte die tote Cora noch einmal im Sarg sehen dürfen: »Von Blumen bedeckt lag sie da, und noch ein Freudelächeln schwebte auf ihren Lippen.« Cora inmitten der Blumen – dieses Bild gehörte von nun an zu Paulas Leben.

Niemand in der Familie ahnte etwas von den Stunden tiefen Alleinseins, im Gegenteil. Im Sommer 1887 vergleicht Mathilde Becker in ihrem Tagebuch ihre beiden ältesten Töchter. Milly ist in ihren Augen »die Geniale, Gescheite«, die aber – »fürchte ich« – äußerlich keine Schönheit ist. Bei der jüngeren urteilt die Mutter gerade umgekehrt: »Paula ist weder genial noch gescheit, aber sehr lieblich. Und ist ein Kind, das mir nie Not macht und sich selbst erzieht.« Die Mutter versucht, beiden Töchtern gerecht zu werden.

Im großen Dresdener Familienkreis wird Paula Becker von allen »das graue Entlein« genannt. Zweifellos eine Anleihe bei Andersens Märchen vom »hässlichen Entlein«, das für ein graues Entenküken gehalten wurde, bevor es zu einem strahlend weißen Schwan mutierte. Paula Beckers Bruder Kurt hat zwanzig Jahre nach dem Tod seiner Schwester versucht, diese Bezeichnung in Einklang zu bringen mit dem Kind Paula, das »bescheiden und befangen, unscheinbar war. Nicht dass sie hässlich gewesen wäre. Im Gegenteil. Aber etwas unentfaltetes Zukunftshaltiges muss von früh an über ihrem Wesen gelegen haben.«

Die Einsamkeit und die unausgesprochenen Beschwernisse wurden nicht aufgehoben, aber vielfach ausgeglichen durch unzählige unbeschwerte heitere Stunden. Mathilde Becker ist mit ihren Kindern an der frischen Luft, so oft es geht. Ihre Jüngsten, die Zwillinge, sind noch kein Jahr alt, da fährt sie die beiden ins geliebte Ostragehege, die älteren Geschwister im Schlepptau. Ein urwüchsiges Stück Natur am Ende der Friedrichstraße. Rückblickend nennt Mathilde Becker es in ihrem Tagebuch »unser verlorenes Paradies«: »Aber über dem weiten Gehege lacht die Maiensonne, weiße lustige Wolken schiffen auf blauem Himmelsgrunde, die Erde dampft erquickenden Geruch, und die alten Linden recken und strecken sich und geben sich die Mühe die Knospen millionenfach zu schwellen und zu sprengen.«

Von Wanderungen mit einem Feldblumenstrauß heimzukehren war Ehrensache; der wurde in der Familie Becker jedem gekauften Strauß vorgezogen. Nicht selten trugen die Kinder selbstgeflochtene Kränze im Haar. »Ich habe jetzt wie in meiner ersten Kinderzeit große Freude am Kränzebinden. Ist es warm und bin ich matt, dann sitze ich nieder und winde mir einen gelben Kranz, einen blauen und einen von Thymian«, schreibt die vierundzwanzigjährige Paula in ihr Tagebuch. Auch Mathilde Becker schmückte sich gerne mit einem Kranz, der getrocknet zu vielen Gelegenheiten hervorgeholt wurde. War es festlich, nahm sie am liebsten Rosen.

Je älter die Kinder wurden, desto intensiver gaben ihnen Mathilde und Woldemar Becker mit auf den Weg, was ihr eigenes Leben zu einem wesentlichen Teil ausfüllte: die Schätze von Kunst und Kultur, mit denen die Elbmetropole reich gesegnet war. Ins Theater zu gehen, bedurfte keiner Rechtfertigung. Da sah man in voller Ausführung, was Mathilde Becker so gerne zu Hause als Vorlesung mit verteilten Rollen praktizierte.

Aber Dresden war auch eine Stadt der Musik. August der Starke, der 1733 starb, wollte seiner sächsischen Residenz ein südländisches Profil geben. Die italienische Operntradition hat unter seiner Förderung nördlich der Alpen Einzug gehalten. Aus Italien kamen berühmte Primadonnen und Kastraten an die Elbe. Im 19. Jahrhundert revolutionierte der Königlich Sächsische Kapellmeister Carl Maria von Weber diese Tradition und schuf mit dem »Freischütz« die erste deutsche Oper.

Ob Paula in Dresden schon in die Oper ging, in den bewunderten neuen Semper-Bau, der wie ein steinernes Schiff aus dem Häusermeer ragt, ist unbekannt. Nimmt man die Gepflogenheiten späterer Jahre, über die mehr Zeugnisse vorliegen, als Beispiel, dann waren die Eltern mit den älteren Geschwistern Kurt und Milly zweifellos dort. Und da ein Austausch der Erlebnisse und Gedanken am Familientisch bei den Beckers früh eingeübt wurde, hatte Paula zumindest eine lebhafte Vorstellung davon.

Denkbar ist, dass sie mitgenommen wurde in die Kreuzkirche, wo der berühmte Chor jeden Sonntag im Gottesdienst zu hören war und das bürgerliche Dresden am Karfreitag in Bachs Matthäuspassion strömte. Jahre später wird Paula Becker aus Paris an die Eltern schreiben, dass sie auf den Stufen der Sakristei einer Aufführung der Matthäuspassion gelauscht hat.

Wie die Musik, so hatte die Malerei traditionell einen hohen Stellenwert in der Residenzstadt der sächsischen Könige. Goethe, der als Student von Leipzig herüberkam, hat seine Gefühle beim Anblick der Dresdener Gemäldegalerie, die zu den besten in Europa zählte, in »Dichtung und Wahrheit« festgehalten: »Ich trat in dieses Heiligtum und meine Verwunderung überstieg jeden Begriff, den ich mir gemacht hatte.« Seit dem August 1839 war die königliche Gemäldegalerie »mit Ausschluss der Sonn- und Festtage täglich von 9 – 1 Uhr zum freien Eintritt für anständig Gekleidete geöffnet«. Schwindelig werden konnte den Besuchern angesichts der Fülle der Meisterwerke – der Italiener und Franzosen, der Gemälde von Dürer, Cranach und Holbein, von Rembrandt und Rubens. Und als Herzstück der Sammlung die »Sixtinische Madonna« von Raffael. Die Annahme ist erlaubt, dass Mathilde und Woldemar Becker ihren vier Ältesten – Kurt, Milly, Paula und Günther – die Meisterwerke in der Dresdener Gemäldegalerie nahegebracht haben.

Wenn die Kinder aus dem Haus in der Friedrichstraße durch den Vorgarten auf die Straße traten, grenzte zur Linken das Café Friedrichstadt an den Garten, dessen Seitenfassade noch heute verkündet »feine Gastronomie seit 1749«. Zur Rechten sahen sie die Friedhofsmauer. Wer heute rund hundert Meter weiter geht und durch den Friedhofseingang auf den mittleren Hauptweg des Gräberfeldes zusteuert, dem fallen die fremdsprachigen Inschriften auf, meist polnische, aber auch italienische. Und auch der Königlich Sächsische Kapellmeister Carl Maria von Weber liegt hier begraben.

Was die berühmten und die vergessenen Toten dieses Friedhofs verbindet, ist ihre Konfessionszugehörigkeit: Sie gehörten zur Minderheit der Katholiken im Königreich Sachsen – und waren damit in bester Gesellschaft. Denn um König von Polen zu werden, trat der lutherische Kurfürst Friedrich August I. – als König von Polen August II., genannt der Starke – im Jahre 1697 zum Katholizismus über. Das sächsische Herrscherhaus blieb dem katholischen Glauben treu, auch als die polnische Krone verloren ging. Treu blieben sie auch ihrer Zusage, ihren lutherischen Untertanen keinen Konfessionswechsel aufzuzwingen, wie es die Religionsgesetze erlaubt hätten. In Sachsen, nach dem Untergang Napoleons und der Neuordnung Europas mit einer Königskrone bedacht, gingen Lutheraner und Katholiken respektvoll miteinander um. In der Elbmetropole entwickelte sich ein Klima von Toleranz und Offenheit.

Die Beckers und die Bültzingslöwens gehörten zur lutherischen Mehrheit. Ihre Kinder wurden konfirmiert, ein Ritual bürgerlicher Familien, das seit Generationen zum religiös-kulturellen Standard gehörte. Zumindest Woldemar Becker hat seinen Kindern, als sie älter waren, nicht vorenthalten, dass hinter den kirchlichen Formalien bei ihm keine persönliche Überzeugung stand. Im Frühjahr 1898 schreibt er an Paula über einen Freund der Familie, der seine Erblindung »mit Gottvertrauen« trägt: »Nicht Jedem ist es gegeben einen solchen Glauben zu haben ... und während ich früher hochmütig über alle Orthodoxen hinwegsah, beneide ich sie jetzt um den Halt den sie gefunden. Ich kann und werde niemals in ihre Fußstapfen treten und doch gebe ich gerne zu, dass sie in ihrem Glauben oft glücklicher sind als andere die an alles Übernatürliche nicht glauben.« Ein wehmütiges, freimütiges Bekenntnis.

Bei allen Vorbehalten gegenüber dem in der Kirche institutionalisierten Christentum, ist Paula in einem Milieu groß geworden, das die kulturelle Erbschaft des Luthertums schätzte. Die Vierundzwanzigjährige schreibt: »Ich liebe ja auch die Bibel. Ich liebe sie aber als schönstes Buch, das meinem Leben viel Lieblichkeit gebracht hat.« Sie muss darin schon als Kind intensiv gelesen haben und von ihren Texten berührt worden sein.

Der Mutter schreibt Paula zwei Jahre später: »Und dann trage ich so oft die Worte in meinem Herzen, die Worte Salomons oder Davids: Schaffe in mir Gott ein reines Herz und gib mir einen neuen gewissen Geist, verwirf mich nicht von deinem Angesicht und nimm deinen heiligen Geist nicht von mir ... Ich weiß gar nicht, ob dieser Spruch iden-

Milly und Paula Becker, Dresden 1887

tisch ist mit dem Gefühl, aus dem heraus ich ihn sage. Aber es ist merkwürdig, von Kindheit an bei einer Gelegenheit, wo Gefahr war, dass ich zu stolz auf irgend etwas wurde, habe ich mir diese Worte gesagt.« Es ist der 51. Psalm, der Paula Becker durchs Leben begleitet.

Auf einem Atelierfoto aus dem Jahre 1887 sitzt Paula in einer Blumenkulisse, an einen knorrigen Zaun gelehnt, hinter ihr steht Schwester Milly: zwei Mädchen in schwarzen Kleidern an der Schwelle zum Backfischalter. Paulas langes Haar ist zurückgekämmt, die Locken fallen auf die Schultern. Die Beine stecken in langen, geschnürten Stiefeln. Milly blickt etwas unsicher, verträumt. Paulas Augen sind fest und konzentriert auf einen Punkt gerichtet.

In diesem Alter wird Dresden für sie ein Gesicht bekommen haben, das über die enge häusliche Umgebung hinausging. Wenn Paula mit der Familie Onkel Arthur und Tante Grete in der Neustadt am jenseitigen Elbufer besuchte, war unübersehbar, wie sehr sich Dresden, die eher behäbige Residenz, im Aufbruch befand.

Seit Mitte der siebziger Jahre lösten große Bauprojekte einander ab oder wurden parallel angegangen: Es entstanden zwei weitere Elbbrücken, Bahnhöfe, überdachte Markthallen. Verwinkelte Straßenzüge wurden durchbrochen, um neuen pompösen Häuserzeilen und breiten Durchgängen Platz zu machen. 1872 hatte die Stadtverwaltung eine Londoner Firma mit der Verantwortung für den innerstädtischen Fuhrpark beauftragt. Seitdem hatte sich die Anzahl der Straßenbahnen, von zwei Pferden gezogen und teilweise mit offenem Oberdeck, zu dem Frauen allerdings keinen Zutritt besaßen, auf zwanzig erhöht; sie fuhren bis Bautzen und Plauen.

Dresden wollte die Moderne nicht verpassen, aber das Ensemble der historischen Bauten und den Einklang mit der heiteren Landschaft ringsum nicht durch hässliche Industrieanlagen zerstören. Schließlich lockte Elb-Florenz, wie Johann Gottfried Herder die Stadt genannt hatte, nächst Berlin die meisten Touristen an. Der sanfte Übergang in die Moderne gelang: Es siedelten sich Betriebe an, die auf Qualität und Überschaubarkeit setzten – für Nahrungs- und Genussmittel, für feine optische Geräte, für Nähmaschinen, Fahrräder, Elektrowaren und Bekleidung, Klaviere und Zigaretten. Die Bevölkerung wuchs von 177 400 Einwohnern 1871 auf 260 000 im Jahre 1885. Es stieg die Zahl der Studenten aus anderen europäischen Ländern und aus Übersee, die in den zahlreichen Dresdner Lokalen und Cafés nicht immer geräuschlos einkehrten.

Dresden war eine Stadt der Zukunft, die stolz auf ihre Vergangenheit baute. Altes und Neues verbanden sich zu einem fruchtbaren Miteinander. In der Stadt wie in den gartengeschmückten Villen der Elbufer ließ es sich gut leben. Familie Becker tat dies zweifellos, und Paula machte da keine Ausnahme. Im Sommer 1891 wird ihr der Vater aus »Deinem geliebten Dresden« schreiben. Und Paula selbst erinnert elf Jahre später Tante Marie an die Zeit »in unserem vielgeliebten Dresden«.

Das sind wehmütige Blicke in die Vergangenheit. Aus und vorbei. Im Februar 1888 vermerkt Mathilde Becker in ihrem Tagebuch: »Unser

schönes Leben in Dresden geht auf die Neige, noch sechs Wochen ...«
Viele Abschiedsbesuche sind fällig. Bei den einen liest Mathilde Becker
zum Tee noch einmal Dante vor. Mit anderen sieht sie zum letzten Mal
in Dresden einen ihrer geliebten Klassiker, »Iphigenie« steht auf dem
Spielplan. Für Kurt, Milly, Paula und Günther und die Zwillinge Herma und Henner gilt es Abschied zu nehmen von Cousinen und Cousins,
Freunden und Freundinnen. Natürlich wird man sich wiedersehen,
solide und fest sind die Familienbande. Eine Schwester von Mathilde
Becker lebt ohnehin mit ihrer Familie in Bremen. Denn dorthin werden
die Möbel expediert.

Im Jahre 1888 wurde die private Eisenbahnlinie Berlin-Dresden, bei
der Woldemar Becker arbeitete, in das Eigentum des Staates Sachsen
überführt. Es war der Zug der Zeit in allen deutschen Ländern, beschleunigt durch politischen Druck aus Berlin. Für Bismarck waren die Eisenbahnen wichtig: Sie konnten nicht nur Güter und Reisende, sondern
ebenso zuverlässig Soldaten und Kanonen transportieren. Nach der Verstaatlichung gab es in Dresden für Woldemar Becker keine Arbeit mehr.

»In Bremen gelandet ...« heißt es bei Mathilde Becker unter dem
11. April 1888. Ihr Mann hatte eine neue Stelle bei der Preußischen
Eisenbahnverwaltung im Bremischen Staatsgebiet gefunden, wiederum
als »Bau- und Betriebsinspektor«. Keine spürbare Verbesserung gegenüber der Position in Dresden. Und die Hansestadt an der Weser mit
Dresden zu vergleichen – ach lieber nicht. Da genügte ein Blick in den
Baedeker, wo Dresden 26 Seiten füllte, und gerade mal sechs für Bremen
reichten. Vom entspannten Lebensgefühl der Dresdener, dem dynamischen und eleganten großstädtischen Leben gar nicht zu reden. Warum
hat Woldemar Becker nicht innerhalb des Königreiches Sachsen eine
neue Stelle gesucht, wo seine Familie seit Generationen verwurzelt war?

Im Juni 1900 fährt Woldemar Becker für ein großes Familientreffen
an die Elbe. Anschließend schreibt er seiner Tochter Paula begeistert:
»In Dresden verbrachte ich herrliche Tage.« Der Vater kann die »neuen
Häuser mit prächtigen Fassaden«, die »neuen Straßen«, die »schmucken
elektrischen Bahnen« in Dresden nicht genug loben. Am Ende heißt es:
»Ich bedaure doch, dass wir nicht dort geblieben sind.« Paula, im Juni
1900 in einer anderen weltläufigen Stadt, in Paris, zu Hause, wird dem
nicht widersprochen haben.

Onkel Oskar:
Ein Schatten zieht mit

Im Februar 1898 hat Woldemar Becker in einem Brief an seine Tochter Paula den politischen Opportunismus der Jugend im deutschen Kaiserreich der Gegenwart beklagt und dem Engagement seiner Generation ein kleines Denkmal gesetzt: »Zu meiner Zeit war jeder junge Mensch liberal, jetzt aber scheint es ordentlich verpönt zu sein.« Die jungen Leute von 1898 »stellen sich dorthin wo zur Zeit die Macht ist und sie am leichtesten vorwärts zu kommen hoffen«. Dann klagt er die politische Führung an, die an den Schalthebeln der Macht sitzt und sie brutal nutzt gegenüber denen, die anders denken und sich nicht anpassen: »Man glaubt durch Maßregelungen und Verbote Ansichten unterdrücken zu können und vergisst dabei dass jeder Druck entsprechenden Gegendruck erzeugt.« Für Woldemar Becker ist das keine Theorie. Er hat erfahren, wohin brutaler politischer Druck führen kann. »Zu meiner Zeit«: Der Brief wird Paulas Vater zurückgeführt haben in das Jahr 1861.

Am Sonntag, dem 22. September 1861, meldet der Korrespondent der angesehenen »Vossischen Zeitung« aus Bruchsal: »Unser kleines Städtchen, sonst still und friedlich, hat seit einigen Tagen ein vollkommen anderes Ansehen angenommen.« Kein Zimmer sei mehr zu haben, Journalisten und juristische Autoritäten seien aus Berlin und London, Paris, Köln und Russland angereist.

Über den Prozess vor dem Schwurgericht in Bruchsal, der solches Aufsehen erregt, heißt es, er werde »in ein eigentümliches Stadium treten, da, wie mir soeben aus zuverlässiger Quelle mitgeteilt wird, der Angeklagte sich plötzlich entschlossen haben soll, seine sämtlichen früheren Zugeständnisse zu widerrufen und bestreiten wolle, dass sein Schuss Sr. Majestät dem Könige von Preußen gegolten habe«.

Über den Angeklagten, dem der Staatsanwalt »vollendeten Mordversuch« vorwirft, heißt es weiter: »Beckers Leben im Gefängnisse ist, wenn ich es so nennen darf, ein ganz gemütliches. Das Essen und Trinken – er darf sich noch selbst beköstigen – schmeckt ihm ... Beckers Bruder, Ingenieur aus Leipzig, ist hier eingetroffen ...« Beckers Bruder: Niemand anders als Woldemar Becker war das.

Moderne Therapiemethoden haben es fast zum Allgemeinwissen gemacht: Um den Familientisch versammeln sich stets mehr Mitglieder und Generationen, als dem Auge sichtbar sind. Neben den Lebenden nehmen die Toten ungebeten ihre Plätze ein. Ihre Schicksale, mögen sie noch so stumm und ausgelöscht erscheinen, heften sich wie ein dunkler Schatten an die nachgeborenen Generationen. Kam die Familie Becker in Dresden zusammen, so war stets einer unsichtbar zugegen, ungenannt, eisern beschwiegen – Onkel Oskar.

Erst 1906 – in einem Brief der Mutter zu Paulas dreißigsten Geburtstag – wird zum ersten Mal das Tabu gebrochen, der Name genannt. Mathilde Becker erzählt vom Besuch bei einer Jugendfreundin des Vaters in Dresden, die Kisten mit alten Bildern verwahrt hatte: »Sie brachte mir die beiden Photographien unseres Vaters und seines Bruders Oskar, die beide ungefähr aus dem Jahre 1860/61 stammen.« Auf jeden Fall müssen die Aufnahmen vor dem 14. Juli 1861 gemacht worden sein.

An diesem Tag, es war ein Sonntag, verließ der zweiundzwanzigjährige Oskar Becker, Student aus Leipzig, am Vormittag sein Hotel in Baden-Baden, um nach einem berühmten Urlauber Ausschau zu halten. Er hatte ihn bald erspäht, grüßte höflich im Vorbeigehen, blieb stehen, grüßte nochmals, zog eine Pistole mit zwei Läufen und feuerte beide Kugeln ab. Die eine verfehlte ihr Ziel, die andere streifte den Hals des Opfers und verursachte eine ungefährliche Quetschung. Oskar Becker ließ sich ruhig festnehmen und wurde umgehend in das Gefängnis von Bruchsal gebracht. Am Abend zogen die Baden-Badener in einem Fackelzug vor das Urlaubsquartier von Wilhelm I., König von Preußen und feierten freudig, dass ihr berühmter Gast das Attentat folgenlos überstanden hatte.

Der König schrieb einem befreundeten Fürsten: »Gottes Gnade hat mich gerettet vom Meuchelmord ... Der Täter hat schriftlich erklärt vor der Tat, dass, da ich nicht genug für Deutschlands Einheit täte, ich ermordet werden sollte. Das ist klar, aber etwas drastisch.« Das Opfer hat es nüchtern auf den Punkt gebracht. In dem Brief, den Oskar Becker am Vormittag im Hotel geschrieben hatte, hieß es etwas umständlicher, er habe sich zur Tat entschlossen, weil »Se. Majestät der König von

Preußen ... nicht im Stande sein wird, die Umstände zu meistern ... die er als König von Preußen in Bezug auf die Einigung Deutschlands zu erfüllen hätte«.

Journalisten waren vor hundertfünfzig Jahren ebenso eifrig bemüht wie heute, die Leserschaft mit Familiendetails über den Attentäter zu füttern: Geboren wurde er 1839 im russischen Odessa als Sohn eines angesehenen, aus Sachsen stammenden Lyzeumsdirektors. 1844 schon starb die Mutter, 1850 kam er mit seinem zwei Jahre jüngeren Bruder Woldemar in Pension bei einem Mathematikprofessor in Dresden, um dort das Gymnasium zu besuchen. Er studierte ab 1859 in Leipzig Jura, Mathematik, Staatswissenschaften und Orientalische Sprachen. Die Staatsanwaltschaft lässt über Oskar Becker Urteile und Zeugnisse ehemaliger Lehrer einholen. Sie alle »stimmen überein über den Fleiß und die Kenntnisse des Angeklagten«.

Der Prozess vor dem Schwurgericht in Bruchsal beginnt am Mittwoch, dem 25. September 1861. Der Korrespondent der »Vossischen Zeitung« berichtet: »Um 8 Uhr wurde der Angeklagte von einem Gerichtsdiener und einem Gendarmen in den Gerichtssaal geführt. Seine Kleidung ist elegant, seine Haltung aufrecht, gewissermaßen stolz.« Der Prozess dauert zwei Tage. Woldemar Becker sitzt im Publikum. Kaum vorstellbar, dass die bittere Gegenwart des Gerichtssaals für ihn nicht durchzogen wird von den Gedanken, Bildern und Emotionen einer gemeinsamen Vergangenheit.

Woldemar Becker war drei Jahre alt, Oskar fünf, als die Mutter starb. Der Schmerz über den gemeinsamen Verlust wird sie tief verbunden haben. Auch als sich Woldemar für das moderne technische Studium in Dresden entschied und Oskar gemäß der Familientradition sich in Leipzig bei den Geisteswissenschaftlern einschrieb, blieben sich die Brüder weiterhin nahe. Das Interesse an Geschichte und Politik war ihre gemeinsame Leidenschaft. Sie begeisterten sich für die Ideale eines politischen Liberalismus, der Gleichheit und Freiheit für die Bürger und die deutsche Einheit forderte.

Im Deutschland am Ende der 1850er Jahre, als die Brüder Becker ihr Studentenleben in Dresden und Leipzig begannen, erlebte der Liberalismus eine Wiederauferstehung. Während der Revolution von 1848/49 waren die liberalen Politiker mit ihren Zielen – eine demokratische Verfassung, ein gesamtdeutsches Parlament, eine einheitliche deutsche Nation – am Machtwillen der Fürsten von Gottes Gnaden und deren Soldaten gescheitert. Führende Demokraten flohen ins Exil.

Doch der liberale Geist blieb höchst lebendig, auch wenn im Jahrzehnt nach der gescheiterten Revolution die reaktionären Kräfte in den deutschen Ländern Oberwasser hatten und Polizeispitzel, Pressezensur und Prozesse gegen Liberale zum politischen Alltag gehörten. Oskar und Woldemar Becker sind die besten Kronzeugen für die These des Historikers Thomas Nipperdey: »Man hat vielfach vom Rückzug des liberalen Bürgertums ins Private und von Entpolitisierung gesprochen ... Das ist im wesentlichen falsch ... als die Reaktion zu Ende geht, 1859, sind die angeblich aus der Politik ausgewanderten Liberalen alle wieder da, und eine neue Generation tritt hinzu.« Zu dieser neuen Generation junger Liberaler, die mit neuem Mut für die alten Ziele kämpfen wollten, gehörten die Becker-Brüder. Wie muss es Woldemar Becker in den Ohren geklungen haben, als sein Bruder im Gerichtssaal mit zitternder Stimme sein Schlusswort beendet: »Ja, ich habe gestrebt für die Einheit Deutschlands; für sie wollte ich sterben.«

Oskar Becker wird am 27. September 1861 in Bruchsal zu zwanzig Jahren Zuchthaus verurteilt. Er hat den Namen Becker mit einem furchtbaren Makel behaftet, die Ehre der Familie in aller Öffentlichkeit besudelt, einer Familie, die seit Generationen stolz ist auf ihre bürgerlichen Tugenden – auf Bildung, Fleiß, Unternehmungsgeist und Wohlstand, Patriotismus für die engere Heimat Sachsen und das weite deutsche Vaterland. Auch Diskretion war eine bürgerliche Tugend. Nun wusste die deutsche Öffentlichkeit durch die Zeitungen, dass Oskar Becker zwar nicht geistesgestört war, aber »die Großmutter Beckers ein Jahr an Geisteskrankheit litt und dass sie sich Gewissensbisse machte, die Ehe von Beckers Eltern, als so naher Verwandter (Geschwisterkinder) gestattet zu haben«. Was für eine Schande.

Woldemar Becker konnte die schwarze Seite der Familiengeschichte nie mehr abschütteln. An ihm lag es nun, die Ehre der Familie durch seinen Einsatz, seine Leistung wiederherzustellen und zu beweisen, dass die Beckers zu den Besten zählten und die Tat des Bruders eine Verirrung war. Es galt, sich den Stolz nicht nehmen zu lassen, auch wenn die Mächtigen ihren Einfluss nutzten, um die Familie des Attentäters weiterhin zu demütigen. Bei der Entscheidung für den beruflichen Wechsel nach Bremen mag eine Rolle gespielt haben, dass es 1888 in den obersten Rängen der preußischen Verwaltung noch Beamte gab, die ihr Mütchen an der Familie des Attentäters von 1861 kühlten. Denn obwohl sich das Rad der Geschichte mächtig gedreht hatte, waren die Hauptdarsteller auf der politischen Bühne 1888 die gleichen wie 1861.

Ein Jahr nach dem Attentat war Otto von Bismarck, ohnehin in Preußen der starke Mann hinter den Kulissen, von König Wilhelm zum Ministerpräsidenten von Preußen ernannt worden. 1862 erklärte er, die großen Fragen der Zeit würden durch »Eisen und Blut« entschieden – eine Kampfansage an die Liberalen, die Deutschlands Einheit durch eine Politik der Verhandlung und auf dem Wege der Demokratisierung erreichen wollten. Zugleich eine Kampfansage an das Bürgertum, das im Liberalismus seine politische Heimat hatte. In Wirtschaft und Gesellschaft die treibende Kraft, forderte das Bürgertum ab 1860 vehement seinen Anteil an der politischen Macht, die der Adel immer noch als sein Privileg missbrauchte und mit der er jeden Ansatz zur Reform des politischen Systems blockierte.

Bismarck jedoch triumphierte und demütigte die Liberalen: Es war der erfolgreiche, von ihm provozierte Krieg gegen Frankreich, der im Januar 1871 im Schloss von Versailles die deutsche Einheit brachte. Der preußische König Wilhelm I., auf den Oskar Becker 1861 geschossen hatte, weil er in ihm ein Hindernis auf dem Weg zur Einheit sah, wurde deutscher Kaiser. Er ernannte Bismarck zum Kanzler des neuen deutschen Reiches, und der war im Frühjahr 1888, als Familie Becker von Dresden nach Bremen zog, immer noch in diesem Amt. Bismarck, der politischen Gegnern nichts vergessen und nichts vergeben konnte.

Die Traumata, die Woldemar Beckers Leben seit 1861 begleiteten, müssen tief und schmerzhaft gewesen sein, von einem ungeheuren Widerstreit der Gefühle begleitet. Zum einen Wut auf den Bruder Oskar, weil dessen Tat seine Karriere, die Entfaltung seiner Talente für immer zu beschneiden schien. Das traf nicht nur Woldemar Becker persönlich, sondern seine Frau, seine Kinder wie auch die Ehre der weiteren Familie. Aber konnten die negativen Gefühle die tiefe Verbundenheit, die zwischen den Brüdern bestanden hatte, auslöschen? Konnten sie die Trauer und Verzweiflung über den Verlust eines Bruders vergessen lassen, der dem Jüngeren wahrscheinlich Vorbild und Halt gewesen war? Zumal tief im Innern die Gewissheit blieb, dass die politischen Ideale des Bruders aller Ehren wert waren. Und das führt zur letzten bohrenden Frage: War es gerechtfertigt, Oskar Becker aus dem Gedächtnis der Familie zu löschen?

Oskar Becker wurde nach fünf Jahren Haft 1866 begnadigt und entlassen mit der Auflage, außer Landes zu gehen. Er versuchte in den USA Fuß zu fassen, kam 1868 zurück, ein Heimatloser. Er ging nach Ägypten und starb noch im gleichen Jahr in Alexandria im Hospital der deutschen Diakonissen. Auf dem Familiengrab der Beckers auf dem Trinitatisfriedhof in Dresden wird auch derer gedacht, die fern der Heimat gestorben sind. Zum Beispiel erinnert eine Tafel an Marie Hill, Paulas geliebte Tante Marie, die 1914 in den Dolomiten tödlich verunglückte. Nichts auf dem Familiengrab erinnert an Oskar Becker.

Ist es vor dem Hintergrund dieser Familiengeschichte verwunderlich, dass Woldemar Becker nicht zu den »sonnigen Gemütern« zählte? Beim Ausblick in die Zukunft eher die Hindernisse und negativen Ausgänge sah, statt optimistisch auf das Gelingen zu setzten? Aber daraus ein Schwarzweißbild zu malen verfehlt die anderen Seiten, die ebenfalls zu Woldemar Becker gehören, macht ein Klischee aus einem lebendigen Menschen.

Saß die Familie oder eine größere Runde von befreundeten Menschen festlich-fröhlich beisammen, ging Woldemar Becker gerne und ungebeten ans Klavier, um die Gesellschaft mit schwungvoller Musik zu unterhalten. Er liebte schöne Dinge, Literatur und Malerei und gab seinen Kindern mit auf den Weg, dass man das Leben genießen und nicht nur der Arbeit frönen soll. Er hatte Humor, nahm mit feiner Ironie nicht nur die anderen, sondern auch sich selber genüsslich auf die Schippe.

Die Zeitläufte und persönliches Schicksal haben Woldemar Becker arg zugesetzt, so hat es seine Tochter Paula gesehen. In einem Brief an Rainer Maria Rilke Ende 1900 aus Bremen beschreibt die Vierundzwanzigjährige das Wasser der Weser als »still und alt und traurig und gut und lächelt nur selten und wie mit Schmerzen, denn das Leben hat es gelb und mürbe gemacht«. Und sie fährt nahtlos fort: »Wie mein lieber Vater ist es. Dem war sein Leben auch zu schwer und der Tage zu viel, die die Lichtlein und Kerzen und Feuerbrände in ihm auslöschten.«

Kinder haben ein feines Sensorium für die Atmosphäre um den Familientisch, für Geschichten, die ohne Worte durch Vater und Mutter kommuniziert werden oder nur in Bruchstücken, von denen die Erwachsenen fälschlich glauben, sie seien nichtssagend für die Kleinen. Kinder vernehmen auch die Botschaft der unsichtbaren, stummen Gäste. Sie sehen die Widersprüche in den Erziehungsidealen, die ihnen mitgegeben werden, aber im täglichen Familienleben keinen absoluten Bestand haben.

Was die Erwachsenen nicht ahnen: dass die Botschaft von Onkel Oskar, dessen Name innerhalb der Familie ausgelöscht wird, sich lautlos, aber eindringlich auf die nächste Generation legt. Wer gegen die Familienehre verstößt und sich nicht an die allgemeinen gesellschaftlichen Normen hält, wird ausgestoßen aus dem heiligen Bund. Die Familienbande der Beckers sind stark und schützend und liebevoll – aber sie gelten nicht bedingungslos. Es gibt Grenzen der Solidarität, der einzelne kann auf dem Altar der Familie geopfert werden. Das erzählt die traurige Geschichte um Onkel Oskar. Sie ist ein Teil von Paulas Kindheit und gehört zum Gepäck ihres Lebens.

Jugend in Bremen
April 1888 bis April 1892

Der Anfang war nicht einfach, auch wenn Mathilde Becker nach der Ankunft am 11. April 1888 die Wohnung in der Schwachhauser Chaussee 29 milde »eine freundliche Enttäuschung« nennt. Anfang Juni notiert sie im Tagebuch: »... viel Arbeit, ein verwöhntes Haus instand zu setzen und die Kinder in die Schule zu lavieren.« Im folgenden Sommer stirbt in Berlin ihr Bruder Günther an einem Herzschlag. Onkel Günther, auf Java als Plantagenbesitzer zu Wohlstand gekommen, war bei Kindern und Erwachsenen beliebt. Mathilde Becker fühlt sich in Bremen sehr allein mit ihrer Trauer, sehnt sich nach der großen mitfühlenden Verwandtschaft in Dresden.

Ein Trost sind ihre beiden Töchter Milly und Paula, die sie in ihrer Tagebucheintragung indirekt charakterisiert: »Unglaublich süß und wohltuend ihr zärtliches, liebes Wesen um mich herum. Meine wilden, knabenhaften Mädchen gehen auf leisen Sohlen...« Auf leisen Sohlen bewegt sich auch Woldemar Becker, aber seine Stille ist angefüllt mit stummer, nach innen gekehrter Verzweiflung. Dass er leidet, ist unübersehbar und belastet die Familie, die Dresden nicht leichten Herzens hinter sich gelassen hat, am allermeisten: »Er ist so traurig verändert, seit wir hier in Bremen sind«, schreibt Mathilde Becker in ihr Tagebuch. »Ein Trübsinn ohnegleichen umlagert den armen Mann. Freudlos geht er der Arbeit nach, freudlos kehrt er heim.« Über den Grund seiner Traurigkeit spricht er mit niemandem. Die aufmunternden Blicke seiner Frau scheinen ihn nicht zu erreichen. Vergebens hofft sie auf einen »lebensbejahenden Antwortblick«.

Was Mathilde Becker ihrem Tagebuch anvertraut, worüber ihr das Herz schwer wird, dafür haben die Familienratgeber im letzten Drittel des 19. Jahrhunderts wohlfeile Rezepte. Theologen, Juristen, Pädagogen, Journalisten singen in unzähligen Schriften und Pamphleten das Lob der bürgerlichen Familie. Sie werden nicht müde, die zentrale Rolle der Ehefrau und Mutter hervorzuheben, festzuklopfen und einem alten Lied neue Variationen anzufügen. Das Leitmotiv: Die Frau trägt die Verantwortung für das Wohlergehen der Familie insgesamt und ganz besonders für das des Ehemannes.

Friedrich Schiller hatte im Jahre 1799 in »Würde der Frauen« gedichtet: »Ehret die Frauen. Sie flechten und weben/Himmlische Rosen ins irdische Leben.« Für den deutschen Staatsrechtler Lorenz von Stein, Professor in Wien, hat sich knapp hundert Jahre später an dieser Aufgabenverteilung innerhalb der Familie nichts geändert: »An der Schwelle des Hauses aber steht die Frau. Ich weiß wohl, was ich dort von ihr erwarte; ich weiß, dass ihre weiche Hand mir die Stirn glättet und ihre freundlichen Worte wie frische Tautropfen auf die Mühen des Tages fallen.«

Wenn der bürgerliche Ehemann nach 1850 noch zu den Kirchgängern zählte, wurde ihm zusätzlich von den Kanzeln ein theologisches Argument geliefert, mit dem die christlichen Kirchen seit fast zweitausend Jahren die Zweitrangigkeit der Frau und ihre Unterordnung unter den Mann begründeten: »Die Frauen haben eine große Schuld gegen den Mann abzutragen. Durch sie ist die Sünde in das Menschengeschlecht eingetreten.« Der angesehene protestantische Prediger Wilhelm Löhe fügte hinzu, es sei deshalb die erste Pflicht der Ehefrau, »dass sie das Paradies wiedererschafft« und eine »schöne behagliche Wohnstätte« herrichtet, damit »der im Weltgetriebe ruh- und friedlos geplagte Mann Ruhe und Frieden, Wohlbehagen und Erholung finde ...« Das waren keine vereinzelten Männerfantasien, sondern populäre und allseits anerkannte Anforderungen der Gesellschaft an ihre weiblichen Mitglieder – von Männern erhoben, von Müttern seit Generationen an ihre Töchter weitergegeben.

Die Zeitschrift »Die Gartenlaube«, obwohl ein Symbol der neuen modernen Zeit, verbreitet tausendfach in bürgerlichen Haushalten das traditionelle Frauenbild – mit manchem Seitenhieb gegen abweichende Gedanken. Im Jahre 1882 beantwortet ein Artikel unter dem Titel »Vernünftige Gedanken einer Hausmutter« die Frage »Was heißt liebenswürdig?«: »Schön, interessant, ja bezaubernd kann auch ein gefallsüchtiges Weib sein, liebenswürdig nur ein selbstlos bescheidenes ...« Und weil diese Tugend bei Männern so gut wie nie zu finden sei, »gebührt das schöne Prädikat der Liebenswürdigkeit vorzugsweise dem weiblichen Geschlecht. Mögen unsere Emanzipationsbeflissenen auch anders darüber denken, es wird doch ewig wahr bleiben, dass innige Hingabe und Aufgehen in den Interessen Anderer ein Vorzug – nicht eine Schwäche! – der Frau ist«. Opfer, Pflicht, zurückstehen – es scheint für Frauen keine ehrbaren Alternativen zu geben.

Die Gesetze der einzelnen deutschen Länder, ebenso das einheitliche Bürgerliche Gesetzbuch, schreiben die eindeutige Benachteilung der Frau fest – bis in die zweite Hälfte des 20. Jahrhunderts. Ginge es nach dem Buchstaben des Gesetzes, hätte Woldemar Becker zu Hause das Sagen, und Mathilde Becker müsste sich in allen Angelegenheiten, die die Familie, die Kinder, aber auch sie persönlich betreffen, ihrem Mann beugen. Er ist, juristisch abgesichert, das Oberhaupt der patriarchalischen Familie. Er allein vertritt die Familie gegenüber Dritten, ohne seine Zustimmung darf seine Frau keine Arbeit annehmen.

Als Luise Otto im Jahre 1865 den »Allgemeinen Deutschen Frauenverein« gründete, war es vorrangiges Ziel, die rechtliche Lage der Frau zu verbessern. Der Verein fand Unterstützung bei den bürgerlichen Frauen und stellte die alten Rollenbilder – der Mann muss als Ernährer der Familie hinaus ins feindliche Leben, die Frau ist Hausfrau und Mutter – nicht in Frage. Im Rahmen der traditionellen Arbeitsteilung innerhalb der Familie versuchte Luise Otto jedoch das Selbstbewusstsein der Frauen zu stärken und ihren Machtbereich auszudehnen: »Die Familie ist vor der Hand auf der Kulturstufe, welche wir gegenwärtig einnehmen, fast die einzige Institution, in welcher nicht nur die Männer, sondern auch die Frauen ... die Kräfte betätigen können, welche in ihnen ruhen. Nur in Familien-Angelegenheiten hat die Frau eine Stimme ... oft eine entscheidende, ihr Einfluss ist hier meist der mächtigere, ist derjenige, der bewusst oder unbewusst gewissermaßen den Ton angibt, den Grundton, der durch das ganze Haus erklingt ...« In diesem Bild hätte Mathilde Becker sich treffend gespiegelt gesehen.

In einem Brief an seine Tochter Paula im Oktober 1892 gibt Woldemar Becker die Bühne frei für einen Sonntagvormittag bei Familie Becker in Bremen. Mit humorvoller Ironie lässt er keinen Zweifel daran, wer in diesem Szenarium die Hauptrolle spielt. Paula und die Brüder Kurt und Günther sind für längere Zeit abwesend. Nach dem Beckerschen Familiengesetz müssen alle Abwesenden wöchentlich einen Brief nach Hause schreiben, der möglichst am Sonntagvormittag angekommen sein soll: »Das gefällt Mama ganz besonders, wenn sie beim Tee morgens uns die Neuigkeiten ihrer Kinder vorlesen kann. Bei Strafe darf vor ihr niemand, auch ich nicht, die Briefe öffnen ... Alles harrt daher bis zum Augenblicke, wo Mutter Toilette gemacht und in ihrem braunen Schlafrock angerauscht kommt. Mit Bedacht wird zuerst Kaffee eingeschenkt, dazwischen durch die Briefe gestreichelt, die Zwillinge ermahnt recht ruhig zuzuhören, bis nach und nach die richtige Stimmung geweckt ist.«

Dann beginnt »die Vorlesung«, zuerst mit dem Brief von Kurt, dem Ältesten: »Der gute Junge schreibt bis jetzt regelmäßig«, fährt Woldemar Becker fort, »und Mutter wirft mir jedesmal einen höhnischen Blick zu, weil ich in meiner Schwarzseherei prophezeie, dass sie in Zukunft kaum auf regelmäßige Korrespondenz mit ihrem Ältesten rechnen dürfte.« Ist der Brief vorgelesen, wird er feierlich wieder zusammengelegt. Schweigen senkt sich über die Familienrunde: »Mutter sagt nichts ... Sie ist natürlich überzeugt, dass wir den Brief herrlich finden und möchte gern mit ihrem Lob herausplatzen, aber das würde vielleicht sie als schwache voreingenommene Mutter erscheinen lassen.« Schließlich bemerkt der Vater, der Brief sei ganz hübsch, aber Kurt habe seine Anfragen wieder nicht beantwortet.

Da freilich ist er an die Falsche geraten: »Du verlangst aber auch zu viel, entgegnet sie dann entrüstet ... Außerdem hat er zwei Bogen vollgeschrieben und du weißt, dass durch mehr das Briefporto für zehn Pfennige überschritten würde ... Ich gebe mich geschlagen und komme zur Besänftigung meiner besseren Hälfte auf die Vorzüge des Briefes zu sprechen.« Das briefliche Augenzwinkern des Vaters zu seiner Tochter geht nicht auf Kosten der Mutter. Es setzt voraus, dass Paula das elterliche Pingpong aus langer Erfahrung kennt und richtig deutet.

Wer zu Hause so auftritt wie Mathilde Becker, lebt auch sonst nicht als Mauerblümchen. Mathilde Becker war selbstbewusst genug, für ihre Familie und für sich ganz persönlich Raum außerhalb der vier Wände zu erobern und in der Bremer Gesellschaft eine eigenständige Rolle zu spielen. Sie fühlte sich ihrem Ehemann sehr verbunden und versuchte ihm eine Stütze auch in Zeiten zu sein, wo ihn Lebensmut und Freude verließen. Aber sie suchte sich auch eigene Kraftquellen außer Haus und war nicht bereit, ihre Talente und Wünsche zu opfern und total in der Familien-Arbeit aufzugehen. Woldemar Becker legte ihr dabei keine Hindernisse in den Weg.

Mathilde Becker hatte ein Talent, das Leben zu inszenieren. Ob Kindergeburtstag, Vorlesen mit verteilten Rollen, Einladung zum Tee, Vorbereitung auf einen Opern- oder Theaterabend oder unerwarteter Besuch: Ihr künstlerisches Empfinden, gepaart mit einem Sinn für das Praktische, ihr offenes Zugehen auf Menschen, ließ sie aus allem ein Fest machen. Mit leichter Hand knüpfte sie Kontakte, Freundschaften. Probleme waren dazu da, gelöst zu werden.

Bremen war eine kleine Stadt, gerade mal 150 000 Einwohner. Der Gedanke an die Kunstmetropole Dresden (mit 250 000 Einwohnern), an die vielen eleganten Geschäfte, Cafés und Garten-Restaurationen ging Mathilde Becker noch lange nach dem Umzug an die Weser nicht aus dem Sinn. In Bremen gab es zu dieser Zeit kaum Geschäfte. Jeden Morgen kamen Fisch-, Gemüse- und Eierfrauen aus dem Umland und priesen mit lauter Stimme die Waren, die sie in trichterförmigen Körben auf dem Kopf trugen. Mutter Cordes war eine stadtbekannte Ausnahme, ihren Gemüsewagen zog der Esel Anton durch die Straßen. Das war alles ziemlich ländlich und gewöhnungsbedürftig.

Dafür hatte die Freie und Hansestadt Bremen eine selbstbewusste Bürgertradition. Die Bremer waren 1871 als deutsche Patrioten dem neuen Deutschen Reich beigetreten. Aber sie pochten darauf, dass der Regierende Bürgermeister weiterhin auf Augenhöhe mit den Königen und Fürsten des Reiches stand und von ihnen mit Magnifizenz angeredet werden musste. Kein Bremer Bürger durfte seinem Namen einen Adelstitel hinzufügen.

In Bremerhaven sammelten sich im 19. Jahrhundert Millionen Auswanderer, vor allem aus Mittel- und Osteuropa, um mit dem Schiff auf fernen Kontinenten ihr Glück zu finden. Bremens Wohlstand beruhte auf dem Handel, und das weitet den Horizont. Seit jeher bildeten Kaufleute die Elite in der Hansestadt. Das tonangebende Milieu in Bremen war geprägt von der Spannung zwischen Weltoffenheit und Misstrauen gegenüber dem Fremden. Wer von außen kam, musste sich bewähren – aber er erhielt auch seine Chance.

Mathilde Becker, im Jahr des Umzugs 36 Jahre alt, nutzte sie. Auf der gesellschaftlichen Bühne Bremens machte sie eine gute Figur. Als Woldemar Becker 1890 endlich zum königlich-preußischen Baurat ernannt wurde und sie gemäß den sozialen Regeln nun in der Öffentlichkeit »Frau Baurat Becker« war, verschaffte das beiden Eheleuten Genugtuung. Entscheidend für die erfolgreiche Aufnahme seiner Frau in die Bremer Gesellschaft war das alles jedoch nicht. Mathilde Becker beeindruckte durch Bildung und Herzlichkeit und war eine verlässliche Freundin. Das war den führenden Hanseaten, wenn sie Bilanz machten, wichtiger als Orden und Titel, wichtiger als eine herrschaftliche Villa und Festessen mit teurem Ratswein aus den besten Lagen Frankreichs. Bei Beckers gab es Bowle, aber die in einem gastfreundlichen, fröhlichen Ambiente, das den Beteiligten fest in Erinnerung blieb. Theodor Spitta, aus angesehener Bremer Familie, studierter Jurist und über Jahrzehnte Bürgermeister der Hansestadt, hat in seinen »Lebenserinnerungen« von 1963 eine solche typische Szene aufgeschrieben.

Spitta hatte sich in der letzten Klasse des Gymnasiums mit Kurt Becker, Paulas ältestem Bruder, angefreundet. Er lernte die Familie Becker kennen, auch Paula natürlich, und bald »verehrte ich Paulas Mutter, Mathilde Becker, die eine ganz ungewöhnliche Frau war«. Er beschreibt sie als eine Persönlichkeit, »die mit uns jungen Menschen ... in Ernst und Scherz und übersprudelnder Jugendlichkeit zusammensein konnte, erfüllt von unseren großen Dichtern, besonders von Goethe und Shakespeare, die mit ihr lebten und die sie uns durch Worte aus ihren Werken lebendig zu machen pflegte.«

Besonders in Erinnerung ist Theodor Spitta ein Abend, als er mit anderen Schulkameraden Kurt Becker nach Hause brachte: »Mutter Becker, zu später Stunde noch außer Bett, empfing uns mit den Worten: ›Ihr könnt doch in einer so schönen Sommernacht nicht schon zu Bett gehen? Kommt auf die Veranda, wir trinken noch eine Bowle zusammen!‹ Dann wurde, als sich schon der Morgen hellte, geredet, getrunken und gesungen, dass es mir noch heute, nach nahezu 75 Jahren, deutlich vor Augen steht und bewegend in den Ohren klingt.«

Die Jugend fühlte sich im Hause Becker ernst genommen, und das entsprach dem Erziehungskonzept der Eltern gegenüber ihren Kindern. Mathilde Becker konnte sich Zeit für die eigenen Interessen außer Haus nehmen, weil sie sich nicht an ihre Mutterrolle klammerte, sondern bereit war, den älteren Kindern Verantwortung zu übertragen. So hatte sie es schon in Dresden gehalten, wo Tochter Milly, von der Mutter angeleitet, frühzeitig eine enge Beziehung zur jüngeren Paula entwickelte. Paula wiederum wurde von der Mutter ein Stück Verantwortung für die jüngere Herma übertragen, um deren Zwillingsbruder Henner sich die älteren Brüder kümmerten.

Verständnis und ein freundschaftlicher Umgang miteinander prägten die Beziehung zwischen Mutter und Tochter. Mutter und Tochter als Freundinnen, ein ideales Gespann. Zwischen Freundinnen allerdings gibt es keine Geheimnisse, so jedenfalls sieht es Mathilde Becker, und verhehlt nicht, dass sie dahingehende Erwartungen an ihre Töchter hat, natürlich auch an Paula. An jenem Sonntagvormittag im Oktober 1892, als Mathilde Becker die Briefe ihrer abwesenden Kinder am Familientisch als gekonnte Inszenierung vorträgt, ist auch ein Brief von Paula darunter – damals in England bei Tante Marie, wir werden sie bald dorthin begleiten. Kaum ist er vorgelesen, vergleicht die Mutter ihn mit früheren Schreiben der Tochter: »Damals bekam man einen Einblick in ihr Leben und sie entwickelte manchmal so netten Humor; jetzt enthalten die Briefe nur wenig; sie geht nicht aus sich heraus, sie schreibt ihren Eltern ebenso wie sie jedem anderen Fremden schreiben würde.« Das ist harte Kritik – doch der mütterliche Scharfblick folgert: »Das Kind muss Heimweh haben.«

Die Geschichte vom Sonntagmorgen bei Familie Becker erfahren wir, weil der Vater sie seiner Tochter unterhaltsam in einem Brief schildert. Er zitiert die Diagnose »Heimweh« seiner Ehefrau und fährt fort: »Ich wage nicht zu widersprechen, was das Heimweh betrifft so bin ich anderer Ansicht. Meine Kleine nimmt sich wirklich nicht sehr zusammen und ist so husch husch über zwei Bogen ihre Pflicht des Briefschreibens los, um wieder für sich zu sein.« Die »Kleine«, die sechzehnjährige Tochter Paula, wird vielleicht beim Lesen geschmunzelt haben. Nur sie wusste, dass Vater und Mutter richtig fühlten: Zum einen hatte sie tatsächlich Heimweh im fernen England, wo das Zusammenleben mit Tante Marie unerwartet schwierig war, zum anderen lag ihr die familiäre Briefschreibe-Pflicht schwer auf der Seele.

Dass Woldemar Becker seiner Tochter so offenherzig schreibt, wie die Mutter am Sonntagmorgen den Familientisch dominiert und welche Kommentare Paulas Brief bei ihr auslöst, ist eine zweischneidige Angelegenheit. Einerseits kann die »Kleine« sich ernst genommen, wenn nicht gar geschmeichelt fühlen, vom Vater ins Vertrauen gezogen zu werden. Sie weiß auch: Humorvoll-ironisch miteinander umzugehen gehört zum Familienstil. Aber der Vater belässt es nicht bei dem Hinweis, dass für Paula Briefeschreiben eine eher lästige Pflicht ist. Er fährt fort: »Man muss seine Kinder nehmen wie sie sind. Ihre Fehler sind doch wohl ursprünglich auch bei den Eltern zu finden ... Du bist nun, wie es scheint, mehr nach dem Vater geraten und hast auch nicht die literarische Ader Deiner Mutter; schade! Ich wünschte gern, Du wärest ihr ähnlich. Na, das gehört eigentlich nicht in die Beschreibung meines Sonntagmorgens.«

Auf den ersten Blick eine menschenfreundliche Erziehungsmethode: die Fehler der Kinder mit dem kritischen Blick auf die eigenen Schwächen zu entschuldigen. Doch diese Entlastung wird vom Vater mit einer zentnerschweren Last gekoppelt, die sich ebenfalls in Paulas Lebensgepäck einnistet. Was vielleicht schon in früheren Jahren für Paula atmosphärisch zu spüren war, auch scherzhaft innerhalb der Familie zur Diskussion stand – mit diesem Brief hat der von Paula geliebte Vater unwiderruflich seiner Tochter ein verwirrendes Vermächtnis hinterlassen: Du bist nach meinem Bilde geschaffen – wie schade. Welche Lehren soll die Tochter daraus für ihr Leben ziehen?

Paula hat diesen Brief nicht einfach wegstecken können. Ehrlich, wie sie ist, wird sie nur einen Monat später, im November 1892, der Mutter zum Geburtstag schreiben: »Meine Briefe müssen aus dem Herzen kommen. Aber oft an meinen Schreibfreitagen ist mein Herz ganz zu.« Auch dieser Brief, wie der an Tante Marie, endet mit dem typischen Dreiklang – erst ein Schuldbekenntnis abzulegen, dann einen triftigen Grund für den Fehler zu finden: »Ja, einen Brief muss ich schreiben. Ihr habt dann immer noch Euren Verstand und der kann die Sache schnell abmachen. Ich denke mir, mein Verstand ist zu klein dafür, und dafür kann ich doch wirklich nichts.« Es folgt drittens der flehentliche Appell, diesmal an alle Familienmitglieder, sie nicht mit Liebesentzug zu bestrafen: »Darum, wenn ich Euch keine guten Briefe schreibe, habt eher Mitleid mit mir, als dass Ihr mich scheltet, und denke, dass ich Dich trotzdem lieb habe ...«

Mit dem Eintritt ins Backfischalter, wie man damals sagte, erweist sich, dass Paulas emotionale Bindungen an die Mutter und den Vater intensiv und stabil sind, Widersprüche eingeschlossen. Bindungen, die Halt geben, aber auch festhalten, wenn man sich aus dem Familienmilieu fortentwickeln möchte.

In den ersten vier Bremer Jahren – April 1888 bis April 1892 – ist

Briefeschreiben für Paula kein ernsthaftes Thema, denn ihr Lebensmittelpunkt liegt in der Hansestadt an der Weser. Das Leben bietet eine Menge angenehmer Seiten, von den Eltern sehr gefördert. Sie freuen sich, dass ihre Töchter ebenso sportlich sind wie ihre Söhne, Paula allen voran. »Tenniswüterich« nennt die Mutter sie. Paulas Vorlieben für Tennis, aber auch Schwimmen und Radfahren, werden nur noch von ihrer Begeisterung für das Schlittschuhlaufen übertroffen.

Schlittschuhlaufen ist Volkssport in Bremen. Der Stadtgraben eignet sich hervorragend dafür, und Mathilde Becker gehört nicht zu den Müttern, die ihre Töchter begleiten und vom Ufer aus mit Argusaugen überwachen, dass sich auf dem Eis keine unziemlichen Kontakte zwischen den Geschlechtern anbahnen. Milly und Paula dürfen alleine losziehen. Der Beckersche Erziehungsgrundsatz, dass Vertrauen und Verantwortungsbewusstsein einander bedingen, gilt auch für dieses Freizeitvergnügen.

Für ein weiteres Vergnügen, das Paula Becker lebenslang bei jeder sich bietenden Gelegenheit begeistert ausübt, wird im Frühjahr 1890 der Grundstock gelegt. Mathilde Becker hält in ihrem Tagebuch über die Vierzehnjährige fest: »Paula wird groß und schlank, sie geht zur Tanzschule; Kopfschmerzen hat sie nicht mehr ...«

Wie und bei wem Generationen von Bremens Jugend des »gehobenen Bürgertums« in der zweiten Hälfte des 19. Jahrhunderts das Tanzen lernten, hat Theodor Spitta ebenfalls in seinen »Lebenserinnerungen« beschrieben. Die Tanzstunden wurden in Privathäusern organisiert, damit die Eltern bei diesem seltenen Zusammensein von Jungen und Mädchen eine gewisse Kontrolle über ihre Kinder behielten. Einziger und anerkannter Tanzlehrer war seit 1843 der Franzose Auguste Casorti. Im Sommer lebte er in Südfrankreich, erschien aber jedes Jahr verlässlich zum Winter in der Hansestadt. Dann spielte er im Bremer Symphonieorchester als Geiger und begleitete auch seine Tanzstunden mit der Geige. Kam ein neuer Jahrgang von Schülerinnen und Schülern, hatte er den Vorteil, bereits deren Mütter im Tanzen unterrichtet zu haben.

Theodor Spitta erinnert sich, wie Casorti dieses Wissen nutzte: »Zu meiner Zeit sagte er einem jungen Mädchen in der Tanzstunde: ›Ah – Deine arme Mutter, ßie war eine Grazie – und Du – und Du ein Mehlßack!‹ ... Von unseren Tänzen – Française, Quadrille à cour, Walzer, Polka, Rheinländer, Galopp usw. – hat sich ... wohl nur der Walzer noch als regelmäßiger Tanz erhalten ...« Bei Paula Becker konnte der Tanzmeister keinen Vergleich mit der Mutter ziehen. Das war ohnehin überflüssig, denn Paula war eine gute und ausdauernde Tänzerin.

Auch von Bremen aus wurden die alten Familienbande zu den zahlreichen Onkeln und Tanten gepflegt, für die älteren Kinder bedeutete das Reisevergnügen. Berlin wurde ab 1890 ein neues und begehrtes Ziel. Wulf von Bültzingslöwen, ein Bruder von Mathilde Becker, kam mit seiner Familie zurück nach Europa und ließ in Schlachtensee, damals noch vor den Toren von Berlin, auf einem rund 10000 Quadratmeter großen Grundstück eine prächtige Villa bauen. In den Sommerferien 1891 ist Paula dort zu Gast. Sie schätzt Onkel Wulfs Frau, die kluge und weltläufige Tante Cora, sehr.

Als Paula Becker ein Jahr später bei Tante Marie in England ist, steht eines Tages Tante Cora vor der Türe. »Sie kam hier so mir nichts dir nichts rüber, um sich für ihr Haus englische Ideen zu holen«, schreibt Paula bewundernd. Und fährt fort: »Aber ihr nur bei Tisch gegenüber zu sitzen, das ist ja schon ein himmlischer Genuss. Wirklich, ich kann meine Blicke gar nicht von ihr wenden. Je größer oder vielmehr, je älter ich werde, desto mehr verstehe ich ihre Schönheit und sehe, wie jede Bewegung so anmutig und fürstlich ist.« In jungen Jahren schon registriert und schätzt Paula das Schöne und Anmutige und drückt ihre Faszination darüber offen und ungeniert aus. Eine Besonderheit, die sie in ihren Briefen beibehalten wird.

Jetzt sind wir wieder im Sommer 1891, als Paula in den Ferien in Berlin-Schlachtensee ist und einen Brief des Vaters erhält, sozusagen einen »Dresden-Erinnerungsbrief«. Woldemar Becker erzählt, dass Onkel Arthur – sein jüngerer Halbbruder, erfolgreicher Jurist in Dresden – Paulas älteren Bruder an die Elbe eingeladen hat: »Kurt ... wird demnach Ende der Woche in Deinem geliebten Dresden sein ...« Schwester Milly war zu Besuch bei Mathilde Beckers Freundin Marie Gottheiner in Hosterwitz, dem Villenort am Elbhang, wo Beckers so viele Dresdener Sommer verbracht haben: »Natürlich tummelten sie den Tag über im Vogelgrund und besuchten alle schönen Plätze, die auch Dir aus Euren früheren Aufenthalten in Hosterwitz und Pillnitz bekannt sind.« Der Vogelgrund – ein schöner Platz und ein trauriger: Hier lag die Sandgrube, in der ein fröhliches Kindertreffen für Paulas Cousine Cora tödlich endete.

Am zehnten August schreibt der Vater ein weiteres Mal an Paula in

Schlachtensee: »Tante Herma wollte Dich auf einige Tage mit nach Dresden nehmen ... So lieb es von ihr ist ... Nächsten Montag, den 17., fangen wohl Eure Stunden wieder an und Du hast genug der Freude und des Vergnügens gehabt, um wieder an ernste Arbeit zu gehen.« Die Sommerferien sind vorbei, für dieses Mal gibt es keine Reise in Paulas geliebtes Dresden. Die Schule geht vor. Paula ist 15 Jahre alt: noch ein Jahr bis zum Abschluss auf der privaten »Töchter-Bürgerschule« von Ida Janson.

Bruder Kurt hatte das Gymnasium besucht, jetzt studierte er Medizin. Keine Frage, dass auch Paula Becker, intelligent und wissbegierig, Abitur und Studium glänzend absolviert hätte. Doch diese Frage stellt sich für Paula und ihre Eltern erst gar nicht. Im deutschen Reich ist für Mädchen der Weg zum Abitur – und das bedeutete zugleich zum Studium und einem akademischen Beruf – rigoros gesperrt. Als die ersten Schülerinnen 1896 Abitur machen, dauert es noch bis 1904 (in Bayern) und 1908 (in Preußen), bevor auch Frauen in Deutschland studieren dürfen.

Während das Frauenstudium in den USA 1853, in Frankreich 1863, in Zürich 1867, in Oxford und Cambridge 1869, in Skandinavien 1870, und in den Niederlanden 1878 eine Selbstverständlichkeit wurde, verteidigten in Deutschland Professoren aller Fakultäten gemeinsam mit Kirchenmännern der beiden großen Konfessionen in aggressiven Pamphleten eine der wichtigsten Bastionen männlicher Vorherrschaft in der Gesellschaft.

»Ihnen gelehrte Bildung zu geben ... ist eine Erniedrigung der Frauen ... und zugleich eine Beraubung der Männer, die in ihrer eigenen Wissens-Plackerei darauf angewiesen sind, eine Erquickung an der ungelehrten und deshalb sehr oft klügeren oder weiseren Frau zu haben,« wettert der Protestant Philipp von Nathusius in seiner Schrift zur »Frauenfrage«. Mit dem Anspruch wissenschaftlicher Autorität verkündete Karl von Bardeleben, Professor der Anatomie an der Universität Jena: »Schon bei dem heutigen weiblichen Unterricht in den höheren Töchterschulen wird zu viel gesessen, so dass schädliche Einwirkungen auf vor allem die Unterleibsorgane als etwas Alltägliches vorkommen. Wie würde das bei ernsterem Studium auf der Universität erst werden.«

Seit der Gründung des Allgemeinen Deutschen Frauenvereins 1865 kämpfte die bürgerliche Frauenbewegung gegen Vorurteile und Diskriminierung, die Frauen von Ausbildung und Berufstätigkeit ausschlossen. Je weiter das 19. Jahrhundert voranschritt, desto häufiger stieß die bürgerliche Ideologie, Frauenarbeit außer Haus sei ein Makel und ein Merkmal unterer Schichten, mit der Realität zusammen. Längst nicht jede Bürgertochter fand einen Ehemann und damit ausreichende finanzielle Versorgung. Der logische Ausweg: bürgerlichen Töchtern die besten beruflichen Chancen zu eröffnen und ihnen damit ein angemessenes Auskommen für alle möglichen Lebenslagen zu garantieren.

In der Praxis jedoch war für die Generation von Paula Becker die private höhere Töchterschule das höchste Bildungsangebot. Die Handbücher der Pädagogen lassen keinen Zweifel, wo ihr Unterrichtsziel liegt: »Bildung darf bei Mädchen niemals in Wissenschaft ausarten, sonst hört sie auf, zarte weibliche Bildung zu sein ... Nach Männer Weise in der Wissenschaft gründlich zu sein, darnach könnte nur ein ganz unweibliches Mädchen streben.« Die höheren Töchter sollten ein wenig an der Bildung nippen, das konnte die Chancen auf dem bürgerlichen Heiratsmarkt nur steigern.

Im Rahmen dieser Pädagogik wird sich auch der Unterricht von Paula Becker bewegt haben. Doch wieder einmal schlägt die Wirklichkeit der Theorie ein Schnippchen, bringt unübersehbar ein subversives Element ins Spiel. Denn vermittelt wurde diese Pädagogik samt dem Unterrichtsstoff an der Janson-Schule in Bremen von Lehrerinnen, berufstätigen Frauen also. Der Lehrerinnen-Beruf schlug in der zweiten Hälfte des 19. Jahrhunderts eine erste Bresche und öffnete für bürgerliche Frauen die Türe zur Berufstätigkeit. Noch blieben Frauen als Lehrerinnen Ausnahmen. Aber die Kraft gelebter Beispiele, die der nachwachsenden Mädchengeneration Mut machten, nach ähnlichen Zielen zu streben, kann gar nicht hoch genug eingeschätzt werden. Paula Becker hatte – wie ihre Eltern – drei Ausnahme-Frauen vor Augen.

In Bremen gab es zwei private Töchter-Bürgerschulen, beide wurden von Frauen geleitet. An der Spitze von Paulas Schule stand Ida Janson. Sie war die Älteste von elf Kindern, geboren 1847, und hatte nach dem Tod ihres Vaters 1878 die Leitung der Schule übernommen, die sie erst 1907 aus der Hand gab. Der Janson-Schule war seit 1863 ein Lehrerinnen-Seminar angegliedert, wo Ida Janson, die unverheiratet blieb, auch unterrichtete. Am liebsten Französisch. Ihre engste Mitarbeiterin war Mathilde Lammers, die ursprünglich Haushälterin war, dann ein Jahr in Paris verbrachte, bevor sie Lehrerin wurde. Mathilde Lammers, die im Obergeschoss der Schule wohnte, kämpfte als Vorsitzende im »Frauen-Erwerbs- und Bildungsverein« und in vielen Artikeln für eine eingeschränkte Frauenbildung: Ärztinnen und Lehrerinnen sollten sie werden können. Das klingt rückblickend halbherzig. Doch zu jener Zeit waren das in Deutschland revolutionäre Forderungen.

Der anderen Bremer Schule für höhere Töchter ging es miserabel, als 1889 unerwartet ihr Leiter, August Kippenberg, starb. Seine Frau Johanne, geboren 1842, arbeitete dort als Lehrerin und versorgte zugleich einen Haushalt mit sieben eigenen und drei angenommenen Kindern. Trotz der ungünstigen Ausgangslage übernahm Johanne Kippenberg die Schule und riskierte sogar einen Schulneubau. Der Erfolg gab der berufstätigen Mutter recht. Fünfzehn Jahre leitete sie die Kippenberg-Schule.

Als Paula Becker Mitte August 1891 aus den Berlin-Ferien bei Tante Cora und Onkel Wulf heimkam, lag noch ein halbes Jahr Schule vor ihr. Und was dann? Zu Hause warten, bis der richtige Mann zum Heiraten erschien? Sich selber auf die Suche machen? Oder den vernünftigen Argumenten einer neuen Zeit folgen und einen Beruf erlernen, um auf eigenen Füßen zu stehen?

Kurz nach dem Schulabschluss, am 7. April 1892, wird Paula Becker in Bremen konfirmiert. Nach calvinistischem Ritus, denn die Freie und Hansestadt Bremen, die sich sehr früh der Bewegung Martin Luthers angeschlossen hatte, erklärte 1618 den Calvinismus sozusagen zur Staatsreligion. Und dabei war es geblieben.

Die Konfirmation war ein äußeres Zeichen, dass nun der Ernst des Lebens begann. Doch die sechzehnjährige Paula hatte offensichtlich kein Ziel, das sie umgehend realisieren wollte, und musste auch noch keine Antworten auf schwerwiegende Zukunftsfragen geben. Eine mehrmonatige Reise war angesagt, um Lebenserfahrung zu sammeln, eine kultivierte Haushaltsführung großen Stils kennen zu lernen und sich ein gepflegtes Englisch anzueignen. Die engen und zugleich weltläufigen Familienbande machten es möglich.

Wenige Tage nach der Konfirmation fährt Paula Becker mit ihrem Vater nach Calais, und die beiden besteigen ein Schiff nach England. Auf ihrem Landgut südlich von London freuen sich Tante Marie – die geliebte Tante aus der Dresdener Friedrichstraße, Woldemar Beckers jüngere Halbschwester – und ihr englischer Ehemann, Onkel Charles, einst Plantagenbesitzer auf Java, auf die Nichte aus Bremen.

Bei der Tante in England: Schwierig und wegweisend
April bis Dezember 1892

Tante Marie war eine Dame von Welt, mit weitem Horizont und festen Grundsätzen: Contenance bewahren, nicht jeder Laune nachgeben, Strukturen einhalten, für den Tag wie für das Leben. Paula Becker war mit dieser Tante durch die Kinderjahre in Dresden mehr als mit anderen verbunden. Durch die vielen Abende, an denen sie mit ihrer älteren Schwester Milly von der elterlichen Wohnung in der Friedrichstraße nur wenige Häuser weiter ging, weil im Haushalt von Tante Marie und Tante Minchen ein Bett auf sie wartete. Kein Vergleich allerdings mit dem gutsherrlichen Haushalt, dem Tante Marie nun vorsteht und der aristokratisch-bürgerlichen Kultur Britanniens, in der sie sich mit ihrem Mann bewegt. Paula Becker, die im April 1892 erstmals durch Englands sanften grünen Süden reist, ist bereit und neugierig, Kenntnisse und Konventionen, Selbstdarstellung und gesellschaftliches Auftreten, hausfrauliche und andere Künste zu erlernen. Doch was sie im Vertrauen auf die Dresdener Zeit, in der sie Tante Maries »gutes Kind« war, als eine Art Spielwiese vor Augen hatte, erweist sich bald nach ihrer Ankunft als Exerzierfeld.

Das Pensum gliederte sich in praktische Bereiche und die Vertiefung musischer wie sportlicher Fähigkeiten. Jeden Freitag war Buttertag, auch für eine angehende Lady. »Eben habe ich zwölf ganze Pfund Butter gemacht«, schreibt Paula Becker Ende Juli 1892 an die Großmutter von Bültzingslöwen, »ganz allein, ich bin natürlich furchtbar stolz darauf...« Einen Tag später wollte die Enkelin den Brief fortsetzen, aber »ich habe heute keine Zeit, ich lerne nämlich auf der Nähmaschine nähen«. Mit feinen Stickereien für die Weihnachtstage wurde im Herbst begonnen. Wie man einen gebratenen Vogel vorschneidet, ohne dass er von der silbernen Platte fliegt, will ebenfalls gelernt sein.

Nichts war für die Nichte zu teuer. Zum ersten Mal erhielt Paula Reitstunden, standesgemäß mit einem »braunen Reitstundenkleid« und einer »Norfolkjacke« ausstaffiert. Ganz wichtig war der Tante die Vermittlung der englischen Literatur. Nicht nur abends wurde im größeren Kreis vorgelesen, wobei Onkel Charles der Runde schon mal niederländische Texte vorsetzte. Jeden Mittag von zwölf bis eins studierten Tante und Nichte englische Novellen und Biografien. Ein volles Programm, aber für eine Sechzehnjährige durchaus zu schaffen. Zumal es zwischendurch freie Zeit und Abwechslung gibt: Gäste kommen, darunter Bekannte und Verwandte aus Deutschland. In London wird das Theater besucht.

Doch das Landleben scheint Paula nicht zu bekommen. Die Eltern erfahren von starker Müdigkeit, Kopfschmerzen und leichten Ohnmachtsanfällen. Am 19. August fasst sich Paula ein Herz und schreibt nach Hause: »Ich denke jetzt doch manchmal, ich habe Heimweh und manchmal bin ich mit Tränen eingeschlafen.« Eine mögliche Frage nimmt die Tochter schon vorweg: »Ich sage es nicht Tante Marie, denn ich finde es sieht so undankbar gegen sie aus und sie gibt sich doch mit mir soviel Mühe.«

Ja, Tante Marie gibt sich jede Mühe, der Nichte korrekt und konsequent beizubringen, was eine Dame von Welt beherrschen sollte. Aber gerade das ist der – von Paula verschwiegene – emotionale Auslöser für ihr Heimweh. Tante Marie duldet keine Kritik an ihren Erziehungsmethoden, bei denen Spontaneität und Stimmungen nicht vorgesehen sind. Von der Sechzehnjährigen wird Unterordnung gefordert, die jedoch ist sie nicht gewohnt: »... ich bin so anders erzogen – mit Mama spreche ich wie zu einer Freundin ...« Das wird Paula Becker im folgenden Frühjahr von Bremen aus an Tante Marie schreiben, um die Spannungen zu erklären, die sich sehr bald zwischen den beiden Frauen aufbauten.

Sie nennt sich selbstkritisch ein »verzogenes Kind«, das »ans Regieren gewöhnt war« und dem sich »alle unterwarfen«. Sie bitte die Tante nachträglich um Verzeihung, »falls ich dich oft verletzt habe, ich glaube, meistens habe ich es nicht gewollt«. Der Nebensatz sagt schon einiges. In einem Punkt jedoch nimmt die Nichte nichts zurück: »Mein Stolz ist mein Bestes.«

Eine Paula Becker ordnet sich nicht brav unter – auch nicht, wenn die geliebte Tante Marie es einfordert. Und Äußerlichkeiten beeindrucken ihren Stolz nicht. Von ihrer hochherrschaftlichen Umgebung lässt sich der Gast aus der Schwachhauser Chaussee in Bremen nicht einschüchtern. Paula schaltet in jenen Sommermonaten auf dem prächtigen südenglischen Landsitz auf stur, gehorcht teilweise nicht, versucht anfangs noch zu diskutieren. Doch das schätzt die Tante gar nicht.

Was Paula im Frühjahr 1893 in Bremen zu Papier bringt, um die belastete Beziehung zur Tante wieder zu kitten, ist der Versuch, das eigene Verhalten zu erklären. Aber im Erklärungsversuch gegenüber Tante Marie liegt auch ein wenig Verklärung. So ganz ohne Spannungen, so voll ungetrübtem gegenseitigem Vertrauen hat sich das Verhältnis von Paula zu ihren Eltern wohl doch nicht entwickelt. In ihren Briefen aus England offenbaren sich Ängste, den Ansprüchen und Erwartungen der Eltern nicht zu genügen.

»Ich geb mir Mühe, hier recht viel zu lernen, damit ich unsern Haushalt recht gut führen kann, damit Ihr recht gemütlich und zufrieden seid, ich weiß wohl dass Ihr letzteres nicht immer über mich sein könnt«, so klingt es in Paulas »Heimweh-Brief« im August. Ziemlich gewunden, gequält und kleinlaut im Vergleich zu Paulas typischem Schreibstil, der frisch von der Leber weg erzählt, direkt und oft mit humorvoll-ironischen Anmerkungen geschmückt. Ähnlich kleinlaut und ängstlich schreibt sie am 9. September: »Ein ›Gemälde‹ von mir wage ich Euch noch gar nicht zu schicken. Ich fürchte Euren Hohn.« Und eine Woche später: »Ich wage noch nicht einmal, Euch Proben meines Pinsels zu schicken.« Wo bleibt Paula Beckers Stolz, auf den sie sich gegenüber der Tante beruft? Warum ist ihr Selbstbewusstsein gegenüber den Eltern so gering, von denen sie nicht Anerkennung und Unterstützung, sondern Tadel, ja »Hohn« erwartet?

Dazu kann es nur vorsichtige Vermutungen geben. Sind das Spuren der Kennzeichnung »Unser graues Entlein«, mit der Paula im weiten Dresdener Familienkreis gerufen wurde? Das hässliche graue Entlein in Andersens Märchen wird von niemandem ernst genommen, eckt überall an. Es macht nichts richtig, wie sehr es sich um Anerkennung bemüht. »Paula ist weder genial noch gescheit, aber sehr lieblich«, hatte die Mutter über die Elfjährige notiert. Wuchs Paula mit dem diffusen Gefühl auf, dass man von ihr nicht viel erwartete?

In ihrem »Heimweh-Brief« erklärt sie den Eltern: »Ich habe es Euch nur geschrieben, als Grund für meine langweiligen Briefe ... ich werde so langweilig und gleichgültig.« Die sechzehnjährige Paula ist sehr darauf bedacht, welche Wirkung ihre Briefe zu Hause auslösen, welches Bild sich die Eltern von ihr machen. Berichtet sie von ihrem Heimweh, riskiert sie, als wehleidig dazustehen. Schweigt sie dazu und schreibt weiterhin langweilige Briefe, wird ein anderer Vorwurf auftauchen. Und den scheint sie am allermeisten zu fürchten. Hin- und hergerissen – »ich habe lange darüber nachgedacht« –, entscheidet sie sich, ihr Heimweh zu offenbaren: »Vielleicht ist es doch besser Ihr wisst es, als dass Ihr denkt ich wäre oberflächlich.« Das also würde sie am meisten schmerzen.

Ausgelöst werden die Ängste durch »Gemälde«, die sie nicht vorzuzeigen wagt. Wie kommt Paula Becker im Süden Englands zur Malerei?

Seit dem 18. Jahrhundert gehörte auf der britischen Insel – wie im westlichen Europa insgesamt – Unterricht im Skizzieren und Zeichnen zum Stundenplan des weiblichen Teils von Landadel und gehobenem Bürgertum. Wenngleich Frauen nach Ansicht der tonangebenden Philosophen, Theologen und Schriftsteller – ob aufgeklärt oder reaktionär – von Natur aus zu Kreativität nur auf dem Gebiet des Kinderkriegens fähig waren, so gestand man ihnen doch gewisse Talente in den schönen Künsten zu. Die durften gepflegt werden – solange daraus keine Konkurrenz zu den wahren, den männlichen Künstlern entstand. Deshalb lernte Paula auf dem südenglischen Landgut nicht nur den Umgang mit Butterfass und Nähmaschine, sondern auch mit dem Pinsel.

Anfang August hören die Eltern zum ersten Mal davon: »Ich hatte heute wieder Skizzenstunde. Meine erste Landschaft mache ich nur in Sepia. Sie sieht ein bisschen aus als hätte ich sie unter flutendem Regen gemacht, aber es wird schon noch werden!« Dann bekennt Paula offenherzig, sie würde gerne in die Landschaft »etwas Lebendiges hineinmachen«. Das aber gelinge ihr nicht.

Kein Wunder, denn Gans, Pferd und Kuh standen ihr nicht regungslos Modell, bis die Skizze fertig war. Wenn die Tiere davonzogen oder sich bewegten, konnte Paula die ursprüngliche Haltung nicht aus dem Gedächtnis zeichnen. Da war ihr Zeichen-Latein am Ende, denn genau das vermittelten die Skizzenstunden nicht: gründlich und genau in einer Abfolge von Lernschritten tote Gegenstände und Lebewesen aufs Papier zu bannen; die Augen, den Mund, die Ohren viele Male genau zu kopieren und sich dann erst an das Ganze – das Gesicht – zu wagen.

Eine Landschaft, Blumen, Obst – alles leblos! – flott mit brauner Sepia-Tinte zu skizzieren, ohne sich um Details zu kümmern: mehr war nicht erwünscht. Eine Dame malte weder für Geld noch für die Ewigkeit, sondern um den häuslichen Bereich zu verschönern und mit ihrem Talent dem Ehemann im Rahmen gesellschaftlichen Umgangs Ehre zu machen.

Die tonangebenden Männer – in Deutschland waren es vor allen anderen Goethe und Schiller – fanden gegen Ende des 18. Jahrhunderts für Frauen, die diese Freizeitbeschäftigung pflegten, eine herablassend-gönnerhafte Vokabel: Es waren Dilettantinnen. Sie übten die Künste aus Liebhaberei aus, heute würde man sie Amateurinnen nennen. Dilettantin zu sein war ehrenwert, solange man – nach Goethe – das Gründliche scheute und »die Erlernung notwendiger Kenntnisse überspringt, um zur Ausübung zu gelangen«.

Eine solche Dilettantin ist Paula, als sie den Eltern von ihren Skizzenstunden berichtet. Anfang August ist sie guten Mutes, bald etwas Vorzeigbares zu schaffen – »es wird schon werden«. Anfang September ist ihre Stimmung umgeschlagen. Paula Becker wagt nicht, Proben nach Bremen zu schicken, aus Angst, sich zu blamieren. Doch schließlich kommen ein paar Blätter zu Hause an.

Vor dem Hintergrund ihrer Ängste muss die Reaktion der Eltern für Paula überwältigend gewesen sein. Der Vater schreibt ihr am 22. September 1892: »Wir haben Deine ersten Tuschversuche bekommen und anstatt des Hohnes, welchen du erwartest, hast du nur Anerkennung gefunden. Deine Studien zeigen einen Fortschritt und Deine Orangen … sind so plastisch, dass wenn sie nicht kohlrabenschwarz wären, ich sie angebissen hätte.« Die väterliche Begeisterung lässt sich zu Zukunftsvisionen hinreißen: »… wenn du fortfährst Dir Mühe zu geben, kannst du es vielleicht noch weit bringen … Solltest Du auch nicht perfekte Künstlerin werden, so kannst du Dir doch manche Freude und Genuss dadurch verschaffen.« Und das sagt ein Vater, der nur wenige Wochen später seiner Tochter entschuldigend schreiben wird: »Meine Natur ist aber einmal so angelegt, dass mir die Fehler vor dem Guten auffallen.«

Vielleicht entspringt das verblüffende Lob der bisherigen Erwartung, dass von diesem »lieblichen« Kind nichts Herausragendes kommen würde. Hielten die Eltern Paula tatsächlich für oberflächlich und waren deshalb so erstaunt über den Eifer, mit dem sie sich dem Zeichenunterricht widmet?

Der persönlichen Anerkennung folgt ein fachmännischer väterlicher Ratschlag: »Meiner Ansicht nach ist es ganz gut das Auge nach der Natur zu üben, aber es muss daneben auch das Zeichnen selbst nicht vernachlässigt werden, damit nicht bloß das Auge sondern auch die Hand die nötige Sicherheit bekommt.« Vom Zeichnen versteht der studierte Ingenieur etwas, und in den Londoner Museen hat Paulas Vater sich als wissbegieriger junger Mann umgesehen. Deshalb kann er der Tochter raten: »Es ist auch ganz gut wenn Du neben Deinen Malstudien nebenbei ein bisschen Kunstgeschichte treibst ... und die Galerie in London hat Repräsentanten der meisten Schulen, so dass du dann im Anschauen Deine Kenntnisse praktisch befestigen kannst.«

Natürlich liest Paula den Brief Tante Marie und Onkel Charles vor, und die bleiben von so viel Lob nicht unberührt. Vielleicht ist Tante Marie auch froh, dem bisher eher missglückten Englandaufenthalt der Nichte eine neue positive Wendung geben zu können.

Vier Wochen später, am 21. Oktober, schreibt eine begeisterte Paula aus London an die Eltern: »Ich fange beim Neuesten an. Tante Marie und ich kommen eben von einer *school of art*, in die ich Montag eintrete. Ich habe dort alle Tage Stunden von 10–4 Uhr ... Ich bin, denke ich mir, die Jüngste, und ich denke mir, ich passe nicht so recht unter diese Talente. Aber es ist doch wieder gut, wenn ich sehe, dass ich am weitesten zurück bin und wie weit ich vielleicht gelangen könnte; das sportt auch meinen Ehrgeiz an.«

Wo Stolz ist, ist der Ehrgeiz nicht weit. Alle Ängste und Frustrationen Paulas sind wie weggeblasen. Nichts mehr von Heimweh in den Briefen an die Eltern, auch nichts mehr von Buttermachen und Nähmaschinen. Es gibt nur noch ein Thema: »Was meine Gedanken jetzt am meisten beschäftigt, sind natürlich die Zeichenstunden.« Als »Hauptlehrer« nennt sie einen Mr. Ward – »er gibt famose Stunden und lobt niemals«. Dieser Name legt eine Spur zu einer privaten Kunstschule im feinen Londoner Stadtteil St. John's Wood.

Tante Marie hat eine gute Wahl getroffen. Wer hierher kommt, will kein Dilettanten-Talent pflegen, sondern sich professionell auf den Eintritt in die Königliche Kunstakademie vorbereiten. Die Statistik steht für eine erfolgreiche Ausbildung: Von 394 Studenten, die nach 1880 die Aufnahmeprüfung in die Royal Academy bestanden, kamen 250 von der Kunstschule in St. John's Wood. Gemäß der Tradition wurde hier besonderer Wert auf einen anspruchsvollen Zeichenunterricht gelegt.

Paula Becker hat sich gut informiert und beschreibt den Eltern gleich im ersten Brief die einzelnen Lernschritte ihres zukünftigen Unterrichts: »Zuerst zeichne ich nur, und zwar ganz einfache Arabesken usw. Mache ich darin Fortschritte, so zeichne ich Kohle nach griechischen Modellen ... Sollte ich noch weiterkommen, so zeichne und male ich nach lebenden Modellen.« Etwas für diese Zeit höchst Ungewöhnliches erwähnt Paula fast beiläufig: »Wir sind im Atelier Damen und Herren, fünfzig bis siebzig ...« Ein Kunstschulen-Führer von 1895 sagt über St. John's Wood Art School das Gleiche und stellt doch das Besondere heraus: »Zeichen- und Malunterricht täglich und alle Klassen sind für Frauen zugänglich ... nur für das Akt-Zeichnen gibt es getrennte Klassen.«

Vielleicht wusste Paula Becker es um diese Zeit noch nicht: In Deutschland waren gemischte Unterrichtsklassen von Frauen und Männern selbst an privaten Kunstschulen undenkbar. An staatlichen Akademien hatten Frauen ohnehin keinen Zutritt. Wir werden ausführlich davon hören.

Die gute Stimmung hält an. Unkompliziert kündigt Paula den Eltern eine Sendung von Zeichenproben an. Diesmal sind keine Erwartungsängste im Spiel: »Ich sammle mir jetzt wieder einen Stoß Zeichnungen und dann schicke ich sie Euch.« Paulas Begeisterung steckt an, und wieder kommt ein erstaunlicher Brief aus Bremen.

Ohne auch nur eine einzige Arbeit seiner Tochter gesehen zu haben, wird der Vater vom Unterricht an der soliden Kunstschule zu kühnen Zukunftsplänen beflügelt: »Solltest du wirklich Talent zum Zeichnen und Malen haben, so werde ich gewiss gern versuchen Dir auch hier in Deutschland noch Unterricht geben zu lassen, damit du später auf eigenen Füßen stehen kannst. Bei dem jähen Wechsel dem wir bezüglich der Glücksgüter in unserem Zeitalter unterworfen, bei der angestrengten Arbeit den der Kampf ums Dasein mit sich bringt, muss jedes Mädchen danach streben, sich zur Not selbständig zu machen.«

Das klingt nicht nach einem flüchtigen, vorübergehenden Einfall. Paula ist nicht der erste Anlass für Woldemar Becker, sich zusammen mit seiner Frau Gedanken über die Zukunftsperspektiven von Töchtern zu machen. Milly, die Älteste, 1874 geboren, profitiert als erste davon, dass die Diskussion um die Berufstätigkeit der höheren Töchter an Familie Becker nicht spurlos vorübergegangen ist. Sinnvolle und ökonomisch tragfähige Alternativen zur Ehe waren für eine Tochter aus bürgerlichem Hause sehr begrenzt. Nicht wenige Eltern blieben auch in der zweiten Hälfte des 19. Jahrhunderts strikt auf »Heiratskurs«, schlossen jegliche Berufsbildung für ihre Töchter aus. Woldemar Becker ist in dieser lebenswichtigen Frage ein emanzipierter Vater, ganz gewiss mit Zustimmung seiner Frau: Schon Milly soll auf eigenen Füßen stehen können. Während Paula in England ist, geht ihre ältere Schwester in Bremen auf ein Lehrerinnen-Seminar.

Lebhaft, wie es bei Beckers am Familientisch zuging, werden die Eltern sich über die Zukunft ihrer Tochter Paula ausgetauscht haben, Meinungsunterschiede eingeschlossen. Doch diesmal sind sie sich einig. Auf Paulas Neuigkeit antwortet die Mutter: »Lieb Herz, wie glücklich macht es mich, dass du so gründlichen Zeichenunterricht bekommst! Es ist mein großer Wunsch, dass du alle Energie auf dies Feld konzentrierst.« Sprache ist verräterisch: Mich macht es glücklich, mein großer Wunsch ... Für Paula liegen in den Briefen aus Bremen die Erwartungen offen zutage.

Der mütterliche Ehrgeiz ist nicht gering: »Es wäre mir die größte Freude, wenn Du wirklich etwas erreichtest, etwas mehr als das bisschen Pfuscherei, das alle Mädchen betreiben.« Mathilde Becker ist wie ihr Ehemann mit den fortschrittlichen Debatten der Zeit vertraut. »Das bisschen Pfuscherei« weist hin auf eine gewendete Entwicklung: Aus der »liebenswürdigen Dilettantin« der besseren und besten Kreise ist ein Schreckgespenst geworden. Was gelobt wurde, solange es ein Freizeitvergnügen war, erhält zunehmend eine diffamierende, negative Note, seit im Laufe des 19. Jahrhunderts immer mehr bürgerliche Frauen es wagen, den Bereich der Kunst zu nutzen, um daraus einen Broterwerb zu machen. Dass es auch Frauen in diese Richtung drängt, die kein besonderes Talent haben, ist nur zu verstehen.

Kunstgewerbliche Malerei und Klavierunterricht wurden so beliebt, dass die steigende Zahl der Bücher mit Titeln wie »Die erwerbende Frau« (1896) oder »Der Beruf der Jungfrau. Eine Mitgabe für Töchter bei ihrem Eintritt ins Leben« (16. Auflage 1895) vor Illusionen warnte: »Überhaupt sollte niemand zur Kunst seine Zuflucht nehmen, der nicht etwas Ausgezeichnetes zu leisten vermag. Wie vom Klavierspiel gilt dies auch vom Gesange und fast mehr noch von der Malerei, der sich neuerdings manche junge Mädchen zuwenden.« Das war Mathilde Becker aus dem Herzen gesprochen, die von ihrer Tochter etwas Ausgezeichnetes erwartete.

Als Paula sich im April 1892 zusammen mit ihrem Vater auf den Weg nach England machte, war geplant, dass sie ein Jahr bei Tante Marie und Onkel Charles bleiben sollte. Tante Marie war eine kluge Frau. Ihr blieb wohl nicht verborgen, dass Paulas Eifer für den Unterricht an der Londoner Kunstschule den grundsätzlichen Dissens zwischen Tante und Nichte nicht beseitigen konnte. Um den 10. Dezember 1892 erhält Paula einen Brief ihres Vaters: »Durch Tante Marie wirst Du erfahren haben, dass Dir die Wahl gelassen werden soll entweder in eine englische Pension einzutreten oder nach Hause zu kommen.« Die Eltern machen der Tochter keine Vorwürfe: »Überlege dir, was Du willst ... Jeder gefasste Entschluss ist uns recht und brauchst du deshalb auf uns keine Rücksicht zu nehmen.«

Fast kann man eine goldene Brücke vermuten, wenn der Vater erwähnt, dass Paulas Gesundheit »in der letzten Zeit durch leichte Ohnmachtsanfälle« gestört werde. Zwar glaube er, dass solche Symptome vorübergehend seien und »durch vernünftige Kost, Kleidung und Bewegung behoben werden können«. Aber nun folgt eine einladende, entlastende Begründung für eine sofortige Rückkehr ins Elternhaus: »... andernteils glaubt Mutter dass Du ein heimliches Heimweh hast. Sie hofft daher dass unter ihrer Pflege Du dich bald erholen wirst.«

Paula Becker entscheidet sich: Weihnachten 1892 feiert sie im Kreis der Eltern und Geschwister in der Schwachhauser Chaussee in Bremen.

Wieder in Bremen: Examen zur Lehrerin
Januar 1893 bis März 1896

Das Kind muss wieder gesund werden und die Heimweh-Schäden auskurieren. Nach dieser Diagnose verteilt Mathilde Becker im Frühjahr 1893 für ihre Tochter Paula die Gewichte zwischen Arbeit und Vergnügen. Pflichttermin, egal, wie spät es am Abend zuvor war – »ich bin meistens nie um zehn im Bett«, schreibt Paula an Tante Marie –, ist für alle Familienmitglieder Frühstück morgens um sieben Uhr dreißig. Anschließend ist Paula eingeteilt, die oberen Räume in Ordnung zu halten. Das füllt nicht den Vormittag, zumal wenn im Januar in Bremen ein Volkssport lockt: »Wir haben wunderbares Eis gehabt. Mama ließ uns morgens und nachmittags gehen ...« Typisch, dass Paula versucht, auf dem Eis »feine Bogen« zu laufen, obwohl sie dabei mehr fällt als steht: »Es gilt nicht als Schande zu fallen, weil es beweist, dass man etwas gewagt hat.«

Je wärmer es wird, desto größer ist die Chance, Rasentennis zu spielen. Paula kann nicht genug davon bekommen, täglich ist ihr am liebsten. Ein Foto zeigt sie im Kreise ihrer Mitspieler und Mitspielerinnen: die bürgerlichen jungen Frauen auch auf dem Platz in knöchellangen Kleidern.

Die Abende sind mit Kultur vollgestopft. Shakespeares »Othello« und Schillers »Fiesko« stehen auf dem Programm, und die Mutter frönt einem ihrer literarischen Hobbies: »Fiesko« wird vor dem Theaterbesuch abends im Familienkreis mit verteilten Rollen vorgelesen. Im Künstlerverein warten Vorträge und Kammermusik. Außerdem hat sich Paulas Anteil am gesellschaftlichen Leben entscheidend erweitert. Mit siebzehn liegen die Tanzstunden längst hinter ihr, es beginnt die Zeit der Bälle.

Tante Marie erfährt in allen Einzelheiten auf Englisch vom ersten Ball nach der Rückkehr aus England: »It was really lovely. I hope I won't bore you in giving you quite a complete description of it.« Es waren mehr als zwanzig junge Frauen der guten Bremer Kreise, die mit ebenso vielen jungen Männern für einen anstrengend-vergnüglichen Abend zusammengeführt wurden, der gegen fünf Uhr früh endete. Woldemar Becker machte den Ballführer, stellte den jungen Damen die jungen Herren vor und sorgte für die Getränke. Paulas Freunde und Freundinnen waren entzückt, »wir Töchter natürlich sehr stolz auf ihn«. Die jungen Leute spielten Komödie, amüsierten sich beim Abendessen, aber vor allem beim anschließenden Tanz: »Herr Franzius führte mit Mama die Polonaise an, und dann kam ein schöner Tanz nach dem andern. Es hat mir außerordentlich gut gefallen.« Nach Mitternacht wurden zum allgemeinen Spaß Knallbonbons verteilt. Frau Franzius kümmerte sich besonders um die weiblichen Ballgäste.

Frau Baurat Becker und Frau Oberbaudirektor Franzius kannten sich seit Jahren gut; die Ehemänner, durch berufliche Gemeinsamkeiten verbunden, waren befreundet. Über diese persönliche Beziehung machte Woldemar Becker sein »englisches Versprechen« wahr: Bereits ab Januar 1893 wanderte Paula sonntagvormittags zur Zeichenstunde in die Wohnung von Familie Franzius. Der Oberbaudirektor hatte in seiner Jugend intensiv gezeichnet, gab ihr Hinweise und korrigierte ihre Versuche.

Im April schreibt Paula Becker ihrem ältesten Bruder Kurt einen langen Geburtstagsbrief. Sie hat ihm auf seinen Wunsch einen Glaskasten für Fotografien gebastelt. Doch das ist nicht alles: »Ich dachte aber, Du würdest Dich an etwas Gepinseltem noch mehr freuen. Da hab ich Dir die zwei kleinen Bilder in Mamas Schreibmappe gemacht. Ich mag jetzt so furchtbar gern malen oder zeichnen. Hauptsächlich, wo ich jetzt so prachtvolle Stunden habe bei Wiegand. Da muss ich vom lebenden Modell zeichnen, in Kohle. Das macht mir riesig viel Spaß.«

Was das Zeichnen und die Malerei betraf, war Bernhard Wiegandt ein anderes Kaliber als Ludwig Franzius: Nach dem Studium an den Kunstakademien in Düsseldorf und München hatte er sich auf vielen Reisen weitergebildet, in Bremen niedergelassen und konnte mit »gepflegter Malerei« seine Familie gut ernähren. Da er die Ausbildung seiner beiden Töchter zu Malerinnen förderte, wird er auch den Unterricht von Paula Becker ernst genommen haben. Ihre Bemerkungen über die Stunden bei Bernhard Wiegandt machen allerdings nicht den Eindruck, dass es sich um einen zielgerichteten Unterricht handelt, der zu einer selbständigen Tätigkeit führen soll. Genau das aber hatte der Vater in seiner Begeisterung über Paulas englische Malproben brieflich in Aussicht gestellt.

Der ursprüngliche Elan scheint von keiner Seite für den großen Wurf zu reichen. Paulas Eifer aber hält an: »Nun will ich hier zu Hause natürlich auch so riesig gern Versuche machen. Aber ich kann natürlich niemandem die Geduld zutrauen, mehrere Stunden unbeweglich zu sitzen«, schreibt sie an den Bruder. Die Mutter drängt gegen Paulas Willen einen Bekannten zum Modellsitzen. Das geht schief, denn dieser Herr Bischoff war mit seinem Konterfei so unzufrieden, »dass der mit rachsüchtigen Gedanken von uns schied. Seitdem zeichne ich mein teures Spiegelbild, und das ist wenigstens tolerant.« Alles Ansätze, die über das nicht hinausgehen, was nach dem ernsthaften Anfang in der Londoner Kunstschule gerade vermieden werden sollte: ein Talent als bloße Liebhaberei zu pflegen.

Es ist müßig zu fragen, warum der Lebensweg erst einmal eine andere Wendung nahm. Wir kennen nur die Fakten: 1893 beginnt Paula Becker eine Ausbildung am Janson-Lehrerinnenseminar, wo sie schon zur Schule gegangen ist. Im Februar 1894 schreibt sie ihrer Schwester Milly, die die gleiche Ausbildung durchlaufen hat: »Du wirst Dich freuen, wenn ich Dir ehrlich gestehen kann, dass mich mein Entschluss nicht gereut hat.« Wie die Schwester erfährt, tut das disziplinierte Lernen Paulas Lebenslust keinen Abbruch: »Die ganze Woche hatten wir wieder prachtvolles Eis ...« Doch das Schlittschuhlaufen reicht Paula Becker nicht, um sich in Schwung zu bringen: »Weißt du, wonach ich mich jetzt einmal sehne? Mich einmal recht ordentlich auszutanzen. Zwar habe ich mich auf unserem Architekten-Ball ganz prachtvoll amüsiert und furchtbar viel gehopst, aber einen richtigen schönen Walzer konnte doch keiner tanzen.«

Während dieser Bremer Jahre reißen die Kontakte in das geliebte Dresden nicht ab. Das Heimatgefühl bekommt durch regelmäßige Reisen neue Nahrung und wird in den Briefen ausführlich beschworen. Im Juli 1894 schreibt Mathilde Becker in ihr Tagebuch: »Alles verreist. Vier große Kinder habe ich in der Welt ... Kurt ist in Leipzig, Milly bei Cora in Berlin, Paula und Günther bei Tante Herma in Pillnitz.« Der Vater schickt am 3. August einen Brief an Paula: »Wie schön, dass Du Deinen Aufenthalt bei Tante Herma so genießt ... Der Spaziergang in Pillnitz wird Dich natürlich an die herrlichen Tage, die Ihr dort verlebt habt, erinnern. Etwas anderes als Schlachtensee ist doch der Blick ins Elbtal und der Schatten der Wälder in den verschiedenen Gründen.«

Zurück nach Bremen und in den gutbürgerlichen Haushalt der Beckers, die ihren Kindern in den bildenden Künsten bieten, was neu ist auf dem Büchermarkt. Im Frühjahr 1893 schildert Paula Becker ihrer Tante Marie in Südengland die Familienabende in Bremen: »Mama liest uns aus Grimms Michel Angelo vor ... Ich mag ihn sehr, aber wir kommen kaum voran, weil entweder eine von uns abwesend ist oder Besucher kommen.« Herman Grimm, Professor für Kunstgeschichte an der Berliner Universität, war einer der populärsten Autoren auf dem Gebiet der Schönen Künste. Er schrieb Romane, Novellen, Essays und vor allem Biografien berühmter Dichter und Maler, sein »Michelangelo« war ein Bestseller.

Was Grimm tat, kam dem Bedürfnis dieser Epoche geschickt entgegen und einem Bürgertum, das vor allem literarisch gebildet und geschult war und deshalb geschmacksunsicher, wo es in der Kunst nur seinen Augen trauen sollte. Biografien und kunstgeschichtliche Handbücher befanden sich in jedem bürgerlichen Haushalt, waren Unterrichtsstoff in den Höheren Töchterschulen. Nicht das Bild stand im Mittelpunkt von Kunstunterricht und Kunstverstand sondern die Bildung. Die Schöpfungen der Künstler – ihre Bilder und Skulpturen – waren zweitrangig. Was interessierte waren ihre Person, ihr Schicksal, ihr tragisch-geniales Künstler-Leben.

Kunstdrucke und Kunstmappen wurden zu Hunderttausenden gedruckt. Man schätzte griffige Urteile, mit denen man im Gespräch mithalten konnte und zeigen, dass man auf dem neuesten Stand war. Literatur über Kunst hatte sich zwischen die Kunstwerke und die vermeintlichen Kunstliebhaber und -liebhaberinnen gestellt. Urteile schwarz auf weiß vorgesetzt zu bekommen ist einfacher, als allein vor einem Bild zu stehen und sich selber ein Urteil durch Anschauen zu bilden. Zudem ging der Blick mit Vorliebe zu den ganz Großen, den Heroen – Michelangelo, Dürer, Rembrandt.

Die Großen hatten im kleinen Bremen ein qualifiziertes Zuhause gefunden. Nicht, was ihre Malerei betraf – da lagen Welten zwischen der Bremer Kunsthalle und der Gemäldegalerie in Dresden. Aber die Bremer Bürger konnten auf zweierlei stolz sein: Ihr Kunstverein, 1823 gegründet, war einer der ersten in Deutschland. Anfangs auf einen kleinen Kreis von Kunstfreunden beschränkt, die sich als Kaufleute täglich an der Börse sahen, übertrafen die Kunstausstellungen und die Bildverkäufe, die Schenkungen und Nachlässe an den Verein alle Erwartungen. Am 1. Mai 1849 war in den Wallanlagen bei der Ostertorwache die erste Kunsthalle in Deutschland feierlich eröffnet worden, die je ein bürgerlicher Verein beauftragt und finanziert hatte. An den Wänden hing vor allem die Kunst des 19. Jahrhunderts.

Eine Schatztruhe innerhalb der Kunsthalle wurde das Kupferstichkabinett. Bremer Sammler bedachten es im Laufe des 19. Jahrhunderts großzügig mit Meisterwerken. Zu den größten Kostbarkeiten zählten Aquarelle von Albrecht Dürer, die ersten Landschaftsmalereien in der deutschen Kunst. Woldemar Becker gehörte zum Freundeskreis des Kupferstichkabinetts, der sich jeden Montag von sieben bis neun Uhr abends in der Kunsthalle traf.

Für Mathilde und Woldemar Becker waren die schönen Künste nicht Stoff für billiges Ballgeschwätz, sondern Religion. In klassischen Romanen, Gedichten und Theaterstücken, in den Bildern der alten Meister fanden sie Werte und Lebensziele, fühlten sie sich bestätigt und ermutigt bei ihrer Suche nach dem Wahren und Schönen, herausgehoben aus dem grauen Alltag.

Die moderne Malerei war 1893 noch nicht in Bremen angekommen und nicht in der Familie Becker. »Die Geschichte der Malerei im XIX. Jahrhundert« von Richard Muther hätte nicht in das traditionelle Kunst-Bild von Mathilde und Woldemar Becker gepasst, nicht als Vorlesestoff getaugt. Heiß umstritten, wurde »Der Muther« dennoch ein Klassiker, die erste Auflage im Februar 1893 war sogleich vergriffen. Richard Muther, Universitätsdozent für Kunstwissenschaften in München, wagte es, in die Niederungen journalistischer Kunstkritik zu steigen. Dafür wurde er von seinen akademischen Kollegen mit Häme, Neid und Intrigen verfolgt. Von seinem Verleger gegen alle »Entrüstungsbriefe« und Abbestellungen gestützt, kämpfte Muther seit Jahren auf Seite eins der »Münchner Neuesten Nachrichten« sachkundig und brillant für die moderne Malerei. Sein Buch war so verständlich geschrieben wie seine Artikel, schlug erfolgreich eine Brücke zwischen einem interessierten Publikum und der modernen Kunst.

Der Kern von Muthers Philosophie und sein Anspruch an die Moderne lautete: »Das, was uns in einem Kunstwerk interessiert und packt, ist schließlich der Mensch selbst, der darin steckt, der Geist, der es geschaffen hat. Hat ein Künstler den eigensten Ausdruck für sein Denken und Träumen gefunden, dann soll er um Gottes Willen dabei bleiben.« Nicht die Maltechnik, nicht die formale und ästhetisch angenehme Wiedergabe der Dinge und der Menschen entscheidet über ein Meisterwerk. Die Technik ist für jede wahre Kunst nur Instrument, Mittel zum Zweck.

Diese These allerdings lag konträr zu einer Kunstauffassung, die im Schönen das objektiv Wahre suchte und nur dort zu finden glaubte. Woldemar Becker vertrat diese Tradition, als er in einem Brief nach England seiner Tochter im Zusammenhang mit dem Zeichenunterricht den Rat gab: »Wenn du jetzt nach London kommst, wirst Du hoffentlich Gelegenheit haben manche Zeichnung und manches Gemälde zu sehen. Studiere dieselben nicht dem Inhalte, sondern der Form nach; letztere ist für die Kunst die Hauptsache …«

Aus den Bremer Jahren gibt es keinen Anhaltspunkt dafür, dass Paula Becker erfahren hätte, welche Namen für die Minderheit der Kunstliebhaber und Kunstsachverständigen in Deutschland stehen, die den revolutionären Entwicklungen in der Malerei buchstäblich Raum gaben. Im Jahre 1882 kaufte der Professor für Römisches Recht und Kunstmäzen Carl Bernstein bei einer Paris-Reise zehn Bilder impressionistischer Maler, darunter Manet, Monet, Pissarro, und hängte sie im Musikzimmer seiner Berliner Wohnung auf. Als der Maler Adolph Menzel, kein verbohrter Konservativer, diese Impressionisten sah, die als allererste nach Deutschland gekommen waren, entfuhr es ihm gegenüber seinem Gastgeber: »Haben Sie für den Dreck auch noch Geld bezahlt?«

Ein Teil von diesem »Dreck« hing ein Jahr später zusammen mit weiteren Bildern französischer Maler in den Räumen des Berliner Kunsthändlers Fritz Gurlitt. Er wagte damit die erste Ausstellung von Impressionisten in Deutschland. Gurlitt war es auch, der sich für den später so berühmten Max Liebermann einsetzte. Liebermann war in jenen Jahren als »Elends- und Arme-Leute-Maler« in Verruf und fand nur innerhalb der Verwandtschaft Abnehmer für seine Bilder.

In München, das sich als Deutschlands Kunstmetropole bezeichnete, begann 1888 innerhalb der Kunstszene eine heftige Diskussion über die Beteiligung von ausländischen Malern an der jährlichen Kunstausstellung. Nach langem Streit traten im Jahre 1892 knapp achtzig Neuerer, die auf internationaler Beteiligung bestanden, aus der etablierten »Künstlergenossenschaft« aus und gründeten die »Secession«. Während die traditionelle Ausstellung wie üblich im Glaspalast stattfand, wurde am 15. Juli 1893 die erste Internationale Kunstausstellung des »Vereins bildender Künstler Münchens ›Secession‹« im eigenen neuen Gebäude in der Prinzregentenstraße eröffnet.

Mit rund zweihundert Arbeiten stellten die französischen Künstler die Mehrheit der ausländischen Teilnehmer. Für den Kommentator vom »Bayerischen Kurier und Münchner Fremdenblatt«, der modernen Kunst und Richard Muther mit den »Münchner Neuesten Nachrichten« in steter Feindschaft verbunden, eine willkommene Gelegenheit, die »gesunde« deutsche Kunst von der »krankhaften« französischen abzusetzen: »Im übersättigten Paris ist die neue Richtung entstanden, in jenem Paris, in dem die ›gute Gesellschaft‹ beiderlei Geschlechts lieber eine Zote, einen Gassenhauer, als eine Beethovensche Symphonie hört und ihre Lebensgeister mühsam durch Morphium und Belladonna wachhält. Die ›neue Richtung‹ konnte nur in Paris entstehen. Und nun hat sich das gesunde klare deutsche Auge in geradezu frevelhafter Weise dem krankhaften Sehvermögen des Parisers angepasst ... das Resultat ist die geschmacklose Schaubude in der Prinzregentenstraße ...« Die Gegenseite schwieg nicht und attestierte der ersten Ausstellung der Münchner Secession »den Keim zu einer neuen Entwicklungsphase der modernen Malerei«.

Zwar fühlten sich die Eltern Becker in Bremen der traditionellen Kunst verbunden und gaben vor allem dies an ihre Kinder weiter. Aber auch moderne Entwicklungen in Malerei oder Literatur wurden am Familientisch offen diskutiert. Woldemar Becker schätzte Fontane und empfahl 1894 Paula den gerade erschienenen Roman »Effi Briest«. Mathilde Becker kannte aus ihrer Dresdener Zeit Ibsen, auch wenn sie ihn nicht schätzte. Sie war begierig, von den Berliner Verwandten etwas über die Aufführungen der umstrittenen Dramen von Gerhart Hauptmann zu erfahren. Nietzsches Philosophie wurde mit Interesse und Bewunderung aufgenommen. Als deutsche Patrioten fühlten sich die Beckers, waren stolz auf die deutsche Kultur. Aber nationalistische Ressentiments wie sie vom »Bayerischen Kurier und Münchner Fremdenblatt« verbreitet wurden, hatten in Paula Beckers Familie keinen Platz.

Paula Becker trat neuen Entwicklungen offen gegenüber und ließ sich gerne begeistern. Im April 1895 ging wieder einmal ein Geburtstagsbrief an Bruder Kurt: »Diese Woche war ich eine eifrige Besucherin der Kunsthalle. Hast Du, wie Du hier warst von den Worpsweder Malern gehört? Natürlich! Die haben jetzt hier ausgestellt und wirklich einige ganz famose Sachen.« Ob Bruder Kurt wirklich informiert war?

Im August 1887 macht der Düsseldorfer Kunststudent Fritz Mackensen zum dritten Mal Ferien in dem winzigen Dorf Worpswede, rund zwanzig Kilometer nordöstlich von Bremen im Teufelsmoor gelegen. Seinem Freund Otto Modersohn, ebenfalls Student an der Düsseldorfer Kunstakademie, schreibt er: »Wie herrlich es hier ist, lieber Otto, kann ich Dir gar nicht beschreiben ... Die Leute schon zu sehen ist famos ... Landschaftlich ist die Gegend ungeheuer reizvoll: Strohdächer und leuchtend rote Ziegeldächer sind bunt durcheinandergewürfelt. Als wir heute zurückfuhren, kam ich unwillkürlich zu dem Gedanken, ach könnte ich doch mit einem von Euch all das Herrliche, was ich hier massenhaft schöpfen kann, teilen ...«

1889 verbringen Mackensen, Modersohn und der Malerfreund Hans am Ende den Sommer in Worpswede, und eines Tages sagt Otto Modersohn den erlösenden Satz: »Wie wäre es, wenn wir hierbleiben ...?« Sie bleiben. Otto Modersohn pfeift auf einen ordentlichen Abschluss. Längst hatte er den »Akademismus« seiner Lehrer in Düsseldorf im Tagebuch kritisiert, warf ihnen »hohles Pathos« vor und dass sie über der »Glätte des Vortrags den geistigen Gehalt, die Seele« vergessen. Im Gegensatz dazu formuliert er sein malerisches Ideal: »Dieses Ideal ist erfüllt von Gefühl, ein ahnendes, geheimnisreiches, märchenhaftes, erhabenes und tiefes Naturgefühl. Es tritt in die Erscheinung ganz nach der modernen Anschauung über Naturauffassung und Farbe ... Die geistige Anregung liegt wohl bei den Franzosen. Sie verehre ich am meisten.« Otto Modersohns Naturgefühl hatte im Teufelsmoor einen Resonanzboden gefunden.

1893 lassen sich zwei weitere Düsseldorfer Kunststudenten, die in Bremen zu Hause sind, in Worpswede nieder und werden von Fritz Mackensen, Otto Modersohn und Hans am Ende als Gleichgesinnte akzeptiert: Fritz Overbeck und Heinrich Vogeler. Die fünf Künstler wollen unter sich bleiben. Doch ohne ihr Zutun kursiert unter Eingeweihten umgehend das Gerücht, in Worpswede sei ein weiteres Künstlerdorf entstanden.

Seit Beginn der achtziger Jahre hatten sich in Deutschland rund zwanzig Künstlerkolonien gebildet, Dachau war eine der frühesten und größten. Ihr Vorbild ist das Dorf Barbizon südlich von Paris, wo seit den 1830er Jahren französische Künstler erstmals im Freien malen. Statt wie bisher sich an biblischen oder griechischen antiken Themen im Atelier abzumühen, malen sie nach der Natur Landschaften, Dörfer, Tiere. Mit ihrem Protest gegen die sterile Malerei an den Akademien verbinden sie einen alternativen Lebensstil, fern vom Lärm und Gestank der Städte, gegen die aufkommende Industrialisierung, zurück zur Natur.

Die fünf Worpsweder Maler allerdings wollen keine Gesinnungsgenossen, kein Künstlerdorf. 1894 beklagt sich Otto Modersohn bitter darüber, dass schon zehn weitere Maler im Moor umherwandern. Um sich abzugrenzen und weil eine Gruppe sich in der Kunstszene eher durchsetzen kann als ein einzelner, gründen die fünf die »Künstlervereinigung Worpswede«. Mit Erfolg. Für das Frühjahr 1895 lädt der Vorstand des Bremer Kunstvereins die »Künstlervereinigung Worpswede« ein, ihre Werke – zusammen mit Bildern von Münchner Malern – in der Kunsthalle auszustellen.

Über den Kunstgeschmack der Bremer Bürger herrschte seit den siebziger Jahren unumschränkt der Maler, Dichter und Schriftsteller Arthur Fitger. Fitger malte gigantische dekorative Fresken an die Wände der Bremer Börse, des neuen Rathauses in Hamburg, etlicher Bremer Villen und nicht zuletzt in die Salons der neuen Passagierdampfer, weltweit bewunderte Produkte des aufstrebenden deutschen Kaiserreichs. Er verfasste Theaterstücke und Gedichte, und vor allem besaß er das Monopol als Kunstkritiker der in Bremen erscheinenden »Weser-Zeitung«. Für Fitger zählte nur die unangetastete Tradition: Wer sich als Künstler auch nur entfernt an Neuem versuchte, entsprach nicht seinen Kriterien eines gebildeten Geschmacks. Fitger hatte viele Anhänger und Bewunderer.

Der liberalen »Kölnischen Zeitung«, deren Feuilleton von überregionaler Bedeutung war, ist die Ausstellung der Worpsweder in Bremen einen Artikel wert. Was darin über den Kunstverstand in der Hansestadt berichtet wird, ist wenig schmeichelhaft: »In der Bremer Kunsthalle erregt jetzt etwas so Neues, Originelles, Ursprüngliches allgemeinste Aufmerksamkeit, wie es auf diesem Gebiete hier kaum dagewesen ist:

es ist die besondere Ausstellung der ›Künstlervereinigung Worpswede‹. Wie vieles Neue, namentlich auch in der Kunst, bei der großen Menge und auch oft bei den ›Fachleuten‹ auf Widerspruch stößt ... so geht es auch diesem Unternehmen, wissen doch sogar viele Bremer nicht einmal, wo eigentlich dieses weltabgeschiedene Nest Worpswede liegt ... dort soll sich eine Malerschule gebildet haben, die ihre Sachen in der Bremer Kunsthalle auszustellen sich erdreistet?«

Dann erfahren die Leser der »Kölnischen Zeitung« etwas vom Bremer Publikum – hanseatische Pfeffersäcke, die etwas von Geschäften an der Börse verstehen mögen, aber wenig von Kunst: »... der Volkswitz, hier wohl richtiger gesagt, der ›Börsenwitz‹ hat die betreffenden Räume der Ausstellung als ›Lachkabinett‹ bezeichnet. Die Spötter ahnen nicht, dass sie nur das uralte Lied anstimmen, dass der Unverstand und die Schwerfälligkeit der Spießbürger immer anheben, wenn in der Kunst völlig Neues sich zu regen beginnt.«

Paula Becker wird nicht entgangen sein, dass nicht wenige Besucher auf die Werke der Maler im Teufelsmoor teils mit Unverstand, teils mit Empörung reagierten. Ihre Begeisterung über die »famosen Sachen« der Worpsweder Maler ist echt. Sonst wäre sie wohl nicht mehr als einmal in die Ausstellung gegangen. Doch sie lobt längst nicht alles in Bausch und Bogen. Ausführlich schildert sie ihrem Bruder das Bild von Fritz Mackensen über eine Predigt in der Heide: »Dies ist ein riesig interessantes Bild. Die Gemeinde sitzt im Freien vor ihrem Priester. Aber wie lebenswahr der Künstler die einzelnen lebensgroßen Gestalten getroffen hat. Die leben alle. Natürlich alles riesig realistisch aber ganz famos.« Nur noch einer der fünf Worpsweder wird von ihr positiv erwähnt: »Sonst interessierte mich noch riesig ein Modersohn. Der hat die verschiedenen Stimmungen in der Heide so schön geschildert, sein Wasser ist so durchsichtig und die Farben so eigenartig.« Mit neunzehn hat Paula Becker schon ein gutes Auge für malerische Qualität. In München, wo die Worpsweder Künstler im Herbst 1895 im Glaspalast ausstellen, erhält Fritz Mackensen für seine Heidepredigt eine Goldmedaille. Otto Modersohns »Sturm im Teufelsmoor« wird von der renommierten Pinakothek angekauft. Der Kritiker der »Münchner Neuesten Nachrichten« urteilt: »Der Persönlichste ... ist sicher Modersohn, und er ist auch das stärkste Talent unter den Worpswedern ...«

Die ausführliche Erwähnung der Ausstellung steht am Ende des Briefes an den Bruder. Am Anfang spricht Paula Becker ohne Umschweife an, was ihr seit Monaten auf der Seele liegt: »Du weißt ja, wir hatten uns in den Oktoberferien nicht so gut vertragen, wie wohl sonst. Es gab ewige Reibereien, die mich schließlich innerlich so empörten, dass ich selbst nicht immer gerade die Liebenswürdigste war. Das alles ließ einen kleinen Stachel im Herzen zurück. Nun ist er aber schon lange, lange verschwunden. Statt seiner entstand ein heißer Wunsch, einmal wieder recht zu fühlen, dass ich einen großen Bruder habe, der mich liebt und an mich denkt ...«

Ähnlich wie bei ihren Spannungen mit Tante Marie in England, braucht Paula Monate, um sich zu offenbaren. Ähnlich sind die Ängste, die sich bei ihr eingenistet haben und ähnlich ist die Bitte, die sie jetzt, im April 1895, an Kurt, den »großen Bruder«, richtet: »... dass es doch zwischen uns wieder werde wie früher, lass uns einander nicht fremd werden.« An Tante Marie hatte sie geschrieben: »Nimm mich wieder als Deine Paula von früher an ...« Paula Becker hat ihren Stolz, den lässt sie sich nicht nehmen. Zugleich beschwört sie in den Briefen jeweils Bruder und Tante, sich nicht abzuwenden, ihr weiter Zuneigung und Nähe zu schenken. Sie baut darauf, dass die Familienbande unverbrüchlich über alle Differenzen hinweg Bestand haben. »Deine treue Schwester«, beschließt sie den Brief an Bruder Kurt.

Kurt Becker, der angehende Mediziner, bekommt aber auch einen Glückwunsch zum Geburtstag: »Ich wünsche Dir eine rechte, stille Befriedigung in Deiner Arbeit und ein Leben ohne allzuviel Grübeln und Nachdenken. Denn das macht doch nur melancholisch.« Spricht die Schwester aus Erfahrung? Von professionellem Zeichen- und Malunterricht, von der Möglichkeit, mit diesem Talent selbständig zu werden, ist nicht mehr die Rede. War alles nur eine Laune gewesen? Hatte Paula Becker den Mut verloren zu einem solchen gewagten Lebensziel?

Sie ließ sich »vertrauensvoll treiben«, heißt es in einer Biografie über die drei Jahre zwischen Januar 1893 und Ende 1895. Mag sein. Was aber, wenn das nur die eine Seite ist, die Oberfläche? Wenn das Leben der siebzehn-, achtzehn-, neunzehnjährigen Paula Becker – wie in ihrer Kindheit – eine andere Dimension hatte, über die keine schriftlichen Hinweise vorliegen? Über die Paula Becker schweigt, so dass niemand in diesen frühen Jahren davon etwas wahrnehmen konnte. Aber es gibt Mosaiksteinchen, die etwas aussagen. Zwar betreffen sie die ein wenig

*Herma, Paula, Mutter und Vater, Günther, Milly,
Kurt und Henner Becker, Bremen 1895*

ältere Paula Becker. Es ist jedoch unwahrscheinlich, dass sich der Kern
ihrer Persönlichkeit in drei Jahren grundsätzlich verändert hat.

Drei Jahre später werden sich Paula Becker und Ottilie Reyländer
über viele Monate »fast jeden anderen Tag« in Worpswede sehen. Die
fünfzehnjährige Ottilie wird von der Älteren im Malen angeleitet. Die
Erinnerungen von Ottilie Reyländer an diese Begegnungen zeichnen
sich durch Einfühlungsvermögen und genaues Beobachten aus.
Was sie an Paula Becker vor allem beeindruckt, sind die »enormen
rotbraunen Haare und die unvergleichlichen Augen: groß und samten
wie die dunklen Aurikeln in ihrem Gürtel, mit den fremdartig geschnittenen breiten Lidern, der äußere Augenwinkel tiefer als der andere, und
dem strengen und doch oft lächelnden Mund«. Ihr Lächeln war »schüchtern und überlegen zugleich«, doch ihr »felsenfester Glaube an sich
selbst war fantastisch«. Für Ottilie Reyländer sind es die Gegensätze,
die Paula Becker ausmachen: »Manchmal traf ich sie im Moor ... dann

war sie schweigsam, ganz nach innen gekehrt. Aber im Atelier war das anders. Wie ein richtiger lebenslustiger junger Mensch sang sie und pfiff sie, aß mit fabelhaftem Appetit und konnte sehr übermütig sein.« Und noch eine sensible Wahrnehmung: »In ihrer Gegenwart befand man sich sofort unter der Oberfläche und empfing von dem, was sie nur aus der Tiefe heraufzuholen brauchte, es war, als habe sie lange Leben hindurch Schätze und Erfahrungen gesammelt ...«

Da war Paula Becker zweiundzwanzig und besaß offensichtlich eine Ausstrahlung, die man nicht von einem Tag auf den andern erwirbt. Es ist kein Widerspruch, wenn die geselligen Aktivitäten der Jahre 1893 bis 1895, verbunden mit einer diffusen Passivität, was ihre Lebensziele betrifft, nur der eine, sichtbare Teil der Paula Becker sind. Sie ist offenbar erfüllt von einer inneren Kraft, die fest an eine eigene Zukunft glaubt und in den einsamen Stunden wächst, »wo Sein und Nichtsein ineinander verfließen«. Stunden, von denen sie seit ihrer Kindheit »durchtränkt« ist.

Wie ein Blitz aus heiterem Himmel trifft die Familie im Sommer 1895 die Entlassung des Vaters. Von einem Tag auf den anderen treten alle Pläne in den Hintergrund. »Woldemar hat die Nachricht seiner Pensionierung erhalten, völlig unerwartet, mit 53 Jahren«, schreibt Mathilde Becker am 22. Juli 1895 in ihr Tagebuch. Woldemar Becker, dessen Sicht auf die Welt und sein eigenes Leben ohnehin trüb und pessimistisch ist, hat nicht gerade eine eindrucksvolle Karriere gemacht. Nun aber ist er, der älteste Sohn des angesehenen Professors Adam von Becker, vom russischen Zaren geadelt und zum Kaiserlich-Russischen Wirklichen Rat ernannt, vor aller Augen gescheitert.

Da hilft auch nicht, dass objektive Gründe zu dieser vorzeitigen Pensionierung führen: Die Bremische Eisenbahn ist bankrott und wird aufgelöst. Fast fluchtartig verlässt Woldemar Becker Bremen und reist über Monate zu Bekannten, Freunden und Verwandten in Sachsen, um bei der Sächsischen Eisenbahn wieder Arbeit zu finden – vergebens, wie sich zeigen wird.

Die Tochter Paula macht im September ihr Lehrerinnen-Examen. Doch eine Entscheidung, wie es weitergeht – eine Anstellung als staatliche oder private Lehrerin wäre folgerichtig –, steht nicht an. Wieder einmal muss Paula Becker erst gesund werden, und das braucht offenbar Zeit. Der Geburtstagsbrief des Vaters kommt im Februar 1896 aus

Leipzig: »Euch Allen und Dir besonders heute wünsche ich das Beste und wenn ich mich von Euch getrennt habe, so habe ich es getan um Euer Los erträglicher zu machen. Also lass mich Dich in die Arme schließen, Dir nolens volens einen Geburtstagskuss geben und Dir alles das wünschen, was Du zu Deinem Besten Dir selbst wünschest und was zu Deiner Wohlfahrt ersprießlich ist. Vor allem werde recht fix und gesund und dann wird alles Übrige sich schon finden ... Mama wird Dir auch in meinem Namen noch Geld geben verwende es zu etwas Passendem und wenn es nicht mehr ist, so beschuldige die schlechten Zeiten, nicht mich.« Ein trauriger Geburtstagsbrief; ein verbitterter Vater, der sich schuldig fühlt und hilflos zugleich, weil er für seine Tochter das Beste im Sinn hatte.

Die Situation ist deprimierend. Aber Mathilde Becker kennt die trüben Stimmungen ihres Ehemanns. Wenn Paulas kränkelnde Gesundheit auch eine weitere Schonfrist rechtfertigt: Dass Pläne für die Zukunft ihrer Tochter gemacht werden müssen, liegt auf der Hand. Und ebenso, dass Mathilde Becker sich darum kümmert, wenn ihr Mann lange abwesend ist und keine konkrete Hilfe bieten kann. Wozu hat sie schließlich ihre Beziehungen in Bremen?

Ob Mathilde Becker im Februar 1896, als der Vater den Geburtstagsbrief an Paula schreibt, schon ihre Fäden gesponnen hat, liegt im Dunkeln. Im Dunkeln bleibt auch alles, was sich in den nächsten Wochen tut. Offen liegt nur, dass ihre Mutter hinter der überraschenden Wende steckt, die Paulas Leben im April 1896 nimmt. Wir wissen es von einem weiteren verbitterten Brief, den Woldemar Becker im Juli an seine Frau schrieb: »Was soll aus Paula werden? ... Du hast die ganze Berliner Malgeschichte ohne mein Wissen angefangen. Ich bin nicht entgegengetreten, aber glaubst du wirklich, dass das Kind etwas Tüchtiges darin leisten wird, wenigstens so wird, dass sie ihren Unterhalt davon verdienen könnte. Ich bezweifle es.«

Die Berliner Malgeschichte: Mitte April 1896 erhält Mathilde Becker einen Brief von ihrer Tochter Paula: »Liebste Mutter, Damit Du Dich nicht ängstigst, was ich aber eigentlich doch nicht glaube, will ich Dir nur sagen, dass Dein Küken in dem großen Berlin angekommen ist.« Absender: Perleburger Straße 23.

Dort wohnt Tante Paula Rabe, eine Schwester von Mathilde Becker, die bereit ist, ihre Nichte für sechs Wochen aufzunehmen. So lange dauert der Kurs der »Zeichen- und Malschule« des »Vereins der Berliner Künstlerinnen und Kunstfreundinnen«. Ein Kurs, der allen Frauen ohne Aufnahmeprüfung offensteht: jenen, die nur zum Vergnügen mit Stift und Pinsel umgehen möchten, wie denen, die ihr Talent und ihre Ausdauer testen möchten, bevor sie an der Schule die professionelle Ausbildung zur Künstlerin belegen.

Über ihre kleine Cousine Ella Rabe schreibt Paula an die Mutter: »Das Mädel ist wirklich auffallend hübsch mit ihrem beweglichen Gesichtchen und den schlanken Händen. Ich bin mit den Augen bis über die Ohren in sie verschossen. Wenn sie abends im Nachthemdchen auf ihrem Bettrand sitzt – ein Bild!«

In Berlin: Ich lebe jetzt ganz mit den Augen
April bis Mai 1896

»Die Tage fliegen dahin! Ich habe keine Zeit, mich einsam zu fühlen oder Langeweile zu verspüren. Vier Nachmittage der Woche gehören meinem Zeichenunterricht, der bildet jetzt den Inhalt meiner Gedanken«, schreibt Paula Becker ihren Eltern am 23. April 1896 aus Berlin. Sie gibt damit indirekt ihrem Vater eine Antwort, der ihr eine Woche zuvor den Rat gegeben hat: »Du wirst Dich manchmal ein bisschen vereinsamt fühlen, dann ist das beste Mittel gegen Heimweh, du nimmst einen Bogen Papier und schreibst deinen Eltern wie es Dir ums Herz ist ...«

Woldemar Becker schreibt seiner Tochter aus Leipzig. Er ist noch auf Arbeitssuche. Dass er nicht erfreut ist über Paulas Berliner Unternehmung, lässt er sich nicht anmerken: »Also zunächst willkommen in Berlin, möge es Dir dort gefallen und Du aus dem Zeichenunterricht den größten Nutzen ziehen.« Dann folgen väterliche Ratschläge fürs Leben, denn Paula Becker ist zwar in Berlin in der Obhut der Verwandtschaft, aber den größten Teil des Tages erstmals in einer fremden Umgebung auf sich gestellt.

Woldemar Becker rät seiner Tochter, selbständiger zu werden und »ein gewisses Maß Sprödigkeit ... solche zimperliche Schüchternheit« abzulegen. Nur dann käme sie zur Überzeugung, »dass man immer das Rechte tut, wenn man seinen Überzeugungen nachgeht, nicht jedesmal fragt, was werden die Leute wohl dazu sagen«. Ein selbstbewusster Rat, und den verknüpft der Vater mit einem zweiten: »Das heißt: ... gegen sich selbst ist größere Rücksichtslosigkeit von Nöten. Man darf nicht egoistisch an sich denken, sondern mehr an Andere ...« Da lässt der Vater die Katze aus dem Sack.

Für Paula muss diese Verknüpfung – folge deinen Überzeugungen, aber sei weniger egoistisch – verwirrend gewesen sein. Wir allerdings kennen den Brief, den Woldemar Becker im Juli 1896 aus Leipzig seiner Frau schreiben wird. Da beschwert er sich nicht nur, dass Mathilde Becker »die ganze Berliner Malgeschichte« ohne sein Wissen angefangen habe. Er zeichnet ein tief-düsteres Charakterbild seiner zweitältesten Tochter: »Was soll aus Paula werden? Auch sie ist und bleibt unselbständig und hat nicht die Energie, aus sich selbst etwas zu schaffen und sich selbständig zu machen ... Selbst im Hause ist sie nur ein muffiges Wesen, das vielleicht ganz hübsch Blumen verteilt und damit die Zimmer schmückt, aber damit kann man keine Existenz gründen und meiner Ansicht ist das doch die Hauptsache. Ich glaube nicht dass unsere Töchter sich verheiraten werden, Paula am wenigsten, weil sie für Andere kritischer als für sich.« Seine Frau bekommt zu hören: »Du hast immer Entschuldigungsgründe.«

Woldemar Becker war ein grüblerischer Mensch, der sich selbst mit Kritik nicht verschonte. »Ich bin in misslauniger Stimmung und sehe vielleicht schwarz«, heißt es an einer Stelle in diesem Brief. Er setzt auf das Verständnis seiner Frau, die ihn seit fünfundzwanzig Jahren kennt, und er versucht, seiner pessimistischen Sicht die Schärfe zu nehmen, wenn er schließt: »Dein alter Misanthrop«.

Mathilde Becker lebt mit den Stimmungen ihres Mannes. Sie weiß, dass in seiner Seele vieles miteinander auskommen muss: die tiefe Zuneigung zu seiner Tochter Paula, der Schmerz, ihr aufgrund seiner mäßigen Karriere finanziell nicht alles bieten zu können, was er möchte, und zugleich ein Misstrauen, dass Paula ihre Kräfte und Talente nicht ernstlich erprobt, im Leben nicht das Höchste und Beste erstrebt. Es sind seine Ängste, es ist sein Versagen, das Woldemar Becker – seit Monaten vergeblich auf der Suche nach neuer Arbeit – auf seine Tochter projiziert.

Er nährt in Paula das untergründige Gefühl: Es ist nie genug, was sie in den Augen des Vaters leistet. Und das setzt sich fest für immer. Zehn Jahre später, zum dreißigsten Geburtstag, schickt ihr die Mutter ein Foto des Vaters, der fünf Jahre zuvor gestorben ist. Sie merkt an, dass die äußere Ähnlichkeit zwischen Vater und Tochter frappierend sei. Da wagt Paula Becker in ihrer Antwort der Mutter zu sagen, wie diese Ähnlichkeit ihr Leben überschattet hat: »Auch ich finde die Ähnlichkeit sehr groß, wie wir sie auch wohl im Charakter haben ... Diese Ähnlichkeit war wohl auch der Grund, dass unser bescheidener Vater mit mir in meinem ganzen Leben nicht zufrieden war.« Nicht um Anklage und Verurteilung geht es, sondern darum, Schmerz und Trauer aufzuzeigen über eine Sprachlosigkeit zwischen Tochter und Vater, die über vieles lebhaft im Gespräch waren und stumm blieben, wo es ihr Innerstes berührte.

Es zeichnet Woldemar Becker aus, dass er im Brief an seine Frau nicht auf Heirat der Töchter drängt und dass sich darin kein abträgliches Wort findet. Viele Väter seiner Generation haben ganz anders argumentiert. Dass Woldemar Becker so entschieden auf die Selbständigkeit von Paula – und ihren Schwestern – drängt, ist eine sehr moderne Lebenseinstellung, wie sie im Bürgertum seiner Zeit noch längst nicht überall angekommen ist.

Paula Becker ist sensibel und nachdenklich, aber sie kann auch abschalten und Prioritäten setzen. Auf die Lebensregeln des Vaters geht sie nicht ein. Die Tage fliegen dahin, ein neues Leben füllt sie aus, Anregungen, Herausforderungen, denen sie sich voller Tatendrang stellt. Wie in den Wochen, als sie in London die Kunstschule besuchte, steckt sie voller Energie und Ausdauer. Nicht nur die vier Nachmittage in der Woche gehören ihrem Zeichenunterricht: »Meine beiden freien Vormittage, Freitag und Sonnabend, verbringe ich im Museum. Bei den Deutschen und Holbein bin ich jetzt ganz zu Hause, aber Rembrandt bleibt doch der Größte.« Niemand muss Paula Becker antreiben oder ihr den Blick lenken. Sie selbst hat das Bedürfnis, nicht mehr nur über die Großen der Malerei zu lesen, von ihren Schicksalen bewegt zu sein, sondern Bilder schauen zu lernen und zu fühlen, was sie in ihr auslösen. Über Rembrandt schreibt sie: »Diese himmlischen Lichtwirkungen! Der hat auch mit Andacht gemalt.« Sie bezieht sich auf sein Bild »Gesichte Daniels«: »Ein rührendes Bild. Man braucht gar nicht fromm zu sein und spürt doch im Anschauen einen Hauch jenes frommen Danielschauders.«

Paula Becker fühlt sich wohl in ihrem Metier. Wie sehr es sich aufdrängt, dass sie auf diesem Weg weitergeht, und wie aussichtslos eine solche Möglichkeit ist, spricht die Mutter in ihrem Brief vom 7. Mai aus: »Morgen bist du schon vier Wochen fort und Deine Zeichenstunden, in denen ich Dich so glücklich beschäftigt wusste, nehmen schon ein Ende. Ob und wann es Dir vergönnt sein wird, Dein Lieblingsstudium wieder aufzunehmen, wer weiß es? Ich wünschte es Dir sehnlich, aber wie sollen wir diese Sehnsucht verwirklichen.«

Die Mutter gibt die Hoffnung nicht auf. Der Vater lässt nur vier Tage später die vermeintlichen Fakten sprechen: »Leid tut es mir, dass du Deine Zeichenstunden nicht länger fortsetzen kannst. Du hast bloß, um so zu sagen, in der Kunst geschnüffelt, und der Erfolg kann daher kein großer sein ... eine Änderung deines Lebens muss bald erfolgen. Du kannst nicht immer im Hause bleiben und musst auf irgend eine Weise selbständig werden.« Woldemar Becker ist kein Unmensch. Hinter seiner ernüchternden Bilanz steckt der Wunsch, seine Tochter vor Plänen zu bewahren, die nach seiner Sicht der Umstände keine Zukunft haben.

Aber selbst der pessimistische Vater kann die untergründigen Erwartungen, die knapp vier Jahre zuvor in seinen Briefen nach England Gestalt annahmen, nicht ganz verdrängen. Im Mai 1896 liest sich das so: »Ich glaube nicht dass du eine gottbegnadete Künstlerin ersten Ranges werden wirst, das hätte sich doch wohl schon früher bei Dir gezeigt, aber Du hast vielleicht ein niedliches Talent zum Zeichnen, das Dir für die Zukunft nützlich sein kann ... Wenn Du auch nicht Vorzügliches dann leistest, so kannst du es durch Ausdauer über die grobe Mittelmäßigkeit bringen und nicht im Dilettantentum untergehen ...« Was für ein Wechselbad der Gefühle mutet Woldemar Becker seiner Tochter da zu.

Eine Künstlerin ersten Ranges werden? Vergiss es! Vorzügliches möchtest du schaffen? Nein, für höchste Ansprüche reicht dein Talent nicht! Wie du dich auch anstrengst, für das Beste ist es nie genug! Sind das vielleicht die eigenen verfehlten Lebensziele, die der Vater für seine Tochter aufstellt?

Aus diesen Tagen hat sich eine selbstkritische Notiz von Paula Becker erhalten, die möglicherweise aus ihrem Tagebuch stammt: »Ich kämpfe noch mit riesigen Schwierigkeiten mit dem Material ... Riesig, riesig schwer! Das Ganze immer im Auge zu behalten, wo man doch zur Zeit immer nur das Einzelne sieht.« Aber das ist für Paula Becker kein Grund, den Mut sinken zu lassen, im Gegenteil. Sie ist ihrem selbstgesteckten Ziel völlig hingegeben: »Ich lebe jetzt ganz mit den Augen, sehe mir alles aufs Malerische an. Wenn ich durch die Potsdamer Straße meinen Weg zur Zeichenschule pilgere, beobachte ich tausend Gesichter, die an mir vorbeikommen, und versuche mit einem Blick das Wesentliche an ihnen zu entdecken ... alles flächig zu sehen, die runden Linien in eckige aufzulösen. Vergnügen macht's aber riesig.«

Paula Becker arbeitet in diesen Berliner Frühlingswochen »mit ganzer Seele«. Sie hat gefunden, womit sie ihr Leben ausfüllen möchte. Aber es scheint kein glückliches Ende zu geben. Der Vater drängt auf Geldverdienen und spricht seiner Tochter nun auch echtes Talent ab. Grund zum Verzweifeln, das Schicksal bitter zu beklagen? Wütend oder resigniert zu sein? Nicht so Paula Becker: »Mittwoch ist nun Schluss. Traurig, traurig«, heißt es in ihrer Notiz. Und weiter: »Wenn es keine Zeichenstunden mehr gibt, freue ich mich auf zu Hause. Ich habe mir schon viel vorgenommen, was ich dann zeichnen will ...« Ist das Fatalismus, Naivität, Realitätsferne? Und wenn nicht: Was hilft der Zwanzigjährigen, der völlig ungewissen Zukunft gelassen und zuversichtlich zu begegnen?

Was als Katastrophe gedeutet werden kann, löst bei Paula Becker keine Hektik, keine Aufgeregtheit, keine Klagen oder Anklagen aus. Passt sie sich den Gegebenheiten an? Das wäre eine sehr oberflächliche Deutung. Nein, unbeirrt, ohne viel Aufhebens will sie ihren Weg weiter gehen. Als ob sie nie ein Lehrerinnen-Examen gemacht hat, plant Paula Becker für das Ziel, das in Berlin ihre ganze Seele erfasst hat: Sie wird weiter zeichnen und malen – wenn nicht in Berlin bei professionellen Lehrern, dann eben zu Hause in Bremen. Mit zwanzig ist sie überzeugt, auf dem aufbauen zu können, was sie im Berliner Kurs gelernt hat. Kein Wort zu den beruflichen Überlegungen ihres Vaters, keine Reaktion auf die demütigende Einschätzung, sie habe ein »niedliches Talent«.

Zwei Jahre später freundet sich Paula Becker mit der Bildhauerin Clara Westhoff an. Sie hat eine Geschichte überliefert, die die ungewöhnliche Konzentration der jungen Paula auf ihre Arbeit dokumentiert und verständlich macht: »Ich hatte gleich in der ersten Zeit unserer Bekanntschaft angefangen, eine Büste von ihr zu modellieren. Als wir eines Tages bei der Arbeit waren, erlitt diese eine Unterbrechung durch das unerwartete Erscheinen meiner Eltern ... Infolge einer Verstimmtheit meines Vaters war ich, als wir wieder allein waren, noch etwas nachdenklich und in der Arbeitsverfassung gestört. Da sagte Paula: ›So etwas sollte man eigentlich überhaupt nicht gesehen haben.‹ – Jetzt weiß ich, dass diese Bemerkung nicht lieblos war ... sondern der Ausdruck einer Haltung, die dazu angetan ist, die wahre und reine Sammlung zu fördern und zu schützen.« Paula Becker, fest in ihrer Familie verwurzelt, war entschlossen, ihren innersten Kern vor den Eltern und Geschwistern abzuschirmen. Es war die Arbeit, die Vorrang hatte – selbst vor engsten Bindungen und Gefühlen.

stehend: Paula Becker und Edmund Schaefer; vorne: Kurt Becker, Ella Rabe, Cora von Bültzingslöwen und ihr Sohn Fritz, Berlin-Schlachtensee um 1897

Noch allerdings brauchte sie die Probe aufs Exempel nicht abzulegen. Was Mitte Mai 1896 Paulas Leben innerhalb von wenigen Tagen wiederum veränderte, bleibt ebenfalls im Dunkeln. Alles spricht dafür, dass es auch diesmal Mathilde Becker war, die im Hintergrund jede Möglichkeit auslotet, Paulas Sehnsucht festen Grund zu geben – ohne Rücksicht auf die negativen Einschätzungen und trüben Stimmungen ihres Ehemannes. Und sie hat Erfolg: Paula Becker kann ab Herbst 1896 an dem anderthalbjährigen Kurs teilnehmen, den die »Zeichen- und Malschule« des »Vereins der Berliner Künstlerinnen und Kunstfreundinnen« anbietet.

Auf drei Arrangements beruht die Lösung: Die nicht geringen Zahlungen für den Kurs werden bei Paula Becker ermäßigt; die Mutter baut darauf, die Zahlungen wieder hereinzubekommen, indem sie einige Zimmer der Bremer Wohnung untervermietet; Tante Cora und Onkel Wulf nehmen die Nichte für den gesamten Zeitraum in ihre Villa in Berlin-Schlachtensee auf.

»Jetzt weiß ich mein Glück schon drei Tage! Ich trage es stündlich in meinen Gedanken herum und kann es doch nicht fassen. Ich darf also wirklich meine Zeichenstunde fortsetzen!« schreibt Paula Becker am 18. Mai an den Vater. Und legt gleich ein Bekenntnis nach: »Ich werde alle meine Kräfte anspannen und soviel aus mir machen wie nur möglich. Ich sehe ein prachtvolles Jahr vor mir voll Schaffen und Ringen, voll augenblicklicher Befriedigung und erfüllt vom Streben nach dem Vollkommenen.« Eine klare Antwort auf die Halbherzigkeiten ihres Vaters.

Ihre Begeisterung verführt die Zwanzigjährige nicht zu hohlem Pathos. Auch wenn das Ziel, das sie sich im Mai 1896 setzt, weit über den Berliner Mal- und Zeichenkurs hinausgeht. »Erfüllt vom Streben nach dem Vollkommenen«: Das Programm für ihr Leben, und Paula Becker ist es ernst damit.

Selbstbewusste Frauen in der Kunstgeschichte
Der »Verein der Berliner Künstlerinnen und Kunstfreundinnen«

Die Zeit zwischen dem Ende des sechswöchigen Kurses und dem Beginn der anderthalbjährigen professionellen Ausbildung zur Malerin durch den »Verein der Berliner Künstlerinnen und Kunstfreundinnen« im Oktober 1896 ist ausgefüllt mit stärkenden Dingen für Leib und Seele. Tante Marie macht es möglich. Marie Hill, die Halbschwester von Paulas Vater, ist seit zwei Jahren wohlsituierte Witwe; die spannungsgeladenen unangenehmen Monate, die Tante und Nichte auf dem Landgut in Südengland verbanden, liegen vier Jahre zurück. Längst ist es zwischen Paula und Tante Marie wieder wie in den alten Zeiten in Dresden, »als ich noch dein gutes Kind war«. Gerne lässt sich Paula einladen, den Sommer mit der Tante in Hindelang im Allgäu auszuspannen, zu wandern und die Ferien mit zwei Museums-Tagen in München abzuschließen.

Es bleibt noch ein wenig Zeit für die Familie in Bremen. Dann besteigt Paula Becker den Zug nach Berlin. Am 20. Oktober 1896 schreibt Mathilde Becker ihrer Tochter und ermutigt sie, unbeirrt an den gesetzten Zielen festzuhalten: »... gestern war es eine Woche, seit wir uns trennten ... Arbeite nur fort getrosten und frohen Herzens, strebe zum Höchsten und wenn Du's nicht erreichst, fühle, dass das Streben selbst Seligkeit ist.«

Zur Arbeit muss Paula Becker niemand ermuntern: »Ich möchte die Tage meines Hierseins versechsfachen können«, schreibt sie den Eltern im Februar 1897. Das hat mit der Begeisterung für das Malen zu tun, das nun ebenbürtig neben das Zeichnen getreten ist. Und zudem ist es ein gutes Gefühl, erstmals fern von der Familie für einen längeren Zeitraum einen Ort gefunden zu haben, wo sie Sympathie und Anerkennung erfährt und Spaß hat: »In der Pause machen wir ordentlichen Schululk, man kann hinter noch einmal so gut arbeiten ... Das ist mein

Leben, an dem mein Herz mit allen seinen Fasern hängt ...« Es ist Paula Beckers Leben vom Oktober 1896 bis zum Mai 1898.

Zum Jahresende 1896 hat Paula einige Zeichnungen an die Eltern geschickt. Die Mutter schreibt: »Vater und ich hatten die größte Freude als wir uns andächtig mit Deiner Rolle in sein Fumatorium zurückzogen ... Und die Aktstudien sind famos, am besten scheint mir fast die zarte hagere Frauengestalt, die man von der Seite sieht.« Im Antwortbrief bemerkt Paula Becker beiläufig: »Im Akt geht die Sache ruhig ihren Gang.«

Sich in einer Mal- und Zeichenschule heimisch zu fühlen und das Aktzeichnen zu erwähnen, ohne Aufhebens davon zu machen: am Beginn des 21. Jahrhunderts scheint das keiner besonderen Erwähnung wert. Nicht so vor gut hundert Jahren, am Ende des 19. Jahrhunderts. Immer noch verweigerten staatliche Kunstakademien und Kunstschulen Frauen den Zutritt und damit die Ausbildung zur Malerin. (In Deutschland halten sie bis 1919 an diesem Verbot fest.) Hinter der offiziellen Begründung, dass es an Raum und Platz fehle, stand – von den Verantwortlichen auch gar nicht geleugnet – ein moralisches Urteil: dass es für Frauen unschicklich und anstößig sei, nach dem lebenden Modell Aktzeichnen zu lernen. Ein Studium, das bei den Kunststudenten im Zentrum der akademischen Ausbildung stand.

Es war der »Verein der Berliner Künstlerinnen und Kunstfreundinnen«, der erstmals in Deutschland eine professionelle Ausbildung für angehende Künstlerinnen möglich machte, das Aktzeichnen nach dem lebenden Modell eingeschlossen. Die eindrucksvolle Erfolgsgeschichte dieses Vereins, 1867 privat von Frauen für Frauen gegründet, wird nur verständlich, wenn wir wissen, wie grundlegend sich in der Geschichte der Malerei die Bedeutung von Künstlerinnen verändert hat und wie sehr mit dem weiblichen Modell ein wichtiges Monopol des Künstlers verbunden ist. Beides lässt sich im Zeitraffer auf die historische Bühne bringen.

Ausgangspunkt ist das 16. Jahrhundert, als erfolgreiche Malerinnen auftreten, die auf Reisen gehen, um Aufträge an den Fürstenhöfen Europas auszuführen. Sie werden gut bezahlt und haben in ihrem Metier einen Namen, ohne dass ihnen vorgeworfen wird, keine ehrenhaften Frauen zu sein oder ihren Mann und ihre Kinder zu vernachlässigen. Eine dieser Malerinnen ist Sofonisba Anguissola, die um 1535 in eine angesehene Familie im norditalienischen Cremona geboren und über neunzig Jahre alt wurde. Sie und ihre vier talentierten Schwestern glänzten als Wunderkinder in der Porträtmalerei. Sofonisba schaffte den Sprung ins Ausland, wurde als Hofdame der spanischen Königin eine angesehene Malerin, heiratete als Witwe gegen heftigen Protest einen wesentlich jüngeren Mann und bekam trotzdem vom Hof eine stattliche Rente ausgesetzt.

Zu Beginn des Jahrhunderts, um 1508, hatte in Italien der Maler Giorgione erstmals gewagt, eine völlig unbekleidete lebensgroße Frau dem Betrachter darzubieten: in schlafender Pose vor einer weiten Landschaft auf prächtige Stoffe drapiert. »Schlummernde Venus« nannte er seine Darstellung. Um 1520 folgte Palma Vecchio mit einer ebenso großen, fast identischen Darbietung, nur dass seine »Ruhende Venus« dem Betrachter intensiv in die Augen schaut. Im Jahre 1531 entstand die lebensgroße Eva, die mit zwei Äpfeln und sehr aufrecht einen Altar schmückt, den Lucas Cranach der Ältere malte. Alle drei Bilder, die Paula Becker in der Dresdener Gemäldegalerie gesehen hat, stützen sich auf die Legitimation, die Maler von nun an nutzen, wenn sie einen Menschen ganz oder zum großen Teil nackt ins Bild bringen: Es handelt sich entweder um biblisch-christliche Motive – Adam und Eva, Susanna im Bade, das Jesuskind, Jesus am Kreuz, die Toten, die zum Jüngsten Gericht auferstehen – oder um Gestalten der antiken Mythologie wie Venus, Diana, Apoll und viele andere.

Den Malern standen in ihren Ateliers Frauen unbekleidet Modell. Das änderte sich auch nicht, als im Laufe des 17. und 18. Jahrhunderts staatliche Kunstakademien gegründet wurden, wo Studenten die Anatomie des menschlichen Körpers ausschließlich nach männlichen Modellen studierten. Frauen war eine professionelle Ausbildung an diesen Akademien strikt verboten.

Trotzdem gab es weiterhin Frauen, die als Malerinnen Anerkennung und ein gutes Auskommen fanden. Eine davon war Judith Leyster, 1609 im niederländischen Harlem geboren. Sie arbeitete ab 1629 in der Werkstatt von Frans Hals und wurde als selbständige Malerin Mitglied der Malergilde St. Lukas. Aus dem Jahre 1635 sind bei ihr drei männliche Schüler bezeugt. Porträts und Stilleben waren ihre Stärke.

Weit ins 18. Jahrhundert ragt die Malerin Rosalba Carriera, 1675 in Venedig geboren. Sie war gelernte Malerin für Tabakdosen, bevor sie mit ihren Porträts in ganz Europa berühmt wurde. Auftragsreisen führten sie nach Paris und Wien. In der Gemäldegalerie von Dresden ist bis heute ein ganzer Raum mit Porträts von ihrer Hand bestückt.

Für das 18. Jahrhundert steht die berühmte Angelika Kauffmann in allen Kunstbüchern. Zu deren Lebzeiten ebenso bekannt war Anna Dorothea Therbusch, geboren in Berlin 1721. Der Vater gab ihr Malunterricht. Ab 1765 arbeitete sie für vier Jahre in Paris und war so erfolgreich, dass sie im berühmten Pariser Kunstsalon ausstellen durfte. 1769 ließ sie sich mit einem Atelier in Berlin nieder. Der preußische König und die Zarin ließen Bilder von ihr erwerben.

Die Generationen von Frauen, die im 19. Jahrhundert geboren wurden, erlebten eine Welt voller Widersprüche. Ab der Mitte des Jahrhunderts brach mit Wucht eine neue Zeit an. Eisenbahn und Fabriken, Dampfschiffe und Kanonen, Fahrräder, elektrisches Licht und Mietskasernen, Paläste aus Glas und Stahl, Narkose und Impfstoffe und Krankenversicherung – der technische und soziale Fortschritt schien unaufhaltsam. Die Menschen wurden mobiler, konnten ihr Leben individueller gestalten, weil Konventionen sich veränderten oder zu offensichtlich ihren Sinn verloren.

Parallel dazu wuchsen in der von Männern dominierten Gesellschaft die Ängste: dass die neuen Freiheiten die patriarchalische Struktur in allen Bereichen – in Familie und Ehe, Wissenschaften und Theologie, in Politik und christlichen Kirchen, Malerei, Dichtung und Musik – und damit die unumschränkte Vormachtstellung des Mannes untergraben und letztlich beenden könnten.

Die Ängste waren berechtigt, denn im Licht der Vernunft, die Aufklärung und technisch-naturwissenschaftlicher Fortschritt sich auf die Fahnen geschrieben hatten, verlor der männliche Herrschaftsanspruch jede Rechtfertigung. Doch zwischen Theorie und Praxis liegen Welten, wenn es darum geht, Privilegien aller Art zu entsagen. So wird auf den zweiten Blick verständlich, warum gerade im 19. Jahrhundert, dem Beginn der Moderne, die sogenannten Herren der Schöpfung mit allen Mitteln versuchten, ihre traditionelle Führungsrolle draußen in der Welt wie drinnen im trauten Heim zu verteidigen.

Warum sollten die Kunstwissenschaftler eine Ausnahme machen und sich in diesem Machtkampf anders positionieren als die Gesellschaft insgesamt?

Was ist der wahre Tod für Künstler? Dass ihre Werke in den Museen nicht mehr ausgestellt werden; dass ihre Namen nicht in den Fachbüchern auftauchen, ihre Werke keine wissenschaftliche Bearbeitung erfahren und in den Seminaren nicht vermittelt werden. Das alles ist im Laufe des 19. Jahrhunderts, als die modernen Kunstwissenschaften entstanden, den Frauen geschehen, die zu ihren Lebzeiten als Malerinnen einen Namen und einen guten Ruf hatten: Sofonisba Anguissola, Judith Leyster, Anna Dorothea Therbusch und so mancher anderen.

Mochten die Arbeiten der Frauen aus den Museen verschwinden und die Realität, dass Frauen wie Männer berufsmäßige Maler waren, in Vergessenheit geraten, die Gedanken ließen sich nicht mehr kommandieren. Immer intensiver wurde im bürgerlichen Lager gefordert, Frauen müssten alle Berufe und eine gute Berufsausbildung offen stehen, damit sie auch ohne Ehemann ein gesichertes Leben führen können. Doch die Gegner solcher »Emanzipation« wehrten sich heftig mit Pamphleten und Vorträgen. Es war eine Diskussion, die bis ins 20. Jahrhundert andauerte.

Die Kunsthistoriker brauchten sich nur im großen Argumente-Pool der Gesellschaft zu bedienen, wenn es um die Frage ging, ob Frauen eine Ausbildung an den Kunstakademien zustand. Natürlich nicht, war die vorherrschende Meinung. Was dagegen sprach, versuchte Wilhelm Lübke, Professor für Kunstgeschichte in Berlin, Zürich, Stuttgart und Karlsruhe, in seinem Buch »Die Frauen in der Kunstgeschichte« von 1862 mit Schmeichelei an die Frauen zu bringen: »Sie selber sind ›das Kunstwerk des Lebens‹, was brauchen sie erst zu Pinsel und Palette ihre Zuflucht zu nehmen?« Sinnvoll sei es allenfalls, dass Frauen sich als Modell in den Dienst der Kunst stellten.

Tatsächlich öffneten sich um diese Zeit erstmals die Türen der Kunstakademien für Frauen, wenn sie als Modell anklopften. Diese Frauen aber gehörten für Professoren und Studenten nicht in die Kategorie »Kunstwerk des Lebens«. Verächtlich sprachen sie von ihren Modellen in Erinnerungen, Aufsätzen und Lehrbüchern als »Abschaum«, »Vogelscheuchen«, »Ruinen der Menschheit« und »blöd dreinschauenden Geschöpfe mit Dienstmädchengesichtern«.

Gefallen ist zwar die Vorschrift, dass an den Akademien nur männliche Modelle zugelassen sind. Als eiserne Regel bleibt jedoch auch in der zweiten Hälfte des 19. Jahrhunderts, ob im Atelier des Künstlers oder in der Akademie: Der bekleidete Mann – oder mehrere – verfügt als Maler über eine unbekleidete Frau als Objekt, das auf seine Anordnung hin bestimmte Posen und Stellungen einnimmt. Das Aktmodell ist Projektionsfläche erotischer Fantasien und Wünsche des Mannes, die auf der Leinwand Gestalt annehmen. Unvorstellbar, dass eine Frau eine andere Frau als Modell betrachtet und dann auf der Leinwand ihren erotischen Vorstellungen Ausdruck verleiht.

Wenn Studenten und Studentinnen gemeinsam in den Akademien am Modell ihre Malkünste übten, würde ein Monopol der Männerwelt gebrochen: dass allein der Mann in der Malerei die nackte Frau nach seinem Bild schafft und damit ohne Worte Realitäten sichtbar macht, die exakt den Rollen in der Gesellschaft entsprechen. Die Frau ist passiv, angepasst, namenlos – der Mann ist aktiv, kreativ, macht sich als genialer Künstler einen Namen. Und für den Maler ist es auch selbstverständlich, dass er die nackte Frau nur für männliche Betrachter malt. Ein ganz anderer Aspekt sollte nicht vergessen werden: Männer scheuten die Konkurrenz von Frauen auf dem Kunstmarkt.

Im Februar 1867 kamen in Berlin erstmals Frauen zusammen, die erkannten, dass die männlichen Bastionen der Kunstakademien einstweilen nicht zu schleifen waren. Aber sie waren nicht länger bereit, hinzunehmen, dass für Frauen eine professionelle Ausbildung als Malerin und Zeichnerin ein Traum bleiben musste. Im November ging die festliche Gründungsfeier des »Vereins der Berliner Künstlerinnen und Kunstfreundinnen« über die Bühne, der in dieser kurzen Zeit schon über dreihundert Mitglieder werben konnte: »Es ist an erster Stelle seine Absicht, eine gediegene Zeichenschule zu gründen, in welcher jungen, strebenden Künstlerinnen Gelegenheit geboten wird, all das zu erlernen, was für eine erfolgreiche Ausübung ihres Berufes von ihnen gefordert wird.«

Es war ein kluger Schachzug, dass bei der Feier ein Mann als Festredner die Ziele des Vereins darlegte. Die Frauen, die sich im Verein engagierten, suchten und fanden von Anfang an männliche Verbündete, deren Ansehen in der Berliner Gesellschaft dem kühnen Projekt eine solide Ausgangsbasis verschaffte. Zwar sicherten die Statuten, dass nur Frauen Mitglieder sein konnten und die Posten im Vorstand besetzten. Die männlichen Sympathisanten wurden zu Ehrenmitgliedern ernannt oder durften die Kasse führen, wie Werner von Siemens. Er zählte zu den Gründern und betreute über Jahrzehnte erfolgreich die Finanzen des Vereins. Sein Sohn übernahm den Posten und seine Schwiegertochter war viele Jahre tatkräftig im Vorstand des Vereins engagiert.

Ellen von Siemens war keine Künstlerin. Aber die geniale Idee der Gründerinnen, 29 Künstlerinnen und 62 Kunstfreundinnen, verschaffte dem Verein eine doppelte Basis. Künstlerinnen taten sich mit Frauen zusammen, die bewusst Kunst von Frauen konsumieren, fördern und verbreiteten wollten – die Kunstfreundinnen. Es gelang, einflussreiche Frauen als Kunstfreundinnen zu gewinnen, die in der Berliner Gesellschaft Trends setzten und über finanzielle Ressourcen verfügten, seien es eigene oder die ihrer Ehemänner. In den ersten Jahrzehnten waren es vor allem Persönlichkeiten aus dem Adel und aus Kreisen des Hofes. Ab den 1890er Jahren kamen Ehefrauen von Bankiers, Unternehmern, Fabrikanten hinzu. Sie knüpften Netzwerke für die Künstlerinnen, statteten sie mit Empfehlungen oder Stipendien aus, organisierten Ausstellungen, kümmerten sich um gute Räumlichkeiten für die Schule.

Nicht zuletzt profitierte der »Verein der Berliner Künstlerinnen und Kunstfreundinnen« von einer Einrichtung, die nur noch in Paris ihresgleichen hatte: dem Berliner literarischen Salon, mit dem Frauen für Frauen einen eigenen Ort für Gespräche, Bündnisse, Informationen schufen, wo gesellschaftliche Benachteiligungen keinen Einlass fanden und der kraft seiner Attraktivität öffentlichkeitswirksam die Sache der Frauen förderte. Es hatte mit der klugen Henriette Herz im Jahre 1780 als erster Salonnière begonnen. Ihr folgten bis zum Beginn des Ersten Weltkriegs 1914 rund neunzig namhafte Salons von Frauen.

Der »Verein der Berliner Künstlerinnen und Kunstfreundinnen« war fest in der Berliner Salonkultur verankert. Elise von Delbrück, die 1890 zur Vorsitzenden des Vereins gewählt wurde, führte einen der angesehensten Salons in Berlin. Politiker und Künstler, Finanzmagnaten und Wissenschaftler genossen die anregenden Gespräche, aber ebenso die exquisite Küche im Hause Delbrück. Der Ehemann, Staatsminister Delbrück, ließ gerne seine Verbindungen zu Banken und Wirtschaftskreisen spielen, um die Kasse des Vereins der Künstlerinnen anzufüllen.

Jahreszahlen markieren, wie schnell es mit dem Verein aufwärts ging. Nach der Gründungsfeier im November 1867 konnte schon im Oktober 1868 die »Mal- und Zeichenschule« eröffnet werden. Siebenundzwanzig junge Frauen begannen eine professionelle Ausbildung zur bildenden Künstlerin, eine einmalige Chance im deutschsprachigen Raum. Der Berichterstatter der »Vossischen Zeitung« war von der unpathetischen Eröffnungsfeier beeindruckt, die »ohne jede Ostentation und äußeres Scheingepräng einen um so würdigeren und wohltuenderen Eindruck machte. Fast ohne Zwischenpause ging man … sofort zur Praxis über, indem Herr Scherres die Damen der Landschaftsklasse um sich versammelte und mit ihren Arbeiten beginnen ließ«.

Es spricht für das Ansehen des Vereins, dass nicht wenige Lehrer der Kunstakademie, die dort ausschließlich Studenten unterrichteten, keine Schädigung ihres guten Rufes befürchteten, wenn sie nebenberuflich junge Frauen zu Malerinnen ausbildeten. Der Lehrplan und die unterschiedlichen Klassen wie Anatomie, Perspektive, Porträt- und Landschaftsmalerei hielten sich streng an die Strukturen und Methoden der Akademien.

Ohne Aktzeichnen konnte der Verein keinen Anspruch auf eine professionelle Kunstausbildung erheben. Seit 1875 ist eine Aktklasse an der »Mal- und Zeichenschule« des »Vereins der Berliner Künstlerinnen« dokumentiert, wo Männer und Frauen Modell standen. Von Protesten irgendwelcher Art ist nirgendwo die Rede. Dass die Männer noch zwanzig Jahre später, als Paula Becker in der Aktklasse zeichnete, Unterhosen trugen, war ein Tribut an die gesellschaftlichen Normen für Anstand und Schicklichkeit.

Im Jahre 1880 zählte der Berliner Verein 131 Künstlerinnen und 321 Kunstfreundinnen als Mitglieder. Zwei Jahre später gelang es beharrlicher Lobby-Arbeit, dass die Ausstellung der Vereins-Künstlerinnen in den Räumen der Akademie der Schönen Künste stattfinden konnte, jener Institution, die sich weiterhin weigerte, Malerinnen auszubilden. Die kaiserliche Familie protegierte den Verein und kaufte Bilder der Ausstellungen. Weil die Mitglieder nicht verschämt im Hintergrund wirkten, sondern bewusst in der Öffentlichkeit, änderte sich die Wahrnehmung von Künstlerinnen. Einzelne Stimmen wurden vernehmbar, die für eine neue Sicht und gegen die traditionellen Vorurteile plädierten.

In der »Berliner Illustrirten Frauenzeitung« schrieb im Jahre 1879 Ludwig Pietsch einen Artikel über »Deutsche Malerinnen der Gegenwart«: »Begabte Frauen zumal in Deutschland, England und Frankreich haben in den letzten dreißig Jahren den Beweis geführt, wie unwahr, wie nur einem althergebrachten Vorurteil entstammend, jene Ansicht sei, nach welcher der weibliche Genius in seinem künstlerischen Schaffen unentrinnbar in die Grenzen des Dilettantismus gebannt wäre.«

Ludwig Pietsch, Maler, Starkritiker in den Feuilletons, geschätzter Gast in den Berliner Salons und mit Theodor Fontane befreundet, ließ nicht locker, die Öffentlichkeit darauf einzustimmen, dass Künstlertum nicht an das Geschlecht gebunden ist. Ein Jahrzehnt später berichtete er in der »Vossischen Zeitung« vom 10. Juli 1890 über die Berliner Kunstausstellung, ein kulturelles und gesellschaftliches Großereignis, das jährlich die Akademie der Schönen Künste und der Verein der Akademiker zusammen veranstalteten. Frauen hatten zu beiden Institutionen keinen Zutritt, doch wurden Bilder von Malerinnen ausgestellt, wenn sie die männliche Ausstellungs-Jury passierten: »Einen Jedem auffällige Eigentümlichkeit, welche den Herren Malern etwas bange machen könnte, zeigt diese 62. Akademische Ausstellung: das imponierende Hervortreten der malenden Damen, der Künstlerinnen mit Werken von ungewöhnlicher Bedeutung.«

Zu den Malerinnen, die dem Kritiker besonders imponierten, gehörte Vilma Parlaghy, eine Ungarin, geboren 1863, die seit Jahren in Berlin lebte und mit dem Tag der Ausstellungseröffnung »schon einen großen unbestrittenen Erfolg davongetragen hat. Ihr Name ist in aller Munde. Sie hat – in der Schützenwoche Berlins ... – den Vogel abgeschossen mit ihren Bildnissen ...« Von einer anderen Malerin schrieb Ludwig Pietsch: »Hermione von Preuschen hat die Ehre der Berliner Akademischen Ausstellung gerettet! Sie ist die einzige, die ein geistreiches Bild malte ...« Beide Malerinnen waren geschäftstüchtig und scheuten vor Skandalen nicht zurück, um gegen die übermächtige männliche Konkurrenz auf dem Kunstmarkt bestehen zu können.

Ein Jahr nach dem großen Lob reichte Vilma Parlaghy für die Berliner Ausstellung ein Porträt des berühmten Kriegshelden Graf von Moltke ein. Die Jury lehnte es ab. Da ließ die Malerin ihre Beziehungen zum Kaiserhof spielen. Kaiser Wilhelm II., den sie mehrfach porträtiert hatte, erwarb das Bild umgehend. Als Teil der kaiserlichen Privatgalerie und damit dem Jury-Urteil entzogen, schmückte das Moltke-Porträt den Ehrensaal der Ausstellung von 1891. Vilma Parlaghy erhielt den stolzen Preis von 16 000 Reichsmark und war mit diesem Coup das Gesprächsthema in allen Salons und Zeitungen.

Eine andere Variante hatte Hermione von Preuschen im Jahre 1887 erfolgreich erprobt. Unter dem Titel »Mors Imperator« hatte sie den Tod mit kaiserlichen Insignien gemalt und das großformatige Bild in die Akademische Ausstellung geschickt. Aus Angst, die kaiserliche Familie könnte Anstoß nehmen – schließlich war Kaiser Wilhelm I. hochbetagt und kränklich und starb tatsächlich noch im gleichen Jahr –, lehnte die Jury ab.

Auch Hermione von Preuschen hatte beste Beziehungen zum Hof. In ihren Erinnerungen »Der Roman meines Lebens« schreibt sie: »Ich setzte Himmel und Hölle in Bewegung und erhielt bald schwarz auf weiß versichert, dass seine Majestät persönlich an der Ausstellung des Bildes keinen Anstoß nähme.« Die Jury jedoch blieb bei ihrer Ablehnung und war sich nicht zu fein, Gerüchte über die Malerin und ihr Bild zu streuen: »Ich hätte die unglaublichsten Anforderungen gestellt betreffs seiner Ausstellung. Unter anderem nur im schwarz verhängten Raum und bei Wachskerzenbeleuchtung. Alle Blätter brachten Lebensgeschichten oder Karikaturen von mir.«

Doch statt zu schweigen und sich zurückzuziehen, wie es die traditionellen Regeln von einer ehrbaren Dame verlangten, nutzte Hermione von Preuschen die öffentliche Aufmerksamkeit, um ihre Kunst erst recht ins Gespräch zu bringen: »Ich mietete nun ein Lokal (Ecke der Markgrafenstraße) und stellte das Bild auf eigene Faust aus. Der Zudrang war ungeheuer ... Am ersten Morgen zwischen neun und elf Uhr war das Gemälde schon von über fünfhundert Personen besichtigt worden.« Es war der Beginn einer Werbetour, die sich auch in klingender Münze niederschlug: »Ich habe allein mit der Ausstellung von ›Mors Imperator‹ im Laufe von fünf Jahren über fünfzigtausend Mark verdient.« »Mors Imperator« wurde auch im Pariser Kunst-Salon ausgestellt.

Hermione von Preuschen, geboren 1854, fand mit ihren Porträts, Stilleben und symbolistischen Bildern große Anerkennung im Ausland. Sie reiste viel und brachte es zu Einzelausstellungen in Paris, Wien, Rom und New York. Sie war, wie Vilma Parlaghy, als Malerin in der zweiten Hälfte des 19. Jahrhunderts zwar eine Ausnahmefigur, aber in der deutschsprachigen Kunstszene insgesamt keine Außenseiterin.

Porträts und symbolistische Bilder waren auch bevorzugte Motive der Schweizerin Clara von Rappard, geboren 1857. Ihre Bilder wurden nicht nur in gefeierten Einzelausstellungen gezeigt, sondern auch auf internationalen Ausstellungen in Berlin und München, im Pariser Salon von 1890 und auf der Weltausstellung 1893 in Chicago. Für Clara von Rappard gilt, was die Karrieren der meisten anerkannten Malerinnen dieser Jahrzehnte verbindet: Sie wurden von der Familie emotional und finanziell bei ihrem Vorhaben unterstützt, eine professionelle Malerin zu werden. Sie fanden anerkannte Lehrer, die sie in ihrer Ausbildung – außerhalb der Kunstakademien – förderten und ermutigten. Da konnte Selbstbewusstsein wachsen.

Auch Dora Hitz schuf über Jahrzehnte ein vielseitiges Werk; 1906 urteilte in Berlin ein Kunstkritiker über sie: »Unter den deutschen Künstlern steht sie seit langem in der ersten Reihe.« Aufgewachsen in Altdorf bei Nürnberg, machte die Dreizehnjährige in der »Damenmalschule der Frau Staatsrat Weber« in München die ersten Schritte auf dem Weg zur Malerin, von ihren Eltern ermutigt. Auf der Kunst- und Industrieausstellung 1876 gefallen ihre Bilder der Fürstin Elisabeth von Rumänien. Dora Hitz geht als Hofmalerin nach Bukarest, bekommt ein eigenes Atelier und wird von der kunstsinnigen Fürstin vielfach gefördert.

1880 sucht sie eine neue Herausforderung und geht nach Paris. Es gelingt ihr, sich dort in der führenden europäischen Kunstszene durchzusetzen. 1892 eröffnet Dora Hitz in Berlin ein Atelier. Sie erhält viele Aufträge, vor allem für Porträts, aus dem finanzkräftigen Bürgertum. 1894 gründeten zwei angesehene Berliner Maler mit Dora Hitz und einer Bildhauerin die »Vereinigung der Vier«, die sich im nächsten Jahr zur »Novembergruppe« erweiterte. Die Gruppe stellte jährlich gemeinsam im Berliner Kunstsalon Schulte aus, der sich besonders für moderne Kunst einsetzte.

Einer, der die modernen Entwicklungen in der bildenden Kunst mit Wohlwollen begleitete, war Hans Rosenhagen, Chefredakteur der Zeitschrift »Das Atelier«. Er lobte die Malerei von Dora Hitz, weil sie »antiakademische Haltung« und »eminentes Können« vereinte. Trotzdem pflegte selbst ein so fortschrittlicher Zeitgenosse die traditionellen Vorurteile und Diskriminierungen gegenüber Künstlerinnen: »Es fehlt den Damen nicht an der Kraft, wohl aber an der Ausdauer des Wollens; ihnen mangelt die Geduld des Genies. Sie werden auf dem Gebiet der bildenden Künste im besten Falle gute Nachahmerinnen.«

Dora Hitz und nicht wenige andere Malerinnen haben es damals geschafft, Ansehen in der Gesellschaft und in der anerkannten Kunstszene zu gewinnen und von ihrer Arbeit gut leben zu können. Ein gewaltiger Schritt nach vorn, der von den Frauen Mut und Kraft verlangte. Denn es waren eben keineswegs nur die konservativen Kreise, die verbissen das traditionelle patriarchalische Modell gegen alle Kritik verteidigten. Führende Vertreter der geistigen Elite, die um 1900 beanspruchten, das moderne Deutschland zu verkörpern, hatten keine Hemmungen, weiterhin das Bild vom dynamisch-aktiven, geistig überlegenen Mann und von der passiven, natürlich-organisch in sich selbst ruhenden Frau als Gesellschaftsmodell zu predigen.

Einer dieser modernen rückwärtsgewandten Propheten ist der Philosoph und Soziologe Georg Simmel, geboren 1858. Als einer der ersten befasst er sich mit dem Phänomen »Großstadt«, schreibt Essays über Mode und Nervosität und gehört zum festen Kreis der Berliner Salonkultur. Als Simmel heiratete, legte seine Frau, in Berlin und Paris zur Malerin ausgebildet, Pinsel und Palette für immer beiseite. Das entsprach dem Gegensatz der Geschlechter, den Simmel postulierte: »Während der Mann aus sich herausgeht, seine Kraft in seine Leistung entlässt und damit etwas ›bedeutet‹, was in irgendeinem Sinne außer ihm liegt, dynamisch oder ideell, schaffend oder darstellend – ist die Wesensidee der Frau jenes organische Beschlossensein in der Harmonie der Wesensteile unter sich ... Denn sie ist, in der Symbolik der metaphysischen Begriffe, die Seiende, und der Mann der Werdende.«

Was der Philosoph metaphysisch verbrämt behauptet, als handele es sich um eine wissenschaftliche Analyse, entlarvt die Malerin Hermione von Preuschen in einem Gedicht von 1895:

> Conventionen sollt' ich malen,
> Conventionen sollt' ich schreiben,
> Sittiglich, wie andre Weiber,
> Meinem Mann die Zeit vertreiben.
>
> Klein und dumm, voll Langeweile,
> ›Groß‹ im kleinen Kreise walten,
> Mit dem Pfund, das mir verliehen,
> Ökonomisch weiterschalten.

> Jede Stunde hübsch manierlich
> Meinem Mann Behagen spenden,
> Und die Kunst zum Broderwerben
> Für den Küchentisch verwenden.
>
> Sprächen froh die großen Männer:
> Machten wir sie doch vernünftig?
> Ja, sie giert nicht mehr nach Sternen,
> Ward im alten Miste zünftig!

Die Welt wie die Kunstszene sind im Umbruch, als Paula Becker im Herbst 1896 ihren professionellen Mal- und Zeichenkurs beginnt. Auf der einen Seite die selbstbewusste Hermione von Preuschen und ihre erfolgreichen Kolleginnen, dazu der durchaus meinungsbildende »Verein der Berliner Künstlerinnen und Kunstfreundinnen«, in dem übrigens alle genannten Malerinnen Mitglied waren. Auf der anderen Seite Meinungsmacher wie der Philosoph Simmel und der Kunstkritiker Rosenhagen, die noch die öffentliche Meinung auf ihrer Seite haben, wenn sie den Frauen Talent und das Recht auf eine professionelle Betätigung als Künstlerin absprechen.

Auf diesem Hintergrund gilt festzuhalten: Nirgendwo taucht in den Briefen von Woldemar und Mathilde Becker auch nur von Ferne das Argument auf, ihre Tochter könnte als Frau grundsätzlich keine Kunstwerke schaffen. Paula wird von ihren Eltern ermuntert, ihr Leben aktiv und selbständig zu gestalten.

Wer Malerin wird, wagt sich in eine offene Zukunft. Für Paula Becker beginnt diese Zukunft im Oktober 1896 in Berlin.

Leidenschaft für die Farben, Distanz zum Elternhaus
Berlin Oktober 1896 bis Mai 1898

Der Brief ist am 7. Februar 1897 geschrieben und kommt aus Bremen: »Morgen wirst du 21 Jahre alt und majorenn, d.h. Du kannst Dich jetzt vollständig von uns emanzipieren und ganz nach Deinem gusto leben. Der Außenwelt gegenüber bist Du allein verantwortlich und dispositionsfähig. Das sind ganz schöne Errungenschaften … Benutze Deine Freiheit stets zu Deinem Besten und möge Dir dieselbe leicht werden.« In Berlin wird Paula Becker diese väterlichen Zeilen voller Wärme gelesen haben. Auch das war Woldemar Becker: Er nahm seine Kinder ernst, war auf ihr Wohlergehen bedacht und traute ihnen zu, dass sie Verantwortung für sich übernahmen, die Söhne wie die Töchter.

Neben dem Ernst des Lebens, dem Woldemar Becker so großes Gewicht beimaß, fand er andere, zärtliche Worte: »Nach diesem Vorwort lass mich Deinen lieben Kopf anfassen und Dir einen väterlichen Kuss auf die Stirn drücken und Dir alles Gute zu Deinem Geburtstag wünschen. Mögest Du gesund bleiben, mögest Du Fortschritte in Deiner Kunst machen und in ihr volle Befriedigung finden.« Diese Worte werden Paulas Herz vollends erwärmt haben.

Neben den Wünschen für ein erfülltes Leben seiner Tochter nannte der Vater ohne Umschweife Wünsche, die die Eltern für ihre Zukunft mit Paula verbanden: »Bleibe unsere liebe gute Tochter und mache uns Freude.« Dann erwähnt er, dass die Mutter überraschend zum Geburtstag nach Berlin kommen wird und fügt hinzu: »Sprich dich mit ihr aus, und was Du auf dem Herzen hast und uns bisher nicht anvertraut hast, das kannst Du ihr mündlich mitteilen.«

Ein gutes Jahr später, im Frühjahr 1898, schreibt Paula Becker aus Berlin an die Eltern: »… eigentlich ist das Schönste meines Lebens viel zu fein und zu sensibel, als dass es sich aufschreiben ließe. Das, was ich Euch schreibe, ist nur das Drum und Dran.« Die Geburtstagswünsche mit den Erwartungen der Eltern an Paula und das Eingeständnis ihrer Tochter, den Eltern das Schönste und Wichtigste ihres Lebens nicht mitteilen zu können, bilden einen Spannungsbogen, der sich nie mehr auflösen wird. Die anderthalb Jahre in Berlin markieren den Beginn einer Entwicklung, die Paula Becker lebenslänglich – manchmal bis zum Zerreißen – umtreiben wird.

Es ist die Erkenntnis, dass die Kunst – ihr Talent zum Malen – den Menschen fremd bleiben wird, an denen sie mit aller Liebe hängt. Sie kann das Größte, Höchste nicht mit den anderen teilen. Die Wurzeln für dieses Gespür liegen in der Einsamkeit und in den Ängsten, die sie seit Kindheitstagen begleiten. Doch Paula Becker wird nicht aufgeben, um Zuneigung und Verständnis zu bitten; wie im Frühjahr 1895 ihren Bruder Kurt – »Lass uns nicht einander fremd werden«.

Aber zuerst einmal erfüllen Begeisterung und große Freude ihr zweites Berliner Leben und der Drang, die Eltern an diesem Gefühl teilhaben zu lassen: »*Ich fange nächste Woche mit Farbe an! ... Mein Herz jubelte ... Wie ich mich auf die Ölfarben freue!*« So klingt es im November 1896. Und weiter geht es im Januar und Februar des nächsten Jahres: »Im Ölmalen habe ich jetzt schon einen ganz winzigen Schimmer ... Die Farben fangen an, mir himmlisch zu tagen.« Im März 1897 meldet sie den Eltern wieder eine Neuigkeit: »Ich habe die Landschaftsstunden aufgegeben und arbeite nun die ganze Woche Porträt. Ich bin in der Malklasse, die außer mir noch die fünf tüchtigsten Porträtmädchen enthält.«

Die »Zeichen- und Malschule« des »Vereins der Berliner Künstlerinnen und Kunstfreundinnen« ist bemüht, bei ihren Schülerinnen akademische Standards zu halten. Nur wer das Zeichnen gut beherrscht, wird zum Malen – mit Ölfarben – zugelassen. Nur wer im Malen zu den besten zählt, kann von der Klasse der Landschaftsmalerei aufsteigen zum Porträtmalen. Paula Becker hat allen Grund, ihre Erfolge nicht zu verstecken.

Ihre Erfolgsmeldungen klingen nicht hochmütig, weil Paula den Eltern immer wieder vermittelt, dass sie deren entscheidenden Anteil an ihrem Glück nicht vergisst. Im Januar 1897: »Ich kann Euch nur wieder und wieder schreiben, wie gut es mir geht und wie sehr ich Euch danke.« Im Februar: »Ihr Lieben, dass ich das haben darf! Dass ich ganz im Zeichnen leben darf! Es ist zu schön.« Im Mittelpunkt aller Briefe jedoch steht das Malen und Zeichnen. Unermüdlich versucht Paula Becker den Eltern eine Botschaft zu vermitteln: Die Kunst, die sie meint, geht weit über alle handwerklichen und technischen Übungen und Feinheiten hinaus. Die sind unentbehrlich, darum ist sie so fleißig und übt eifrig weiter, wenn sie nach der Schule zu Hause ist, bei Tante Cora und Onkel Wulf in der prachtvollen Villa in Berlin-Schlachtensee: »Es ist Abend. Ich bin allein und habe mich einmal wieder gepinselt. Ich habe einen langen Tag hinter mir und erlaube mir, von Herzen müde zu sein.«

Auf der Grundlage handwerklichen Könnens entfaltet sich die wahre Dimension der Kunst: »Von allem, was man zeichnet, muss man eine Vorstellung in sich fühlen. Je lebhafter und kräftiger diese Vorstellung ist, desto künstlerischer das Resultat.« Diese Vorgabe ihrer Lehrerin Jeanne Bauck hat sich Paula Becker notiert. Zeichnen, Malen ist für Paula Becker kein Beruf unter vielen anderen, die sie hätte wählen können. Sie ist einundzwanzig und überzeugt, zwischen ihr und der Kunst besteht eine Liebesbeziehung. Und die Eltern sollen es wissen: »Ich liebe die Ölfarben. Sie sind so saftig und kräftig ... Seid alle umarmt von Eurem glücklichen Malkinde.« Kommt die Botschaft aus Berlin in Bremen an? Kann sie überhaupt verstanden werden von Menschen, die mit ihrem Geschmack tief im 19. Jahrhundert verwurzelt sind?

Für Mathilde und Woldemar Becker ist die Liebe zur Kunst das Höchste, das haben sie ihren Kindern mitgegeben. Aber welche Kunst ist gemeint? Bei aller Offenheit gegenüber dem Neuen ist ihr Maßstab die Tradition und ein Abweichen davon undenkbar. So loben sie Paulas Zeichnungen pauschal und auch in Einzelheiten. Aber der große Kunstentwurf ihrer Tochter bleibt ihnen fremd. Eltern und Tochter setzen Standpunkte gegeneinander, meist behutsam und darauf bedacht, den andern nicht zu kränken. Es ist kein wirklicher Dialog in den Briefen.

Im März 1897 erläutert der Vater ausführlich seine Vorstellung von Kunst: »Nicht alles was man sich vorstellen kann und auch durch Worte Ausdruck verleiht ist darstellbar ... Es ist damit nicht ausgeschlossen, dass neue Künstler ganz Neues anders schaffen werden, aber das Alte werden sie doch immer mit Anlehnung an das Vorhandene weiter auszubilden haben.« Es bleibt nicht bei solchen allgemeinen Ausblicken: »Es ist gewiss recht gut, dass Du Dir die Zeit nimmst, die Kupferstiche von Michelangelo zu studieren. Ich wünschte nur, dass Du aber auch nach denselben zeichnen würdest ... Du scheinst mir zu viel auf den Gesamteindruck zu wenig aufs Einzelne zu geben.« Schweigen ist das einzige, was die Tochter solchen elterlichen Ratschlägen entgegensetzt. Sie will den Graben nicht vertiefen.

Paula Becker ist ungeheuer fleißig. Aber Zeit für das, was Leben in der großen Stadt ausmacht, bleibt doch. Die jüngste Hauptstadt Europas mausert sich in den 1890er Jahren zur europäischen Metropole. Mit der boomenden Wirtschaft im deutschen Kaiserreich wächst auch der Kreis der Wohlhabenden, der Bankiers und Unternehmer. Wo das Geld ist, florieren die Künste. Es sind gerade die Risikofreudigen und die Aufbruchbereiten, die vom zwiespältigen Großstadtmilieu angezogen werden und hier Provokantes und Neues schaffen.

Jeden Morgen fährt Paula Becker ins Herz der Stadt, in die Potsdamer Straße, wo die »Mal- und Zeichenschule« ihre Räumlichkeiten hat. Der Kontrast zur ländlichen Stille um die Villa in Schlachtensee könnte nicht größer sein: »Das Getriebe in den Hauptverkehrsstraßen wie Leipziger- und Friedrichstraße ist förmlich betäubend; die elektrischen Wagen und die Trams bilden eine ununterbrochene Linie, Wagen aller Art, Droschken, Drei- und Zweiräder zu Hunderten fahren neben-, vor-, hinter- und oft aufeinander, das Läuten aller dieser Vehikel, das Rasseln der Räder ist ohrenzerreißend, der Übergang der Straßen ein Kunststück für den Großstädter, eine Pein für den Provinzler.« So steht es im Tagebuch der Baronin Spitzemberg, einer klug beobachtenden Zeitgenossin.

Als Paula Becker im Juni 1898 auf der Durchreise nach Norwegen mit ihrem Onkel Wulf in Kopenhagen Station macht, schreibt sie den Eltern: »Im übrigen machte die Stadt einen etwas eingeschlafenen Eindruck auf mich, vielleicht, weil mir das Berliner Hetzsystem noch zu sehr in den Gliedern sitzt.« Das »Hetzsystem« war die eine Seite, die andere bestand in einer bunten, lebendigen Kulturszene. In Berlin machten im letzten Jahrzehnt des 19. Jahrhunderts die Erstaufführungen der Dramen von Gerhart Hauptmann Furore. Die Kunstzeitschrift »Pan« wurde gegründet, um der umstrittenen modernen Kunst eine Stimme zu geben. Paulas elegante Tante Cora von Bültzingslöwen, allem Modernen aufgeschlossen, bot mit ihrem Mann Wulf der Nichte nicht nur großzügig Quartier. Sie nahm Paula auch mit ins Theater und in die Oper und vermittelte ihr Kontakte in die beste Gesellschaft.

Im Februar 1897 möchte der Vater gerne Näheres wissen über »eine Familie Arons bei der Du eingeführt worden bist«. Bartholomäus Arons war Bankier in Berlin. Zu Paula Beckers Freundinnen aus der Malklasse im »Verein der Künstlerinnen« zählte Tony, die Tochter des Bankiers H. E. Meyer. Ebenfalls im Februar berichtet Paula den Eltern von einem Wochenende: »Hauptsache ist natürlich mein Ball bei Frombergs.« Getanzt wurde beim Bankier Georg Fromberg bis nachts um drei. Was Paula Becker von dieser Ballnacht am eindrücklichsten in Erinnerung bleibt: »Die dunkel getäfelte Halle sah unter ihren grünen Tannenkränzen mit dem lachenden feurigen Mohn und den Girlanden aus frischen weißen Rosen bezaubernd aus. Das Musikzimmer ... war über und über mit Mimosen geschmückt. Und die einzelnen Tische im Esszimmer! Auf dem einen lag frischer weißer Flieder, auf dem andern Goldlack; Veilchen, Maiglöckchen, edle Teerosen auf anderen.« Für Paula Becker geht nichts über die Schönheit der Blumen.

Mehrfach heißt es im Jahr 1897 in den Briefen »zum Mittagessen zu Gottheiners«. Das waren für Paula Becker keine gesellschaftlichen Pflichtbesuche. Viele Male war sie in der Dresdener Zeit mit der Mutter und den Geschwistern bei Fräulein Marie Gottheiner in Hosterwitz gewesen, und hatte dort mit deren Nichten gespielt, die aus Berlin zu Besuch kamen. Marie Gottheiner ist eine der besten Freundinnen von Mathilde Becker. Auch Cora von Bültzingslöwen war eng mit ihr befreundet und mit der Familie ihres Bruders, dem Baurat Gottheiner. Er lebte in Berlin, und hier traf Paula Becker beim Mittagessen seine beiden Töchter wieder, die Spielgefährtinnen aus vergangenen Zeiten.

Die Gottheiners waren Juden. Eine Gelegenheit anzumerken, dass in den Briefen und anderen Notizen von Paula Becker kein Ton hörbar wird, der eine antisemitische Einfärbung hätte. Das ist keineswegs selbstverständlich in einer Zeit, wo antisemitische Witze in den Salons, antijüdische Karikaturen in den Zeitungen, antijüdische Kanzelpredigten und antijüdische Aufsätze in angesehenen wissenschaftlichen Büchern für Deutschlands Gesellschaft insgesamt zum guten Ton gehören. Paula Becker hat sich nicht anstecken lassen.

Je länger der Berlin-Aufenthalt dauert, und je mehr sich damit der »Zeichen- und Malkurs« dem Ende zuneigt, desto seltener werden die geselligen Vergnügungen. Ende Oktober 1897 schreibt Paula Becker nach Hause: »Meine ganze Woche besteht eigentlich nur aus Arbeit und Gefühl. Ich arbeite mit einer Leidenschaft, die alles andere ausschließt. Ich komme mir oft vor wie ein Hohlzylinder, in welchem der Dampfkolben mit rasender Schnelligkeit auf und ab geht.« Bei dieser Anspannung wird der Brief, der jeden Sonntag in Bremen auf dem Familientisch liegen muss, zur Last. Und was soll Paula Becker Woche für Woche Neues erzählen? Wo sie ohnehin erfährt, dass ihre Welt und ihre Interessen auf taube Ohren stoßen?

Am 7. November 1897 platzt ihr der Kragen: »Also, ihr seid unzufrieden mit mir? Ich bin mir aber keiner Schuld bewusst. Dass ich auch dröge Zeiten durchleben muss, und Ihr dröge Briefe bekommen müsst, das liegt doch auf der Hand. Muss ich doch auch in manchem lieben Vaterbrief vier Seiten Schelte über mich ergehen lassen, dass ich im Taumel dieser Welt lebe, der eigentlich nur darin besteht, dass ich zu und aus meinen Stunden taumele. Na, wir wollen uns gegenseitig großmütig verzeihen.« Dann folgt abrupt und ohne Übergang die Schilderung eines Atelierbesuchs und von Ereignissen in der Vereins-Schule. Kein Wort mehr über ihren Ärger.

Endlich hat es ein Ende mit der demütigen Haltung, sie stehe in der Schuld der Eltern. Endlich einmal wagt sie brieflich einen kleinen Aufstand, pocht selbstbewusst auf ihren Einsatz, der kaum eine Pause kennt, hält mit ihrer Enttäuschung und Empörung nicht zurück. Auch das ist typisch Paula Becker: Nicht drumherum reden, sich kurz und entschieden ausdrücken, nicht im Selbstmitleid baden und im leicht ironischen Ende schon wieder eine Brücke bauen, um den Austausch fortzusetzen und die Verbindung neu zu beleben.

Vier Wochen später weiß sie, welche untergründigen Sorgen und Frustrationen sich hinter den väterlichen Vorwürfen verbargen. Am 10. Dezember 1897 schreibt Woldemar Becker seiner Tochter mit dem Ausblick auf Weihnachten und auf das nächste Jahr einen düsteren Brief: »Du musst es schon hinnehmen, dass wir das Fest ohne Sang und Klang verleben werden ... und die Zukunft scheint mir nur Schweres zu verschleiern. Auch Du mein liebes Kind musst an die Zukunft denken, und Dich sobald Du Deinen Malkursus nächstes Jahr beendet, selbständig machen.« Die Pension des Vaters reicht nicht für eine längere Ausbildung der Tochter. Am Schluss gibt es doch noch eine väterliche Aufmunterung: »Du bist tapfer genug, um nicht kleinlich den Mut zu verlieren. Also Courage und vorwärts.«

Paula Becker geht in ihrer Antwort zuerst auf die Situation ihres Vaters ein: »Nun lasse Dich erst mal in meine Arme schließen und Dir einen Kuss geben. Mir ist der Gedanke so namenlos traurig, dass du deine Sorgen schon so lange mit Dir herumgetragen hast ... Weißt du, mein Vater, für mich sorge Dich nicht. Ich will mich schon durch das Leben schlagen, mir ist auch nicht bange davor. Wozu ist man jung? Wozu hat man all die vielen Kräfte?« Es folgen konkrete Pläne: Paula Becker will ein Jahr aussetzen und als Gouvernante Geld verdienen – »England, Österreich, Russland, mir ist alles eins. Wenn es nur Geld in den Beutel bringt.« Was eine solche Stelle einbringen soll: »Tausend Mark muss sie mir bringen, sonst tut mir meine schöne Zeit leid.« Ob das realistisch ist?

In Paula Beckers Welt zählt anderes: »Wir Kinder haben zwei feine liebe Elternherzen, die uns ganz zu eigen sind. Das ist unser schönstes Vermögen. Für meine Person wünsch ich mir ganz und gar keinen Mammon. Ich würde nur oberflächlich werden.« Fast zweiundzwanzig ist Paula Becker und präsentiert sich ohne Zukunftsängste, voller Energie und entschlossen, sich von der depressiven Welt- und Lebenssicht ihres Vaters nicht anstecken zu lassen, im Gegenteil. Die Tochter versucht, dem Vater etwas von ihrem jugendlichen Optimismus mitzugeben. Dabei schildert sie eine Szene, die sich ihr eingeprägt hat, weil sie wohl gar nicht so selten war: »Vater, eins versprich mir. Sitz nicht an Deinem Schreibtisch und schaue vor Dich ins Graue oder auf das Bild Deines Vaters. Dann kommen die schwarzen Sorgen geflogen und decken mit ihren dunklen Flügeln die Lichtlöcher deiner Seele zu. Erlaube es ihnen nicht. Lass der armen Seele die paar Herbstsonnenstrahlen, sie braucht sie. Hole dir in solchen trüben Augenblicken Mama oder Milly und freue Dich an ihrer Liebe.« Offene Worte über die depressiven Stimmungen des Vaters, von denen die ganze Familie betroffen ist.

Drei Tage später kommt ein Brief der Mutter. Sie macht der Tochter Mut und versucht sie vor den väterlichen Ängsten zu schützen: »... lass die Unruhe um die Zukunft Dir nicht die Freude an Deiner Arbeit und die nötige Konzentration nehmen ... Versuche die schwere Doppelarbeit, die zur Lösung der großen Lebensfrage notwendig ist: Das Ferne planvoll ins Auge zu fassen und das Heute mit seiner Arbeit und seinen Freuden so kräftig zu ergreifen als wenn es nie ein Morgen gäbe. Bis zum 1. Juli ist noch eine lange Zeit.« Dann verweist die zupackende Mathilde Becker auf eine Dimension, die jenseits von praktischen Ratschlägen liegt. Sie beschwört Paula, ihr Ziel nicht aus den Augen zu verlieren: »Deine Kunst gibst Du Dein Leben lang nicht auf ...«

Nur wenige Wochen später wendet sich völlig unerwartet das Blatt, das düstere Szenario vom Dezember ist Vergangenheit. Die entscheidenden Sätze in zwei Briefen des Vaters vom Januar 1898 lauten: »So, nun beglückwünsche ich Dich als Kapitalistin ... Eigentlich bist Du ein Glücksmädel.« Es sind die Familienbande, die für Paula Becker ganz neue Zukunftspläne möglich machen.

Sie muss für die nächsten Jahre kein Geld als Gouvernante verdienen, denn das fließt ihr nun wie ein Wunder aus zwei Quellen zu. Zum einen vererbt eine verstorbene Großtante Paula 600 Mark. Unabhängig davon stiftet Onkel Arthur in Dresden, der als Jurist im Staatsdienst Karriere macht, seiner Nichte Paula für die nächsten zwei bis drei Jahre je 600 Mark zur weiteren Ausbildung – es ist das Geburtstagsgeschenk an seinen Halbbruder Woldemar Becker.

Große Freude in Berlin und Bremen. Paula Becker schreibt den Eltern: »Ich habe schon manchen Freudenlaut hier oben in meinem Kämmerchen ausgestoßen, denn das Leben ist zu schön, um es still zu ertragen ... Und ich darf weiter arbeiten, weiter lernen. Wenn man nur nicht übermütig wird vor Glück. Ich versuche es in Demut zu tragen.« Die Mutter jubelt: »Mein alter Liebling, ich freue mich so riesig über das was Dir vergönnt ist.« Dann geht es nahtlos mit den bekannten Ratschlägen weiter: »Nun nagle dich auch fest, zwinge Dich zu pedantischer Genauigkeit in Händen, Augen, Nasen. Mackensen sprach neulich beim Ansehen deiner Studien von einem ›lieblosen Ohr‹. Das sagte er nicht humoristisch, sondern ernst wie ein Totenrichter ...«

Da war er wieder, der Riss, der durch die Familienbande ging und trotz aller Nähe Tochter und Eltern trennte in dem, was für Paula Becker Leben, Liebe, Leidenschaft war – ihre Kunst. Fritz Mackensen war der gefeierte Star der Worpsweder Maler. Paula Becker hatte voller Achtung nach einer Ausstellung der »Worpsweder« in Bremen 1895 ihrem Bruder Kurt von Mackensens »Heidepredigt« geschrieben. Der Künstler hielt bewusst Verbindung zu kunstinteressierten Bremer Bürgern, und die Beckers gehörten zu diesem Zirkel. Jetzt erfuhr Paula Becker, dass die Eltern ihre Zeichnungen zur Kritik frei gaben; in der Hoffnung, Lobendes zu hören, und verunsichert, wenn einer wie Mackensen ein negatives Urteil fällte.

Sollte Paula Becker ihre Vorstellung von Kunst gegen die des berühmten Fritz Mackensen setzen? Sie schwieg. Deutlich genug hatte Woldemar Becker seiner Tochter in einem Brief Ende Dezember 1897 dargelegt, was er von den neuen Richtungen in der Malerei und Paulas künstlerischer Entwicklung hielt: »Für Deine uns übersandten Skizzen besten Dank ... Du musst selbst wissen, ob Du mit dem Erfolg zufrieden bist. Ich bin wie du weißt der Ansicht, dass alle Kunst ein Können ist, und dass die Technik, das Zeichnen, nicht als Beiwerk angesehen werden darf, welches auch wegbleiben kann. Bei aller Mühe, die ich mir gebe, die neuen Bilder zu würdigen, kann ich aber nicht finden, dass ihr diesem Grundsatz gerecht werdet.« Dann fügte er noch hinzu, es sei nun wohl modern, »eine Farbskizze zu klecksen«. Das musste schmerzen.

Viele Male hatte Paula Becker den Eltern geschrieben, wie intensiv sie um jedes Detail einer Zeichnung rang: »Der Zeichenunterricht bildet jetzt den Inhalt meiner Gedanken.« Das war im April 1896. Ein Jahr später urteilte sie über die Anforderung ihrer Lehrerin Jeanne Bauck in Bezug auf das Zeichnen: »Sie ist überhaupt sehr für das Gründliche.« Für Paula Becker war die Zeichnung das Fundament, nie hatte sie von ihr als »Beiwerk« gesprochen. Ein Fundament allerdings, von dem aus die Kunst erst Gestalt annahm.

Nach dem Geldsegen, der sich diesen Monat unverhofft bei ihr eingestellt hat, kann Paula Becker ihrer Zukunft gelassen entgegensehen. Sie ist erst einmal unabhängig vom väterlichen Unterhalt. Ihre gelassene Großzügigkeit kommt auch von Herzen. Aufs Neue versucht sie, den Faden nicht abreißen zu lassen. Sie will die gute Tochter bleiben, und zugleich in ihrem künstlerischen Impetus verstanden und angenommen werden: »Als Geburtstagsüberraschung schicke ich Dir die Arbeiten, die ich in diesem Monat verbrochen habe. Du wirst sehen, wie ich mich bemühe, gewissenhaft und brav zu zeichnen.«

Das gewissenhafte Zeichnen hat eine neue Funktion. Die bisherigen Zeichnungen, erklärt sie dem Vater, »sollten wirken«. Die jetzigen »machen auf gar nichts Anspruch. Ich soll nur an ihnen lernen ... Ich bemühe mich, mit Genauigkeit die Konturen zu verfolgen und gebe sie durch Linien an.« Das widerstrebt ihr, denn in der Wirklichkeit werden Dinge und Menschen nicht durch Linien begrenzt: »Aber ich sehe wohl ein, dass für mich zum Lernen die Linie notwendig ist, weil sie zu ganz genauer Beobachtung zwingt.«

Diese Anmerkung dokumentiert einen bedeutenden Schritt in der künstlerischen Entwicklung. Paula Becker, die im nächsten Monat ihren

22. Geburtstag feiert, wird mit eiserner Disziplin nicht mehr von der Linie lassen. Mit der Linie allein Menschen eine Kontur zu geben, in der sich deren ganzes Wesen ausdrückt, wird zum Merkmal ihrer meisterlichen Zeichnungen.

Das Ende des Kurses rückt unaufhaltsam näher. Im März lehnt Paula Becker, die begeisterte Tänzerin, sogar eine Einladung zum Ball ab: »Ich war diese Woche tief im Zeichnen und Malen, da ist man geizig mit seinen Kräften und gibt sie nicht gern für was anders aus.« Im gleichen Monat berichtet sie den Eltern von Ereignissen, für die sie während ihres Berliner Aufenthaltes stets Zeit »ausgegeben« hat: »Im Gewerbemuseum ist jetzt eine höchst interessante lithographische Ausstellung mit prachtvollen Radierungen und Farbdrucken aller Länder. Bei Gurlitt hat ein eigenartiger Franzose ... ausgestellt. Bei Schulte hängen die ›Elfer‹ ... Ich brauche nur zuzugreifen, so habe ich etwas Schönes.«

Dass Berlin gegen Ende des Jahrhunderts dabei ist, eine europäische Metropole zu werden, zeigt sich auch an den zunehmenden Ausstellungen moderner Kunst, die von Paula Becker in den Briefen nur angetippt werden. Sicher nicht aus Desinteresse, sondern weil die Meinungen über »das Schöne in der Kunst« zwischen ihr und den Eltern zu weit auseinandergehen.

Schade nur, dass deshalb verborgen bleibt, was die erstmalige und intensive Begegnung mit der modernen Kunst bei Paula Becker ausgelöst hat; was sie darüber fühlt und denkt. Der Kunstsalon Gurlitt in der Leipziger Straße und der Kunstsalon Schulte Unter den Linden – als erste Galerie Berlins elektrisch beleuchtet – sind die besten Adressen in der Hauptstadt für die moderne Kunst. Gurlitt hat sich zudem in den 1890er Jahren auf Ausstellungen von Malerinnen spezialisiert. Die »Elfer« haben sich unter Führung von Max Liebermann 1892 als eigene Gruppe innerhalb des »Vereins Berliner Künstler« gebildet und gehören zur deutschen Avantgarde. Zwei der Kunstprofessoren, von denen Paula Becker unterrichtet wird, sind Mitglieder der »Elf«.

Die Lithographie-Ausstellung im Frühjahr 1898 im Berliner Kunstgewerbemuseum bietet erstmals in Deutschland einen umfassenden Überblick der Avantgarde der französischen Kunst – Toulouse-Lautrec, Vallotton, Redon, Meunier, Sérusier, Puvis de Chavannes, Manet, Renoir –, aber auch Liebermann und Munch. Im Oktober 1897 war Paula

Becker zur Internationalen Kunst-Ausstellung nach Dresden gefahren, wo ebenfalls die modernen Franzosen stark vertreten waren.

Paula Becker nutzt jede Reise, um auch ihre Kenntnisse über die »großen Meister« der Vergangenheit zu erweitern. Im Dezember 1897 war sie zur Hochzeit einer Cousine nach Wien eingeladen. Von den Hochzeitsfeierlichkeiten erzählt sie am Ende ihres Briefes nach Hause. Vorher steht anderes: »Ich habe in Wien herrliche Bilder gesehen. Unvergesslich bleibt mir Morettos ›Divina Justina‹ und die wundervollen Farben der noblen Tizian-Porträts und Rubens mit all seiner Pracht. Die alten Deutschen nahmen mich ganz gefangen. Der Dürer hat bei aller Kraft und Männlichkeit so viel Rührendes, Zartes.« So geht es weiter mit Cranach, Holbein, Leonardo, van Dyck: »Ich habe geschwelgt.«

Aussagekräftig ist das Schweigen von Paula Becker über die tonangebende traditionelle zeitgenössische Kunstszene. Kein Wort von ihr über jene repräsentativen Prunkgemälde, die Museen und Ausstellungen schmücken. Kein Wort über die Künstler dieser »historischen Schinken«, die sich in der Gunst des Kaiserhauses sonnen, Aufträge, Posten und Gelder erhalten. Der einflussreichste von allen ist Anton von Werner: Hofmaler, seit 1875 Direktor der königlichen Kunstakademie, seit 1887 Vorsitzender des »Vereins der Berliner Künstler«. Berühmt gemacht hat ihn sein Bild über »Die Kaiserproklamation von Versailles«. Erfolgreich wehrt von Werner bis 1919 alle Versuche ab, dass Frauen an der Kunstakademie studieren dürfen.

Die Galerien, von denen Paula Becker berichtet, sind jene, die sich in Berlin der protegierten Malerei entgegenstellen. Seit der ersten Impressionisten-Ausstellung 1883 wagen Gurlitt und andere Kunsthändler mit den Werken »moderner Kunst« den vorherrschenden künstlerischen Geschmack zu provozieren. Während Paula Becker den Kursus an der »Zeichen- und Malschule« des »Vereins der Berliner Künstlerinnen und Kunstfreundinnen« belegt, kann sie den Machtkampf zwischen Traditionalisten und Modernen aus nächster Nähe beobachten. Ob in den Malklassen oder auf den feinen Gesellschaften und in der Villa von Tante Cora und Onkel Wulf: Die moderne Kunst wird für Gesprächs- und Zündstoff gesorgt haben. Was für den Maler Adolph Menzel »Dreck« war, galt anderen als große Kunst.

Wie gut Paula Becker im Frühjahr 1898 daran tat, den Eltern nur einen groben Überblick über ihre Ausstellungsbesuche zu geben, beweist die Reaktion ihres Vaters vom 5. April: »Deine Zeilen kamen gestern und zeigten dass Du emsig studierst und die Bilderschätze Berlins kennen lernst. Verlange aber nicht von uns dass wir ›modern‹ werden dazu sind wir doch zu alt.« Trotzdem: Das ist eine freundliche Sicht auf die Differenzen, die Anerkennung für Paulas Arbeit und ihren Fleiß einschließt.

Von den Zeichnungen der Berliner Zeit zwischen 1896 und 1898 haben sich rund 150 erhalten. Sie zeigen bei aller schulmäßigen Ausrichtung, wie Paula Becker im akademischen Zeichnen sehr bald eine große Sicherheit hat und dann einen eigenen Stil entwickelt. Zu den eindrucksvollsten Zeugnissen angehender künstlerischer Meisterschaft, die im Kupferstichkabinett der Bremer Kunsthalle angeschaut werden können, gehören ein paar Frauenhände: »In den letzten Tagen habe ich Hände gezeichnet, ein paar elegante, knochige, nervöse Frauenhände mit schlankem Handgelenk. Alles übrige begleitet nur wie ein kleines Nebengetön den Grundton meines Lebens.« Das schreibt Paula Becker im April 1898 an die Eltern.

Auch wenn sich der Vater für die moderne Kunst »zu alt« fühlt, lässt er doch sogleich ein positives Signal folgen: »Ich habe mich nach dem ›Studio‹ umgesehen, aber die Märznummer noch nicht bekommen können. Es wird uns freuen, Einiges über Deine Frl. Bauck zu hören.« Es geht um einen Zeitschriftenartikel über die Malerin Jeanne Bauck, die fast das ganze Jahr 1897 Paula Beckers Lehrerin in der Malklasse war – »ich liebe sie sehr«.

Die Zeit der ersten längeren Trennung von den Eltern hat Spannungen zu Tage treten lassen. Erwartungen blieben unerfüllt, Begeisterung wurde nicht geteilt, nach der gewohnten Nähe stellte sich Distanz ein. Unüberhörbar ist, dass die nun über Zwanzigjährige trotz allem Dissens die Brücken zum Elternhaus zu erhalten sucht und unermüdlich ihr Verständnis von Kunst und Leben immer aufs Neue darlegt.

Die Eltern ihrerseits haben dazugelernt, seit Paula aus dem Haus ist. Sie zeigen, dass sie den Weg der Tochter nicht nur mit kritischen Verbesserungsvorschlägen begleiten wollen. Sich einen Artikel über die geliebte Jeanne Bauck zu beschaffen signalisiert: Wir geben uns alle Mühe, deine uns fremde Kunst-Welt zu verstehen und uns dem, was dein Leben ausmacht, anzunähern.

Jeanne Bauck, die Emanzipation und Paula Becker mittendrin – das ist eine eigene Geschichte.

Jeanne Bauck, die Emanzipation und Paula Becker mittendrin

»Ihr wollt wissen, was sie für eine Persönlichkeit ist? Nun erst das Äußere. Da sieht sie, wie leider die meisten Künstlerinnen, recht ruppig-struppig aus. Ihr Haar, das in seiner Jugend wohl wenig Pflege genossen hat, gleicht mehr gerupften Federn. Ihre Figur ist groß, dick, ohne Korsett, mit einer hässlichen blaukarierten Bluse. Dabei hat sie aber ein paar helle lustige Augen ... Bis jetzt ist sie mir noch ein Buch mit sieben Siegeln.« Das schreibt Paula Becker den Eltern im März 1897 über ihre Lehrerin Jeanne Bauck, nachdem sie in deren Malklasse aufgenommen wurde.

Jeanne Bauck, 1840 in Stockholm geboren, ist selbständige Malerin. Sie hat in Dresden, Düsseldorf und München gelernt; in München eine Malschule geleitet, sich dann in Berlin mit einem Atelier niedergelassen, wo sie ihre Bilder im renommierten Kunstsalon Schulte ausstellt. Paula Beckers spontaner erster Eindruck ist wenig schmeichelhaft.

Unabhängig davon schätzt sie ihre neue Lehrerin, weil sie im Zeichnen ein gründliches Fundament verlangt und diese Fertigkeit selber eindrucksvoll beherrscht. Aber bei der Technik bleibt Jeanne Bauck nicht stehen. Sie vermittelt ihren Schülerinnen eine Grundauffassung von Malerei, die dem erlebten Gefühl und der gedanklichen Umsetzung von Paula Becker sehr entgegenkommt. Als Paula den Eltern im Dezember 1897 nach einem Museumsbesuch in Wien begeistert von den »herrlichen Bildern« der alten Meister schreibt, fügt sie hinzu: »Es war eine lehrreiche Illustration zum Texte Bauck: die große Wirkung nobler Einfachheit.« Nach einem Besuch bei Jeanne Bauck urteilt Paula Becker: »Es hingen famose Sachen im Atelier, Porträts und Landschaften, eine große einfache Auffassung in jedem Bild und doch nicht manieriert; fein, fein!«

Unter den Lehrerinnen der Berliner Zeit ist Jeanne Bauck mit Abstand die wichtigste. Die Einladung zum Atelierbesuch im Mai 1897 lässt vermuten, dass die Beziehung zwischen Lehrerin und Schülerin schnell über die Stunden in der Malklasse hinausgewachsen ist. Paula Becker hat eine Gesprächspartnerin gefunden, mit der sie offen und vertrauensvoll über das sprechen kann, was ihre Leidenschaft ist, und auch über ihre Ängste. Denn bei allem Selbstbewusstsein, mit der Kunst den richtigen Lebensinhalt gefunden zu haben und ein großes Talent zu besitzen, geht Paula Becker einer ungewissen Zukunft entgegen. Jeanne Bauck gibt ihr ein Beispiel, das Mut macht: Wie man als Frau eine Künstlerin sein kann, die ihre Vorstellungen von Malerei umsetzt und dabei künstlerisch wie finanziell erfolgreich ist.

Im Mai erfahren die Eltern, dass sich Paulas Blick auf ihre Lehrerin gewandelt hat: »Ich freue mich stets auf meine Stunden bei Jeanne Bauck. Nachdem ich mich an ihre ›Wüschtigkeit‹ gewöhnt habe, mag ich sie gar zu gern ansehn. Ihre Züge sind gerade so interessant wie ihr Malen, ich kann mir immer wieder den kleinen pikanten Bogen ihres Nasenlochs anschaun. Ihr Mund hört so nett plötzlich auf, als ob der Herrgott plötzlich mit einem feinen Pinselstrich drüber gefahren wäre.«

Jeanne Bauck war selbstbewusst genug, sich bequem zu kleiden, ohne sich um das Klischee zu kümmern, mit dem damals abwertend eine »emanzipierte Frau« bedacht wurde. Paula Becker wäre anfangs fast darauf hereingefallen. Doch sie war zu neugierig und unvoreingenommen, um sich nicht sehr bald zu korrigieren. Bis heute hält sich hartnäckig der Ruf, Paula Modersohn-Becker habe der Frauenbewegung abwertend oder gar feindlich gegenübergestanden. Das ist ein falsches und sehr undifferenziertes Urteil über ihre Persönlichkeit und ihr Werk.

Kurz bevor Paula Becker ihren ersten Mal- und Zeichenkurs in Berlin begann, Ende September 1896, kamen in der Hauptstadt über 100 Frauen zum »Internationalen Kongress für Frauenwerke und Frauenbestrebungen« zusammen. Sie tagten im Rathaus und wurden von den Vertretern der Stadt Berlin freundlich begrüßt. Zu den Rednerinnen gehörte die bereits erwähnte Malerin Hermione von Preuschen. Zuerst einmal machte sie den versammelten Frauen Mut und zeigte sich solidarisch: »Ich glaube an die Berechtigung der Frauenemanzipation – wie ich an die Sonne glaube. Sie liegt in der Luft, sie ist zeitgemäß, unaufhaltsam.« Im Laufe ihrer Karriere allerdings musste sie erfahren: »Wehe der Frau, die es wagt, ebenso Gutes oder gar Besseres zu leisten als der Durchschnittsmann.« Hermione von Preuschen hat es gewagt, Besseres zu leisten. Sie hat sich als Künstlerin erfolgreich durchgesetzt und schreibt den Herren in aller Öffentlichkeit ins Stammbuch: »Und mit gütiger Erlaubnis ist das Genie so frei sich nicht ans Geschlecht zu kehren, es fliegt in die Seelen, wem und wie es will.«

Paula Becker hätte diesen Satz umstandslos unterschrieben. Mit dieser Vorgabe ist sie im liberalen Elternhaus aufgewachsen. Im Mai 1896 hatte ihr der Vater nach Berlin geschrieben, die unprofessionelle Ausbildung sei »der Fluch unserer Frauenerziehung«. Und hinzugefügt: »In dieser Beziehung sind die englischen Frauen den unsrigen überlegen; sie haben den Kampf um das Dasein gegen die Männer mit Energie aufgenommen und sie werden, glaube ich, die ersten sein, die sich einen neuen Wirkungskreis, eine neue Zukunft gründen werden.« Es wäre mehr als seltsam, wenn die Diskussion um Emanzipation Paula Becker nicht interessiert hätte. Bildet die Emanzipation von tradierten Rollen doch die Voraussetzung für ihren Lebensentwurf als Künstlerin. Zudem wurde die »Frauenfrage« in Paulas Domizil in Berlin-Schlachtensee von Tante Cora, der Engländerin, offensiv und modern vertreten.

Da sie weiß, dass sie damit zu Hause auf offene Ohren stößt, beschließt Paula im Januar 1897, in ihrer wöchentlichen Bilanz an die Eltern nicht nur von der Zeichenstunde zu reden: »Ich kann zum Beispiel Frauenfrage machen, die Stichwörter sind mir schon ganz geläufig. So war ich Freitag nach dem Akt in einem Vortrag: Goethe und die Frauenemanzipation. Die Vortragende, Fräulein von Milde, sprach sehr klar und sehr gut, auch ganz vernünftig.« Es folgt ein kritischer Einwand: »Nur haben die modernen Frauen eine mitleidige höhnische Art, von den Männern zu sprechen wie von gierigen Kindern. Das bringt mich dann gleich auf die männliche Seite.«

Was Paula Becker am Vortrag von Fräulein von Milde als »sehr klar und sehr gut, auch ganz vernünftig« empfand, können wir nachlesen. Natalie von Milde, in der bürgerlichen Frauenbewegung aktiv, hat ihre Ansichten in der Schrift »Frauenfrage und Männerbedenken. Ein Beitrag zur Verständigung« dargelegt. Es geht darum, grundsätzliche Vorurteile zu widerlegen, endlich »energisch Stellung zu nehmen«, wo die Frau in ihrer eigenständigen Entfaltung behindert, diskriminiert wird.

Das Argument, das nach Natalie von Milde die »gesamten Gegner der Frauensache, aus wie verschiedenen Elementen sie sich auch zusammensetzen« zusammenschweißt, lautet: »Die Frau gehört in die Familie, ins

Haus.« Ausgehend von dem Menschenrecht auf »Selbstvervollkommnung«, beschreibt sie, wie zentral die traditionelle Familie dieses Recht negiert: »Die Familie, diese in sich befestigte, von ihren Sonderinteressen ausgefüllte Gemeinschaft, dreht der nach Selbständigkeit ringenden Frau, die doch in vielen Fällen eben darauf angewiesen ist, selbst und allein für sich einzustehen, den Rücken.« Daraus folgt: »In dieser Beziehung ist es allerdings geboten, dass sich die von einer höheren Lebensauffassung beseelte Frau von der Familie emanzipiert. Denn die Familie bietet dem Vorwärtskommen der Frau nicht dadurch das Hindernis, dass sie ihr, wie die Außenwelt es tut, die nötigen Kräfte abspricht; – die Familie stemmt sich vielmehr gegen Kräfte, mit denen sie nichts anzufangen weiß, auf, wie gegen ein zu bekämpfendes Unrecht.« Klar und gut und ganz vernünftig: Eine Menge Stoff zum Nachdenken für Paula Becker.

Woldemar Becker greift die »Frauenfrage« interessiert auf und schreibt zurück: »Es kann Dir aber nicht schaden, einzelnen ihrer Versammlungen beizuwohnen. Wenn man auch nicht Alles als unumstößliche Wahrheit ansehen kann, so wird doch manches besprochen, was Berechtigung hat.«

Ob Paula Becker als Künstlerin Erfolg haben wird, hängt nicht nur von ihrem Talent ab, sondern mindestens ebenso sehr von der Öffentlichkeit. Ihr wird sich Paula Becker eines Tages stellen müssen. Im Oktober 1897 ist die jährliche Ausstellung der »Zeichen- und Malschule«, in der auch ein Bild von Paula Becker hängt. Sie hat sich seelische Unterstützung für diesen aufregenden Tag geholt: »Jeanne Bauck hat mir ihre Gefühle beschrieben, die in ihr beim Betreten einer Ausstellung aufsteigen, wenn etwas von ihren eigenen Werken die Wände schmückt.« Sie schleicht durch die Säle, als ob sie eine Verbrecherin wäre: »Endlich, der Schreck! Man hat seine Schmerzenskinder entdeckt und eilt schleunigst davon, um Nachstellungen zu entgehen.« Paula Becker fühlt mit ihrem Vorbild: »Gerade so ging es mir.«

Bestärkt wird sie auch in ihrer Leidenschaft, den Umgang mit Farben als eine sinnliche Dimension zu erleben: »Meine neue Lehrerin Jeanne Bauck nennt es auch ein physisches Wohlbehagen. In diesem Wohlbehagen schwebt nun Euer Kind alle Tage.« Im Herbst 1897 ist dieses Wohlbehagen längst über die Farben hinausgegangen. Genau genommen geht es um eine Liebeserklärung von Paula Becker an ihre Lehrerin: »Sie ist ganz modern, was ja in gutem Sinne nur übersprudelnde Jugend bedeuten soll. Die hat sie sich bewahrt trotz ihrer fünfzig Jahre. Ich liebe sie sehr. Mit ihr zu sprechen ruft ein Gefühl des Wohlbehagens in mir hervor ...« Ganz unbefangen schreibt sie das nach Hause.

Ebenso unbefangen geht sie mit einer Frage um, an der sich damals die Geister schieden – »Rock/Kleid oder Hosen«? Wer sich am Ende des 19. Jahrhunderts auch äußerlich als moderne Frau zu erkennen geben wollte, wählte die Hosen. Paula Becker entschied sich immer für das traditionelle weibliche Kleidungsstück, weil damit aus ihrer Sicht mehr »Anmut« verbunden war, eine für sie wichtige Kategorie. Doch diese Entscheidung verstellte ihr keineswegs den offenen Blick auf andere Frauen.

Die Sommerferien 1897 verbringt Paula Becker in Worpswede, wo sich inzwischen – vom Ruhm der Worpsweder Künstlergruppe angelockt – etliche Malerinnen und Maler für kurze oder längere Zeit niederlassen. Die neu Hinzugekommenen treffen sich mit den schon Etablierten beim geselligen Mittagstisch. Paula Becker hatte sogleich nach ihrer Ankunft von einem Fräulein von Finck gehört und notiert in ihrem Tagebuch: »Ich war auf sie schon vorbereitet und war also nicht so sehr erstaunt, sie in Hosen zu Tisch kommen zu sehen. Sie interessiert mich. Sie scheint klug zu sein. Sie hat vieles gesehen, ich glaube empfindend gesehen. Sie hat in Paris studiert, wie lange? Mit welchem Erfolg? Ich weiß es nicht, jedenfalls möchte ich rasend gern was von ihr sehen.«

Adele von Finck, die in ihrer Zeit eine erfolgreiche Malerin wurde, und Jeanne Bauck waren selbstbewusste, emanzipierte Frauen. Mochte die eine Hosen tragen und die andere eine »hässliche blaukarierte Bluse« und kein Korsett: Es sind die selbstbewussten emanzipierten Frauen – auch Clara Westhoff, ihre engste Vertraute, wird dazugehören –, von denen sich Paula Becker angezogen fühlt, mit denen sie geistigen Austausch pflegen möchte. Das sagt viel aus, denn Paula Becker war höchst wählerisch in ihren Freundschaften, ihren Gesprächspartnerinnen und -partnern: »Die Zahl derer, mit denen ich es aushalten kann, über etwas zu sprechen, was meinem Herzen und meinen Nerven naheliegt, wird immer kleiner werden«, schreibt sie im Februar 1899 den Eltern.

Irgendwann während der anderthalb Jahre in Berlin hat Paula Becker ihrem Tagebuch eine Skizze anvertraut, die offenbart, welchen Zwiespalt sie in ihrem Inneren austrägt. Die »Frauenfrage« geht ihr offensichtlich nicht aus dem Sinn:

»Wie mich dies Mädchen fesselt! Sie schafft sich von innen heraus eine kräftige schöne Welt. Eine Welt wie die eines Jünglings, der in das Leben hineingeht mit großen Plänen. Und doch ist, bleibt sie Jungfrau. Sie hasst das Kleine am Weibe. Sie liebt den Mann in seiner Größe. Sie liebt ihn mit stiller Großmut und demütigen Herzens. Sie sieht sich klein und die anderen groß. Und doch ist sie größer als wir alle ... Sie spricht wie der gute Mann, ohne Falsch, ohne Hintergedanken. Ich liebe diese einfache Größe. Sie wirkt erfrischend, beruhigend wie das klassische Altertum. Und doch viel natürlicher, pulsierender. Denn es ist Wirklichkeit. Es ist Leben, modernes Leben.«

Keine wirren romantischen Träumereien sind das. Die Zeilen artikulieren verborgene Wünsche, die aus dem Blickwinkel traditionellen Frauseins tabu sind. Weshalb Paula Becker sie nur verschlüsselt ausspricht. In »diesem Mädchen« verbergen sich zwei Personen: Paula Becker vor allem, aber auch Jeanne Bauck. Die Lehrerin hat schon das Ziel erreicht, dem Paula Beckers ganzes Streben gilt. Jeanne Bauck hat sich »eine kräftige schöne Welt« geschaffen; sie hat »diese einfache Größe« verwirklicht, die ihre Schülerin so liebt.

Aber warum diese Verschiebungen, dieses Gegenüber von Mädchen und Mann? Warum ordnet Paula Becker auf den ersten Blick dem Mann so viele positive Eigenschaften zu, wenn doch am Ende alles Wünschenswerte sich in »diesem Mädchen« verkörpert?

Auf den zweiten Blick ist nachvollziehbar, dass Paula Becker, gerade mal knapp über zwanzig, selbst im Zwiegespräch mit einem weißen Blatt Papier sich keine grenzenlosen Fantasien und Träume erlaubt. Der Satz der Hermione von Preuschen, das Genie sei so frei, »sich nicht ans Geschlecht zu kehren«, ist eine öffentliche Kampfansage an die Mehrheitsmeinung. Genie im Verständnis des 19. Jahrhunderts bedeutet Größe, Kraft, etwas schaffen – alles Eigenschaften, die ausschließlich dem Mann zugesprochen werden.

Weiblichkeit dagegen ist mit dem identisch, was Paula Becker auch »diesem Mädchen« zuschreibt: Es liebt den Mann mit »stiller Großmut und demütigen Herzens«. Anpassung, Passivität, Hinaufschauen zum Mann – das sind die Eigenschaften, die dem Wesen der Frau »von Natur aus« zugesprochen werden. Wendet sie sich davon ab, zeigt sie Größe und schafft eine kräftige schöne Welt, dann wird sie »unweiblich«, »männlich«. Sie verliert nach dem gesellschaftlichen Konsens ihre Identität als Frau.

Die »Mädchen-Skizze« lässt tief in das Innere von Paula Becker blicken. Es beeindruckt, wie sie für sich »männlichen« Wünschen und Fantasien Raum gibt, die nach dem Verständnis der Zeit ihre Identität als Frau bedrohen. Kein Wunder, dass solche revolutionären Wünsche fundamentale Ängste auslösen. Deshalb ist es gar nicht erstaunlich, dass Paula Becker den Konflikt in ihrem Innern nicht säuberlich löst und widerspruchsfrei zu Papier bringt; dass sie zur eigenen Erleichterung einen Teil dieser Wünsche – gesellschaftlich korrekt – von einem Mann artikulieren lässt. Ein Thema für Briefe ist das nicht. Aber in der Einsamkeit und der Stille, die auch in den geschäftigen, erfüllten Berliner Monaten zu Paula Beckers Leben gehören, stellt sie sich den Konfrontationen in ihrem Innern und gibt ihnen eine Form.

Der Kursus der »Mal- und Zeichenschule« endet im Mai 1898. Der abschließende Höhepunkt aber lag für Paula Becker schon im Februar: »Das Kostümfest der Künstlerinnen zählt zu meinen schönsten Erinnerungen.« Es ist ein gesellschaftliches Ereignis, das der »Verein der Berliner Künstlerinnen und Kunstfreundinnen« seit Jahrzehnten organisiert. Es bringt viel Geld in die Vereinskasse, denn Nicht-Mitglieder müssen teure Karten erstehen. Die allerdings finden reißenden Absatz – dabei sind es ausschließlich Frauen, die am berühmten »Kostümfest« teilnehmen dürfen. Im Februar 1898 wurden 2800 Billets verkauft.

Die Berliner Malerin Sabine Lepsius – geboren 1864, seit 1890 hängen ihre Bilder in den Ausstellungen und haben einen guten Ruf begründet – besuchte als Vereinsmitglied im Februar 1892 das berühmte Kostümfest. Sie war als italienischer Hirtenjunge verkleidet. Ihrem Verlobten schreibt sie: »Ich genoss in vollen Zügen die göttliche Harmlosigkeit, welche möglich ist, wenn kein einziger Herr auf dem ganzen Fest ist, der sich nachher im Café Bauer mit den Kollegen trifft und über die Damen klatscht. Das allgemeine Amusement war groß. Fast die Hälfte war als Knaben oder Herren angezogen.« Der Kleiderwechsel ging einher mit einem Rollenwechsel, der Sabine Lepsius sehr willkommen war. Sie schwärmte von der »göttlichen Freiheit meiner Kleidung, in der ich über Stühle und Tische setzen konnte trotz Gläsern und Tassen in Händen«.

Wie sich die Gefühle gleichen, wenn Paula Becker im Februar 1898 einen langen Brief über den »großen Tag« schreibt. Verkleidet war sie als »Rautendelein«, ein »elbisches Wesen« aus Gerhart Hauptmanns neuem Stück »Die versunkene Glocke«. Das »deutsche Märchendrama« hatte im Jahr zuvor in Berlin Premiere gehabt und Paula, die es mit Tante Cora sah, tief beeindruckt. Paula Becker war in ihrem Element auf diesem Maskenfest: »Es wurde mit Leidenschaft getanzt. Der Kehraus, den ich mit meinem kleinen Ungarn tanzte, oder besser sauste, bildete einen würdigen Schluss. Als die Musik aufhörte, die keusch unter grüner Gaze versteckt saß, merkte man, gut berlinisch zu reden, seine Beinchen. Aber fein, fein war's!«

Die Beschäftigung mit den geliebten Ölfarben, die friedliche Stille in Garten und Villa bei Tante Cora und Onkel Wulf in Berlin-Schlachtensee, das nervöse Ambiente der großen Stadt, die Ausstellungen mit den Bildern der Avantgarde französischer Maler, die Einladungen der feinen Gesellschaft, die Abende im Theater und in der Oper: Paula Becker hat in ihrer Berliner Zeit genossen, wofür sie sich mit Gefühl und Verstand begeisterte, und alles sensibel registriert als Mitspielerin auf einer weiten bunten Bühne.

Beobachtend, fast kühl ist der Blick aus den großen braunen Augen des Selbstporträts, das Paula Becker im Jahre 1897 malt. Der grüne Hintergrund und die leichte weiße Tönung des Gesichts, das ganz frontal im Bild steht, verstärken den ernsten Ton. Um den Mund spielt ein feines Lächeln. Hat man es bemerkt, profitieren plötzlich die Augen davon. Dieses Selbstporträt der einundzwanzigjährigen Paula Becker ist ein Abbild innerer Sammlung. Es zeigt eine junge Frau, die entschlossen ist, sich auf das Wesentliche zu konzentrieren.

Im Zeichen von »Zarathustra«
Worpswede September 1898 bis Dezember 1899

Worpswede als nächste Station auf dem Lebensweg lag nahe, aus vielen Gründen. Paula Becker hatte die Sommerferien 1897 im berühmt gewordenen Künstlerdorf verbracht: »Worpswede. Worpswede. Worpswede! Versunkene-Glocken-Stimmung! Birken, Birken, Kiefern und alte Weiden. Schönes braunes Moor, köstliches Braun! Die Kanäle mit den schwarzen Spiegelungen, asphaltschwarz. Die Hamme mit ihren dunkeln Segeln, es ist ein Wunderland, ein Götterland.« Das schrieb sie im Juli 1897 in ihr Tagebuch.

Zum Ende ihrer Berliner Ausbildung im Mai 1898 erfährt sie vom Vater: »Ich kann Dir auch zu Deiner besonderen Freude mitteilen, dass Mackensen sich erboten hat, Dich während Deiner Ferienzeit mit Rat bei Deinen Malstudien zu unterstützen.« Paula Becker wird bis zum Dezember 1899 in Worpswede bleiben und bei Fritz Mackensen regelrechten Unterricht nehmen.

Fritz Mackensen, inzwischen ein arrivierter, mit Medaillen und Preisen ausgezeichneter Künstler, gehört zu den Gründern des Künstlerdorfs im Teufelsmoor. Während Paulas Berliner Zeit hatte er sich gegenüber den Eltern kritisch zu Zeichnungen von ihr geäußert, was Paula wohl nicht gefallen hat. Aber Mackensen war eine Autorität, und sie war entschlossen, von allen zu lernen.

Dass die Eltern mit den Zwillingen Herma und Henner, jetzt dreizehn Jahre alt, im gut zwanzig Kilometer entfernten Bremen leben, hatte manche Vorteile. Die spärliche Einrichtung in der winzigen Stube, die Paula Becker in der Bäckerei Siems am Ortseingang von Worpswede gemietet hat, kann leicht ergänzt werden: »Liebe Mutter, hast du vielleicht einen viereckigen Tisch für mich«, heißt es am 7. September 1898. Auch ein Sofa von daheim wäre nicht schlecht. Nicht selten geht Paula Becker den Weg nach Bremen zu Fuß, statt die Postkutsche zu nehmen. Und von zu Hause kommt sie dann mit gefüllten Taschen zurück. Das hilft sparen. Denn Paula Becker lebt nun von ihrem kleinen gestifteten Vermögen, das lange halten soll.

Trotz der Nähe: In Worpswede ist Paula Becker erstmals fern von jeder familiären Kontrolle. Ob sie die Nacht durchliest oder im Mondschein über die Heide geht, in der Hamme schwimmt, bei einer Bauernhochzeit mit dem Brautvater tanzt oder mit der Staffelei in der Landschaft arbeitet – es ist ihre Entscheidung.

Nach den Monaten in der pulsierenden Metropole Berlin taucht Paula Becker in einen dörflichen Kosmos ein. Statt Hetze und Lärm umgibt sie »tiefe Stille«, »stiller Frieden«; es zieht ihr »süße Seelenruhe ins Gemüt«. Vom Leben allerdings kann Paula Becker in den nächsten sechzehn Monaten, die sie in Worpswede verbringen wird, gar nicht genug haben.

Keine Vokabel taucht so oft und so prominent auf in den Briefen und Tagebucheintragungen dieser Worpsweder Zeit: »Ich lebe.« – »Leben.« – »Ich schlürfe am Becher des Lebens« – »mich durchschauert die Wonne des Lebens« – »ich lebe mit vollem Bewusstsein« – »das Leben, das mit seinen schönen Armen ausgebreitet vor mir steht« – »leben – atmen – fühlen – träumen – leben.« Und das Leben ist untrennbar mit der Natur verbunden: »Die Natur sprach mit mir und ich lauschte ihr zitternd selig. Leben.«

Sind das schwärmerische Empfindungen einer jungen Frau, die bei den Spaziergängen durch Moor und Heide, im Anblick des glänzenden Mondlichts auf dem Schnee sich völlig ihren Empfindungen überlässt und ein wenig den Verstand verliert? Wer diese Frage bejaht, verkennt nicht nur Paula Becker, sondern übersieht eine Entwicklung, die im letzten Jahrzehnt des 19. Jahrhunderts in Europa Frauen und Männer an der Schwelle zum Erwachsenenleben prägt: den Aufbruch einer Jugend, die der Fortschrittswelt der Elterngeneration enttäuscht den Rücken kehrte.

Im Juni 1899 schreibt Paula Becker ihrem Bruder Kurt aus Worpswede: »Ich lerne, glaube ich, viel im Lesen ...« Seit der Ankunft in Worpswede im Herbst 1898 nimmt sie wie ein Schwamm Romane, Sachbücher, Gedichte in sich auf, endlich hat sie Zeit zum Lesen. Es ist ein großer Genuss, keineswegs Zeitvertreib, sondern bewusster Teil des Arbeitsprogramms. Sie liest Hölderlin und Stifter, Lessing, viel Ibsen, Gerhart Hauptmann, mystische Schriften der »Nonne Mechthild«,

Goethe ohnehin, Gustave Flaubert auf Französisch und »Das Buch der Malerei« des Leonardo da Vinci. Mehr als einmal liest sie den »Niels Lyhne«, ein Buch des dänischen Schriftstellers Jens Peter Jacobsen; erschienen 1880 und sogleich ein Bestseller. Es ist der Roman von einem zerrissenen Menschen, der an Gott und den Menschen verzweifelt und scheitert. Der Lektüre-Stern aber, der alles überstrahlt, ist Friedrich Nietzsche.

Paula Beckers Leben in Worpswede am Ende des Jahrhunderts steht im Zeichen des schmalen Buches, das Europas Jugend bewegte und mitriss und herausforderte. »Also sprach Zarathustra« hat auch Paula Becker mitten ins Herz getroffen: »Ein köstliches Werk. Es wirkt auf mich berauschend mit seiner morgenländischen Psalmensprache, mit seiner tropischen Fülle leuchtender Bilder. Manches Dunkle stört mich nicht ... Verstehen wir denn im Leben alles? Der Nietzsche mit seinen neuen Werten ist doch ein Riesenmensch. Er hält die Zügel stramm und verlangt das Äußerste der Kräfte. Aber ist das nicht die wahre Erziehung?«

Friedrich Nietzsche hatte die ersten drei Teile des »Zarathustra« 1883 wie im Rausch, aber lange vorbedacht, geschrieben; der vierte folgte 1885. »Also sprach Zarathustra« wurde zum Kultbuch; nicht nur gelesen und verehrt, sondern zum Wegweiser und Ratgeber für ungezählte einzelne Leben.

Das Buch sprach nicht ohne Grund jene an, die sich in der Welt der Kunst und Kultur bewegten. Denn das war die Erkenntnis, die Nietzsche wie ein »Blitz« getroffen hatte: Was als modern und fortschrittlich gepriesen wurde, Neuerungen von gewaltigem Ausmaß, die in der zweiten Hälfte des 19. Jahrhunderts die Welt verändert hatten wie nie zuvor, waren ausschließlich materielle Errungenschaften. Die Erneuerung des geistigen Lebens hatte damit in keiner Weise Schritt gehalten. Schlimmer noch: Je kühner und moderner sich die Naturwissenschaften, Medizin, Technik und Wirtschaft entwickelten, um so mehr versteinerten die Künste, um so mehr erhoben die kulturellen Meinungsführer die Tradition zum alleinigen Maßstab. In ihrem Namen wurde jeder Versuch, Neues zu schaffen, geächtet; diese Moderne hatte in Wahrheit eine Kultur des Todes geschaffen.

Die wahre Moderne – Umkehr und radikale Neubestimmung der geistigen Werte – konnten für Nietzsche nur die Künstler, die Schaffenden herbeiführen, weil sie teilhaben am schöpferischen Prozess. Auch in der Welt Zarathustras geht es um »gut« und »böse«, aber völlig neue Maßstäbe müssen gesetzt werden: »*Was gut und böse ist, das weiß noch niemand: – es sei denn der Schaffende! – Das aber ist Der, welcher des Menschen Ziel schafft und der Erde ihren Sinn gibt und ihre Zukunft.*«

Der absolute Wert, nach dem sich für Zarathustra alles ausrichten muss, ist das Leben; ein Leben, das untrennbar mit der Erde verbunden ist: »*Ich beschwöre euch, meine Brüder, bleibt der Erde treu und glaubt denen nicht, welche euch von überirdischen Hoffnungen reden! ... Verächter des Lebens sind es ...*« Nach Nietzsche entscheidet sich alles an der Frage, ob es dem Leben dient oder schadet. Der größte Verlierer in dieser Bilanz ist das Christentum mit seiner Fixierung auf Erlösung und jenseitige, himmlische Verheißungen. »*Gott ist tot*«, predigt Zarathustra, weil Heil und Leben nur aus dem Diesseits, von der Erde kommen. Die Konsequenz: Lebensfreude statt Askese, Leichtigkeit statt Schwere.

Begierig wurde der Begriff des Lebens von allen aufgenommen, für die das Christentum nur noch eine konventionelle Hülle war; denen die berechenbaren Lösungen der Naturwissenschaften keine Antwort gaben auf die Frage nach dem Sinn des Lebens. Dabei war es so einfach: Ob Gott, Natur, Sein, All, Geist, Seele, Kosmos – das Leben in seiner Fülle barg unendlich viele Möglichkeiten. Jede und jeder hatte die Verantwortung, aus dieser Fülle sein Leben zu gestalten. Der Sinn des Lebens war das Leben selbst.

Es erschienen Bücher mit Titeln wie »Die Kunst als Lebenserzeugerin«, »Triumph des Lebens«, »Feste des Lebens«. Der Begriff des Lebens wurde zu einem breiten Dach, unter dem sich die junge Reformbewegung sammelte. Ob Jugendbewegung, Nacktkultur und literarische Zirkel, ob Philosophen und Reformer in Bezug auf alternative Ernährung, Kleidung, Wohnen, ob esoterisch-religiöse Gruppen wie »Ein Orden vom wahren Leben«, Weihefeste und Lichtfeste, Monisten, Mystiker, Verkünder von Weltgeheimnissen und einem neuen Christus, der lachend vom Kreuz steigt: Es ist eine vielfältige Lebens-Landschaft die gegen Ende des 19. Jahrhunderts und um die Jahrhundertwende in Deutschland, aber auch in und um Berlin entsteht.

In ihrer Berliner Zeit hat Paula Becker – aufgeschlossen für alles Neue – schon einiges mitbekommen von diesem Aufbruch. Und sie hat sich selber Gedanken gemacht, was die Kunst für ihr Leben bedeutet und was daraus für ihre Beziehungen zu den Menschen folgt, mit denen sie eng verbunden ist. Die Briefe aus Berlin, ihre Tagebucheintragungen enthalten erste Gestaltungs- und Klärungsversuche. Deshalb ist nachvollziehbar, dass die Nietzsche-Lektüre Paula Becker in ihrem Worpsweder Stübchen wie eine Offenbarung trifft: »Mir war es sonderbar, klar ausgesprochen zu sehen, was noch unklar und unentwickelt in mir ruhte. Ich fühlte mich wieder freudig als moderner Mensch und Kind meiner Zeit.«

Paula Becker entdeckt, dass sie nicht altmodischen eigenbrötlerischen Gedanken nachhängt, nicht allein ist, sondern zu einer Vorhut zählt. »Zarathustra« gibt ihr die Kraft, während der Worpsweder Monate bisher nur Angedeutetes klar auszusprechen und weder sich noch die, die sie liebte, zu schonen: »*Alle Schaffenden aber sind hart. Darum sollt ihr Kämpfende sein.*« Mit dem Kampf verbunden ist eine Qualität, ohne die das Leben nicht denkbar ist: »*Wo ich Lebendiges fand, da fand ich den Willen zur Macht.*« Von »Zarathustra« lernt Paula Becker: Sie darf zu ihrem Stolz stehen. Sie darf »Ich« sagen, denn »*dieses schaffende, wollende, wertende Ich ist das Maß und der Wert der Dinge*«.

In Worpswede begegnet Paula Becker zum Jahresende 1898 einer Kämpfernatur, zu der sie sich auf Anhieb hingezogen fühlt: »Die möchte ich zur Freundin haben. Groß und prachtvoll anzusehen ist sie, und so ist sie als Mensch und so ist sie als Künstler. Wir sind heute auf kleinen Pritschschlitten den Berg hinuntergesaust. Das war eine Lust. Das Herz lachte und die Seele hatte Flügel. Leben –.« Es ist Clara Westhoff, eine Bremer Kaufmannstochter, zwei Jahre jünger als Paula und ebenso entschlossen, Künstlerin zu werden.

Nach der Ausbildung auf einer privaten Münchner Malschule war Clara Westhoff im Frühjahr 1898 nach Worpswede übergesiedelt. Sie wurde Schülerin von Fritz Mackensen, der sie zu einem für eine Frau damals gänzlich abwegigen Berufsziel ermutigt. Ihrem Vater schreibt Clara Westhoff: »Ich bin nämlich jetzt ganz mit mir ins Klare gekommen, dass ich Bildhauer werden will. Ich bin darüber sehr glücklich … Ich freue mich auch, dass du mal mit Mackensen gesprochen hast und dadurch hoffentlich über mein Talent und den Ernst meines Strebens etwas beruhigt bist.« Noch eine Tochter, die eifrig nach Hause schreibt, um die skeptischen Eltern zu überzeugen.

Mit achtzehn grüßt Clara Westhoff in Briefen ihre Eltern ironisch als »Malweib« und »regelrechtes emanzipiertes Fin-de-Siècle-Weib«. Im Kern ist das ernst gemeint. So eine will Paula Becker als Freundin haben. Es wurde trotz schmerzlicher Missverständnissen und zeitweiliger Entfremdung eine Freundschaft, wie Paula Becker in ihrem Leben keine zweite findet.

Das Jahr 1899 in Worpswede steht im Zeichen ihres Zweierbundes: Bei den fünf Künstlern, die für die Worpsweder Kunst stehen, und die beide jungen Frauen in ihren privaten Zirkel aufgenommen haben, werden Paula Becker und Clara Westhoff, die meist in Weiß gekleidet sind, als Paar wahrgenommen.

Manchmal teilen sie sich ein Modell und arbeiten zusammen. Im Juli steht Paula Becker der Freundin Modell. Clara Westhoff schreibt ihrem Vater: »Ich wollte gerne Fräulein Becker modellieren in diesen Tagen ... und ich habe sie heute morgen angefangen. Ich glaube, es wird gut werden. Da ist mir nämlich eine ganz andere Aufgabe gestellt.« Die Porträtbüste hat sich in Gips und als Nachguss erhalten. Es ist eine anmutige, beschwingte Paula Becker, die uns entgegentritt.

Arbeit war Leben. Aber Leben bestand auch aus anderem. Mathilde Becker erfährt aus einem Brief der Tochter von einem Sonntagabend im Juni: »Um zehn Uhr kam Fräulein Westhoff angeradelt und holte mich zum Ball, Nachfeier vom Schützenfest ... Walzer ist doch was gar zu Schönes.« Getanzt wurde im Festzelt oben auf dem Weyerberg. Heinrich Vogeler, einer der fünf aus der Vereinigung der Worpsweder Künstler, hat die Schützenfest-Szene aus seiner Sicht als männlicher Begleiter beschrieben: »Alt und jung schwofte über die Bretter. Da segelte in ihrem weißen Kleid mit einem jungen Bauern Clara vorbei, wie eine Fregatte unter vollen Segeln. Fest auf den Arm ihres Tänzers gelehnt, kreiselte in ruhiger Kraft Paula vorbei. Vater Bünger hatte sein Fagott zur Seite gelegt und tanzte mit ihr.« Als Vogeler mit den beiden Frauen das Fest verließ, »ertönte gerade der Kehraus-Galopp, etwas dünn zwar, da viele der Musiker an ihren Instrumenten benebelt umgesackt waren. Blassblau dämmerte der Morgenhimmel über dem Zelt«.

Statt über die frühmorgendlichen Einzelheiten zu berichten, erzählt Paula Becker ihrer Mutter, wie es im Verlauf des Montags weiterging: »Heute Nachmittag stakte mich Fräulein Westhoff weit die Hamme hinauf. Wir pflückten gelbe Schwertlilien, schwammen, fühlten uns selig

Clara Westhoff: Porträtbüste Paula Becker, 1899

in dem nassen Element und steckten uns gelbe Wasserrosen ins Haar.« Clara Westhoff ist die einzige, mit der zusammen Paula Becker lange Spaziergänge ins Moor unternimmt, wo sie ansonsten am liebsten alleine wandert, im Grase liegend Gedichte liest, den Wolken zusieht oder dem Wind lauscht.

Die Bildhauerin hat beschrieben, wie sie Paula Becker in jenem Worpsweder Jahr 1899 sah und erlebte. Das Haar war kupferrot, »in der Mitte gescheitelt locker zurückgelegt und in drei großen Rollen tief im Nacken aufgesteckt, so dass es in seiner Schwere als ein Gegensatz wirkte gegen das leichte, helle Gesicht mit der schön geschwungenen, fein gezeichneten Nase ... und aus dem einen die sehr dunklen, blanken braunen Augen klug und belustigt anfunkelten.« Noch Jahre später erinnert sich Clara Westhoff an die leichte Ironie, die dem »vergnügten Lachen« der Freundin zugrunde lag: »Dieses Lachen machte einen besonderen Reiz ihres Wesens aus. Wenn es auch oft auf meine Kosten ging, so erinnere ich mich doch besonders gern an den heiteren, überlegen-gütigen Ton.«

Paula Becker nahm sich in Worpswede ihre Zeit – zum Lesen, zum Träumen, zum Denken und Horchen, nach außen und nach innen: »Es ist einmal wieder Abend, einmal wieder einer von meinen schönen Abenden. Dann ist mir's, als ob die ganze Welt mir offen stünde. Dann setze ich mich in meinen gemütlichen Stuhl, den Du ja kennst, denke nicht viel, doch auch nicht zu wenig, dieses Wenige aber intensiv, empfinde intensiv und freue mich leise, leise, dass ich Paula Becker bin.« Bruder Kurt erfährt, wie Paula Empfinden und Denken schärft, um es umsetzen zu können in Malerei.

Den Eltern schreibt Paula Becker lieber von der anderen Arbeit, mit ihren Händen ausgeführt und für das Auge sichtbar: »zeichnen, zeichnen, zeichnen« – »ich arbeite furchtbar« – »zeichne sehr, sehr viel« – »zeichne mit Lust« – »arbeite, arbeite«. Die ständigen Hinweise legen den Verdacht nahe, dass dies keine spontanen Bemerkungen sind. Die Tochter fühlt auch in Worpswede den skeptischen Blick der Eltern im Nacken, den Zwang, sich rechtfertigen zu müssen. Als ob sie auf dem Land dem Müßiggang frönte, ebenso »im Taumel dieser Welt lebte«, wie es ihr der Vater in der Berliner Zeit vorgeworfen hatte. Paula Becker – eine Traumtänzerin?

Noch bevor das Jahr 1898 zu Ende geht, registriert Paula Becker das Ende einer Illusion. Während der Sommerferien in Worpswede 1897 hatte sie, unter dem Eindruck des Stücks »Die versunkene Glocke« von Gerhart Hauptmann, das sie gerade in Berlin auf der Bühne erlebt hatte, von der »Versunkene-Glocke-Stimmung« geschwärmt. Mitte Dezember 1898 notiert sie nüchtern in ihrem Tagebuch: »Die Versunkene-Glocke-Stimmung, die mich zuerst beherrschte, war süß, sehr süß; aber es war nur ein Traum, der sich tätig auf die Dauer nicht festhalten ließ. Dann kam die Reaktion und danach das Wahre: ernstes Streben und Leben für die Kunst, ein Ringen und Kämpfen mit allen Kräften.«

Das Ringen und Kämpfen war seit Berlin ein doppelter Kampf. Im November hatte Paula Becker sich aufgeschrieben: »Tagebuch der Marie Bashkirtseff. Es interessiert mich sehr. Ich werde ganz aufgeregt beim Lesen. Die hat ihr Leben so riesig wahrgenommen. Ich habe meine ersten zwanzig Jahre verbummelt ... Ich bin matt. Ich möchte alles leisten und tue nichts.« Das dramatische, kurze und erfolgreiche Leben der Marie Bashkirtseff war gerade in Form ihres Tagebuchs auf dem Buchmarkt erschienen.

Die russische Adlige, geboren 1858, residierte als junges Mädchen in den teuersten Hotelsuiten Nizzas mit Mutter, Tante, Großmutter, Dienern und Hunden. 1872 beginnt sie ihr Tagebuch. Noch ist sie Mittelpunkt der feinen Gesellschaft, aber schon langweilt sie das hohle mondäne Leben ringsherum. Als die Familie 1877 nach Paris zieht, setzt sich die Bashkirtseff ein Ziel, das sie eisern verfolgen wird: durch die Malerei zum Ruhm und zur persönlichen Freiheit. Ins Tagebuch schreibt sie: »Ich fange an zu werden wie ich zu sein wünsche, selbstbewusst innen, ruhig außen ... Berühmt will ich werden. Ich werd's auch.« Sie beginnt eine Ausbildung an einer privaten Kunstakademie. Talent und Fleiß begründen eine außerordentliche Karriere: 1880 hängt erstmals ein Bild von ihr im berühmten Pariser »Salon«. Aus dem verwöhnten Backfisch ist eine selbständige, selbstbewusste junge Frau geworden. Das Tagebuch zeugt für ihr Interesse an Politik, Religion und der Frauenbewegung, in der sie sich – wenngleich unter Pseudonym – engagiert. Und immer wieder die Kunst.

Wie muss sich Paula Becker verstanden fühlen, wenn sie liest: »Es existiert nur noch die Malerei für mich ... Ich gehöre ganz der Kunst ... Ich liebe nichts so sehr wie die Malerei, welche mir in meinen Augen alles andere Glück ersetzen sollte!« Das Tagebuch offenbart Lebenshunger und Todesängste, Marie Bashkirtseff ist schwer lungenkrank. Am Ende wird es ein dramatischer Wettlauf: »Man lasse mir noch zehn Jahre ... nur malen möchte ich ...« Marie Bashkirtseff stirbt mit 26 Jahren im Oktober 1884 in Paris. Ihr Begräbnis wird als Spektakel inszeniert, das Tagebuch bald nach ihrem Tod herausgegeben, teilweise gefälscht. Doch der Eindruck einer starken Frau, die es wagte – gegen die Zwänge von Familie und Tradition –, sich als Künstlerin ein eigenes Leben zu erkämpfen, ist glaubwürdig, jenseits aller Manipulationen, jenseits von allem Glamour. Marie Bashkirtseff gibt Paula Becker ein Beispiel, mit ihrem Lebensziel und ihrer Tatkraft. Der Kampf lohnt. Es ist machbar.

Ähnliches liest sie in Nietzsches »Zarathustra«. Der Künstler, wenn er Neues schaffen will, muss kämpfen; er muss sich frei machen von falschen Gefühlen und erkennen, dass er gegen die Interessen derer handeln muss, die ihm am nächsten sind. Er ist nicht dazu da, ihre Erwartungen zu erfüllen: »*Du zwingst viele, über dich umzulernen; das rechnen sie dir hart an ... Du kamst ihnen nahe und gingst doch vorüber: das verzeihen sie dir niemals.*«

Im Frühjahr 1899 notierte sich Paula Becker Passagen aus dem soeben erschienenen Buch »Weisheit und Schicksal« von Maurice Maeterlinck. Der belgische Schriftsteller und Philosoph (1862–1949) ist längst vergessen; für Paula und ihre Generation ist sein Einfluss dem von Nietzsche ebenbürtig. Sein Denken kreist um das »tiefe Leben«, das erst im Tod sichtbar wird und um die Mystik als Grundlage der Philosophie und der Kunst. Auch Maeterlinck wollte den Dualismus von Geist und Körper aufheben, sprach von einer »beseelten Materie« und dass sich dem Weisen der »geheime Wille des Lebens« enthüllt. Im »Zarathustra«, bei Maeterlinck und bei Marie Bashkirtseff findet Paula Becker Klärung und Zuspruch für das, was sie bewegt. In Worpswede hat sie Zeit zum Nachdenken.

Im August 1899 schenkt ihr Tante Marie wieder eine Reise, diesmal in die Schweiz. Paula Becker reist über Zürich bis Genf, anschließend zu Ausstellungen und Museen in München, Leipzig und Dresden. An der Elbe besucht sie auch Onkel Arthur und Tante Grete, die ihr Künstlerleben so großzügig unterstützen.

Im September ist Paula Becker zurück in Worpswede, entschlossen, die gewonnene Klarheit in Stärke umzusetzen: »Da sitze ich wieder in meinem alten lieben Nest ... und denke vergangener und zukünftiger Zeiten ... Ich trete den Licht- und Schattenseiten meines jetzigen Lebens ein gut Teil bewusster jetzt gegenüber, innerlich und äußerlich.« Das war das Präludium zur Einstimmung für die Eltern, es folgt der Hauptteil: »Versuche mich wieder tief in meine Arbeit hineinzugraben. Man muss eben den ganzen Menschen der *einen*, ureinzigen Sache widmen. Das ist der Weg, wie etwas werden kann und wird ... Es *macht* große Freude. Und doch ist es ein Kampf und ein Ringen mit aller Kraftanstrengung ...« Endlich bricht sich Bahn, was seit dem Einstieg in den Kurs der »Zeichen- und Malschule« in Berlin in ihr arbeitet.

Damals, im Frühjahr 1896, hatte Paula Becker den Eltern von ihrer

»riesigen Lust an den Farben« geschrieben und geschworen: »Ich werde alle meine Kräfte anspannen und soviel aus mir machen wie möglich.« Nichts anderes schreibt sie jetzt, im Herbst 1899 aus Worpswede. Aber was Paula Becker in Berlin vorsichtig zu Papier brachte, auch weil ihr selbst noch die Worte, die Begründungen fehlten, das spricht sie nun deutlich aus. Hat sie früher ihren »Egoismus« verteidigt, den ihr die Familie vorwarf, dreht sie nun die Argumente um: »Diese Hingabe an die Kunst hat auch etwas Selbstloses. Die einen geben es den Menschen, die anderen einer Idee ... Ein jeder muss es halten, wie die Natur es von ihm heischt.«

»Zarathustras« Schwächen kann sie nachempfinden: »*Im Schonen und Mitleiden lag immer meine größte Gefahr; und alles Menschenwesen will geschont und gelitten sein ... Verkleidet saß ich unter ihnen, bereit, mich zu verkennen, dass ich sie vertrüge ... Und wenn sie mich verkannten: ich Narr schonte sie darob mehr als mich ...*« Die Schonzeit ist vorbei. Paula Becker erkennt, dass die Eltern nichts dazugelernt haben: »Dies schreibe ich hauptsächlich für Mutter, die, glaube ich, denkt, mein Leben sei ein einziger egoistischer Freudenrausch.« Aber wieder gilt: Paula Becker will keinen Bruch. Sie benennt die Abgründe, zugleich hofft sie weiter auf ein tolerantes Miteinander und fällt wieder in das alte Muster zurück: »Entschuldige diese Verteidigungsschrift. Sie fließt aus einer Art von Selbsterhaltungstrieb.« Wenn Paula Becker schon nicht gelobt wird, dann soll die Familie sie wenigstens in Ruhe arbeiten lassen.

Sie hat sich für ihren Weg entschieden und fordert familiäre Solidarität ein, von der so oft zu Hause die Rede war. Vielleicht denkt sie manchmal an den stummen Gast, der immer noch mit am Familientisch sitzt: Onkel Oskar. Sein Weg war schwerlich gutzuheißen, aber musste die Liebe, die man einander versprach, nicht bedingungslos sein?

»Ihr lieben Menschen«, hatte Paula den Brief an die Eltern im September 1899 eingeleitet. Die Hoffnung, nach den klaren und doch verzweifelten Worten Ruhe zu finden, verschont zu bleiben von skeptischen bis missbilligenden Fragen über ihre Worpsweder Arbeit und ihre Zukunftspläne – diese Hoffnung trog. Anfang November besucht sie die Eltern in Bremen. Es muss heftige Diskussionen gegeben haben, mehr noch: Vorwürfe, die sich hinter mütterlichen Ängsten versteckten. Paula Becker scheute sich nicht mehr, ihren Willen offen gegen den der Eltern zu setzen, wenn nötig mit »harten Tönen«.

Wieder zurück in Worpswede, schreibt sie am 10. November 1899 einen Brief an die Mutter. Er ist ein dramatischer Appell, ein Hilfeschrei in äußerster Bedrängnis: »Ich möchte Dir nur noch einmal schreiben, was ich Dir im Omnibus noch zurief: Sorge Dich nicht um mich, Liebe! Es tut nicht not, wirklich nicht, Liebe. Ich habe so den festen Willen und Wunsch, etwas aus mir zu machen ... Dieser Wille ist groß ... Bitte, bitte, lasst ihn dahin streben, wohin es ihn zwingt, er kann nicht anders. Rüttelt nicht daran, das macht ihn traurig und gibt dem Herzen und der Zunge harte Töne, die sie selber schmerzen.«

Dann bezieht die Tochter sich auf die heftige Diskussion zu Hause: »Und dadurch, dass wir sehen, dass unsere nächsten, liebsten Menschen unsere Handlungen missbilligen, erwächst wohl große Traurigkeit. Aber wir müssen eben wir bleiben, müssen, um so viel Achtung vor uns selber zu haben, als man braucht, um dieses Leben voll Freude und Stolz zu leben.« Paula Becker entschuldigt sich nicht mehr. Sie spricht von ihren Verletzungen und von ihrer großen Traurigkeit. Es geht um ihre Würde, ihren Stolz. Auch das hat sie im »Zarathustra« gelesen: »*Einsamer, du gehst den Weg zu dir selber. Einsamer, du gehst den Weg des Schaffenden ... Schreien wirst du einst: ›Ich bin allein‹.*«

Viele Male wanderte Paula Becker in diesen Worpsweder Monaten allein durch die Nacht: »Ich ging durch das dunkle Dorf. Schwarz lag die Welt um mich her, tiefschwarz. Es war, als ob mich die Dunkelheit berührte, mich küsste und streichelte. Ich war in einer andern Welt und ich fühlte mich selig da, wo ich war.« Das war im Oktober 1898. Im Dezember notiert sie: »Mein ganzes Wesen ist wie durchsonnt, durchweht, berauscht, trunken von Mondschein auf lichtem Schnee ... Tiefe Stille war um mich her ... Die Natur sprach mit mir und ich lauschte ihr zitternd selig. Leben.« Es ist eine doppelte Einsamkeit, die sie mit Zarathustra teilt: eine gesegnete, aber auch jene andere, die angst und bange macht.

Und Paula Becker teilt noch mehr. Was in ihren Tagebucheintragungen als schwärmerische, gefühlsselige Stimmung anmuten mag, ist inspiriert von der poetischen Sprache, die »Also sprach Zarathustra« zu einem literarischen Meisterwerk macht. Friedrich Nietzsche hat seinen Zarathustra neben aller Härte mit tiefem Gefühl ausgestattet: »*O Einsamkeit! Du meine Heimat Einsamkeit. Wie selig und zärtlich redet deine Stimme zu mir ... O selige Stille um mich! ... O wie aus tiefer*

Brust diese Stille reinen Atem holt! O wie sie horcht, diese selige Stille!« Paula Becker ist eine intuitive Schreiberin mit viel Gespür für ihr sprachliches Vorbild, ohne es platt nachzuahmen.

Von der anderen, der schwarzen Einsamkeit, die den kämpfenden Menschen heimsucht, sagt Paula den Eltern nichts. Aber ihrer älteren Schwester Milly bekennt sie am 21. September 1899: »Die Einsamkeit macht mich ein wenig bang in schwachen Stunden. Doch solche Stunden helfen auch weiter und zum Ziele. Du brauchst den Eltern dieses nicht zu zeigen.«

Der Brief an Milly Becker ist ruhig, ohne dramatische Töne. Mag die ältere Schwester auch nicht alles verstehen, was Paula anstrebt, so ist sie doch solidarisch. Ihr kann Paula alles anvertrauen; sie muss sich nicht entschuldigen und nicht rechtfertigen: »Ich verlebe jetzt eine seltsame Zeit. Vielleicht die ernsteste meines kurzen Lebens. Ich sehe, dass meine Ziele sich mehr und mehr von den Euren entfernen werden, dass Ihr sie weniger und weniger billigen werdet. Und trotzdem muss ich ihnen folgen. Ich fühle, dass alle Menschen sich an mir erschrecken, und doch muss ich weiter. Ich darf nicht zurück. Ich strebe vorwärts, gerade so gut als Ihr, aber in meinem Geist und in meiner Haut und nach meinem Dafürhalten.« Das sind nüchterne Fakten, wenngleich nicht ohne Pathos präsentiert. Aber auch aus diesen Zeilen spricht die Hoffnung, dass ihre Lebensziele, die sie auf Distanz zu Geschwistern und Eltern bringen, weiterhin Nähe und Vertrauen zulassen.

Eine erfüllt die Sehnsucht nach vertrauter Nähe und hat Verständnis für ihr Streben nach dem Höchsten wie sonst niemand. Mit Clara Westhoff kann Paula Becker ohne innere Vorbehalte über alles reden. Beide Frauen haben die gleichen Ziele, die gleichen Ideale für das Leben und für die Kunst, die gleichen verwickelten Bindungen an ihre Familien. Dem Bruder Kurt schreibt Paula im Juni 1899 über Clara Westhoff: »Wir haben uns gern und achten uns und lernen viel voneinander. Der Ton, wie er zwischen uns herrscht, ist mir sehr lieb. Er hat was Ernstes, Großes ...« Die Bildhauerin wird im Laufe des Jahres 1899 für Paula Becker zur »Schwester-Seele«, eine Bezeichnung, die Marie Bashkirtseff in ihrem Tagebuch geprägt hat und die mit dessen Verbreitung populär wurde.

Manchmal macht Paula Becker Besuche bei den arrivierten Worpsweder Künstlern: »Modersohn aber hat mir riesig gefallen; durch und durch fein und gemütlich und mit einer Klangfarbe, zu der ich mein Geiglein auch spielen kann. Er ist mir schon so lieb aus seinen Bildern, ein feiner Träumer.« Das schreibt sie im März 1899 an den Vater. Der Ton, ganz ohne die typische Ironie, lässt aufhorchen.

Der dreiunddreißigjährige Otto Modersohn, ein schlanker Mann mit Brille und dichtem roten Bart, besucht Paula Becker manchmal in ihrem Atelier. Die Schwester Milly erfährt: »Neulich war Modersohn da. Der hat mir so viel Liebes über meine Sachen gesagt, dass ich fast gar nicht mehr glaube, dass es meine Sachen waren ... Gerade Modersohns Urteil ist mir sehr viel wert.« Die Sympathie scheint gegenseitig zu sein. Otto Modersohn ist ein Einzelgänger, der längst nicht jedes Atelier von angehenden Malerinnen in Worpswede aufsucht.

Im Juni 1899 informiert Paula die Mutter, sie sei wegen der großen Hitze am Sonntag nicht nach Bremen gekommen: »So verbrachte ich einen gemütlichen Nachmittag und Abend bei Modersohns. Er ist mir besonders lieb, denn neben seinem Lächeln und darunter liegt viel Feines und Ernstes. Sie ist eine kleine Frau mit einer Anschauung für Dinge und Menschen, von gutem ursprünglichen Urteil und Empfinden.« Mehr steht nicht über Otto Modersohns Frau in den Worpsweder Briefen. Kein Wort, dass im Jahr zuvor die Tochter Elsbeth geboren wurde. Kein Hinweis, dass Helene Modersohn, acht Jahre älter als Paula Becker, schwer lungenkrank ist.

Ihr Name taucht nicht auf, wenn Paula Becker von den lebhaft-romantischen Künstlervergnügen berichtet – den lampiongeschmückten Bootsfahrten, den Kegelabenden im Gasthaus, den nächtlichen Feuern, wo zur Mandoline gesungen wird, den bäuerlichen Tanzabenden. Ende März 1899 notiert Paula Becker in ihr Tagebuch: »Es gab gestern ein kleines Fest im Atelier von Otto Modersohn. Es war mein hübschester Abend hier draußen unter den Künstlern. Überall mit den Augen auf Modersohnsche Birken und Kanäle zu stoßen, das ließ ich mir gefallen. Zudem war der Raum so fein gemütlich. Schummerbeleuchtung mit Papierlaternen ... Zum Schluss wurden die Tische beiseite geschoben und wir tanzten ... Dabei das weibliche Gefühl, dass mein neues grünes Sammetkleid fein saß und sich einige an mir freuten.« Der Eintrag schließt: »Das Leben wird immer schöner.«

Bruch mit der Tradition:
Akt ist nicht gleich nackt

Im Sommer 1897, als Paula Becker erstmals in Worpswede war und Urlaub machte, hatte sie nach Hause geschrieben: »Heute habe ich mein erstes Pleinairporträt in der Lehmkuhle gemalt. ... Mir hüpfte das Herz. Menschen zu malen geht doch schöner als eine Landschaft.«

Nach dem Ende der Ausbildung in Berlin und vor der Übersiedlung als Malerin nach Worpswede im Sommer 1898 hatte Onkel Wulf von Bültzingslöwen seine Nichte Paula eingeladen, ihn beim Lachsfang in Norwegen zu begleiten. In einem Brief an die Eltern schildert sie von unterwegs die originellen Typen an Bord während der Überfahrt und schlägt einen Bogen zur eigenen Person: »Mir macht es großen Spaß, solche Charaktere, die sternschnuppenartig an meinem Lebensschifflein vorbeifliegen, in ihren Grundrissen festzunageln. Wenn ich überhaupt Begabung zur Malerei habe, wird im Porträt doch immer mein Schwerpunkt liegen, das habe ich wieder gefühlt.«

Kaum hat sich Paula Becker im September in Worpswede niedergelassen, schreibt sie den Eltern: »Seitdem wandle ich getreulich morgens und nachmittags zu meiner Mutter Schröder ins Armenhaus. Es sind ganz eigenartige Stunden, die ich dort verbringe. Mit diesem steinalten Mütterlein sitze ich in einem großen grauen Saal ... Dann beginnt sie irgendwelche Jugendbilder zu erzählen. Aber so dramatisch in Rede und Widerrede, mit verschiedenem Tonfall, dass es eine Lust ist, zuzuhören ... Neben dieser Sibyllenstimme klingt noch ein liebliches Gezwitscher an mein Ohr. Das ist das kleine fünfjährige blonde Mädel, das seine Mutter ungefähr zu Tode prügelte und das jetzt zur Erholung die Armenhausgänse hüten darf. Mir ist ganz wunderlich in dieser Umgebung.« Paula Becker hat die Landschaft um Worpswede gemalt, die Birkenalleen und Moorkanäle. Doch nichts steht so sehr im Zentrum ihrer Malerei wie die Menschen im Armenhaus von Worpswede und in den rauchigen Katen der Tagelöhnerfamilien.

Auch deshalb fällt es ihr nicht schwer, dem Unterricht bei Fritz Mackensen, den die Eltern eingefädelt hatten, zuzustimmen. Denn Mackensen, der berühmteste Künstler aus der Worpsweder Fünfergruppe, ist ein Menschenmaler. Im Oktober 1898 schreibt Paula Becker in ihr Tagebuch über den neuen Lehrer: »Mackensen kommt alle paar Tage und gibt eine famose Korrektur. Es tut mir gut, mit ihm umzugehen. Es brennt solch ein Feuer in ihm für seine Kunst.« Wer sie kennt, weiß, dass die folgenden Sätze auf ironischem Untergrund stehen: »Wenn er Dürer zitiert, so tut er es mit einer Feierlichkeit in Ton und Gebärde, als wenn ein frommes Kind seine Bibelsprüche hersagt.« Will heißen, eigene Gedanken sind von diesem Mann nicht zu erwarten.

Doch die Schülerin übt sich in Disziplin, legt Pinsel und die heißgeliebten Ölfarben über Monate – bis in den Herbst 1899 – aus der Hand, weil Mackensen erst einmal das Zeichnen neu einüben will. Es ist ein regelrechter Unterricht, häufig mit einem Aktmodell, an dem außer Paula Becker noch die Freundin Clara Westhoff und die junge Ottilie Reyländer teilnehmen. Westhoff und Reyländer haben überliefert, dass Paula Becker schon ziemlich bald »im bewussten Eigensinn gegen den Lehrer« stand.

Es kam allerdings nicht zum Bruch mit dem erst zweiunddreißigjährigen Mackensen, es gab keine offenen distanzierenden Worte. Paula Becker führte ein eigenständiges Leben in Worpswede. Sie hatte Zeit und alle Möglichkeiten, sich in dem kleinen Dorf im Teufelsmoor unbehelligt auf ihren eigenen Weg zu machen. Sie war schließlich keine Anfängerin, sondern hatte eine über dreijährige solide Ausbildung hinter sich.

Der schneidige, erfolgreiche Fritz Mackensen, dessen Bilder vom bäuerlichen Leben in der Kunstgeschichte als »heroischer Realismus« etikettiert sind, der eine deutschtümelnde nationalistische Malerei pflegte, hat in Paula Beckers Werk keine Spuren hinterlassen. Aber im Stillen hat sie sich reflektierend mit ihm auseinandergesetzt; seine Vorstellungen von Malerei gegen die ihre gesetzt. Eine gute Gelegenheit zu praktizieren, was Paula im Juli 1897 ihrer Tante Marie, der sie mehr von ihren innersten Gefühlen und Gedanken anvertraut als ihrer Mutter, geschrieben hatte: »Ich muss mich ganz im stillen mit meiner Außenwelt reiben, sonst werde ich untauglich für die Welt, so eine Art Molluske, die ihre Hörner immer einzieht. (Oder hat dieses Tier Fühler?) Einerlei, ich habe mir vorgenommen, meine Hörner oder Fühler zu

Paula Becker und Clara Westhoff in Paulas Atelier, Worpswede um 1899

brauchen, nicht zum Stoßen, sondern zum leisen ruhigen Schieben meines Lebensweges.«

Fritz Mackensen war einer, der sich das Pferd satteln ließ, wenn er die Anfänge einer Grippe spürte, sechzehn Stunden über die Heide ritt und kuriert war. Sein Motto für das Leben und die Malerei: »Die Kraft ist das Allerschönste.« Paula Becker zitiert es und fährt fort: »Ich denke und erkenne es auch. Und doch wird in meiner Kunst die Kraft nicht Leitton sein. In mir fühle ich es wie ein leises Gewebe, ein Vibrieren, ein Flügelschlagen, ein zitterndes Ausruhen, ein Atemanhalten: wenn ich einst malen kann, werde ich das malen.«

Aus ihren Worten strömen Selbstbewusstsein und ein großes Zutrauen in die eigenen Kräfte. Den Eltern versucht sie zum Jahresende etwas davon zu vermitteln: »Man muss eben den ganzen Menschen der *einen,* ureinzigen Sache widmen ... Ich habe so den festen Willen und Wunsch, etwas aus mir zu machen, was das Sonnenlicht nicht zu scheuen braucht ...« Etwas Neues allerdings, das sich von der Tradition absetzt, wird es sein. Denn »Zarathustra« hat es ihr vermittelt: Sie ist ein moderner Mensch und ein Kind ihrer Zeit. Menschen mit heroischer Attitüde wird sie nicht malen.

Paula Becker fand einen guten Draht zu den Bewohnern und Bewohnerinnen im Armenhaus. Mit Witz und Humor, aber ohne herablassende Generosität oder Überheblichkeit, erzählt sie von deren Lebensgeschichten, gibt die Dialoge auf Platt wieder; jeder und jede in ihren Tagebucheintragungen ist eine eigenständige Persönlichkeit. Paula Becker war angerührt von dem, was sie erlebte, von einer Welt, die ihr fremd war. Einmal schreibt sie: »Nachmittags als Nachtisch gehe ich zu meinen Renkens. Ich habe die Leute richtig lieb gewonnen ...« Sie verschließt nicht die Augen vor den armseligen Verhältnissen: »Dann machten wir noch einen Abendbesuch in der Hütte gegenüber bei Brotmanns. Es sind ganz arme Leute ... Mutter, hast Du nicht ein bisschen Zeug für die Leute? ... Ich möchte der guten Frau gern was bringen.« Zu Hause reagiert man umgehend: »Dank, süße Mutter, für Deinen Kleidersegen! Ich sage Dir, im Hause Brotmann war Freude!«

Als Modelle wählt sich Paula Becker mit Vorliebe »steinalte Frauen« und junge Mädchen vor der Pubertät: »Heute zeichnete ich ein zehnjähriges Mädchen aus dem Armenhaus. Seit acht Jahren ist sie da, sie und ihre kleine Schwester. Sie hat vier Hausväter erlebt ... Sie hätte es so gut, sagt sie mit strahlendem Gesichtlein. Mit wie wenig ein gutes Herz doch zufrieden ist. Und wie gut habe ich es dagegen.« Das war im Oktober 1898. Im Dezember holt sich Paula Becker nachmittags die alte Adelheid Böttcher zum Zeichnen, und »das Weiblein redet in mich hinein. Es ist immer noch viel Leben in ihm ... Hat sie was ausgegessen, so sagt sie zur jungen Frau: ›Moder, vergiff mi, ick hev unrecht.‹ Das rührt mich.«

Die Kunst war ein ernsthaftes Geschäft. Aber alles technische Können, jede noch so penibel gezeichnete Falte war in den Augen von Paula Becker bloßes Abbilden, wenn keine Empfindung dahinter steckte: »Ich habe jetzt nur den *einen* Gedanken, mich in meine Kunst zu vertiefen, ganz in ihr aufzugehen, bis ich annähernd das sagen kann, was ich empfinde ... Denn ich will aus mir machen das Feinste, was sich überhaupt aus mir machen lässt.« Das schreibt sie Tante Marie im Juni 1899. Mögliche Einwände schiebt sie im Voraus beiseite: »Jedenfalls ich kann nicht anders, will auch nicht anders. Ich fühle mich glücklich und kräftig und arbeite, arbeite, arbeite ...«

Zum Arbeiten war Paula Becker im Herbst 1898 nach Worpswede gekommen, und daran hielt sie sich. Die Aufgaben, die Fritz Mackensen ihr stellte, die vielen Stunden mit seiner Korrektur – das war die Pflicht. Daneben führte Paula Becker ihr eigenes Maler-Leben, nur dem eigenen Anspruch unterworfen: »Abends zeichne ich jetzt Akt, lebensgroß. Die kleine Meta Fijol mit ihrem kleinen frommen Cäciliengesicht macht den Anfang ... Sie ist ein kleines, schiefbeiniges Geschöpflein, und doch bin ich froh, wieder einmal einen Akt in Muße zu betrachten.« Das war im November 1898. »Zeichne sehr, sehr viel Akt«, erfährt der Bruder Kurt im Juni 1899.

Den lebensgroßen Akt von Meta Fijol hat Paula Becker mit farbigen Kreidestiften ausgeführt. Mit verschränkten Armen steht die Kleine im Profil nach links, knochig, den Bauch nach vorne geschoben. In den Nacken fällt ein dicker geflochtener Zopf aus braunem Haar, Füße und Hände sind breit, klobig. Nichts lenkt ab von diesem Menschenkind. Vor einem monochrom-rötlichen Hintergrund steht Meta Fijol scharf konturiert für sich allein. Ihre Persönlichkeit füllt das Bild.

Aus dem gleichen Empfinden für die Persönlichkeit, die vor ihr steht, und aus ihrem Selbstverständnis als Malerin hat Paula Becker eine Frau mittleren Alters als Akt gemalt; gut einen Meter hoch ist das Bild. Die Frau sitzt frontal zur Betrachterin, hat die schweren Füße übereinandergelegt und umfasst mit den wiederum auffällig groben Händen ihre Knie. Sie hat einen schweren Körper, blickt vor sich auf den Boden, wahrscheinlich hat die viele Arbeit sie älter gemacht, als sie aussieht. Es ist eine Kohlezeichnung mit der weißen Haut auf dunklem Hintergrund. Wieder ohne jede Beifügung; der Blick liegt allein auf dem nackten Menschen, kann im Bild nirgendwohin abschweifen.

Die beiden Bilder der dreiundzwanzigjährigen Paula Becker aus dem Jahre 1899 in Worpswede sind eine Provokation, bedeuten einen Bruch in der Geschichte der europäischen Malerei. Um das zu verstehen, reicht ein kurzer Rückblick, wie der Begriff »Akt« in die Kunstgeschichte kam.

Bis zum Ende des 18. Jahrhunderts war der Begriff »nackt« in der Gesellschaft und der Malerei salonfähig, der »Akt« unbekannt. Im Laufe des 19. Jahrhunderts wurde das Nacktsein immer mehr zum Tabu, in Gegenwart einer Dame sprach dieses Wort niemand aus. Gegen Ende des Jahrhunderts verschwindet »nackt« ganz aus den Wörterbüchern. Dafür taucht erstmals die Bezeichnung »Akt« für den gemalten nackten Menschen auf. Cranach, Rembrandt und Rubens kannten diesen Begriff nicht, den die Kunstwissenschaft rückwirkend über alle unbekleideten Frauen in der Malerei gestülpt hat. Und weil der nackte Mann in der Malerei vollends zur Marginalie wird, sind Akt und weiblicher Körper im Sprachgebrauch so gut wie identisch geworden.

»Akt« suggeriert eine neutrale, kunstwissenschaftliche Zone. Tatsächlich hat sich mit dem neuen Begriff nichts geändert. Ob nackt oder Akt: Die Frau auf der Leinwand wird weiterhin von Männern für Männer gemalt. Was im Akt als Weiblichkeit erscheint, ist eine männliche Definition. Es hat nichts zu tun mit den Gefühlen der gemalten Frauen, nichts mit den Vorstellungen und Empfindungen von Frauen für ihren Körper.

Mit dem »neutralen« Begriff »Akt« erhielt die ins Unterbewusste verdrängte Nacktheit eine nie dagewesene Legitimation. Durfte bisher in der europäischen Malerei der Künstler eine nackte Frau nur im Rahmen eines religiösen oder antik-mythologischen Themas ins Bild bringen, fiel in der zweiten Hälfte des 19. Jahrhunderts dieses Tabu. Als Akt erscheinen auf den Leinwänden so viele nackte Frauen wie nie zuvor in der Kunstgeschichte. Zwar steigt Venus immer noch aus dem schäumenden Meer. Doch daneben lagern ohnmächtige Frauen nackt am Strand, als »Schiffbruchsopfer« deklariert; stadtbekannte Kurtisanen räkeln sich auf dem Divan. Unter dem Etikett »Die Sünde« hängen Frauen als Objekte männlicher Begierde in den Salons. Auguste Renoir, eine Generation älter als Paula Becker und Wegbereiter der modernen Malerei, hat die Entwicklung mit zynischer Ehrlichkeit ausgedrückt: »Die nackte Frau steigt aus dem Meer oder aus dem Bett. Sie heißt Venus oder Nini. Etwas besseres kann man nicht erfinden ... ein Maler, der das Gefühl für Brüste und Hintern hat, ist gerettet.«

Wären Paula Becker solche Gedanken durch den Kopf gegangen, als sie die kleine krummbeinige Meta Fijol oder die von der Arbeit geprägte Frau aus dem Moor im Akt zeichnete, wären andere Bilder entstanden – geschönt, in attraktiver Umgebung. Doch die Akte, die Paula Becker in Worpswede zeichnet, sind nicht schön im traditionellen Sinn. Sie erzählen keine Geschichte aufgrund irgendwelcher Utensilien, die die Leinwand schmücken und von prickelnder Atmosphäre kann keine Rede sein. Sie sind von einer faszinierenden Nüchternheit. Es war ein mutiger Schritte, den Paula Becker als Malerin tat: das, was sie als »vibrierendes Gefühl« empfand, auf die Leinwand zu bringen – nicht nur, wenn sie Landschaft, spielende Kinder oder die alte Mutter Schröder im Armenhaus zeichnete, sondern ebenso selbstverständlich, wenn es um den nackten menschlichen Körper ging.

Eigentlich ist es banal: Blickt eine Frau auf ihren Körper oder den Körper anderer Frauen, hat sie andere Empfindungen, als wenn ein Mann eine Frau betrachtet. Da in der Geschichte der Malerei der nackte weibliche Körper noch immer dem männlichen Künstler gehörte, bevorzugten die erfolgreichen Malerinnen in der zweiten Hälfte des 19. Jahrhundert Porträts und symbolistische Themen. Sie hatten genug damit zu tun, überhaupt Anerkennung zu finden. Indem Paula Becker in Worpswede immer wieder Akt zeichnet – nicht als handwerkliche Übung, sondern als ein eigenständiges Bildthema –, gibt sie sich ein künstlerisches Programm, das, gemessen an der Tradition, revolutionär ist.

Wo aber hätte sie sich nach dem Ende ihrer Ausbildung als Künstlerin mit dem weiblichen Körper auseinandersetzen können – abseits der Aktklasse der »Zeichen- und Malschule«? Männliche Kollegen in Frankreich, die sich der oberflächlich-schwülen Salonmalerei verweigerten und den Alltag, vor allem den städtischen, zum Objekt ihrer modernen Malerei machten, hatten damit kein Problem. Ob Cézanne, Degas, Toulouse-Lautrec und wenig später Picasso: Sie fanden die Modelle für ihre Aktbilder in den Hinterzimmern des Moulin Rouge, in den Quartieren der Prostituierten, in den Boheme-Vierteln von Paris. Berlin war nicht Paris, und abgesehen davon: Hätte Paula Becker in der deutschen Hauptstadt ihre Modelle in billigen Varietés gesucht oder im Prostituiertenviertel der Hauptstadt, dann wäre mit einem Riesenskandal für sie und ihre Familie ihre Künstlerlaufbahn beendet gewesen, bevor sie richtig angefangen hatte.

Selbst in Paris, wo sich um diese Zeit etliche Malerinnen in der Kunstszene durchgesetzt hatten, malte keine von ihnen weiblichen Akt; begab sich keine in das Boheme-Milieu. Bei aller Libertinage der Pariser Künstlerwelt – das Akt-Monopol blieb auch in der modernen Malerei um die Jahrhundertwende Männersache. (Die Malerin Suzanne Valadon, die selber Modell war, ist die einzige, bemerkenswerte Ausnahme: Sie traute sich.)

Paula Becker war kühn, aber sie war nicht kopflos. Das Armenhaus und die Tagelöhnerkaten boten für die junge Malerin ein ideales Experimentierfeld, ihre radikalen künstlerischen Ansätze in der Stille zu erproben, ohne Aufsehen zu erregen. Da mochte manch einer die Nase rümpfen, den Kopf schütteln über die Modelle aus dem Armenhaus. Und was die Eltern wohl davon hielten? In den Briefen nach Worpswede haben sie – vorerst – noch kein Urteil geäußert.

Der Vater hat es richtig gesehen: Das farbige Kreidebild der Meta Fijol und der schwarz-weiße Frauenakt zeigen eindringlich, dass Paula Becker den nackten Menschen auf der Leinwand nicht nach den klassischen Maßstäben von Ansehnlichkeit schönt. Die junge Malerin versucht, den Mädchen- und den Frauenkörper als Ausdruck der jeweiligen Persönlichkeit darzustellen. Ganz subjektiv, ohne jeden malerischen Hinweis auf Umgebung und Herkommen.

Ihre Botschaft: Wahrheit und Identität eines Menschen sind auf Äußerlichkeiten nicht angewiesen. Der Körper, wenn die Malerin einfühlsam hinschaut und hinhört, erzählt selber davon. Paula Becker spricht vom Akt, das ist Expertenvokabular. Doch sie malt die Körper in ihrer Nacktheit. Der Kunstphilosoph John Berger hat den Gegensatz von »Akt« und »nackt« gut beschrieben: »Als Akt wird man von anderen nackt gesehen und doch nicht als man selbst erkannt ... ein Akt wird zur Schau gestellt. Nackt sein bedeutet, man selbst sein.« Diesen Schritt hat die dreiundzwanzigjährige Paula Becker in der ländlichen Einsamkeit von Worpswede getan.

In ihrer Berliner Zeit hatte sie sich im Tagebuch hinter »diesem Mädchen« versteckt, um sich ihre geheimen Fantasien von eigener Größe zu erlauben. In Worpswede, durch die Lektüre des »Zarathustra« gestärkt, sagt Paula Becker im Tagebuch »Ich«, als es um ihre Zukunftsträume geht: »Und über mich kommt eine große Milde / Und über mich kommt eine große Kraft, / Als ob ich weiße Blütenblätter küssen wollte / Und neben großen Kriegern große Kämpfe fechten.« Eine ihrer Kraftquellen – und das macht Worpswede so wichtig für sie – ist die Natur.

Sie liebt die einsamen Spaziergänge, »im Sturm, bei sausenden Wolken«. Was sie am 24. Januar 1899 erlebt, als sie in der Dämmerung hinaus zu den überschwemmten Wiesen geht, vertraut sie dem Tagebuch an: »Ich fühlte mich so gottgesegnet. Ist es nicht ein Geschenk, diese Herrlichkeit alle so empfinden zu können? Und ich lechze nach mehr, mehr, unermüdlich will ich danach streben mit allen meinen Kräften. Auf das ich einst etwas schaffe, in dem meine ganze Seele liegt.«

Die Dreiundzwanzigjährige belässt es nicht bei dieser jubelnden Beschwörung, sondern fragt nach, wann sie es denn schaffen wird: »In zwei Jahren. Gott lasse es dahin kommen. Gott sage ich und meine den Geist, der die Natur durchströmt, dessen auch ich ein winzig Teilchen bin, den ich im großen Sturme fühle. Da war es wie ein gewaltig Atmen.« Das institutionelle Christentum sagte Paula Becker, die mit sechzehn in Bremen konfirmiert worden war, nichts. Nachdem sie in Berlin das Atelier von Jeanne Bauck besucht hatte, schrieb sie den Eltern: »Es gibt für mich nichts Schöneres als ein Atelier zu betreten, dann bekomme ich viel frömmere Gedanken als in der Kirche.« Wie für viele ihrer Generation, die zwar vom kirchlich-christlichen Glauben, nicht aber von einer göttlichen Kraft lassen wollen, vermischen sich Leben, Natur, Gott, Seele zu jener Energie, die in allem steckt, über allem wacht und in die alles wieder eingeht. Paula Becker kennt seit ihrer Kindheit Empfindungen, die jenseits von rationalen Erklärungen liegen; Stunden, wo »Sein und Nichtsein miteinander verfließen«. Sie mit aller Behutsamkeit als mystische, spirituelle Erfahrungen zu umschreiben ist so abwegig nicht.

Ein Kind ihrer Zeit, vergaß Paula Becker dennoch nicht, was sie an positiven christlichen Erfahrungen mitbekommen hatte. Die Bibel in der Sprache Luthers, die alten Kirchenlieder, die Psalmen bleiben ihr stets präsent. Am 24. Januar 1899 zitiert sie im Tagebuch den uralten Pfingsthymnus der Kirche, ein klein wenig mit ihren eigenen Worten auf sie zugeschrieben: »O heilger Geist zeuch bei mir ein / Und lass mich deine Wohnung sein / Zu steter Freud und Wonne. / Sonne, Wonne, / Himmlisch Leben / Wirst du geben.« Pfingsten ist das Fest, an dem der Heilige Geist, der Atem Gottes, in Sturm und Feuer über die Jünger und Jüngerinnen Jesu kommt. Modern zu sein und gottgesegnet mit ihrem Talent, darin sieht Paula Becker keinen Widerspruch.

Als sie im November 1899 noch einmal ihre Eltern vehement um Verständnis bittet, mag sie »von der großen, lebendigen Seele, der Kunst« nicht mehr reden. Ihre Bitte um Vertrauen hat etwas endgültiges; als ob Paula Becker mit der quälenden Vorstellung, ihren Liebsten fremd zu werden, endlich ihren Frieden gemacht hätte: »Da bleibt der Brief also nur bei der Versicherung, dass ich Eure alte Paula bleibe, wenn auch ein Neues hinzukommt. Und wenn dies Neue Euch nicht gefällt, so tröstet Euch bei dem Gedanken, dass eine Zeit sein wird, wo dies Neue von Neuerem verdrängt wird … Mich hat eben der liebe Gott oder wer es sonst ist, so wachsen lassen. – Schluss der Affaire!!!« Es soll ein Schlussstrich sein, was um so leichter fällt, da Paula Becker weiß: Worpswede war auf dem Weg zu ihrem Lebensziel von Anfang an als Zwischenstation geplant; und sehr bald wird sie ihrem Ziel einen großen Schritt näher kommen.

Am 27. Dezember 1899 schreibt ihre Cousine Maidli aus Wien: »Eben kommt Dein Brief an Mama, worin Du von Deiner nahe bevorstehenden Pariser Reise sprichst ... Wie freue ich mich für Dich, dass sich dein Herzenswunsch verwirklichen konnte. Dieser Aufenthalt wird von unberechenbarem Wert für dich sein. Zwar, ein Jahr wäre besser als wie drei oder vier Monate, aber Carl Bernewitz war sogar nur drei Wochen in Paris und behauptet trotzdem, unendlich viel Anregung gewonnen zu haben. Glück auf den Weg!«

Paula Becker hat Maidli in einem Brief »mein Vermächtnis« genannt: Sie ist die Schwester der geliebten Cora, die in Kindertagen in der Sandgrube am Elbhang tödlich verunglückte. Als Paula in Berlin war, haben sich die beiden Cousinen oft getroffen. Maidli, die Vertraute, ist eine glaubwürdige Kronzeugin: Paula Becker hat lange schon auf einen Paris-Aufenthalt hin geplant, und nicht nur auf einen.

Maidlis Paris-Hinweis steht nicht allein. Weitere Spuren führen nach Berlin. Es ist ihr allererster Abend in Worpswede, da schreibt Paula am 7. September 1898 einen begeisterten Brief an Tante Cora in Berlin-Schlachtensee: »In meinem Herzen Seligkeit und Frieden. Um mich herum die köstliche Abendstille.« Von lachenden Birken, blanken Kanälen, brauner Heide und blauem Himmel ist die Rede. Und dann bricht es unerwartet aus ihr heraus: »Ich genieße mein Leben mit jedem Atemzug und in der Ferne glüht, leuchtet Paris. Ich glaube wirklich, dass mein stillster, sehnlichster Wunsch sich verwirklichen lässt. Ich wollte ihn früher gar nicht aussprechen, so verwegen schien er mir. Desto mehr hegte ich ihn in meinem Herzen auf dass er wuchs und wurde das Größte unter meinen Kräutern. Fürs erste ist es nur ein halbes Jahr ...« Die allem Modernen aufgeschlossene Tante Cora, Paulas Gastgeberin in Berlin, wird nicht überrascht gewesen sein. Sie gehörte zu den Menschen, die Paula Becker bewunderte, denen sie vertraute. Es liegt auf der Hand, dass die beiden über Paris, die Heimat der modernen Malerei, gesprochen und Pläne geschmiedet haben.

Auch die geliebte Lehrerin Jeanne Bauck und ein weiterer Lehrer an der »Zeichen- und Malschule« haben Paulas Paris-Sehnsucht bestärkt. »Beide haben in Paris studiert«, schreibt Paula im April 1897 an die Eltern. Im September notiert sie während einer Malstunde bei Jeanne Bauck die Namen von zwei Pariser Kunstprofessoren, die an einer privaten Akademie unterrichten, auf ihr Zeichenblatt. Über ihre Malkollegin Adele von Finck hatte Paula Becker ins Tagebuch geschrieben: »Sie hat in Paris studiert, wie lange? Mit welchem Erfolg?« Paula Beckers Vater war als junger Mann in Paris gewesen, sprach Französisch. Im Januar 1898, als noch ungewiss ist, wie es nach dem Abschluss in Berlin weitergehen soll, schreibt die praktische Mutter an Paula: »Zum 1. Oktober suche ich dir eine au-pair-Stelle in Paris.« Es ist unübersehbar, dass Paula Becker in Bezug auf Paris nicht einer Laune folgte. Sie hatte, weil das klug und praktisch war, den Umweg Worpswede einkalkuliert und genoss und nutzte ihn in vollen Zügen. Doch behielt sie mit einem stillen, eisernen Willen ihren Herzenswunsch stets im Auge.

Als Maidli zur Paris-Reise gratulierte, lag der Paukenschlag, der Bremens Kunstliebhaber aufschreckte und bis Worpswede klang, schon eine Woche zurück: »Unsere heutigen Notizen müssen wir leider beginnen mit dem Ausdrucke tiefen Bedauerns darüber, dass es so unqualifizierbaren Leistungen wie den sogenannten Studien von Maria Bock und Paula Boecker (!) gelungen ist, den Weg in die Ausstellungsräume unserer Kunsthalle zu finden.« Es war der Bremer Kunst-Papst Arthur Fitger, der am 20. Dezember 1899 in der »Weser-Zeitung« so aggressiv gegen die beiden jungen Malerinnen zu Felde zog.

Wollte der rigorose Verfechter der traditionellen Kunst in Wahrheit den neu ernannten, für moderne Entwicklungen offenen Direktor der Bremer Kunsthalle Gustav Pauli treffen, der den beiden Frauen ein Kabinett zum Ausstellen geöffnet hatte? Galt sein Zorn den Worpsweder Künstlern insgesamt? Welche Überlegungen man auch anstellt, die Reaktion von Fitger war maßlos: »Für die Arbeiten der beiden genannten Damen reicht der Wörterschatz einer reinlichen Sprache nicht aus, und bei einer unreinlichen wollen wir keine Anleihe machen ... allein diesen Arbeiten ... können wir unsere schärfste Abweisung nicht ersparen.« Nicht alle Kunstliebhaber der Hansestadt schätzten Fitgers Meinungen, aber er war seit Jahrzehnten eine Autorität. Dass Paula Becker mit ihrer Arbeit öffentlich dermaßen an den Pranger gestellt wurde, war im kleinen Bremer Kosmos äußerst unangenehm und gab der Skepsis der Eltern gegenüber der künstlerischen Entwicklung ihrer Tochter neue Nahrung.

Eine direkte Reaktion der Angegriffenen ist nicht bekannt, bis auf eine Äußerung von Otto Modersohn. Nach Kenntnis dieser Kritik sei sie in sein Atelier gekommen, wütend, aber munter. Aber warum hätte sie sich noch aufregen sollen, wo alles schon für die Paris-Reise organisiert war? Beschleunigt hatte sich die Verwirklichung ihrer Sehnsucht vielleicht auch, weil Clara Westhoff seit kurzem schon an der Seine lebte, um sich an der privaten Bildhauer-Schule von Auguste Rodin weiterzubilden.

Am 30. Dezember 1899 schreibt Paula Becker aus Bremen eine kurze Notiz an Otto Modersohn: »Das wird ein lieblich Stündlein geben, wenn ich diesen Bremer Staub von den Füßen schüttele. Hurrah! Augenblicklich ist in meinem armen Kopfe ein Chaos: packen, Adieusagen, Fitgergespräche!!!, Pariser Pläne und Mozartarien, die meine Schwester im selben Zimmer singt.« Paula Becker steht schon über den Dingen, und sie hat allen Grund dazu.

Das Silvesterläuten vom Bremer Dom erlebt sie zu Hause, noch einmal werden die Kerzen am Weihnachtsbaum angezündet. Um halb zwei Uhr in der Frühe des neuen Jahrhunderts bringen Eltern und Geschwister Paula zum Bahnhof. Zum Gepäck für die Paris-Reise gehört der Zuspruch aus dem Brief ihrer Cousine Maidli: »Glück auf den Weg! Du weißt, ich glaube an Dich, weil Du den festen Willen hast, etwas zu erringen, zu erzwingen.« Gut siebzehn Stunden dauert die Fahrt. Am Abend des 1. Januar 1900 kommt Paula Becker in Paris an. Ein neues Jahr beginnt.

Selbstbewusste junge Frau am offenen Fenster
Paris Januar bis Juni 1900

Die Eltern trauten ihren Augen nicht. Es war der zweite Brief und Paula gerade mal vier Tage in Paris: »Abendbrot und hinterher zur nächtlichen Stunde auf die großen Pariser Boulevards. Da ist noch Weihnachtsmesse und Pariser Nachtleben.« Einerseits liebte es die Tochter, ihre Briefe mit einem leicht ironischen Ton zu würzen, das war Familientradition. Andererseits klang es, als habe Paula Becker Gefallen am nächtlichen Ausgehen gefunden. Woldemar Becker versuchte den leichten Ton aufzunehmen, meinte es aber durchaus ernst, als er vier Tage später schrieb: »Und dann noch eins liebes Kind. Wandle mir nicht zu viel abends auf den Boulevards. Was Du da siehst ist nicht schön.«

Paulas Brief vom 4. Januar ist gemischt. Sie schwärmt vom Louvre und den alten Meistern – »wundervoll, rührend, schön und ernst, Prachtwerke«. Vom Louvre geht sie ans Ufer – »ein bezauberndes Bild«. Am Quai entlang »stehen lange Reihen von antiquarischen Büchern. Darin kann man wühlen und suchen, so viel man will«. Dann der Verkehr – »famose alte zweirädrige Karren mit noch älteren Schimmeln«, »lange schmale zweirädrige Bierwagen mit drei Pferden«, »kolossale Omnibusse mit drei Pferden Troikagespann«. Auf offener Straße zeigen Akrobaten ihre Künste. »Und die Bauten!« Fazit: »Man sieht und lernt auf Schritt und Tritt.« Paula nimmt alles in sich auf, auch die Schattenseiten: »Ist man müde und kann nicht mehr, so empfindet man einen großen Degout. Denn die Welt ist hier zu, zu, zu dreckig. Scheußliche Absynthgerüche und Zwiebelgesichter und eine wüste Sorte von Frauen. Ich habe uns noch nie so geschätzt wie in diesen Tagen. Bisher fühlte ich nur unsere Fehler deutlich, und jetzt spüre ich mit aller Macht alles, was wir haben und das macht mich stolz.«

Doch schnell und eindeutig neigt sich die Waagschale zu Gunsten von Paris. »Mir ist, als sei ich schon Monate in Paris«, schreibt sie nur eine Woche später, und gegen Monatsende: »Ich genieße das Straßenleben ungeheuer.« Im Mai wird Paula Becker der Stadt an der Seine eine flammende Liebeserklärung machen: »Wenn man oben auf dem Hügel des Trocadero steht, vor sich ... den Eiffelturm, die Riesenweltkugel, im Hintergrund die Stadt mit allen ihren Türmen, dann möchte man ihr Fackeln und Freudenfeuer bringen ... Sie hat eine ungeheure Persönlichkeit, diese Stadt. Einem jeden gibt sie jedes.«

Paula Becker, die im Februar 1900 in Paris ihren 24. Geburtstag feiert, hat sich mit einem atemberaubenden Tempo in der Weltstadt eingerichtet und zu Hause gefühlt. Aber ist das so verwunderlich? Mit ihr kommt kein naives Mädchen vom Land in die große Stadt. Aufgewachsen in der eleganten Kulturmetropole Dresden inmitten einer weitläufigen Verwandtschaft, acht Monate England mit dem Malkurs in London, fast drei Jahre in Berlin, der modernen hektischen Hauptstadt, Reisen zu Museen und Ausstellungen: Paula Becker kennt sich aus. Auch wenn in den allerersten Tagen von »Horror« und »Ameisengefühl« die Rede ist und Stimmungstiefs nicht ausbleiben. Manchmal hat man sogar den Eindruck, dass Paula Becker ihre Schreiben an die Eltern bewusst mit ein wenig Abscheu würzt, um nicht in den Ruf zu kommen, zuviel Geschmack am Pariser Leben zu finden.

Ihr Tag wird strukturiert vom Unterrichtsplan in der privaten Mal-Akademie Colarossi in der kleinen Rue de la Grand Chaumière an der Grenze zwischen Montparnasse und Saint-Germain-des-Prés. Das ehemalige Aktmodell Philippo Colarossi hat das Institut im Jahr 1871 gegründet. Es ist bei Franzosen und Ausländern beliebt, in der Pariser Kunstlandschaft anerkannt und offen für Männer und Frauen, die von einflussreichen Künstlern und Kunstprofessoren unterrichtet werden. Die Gebühren sind erträglich, wenngleich Frauen das Doppelte zahlen müssen.

Am Vormittag zeichnet Paula Becker Akt in einer Frauenklasse. Abends von sieben bis zehn Uhr geht sie in die Aktklasse für Männer, wo sie nicht »das einzige weibliche Wesen« ist: »Vier oder fünf besser zeichnende Mädchen sind mit mir. Man lernt da mehr.« Sie ist mit ihrer Wahl zufrieden: »Täglich fühlt man, wie viel man hier lernt.« Zusätzlich belegt sie einen »Croquis-Kurs«, bei dem das Modell seine Stellungen oft und unvermittelt wechselt. Die Kunst besteht darin, mit schneller Linie den Körper insgesamt zu erfassen. Paula Becker macht diese Übung ganz besonderes Vergnügen.

Damit nicht genug: Mittwochs und samstags geht sie mit Clara Westhoff gemeinsam zur staatlichen Kunstakademie, die auch in Frankreich immer noch den Männern vorbehalten ist. Doch immerhin bietet sie seit 1896 für Maler und Bildhauer beiderlei Geschlechts unentgeltlich »wundervollen Anatomie-Unterricht«. Als Clara Westhoff drei Jahre später wieder den Anatomiekurs in der École-des-Beaux-Arts besucht, wird sie ab und an von ihrem Ehemann begleitet. Es ist der Dichter Rainer Maria Rilke. Im Tagebuch vom 24. November 1902 hat er eine Szene festgehalten, wie sie Paula und Clara ähnlich erlebt haben:

»Der Saal war sehr gefüllt, atemlos eng und heiß. Ich stand hinten. Vorne saß auf einem Strohschemel eine Leiche. Ein Mann, die Beine lagen nebeneinander, die linke Hand hielt scheinbar den Sitz, die Rechte lag auf dem Schenkel. Der rechte Teil der Rippen, das Schlüsselbein, der Oberarm waren sehr reinlich bloßgelegt. Die Haut war gelb, frierend. Nur der Kopf des Mannes war ganz dunkelbraun.« Für Paula Becker ist der Pariser Anatomiekurs ein großer Fortschritt: »So etwas wird uns Mädeln nirgends so geboten wie hier ... nur macht die Leiche mir leider jedesmal Kopfweh.«

Die Nachmittage sind reserviert für die alte und die moderne Kunst, die keine andere Stadt der Welt so reichlich bietet. Für die alten Meister gibt es nur ein Ziel: »Das A und das O ist für mich das Louvre« – »Das Louvre hat mir's angetan! Jedesmal, wenn ich dort bin, fließt es wie ein reicher Segen auf mich nieder.« Damit dieser Segen produktiv bleibt, füllt Paula Becker im Louvre ihr Skizzenbuch mit sorgfältigen Einzelstudien. Der Eifer und der Fleiß, mit dem sie sich die Vergangenheit erarbeitet, sind eher ungewöhnlich für deutsche Künstler.

Natürlich gehört die moderne Kunst zum festen Programm: »Nachmittags gehe ich bummeln in die Stadt, schaue mir tüchtig alles an, versuche alles in mich aufzunehmen ... Diesmal habe ich viel Bilder gesehen, doch war ungeheuer viel Süßes und Minderwertiges dabei.« Paula Becker ist Stammgast in der schmalen Rue Laffitte am rechten Seine-Ufer. Dort liegen die Galerien, die sich für die moderne Kunst einsetzen. Einer der mutigen Kunsthändler ist Ambroise Vollard.

In der Regel stöbert sie allein, bildet sich ihr eigenes Urteil. Nur einmal macht sie eine Ausnahme und weiht Clara Westhoff, die »Schwester-Seele«, in eins ihrer tiefsten Geheimnisse ein. Sie bittet Clara, mitzukommen ans andere Seine-Ufer, denn sie wolle ihr etwas Besonderes zeigen: »Sie führte mich zu dem Kunsthändler Vollard und begann in seinem Laden gleich – da man uns ungestört ließ – die an die Wand gestellten Bilder umzudrehen und mit großer Sicherheit einige auszuwählen, die von einer neuen, wie es schien, Paulas Art verwandten Einfachheit waren. Es waren Bilder von Cézanne ...« Im Jahre 1907 wird Paula die Freundin an dieses außerordentliche Paris-Erlebnis erinnern: »Ich denke und dachte diese Tage stark an Cézanne und wie das einer von den drei oder vier Malerkräften ist, der auf mich gewirkt hat wie ein Gewitter und ein großes Ereignis. Wissen Sie noch 1900 bei Vollard.« Über die ganzen Jahre hat sie niemandem sonst von diesem »Gewitter« erzählt.

Paula Becker ist gerade eine Woche in Paris, da schreibt der Vater: »Es ist ganz gut für den Anfang wenigstens, dass Du an Fräulein Westhoff einen sympathischen Stubennachbarn gefunden und mit ihr Deine freie Zeit verbringst. Aber auf die Dauer würde ich Dir raten Dich von ihr zu emanzipieren ... Du lässt Dich, ohne dass Du es merkst, von ihr, als der stärkeren Natur, beeinflussen, und das halte ich nicht mit Deinem Pariser Aufenthalt vereinbar, oder wenigstens nicht für wünschenswert.« Nicht um menschliche Beziehungen geht es Woldemar Becker, sondern um die künstlerischen »Worpsweder Bande«, die er jetzt im Rückblick »verhängnisvoll« nennt und für die er Clara Westhoff verantwortlich macht: »Du sollst in ein ganz anderes Milieu kommen, und es ist daher nur vorteilhaft wenn du die Worpsweder Bande möglichst von Dir abwirfst, und Dich ganz den neuen Eindrücken hingibst.«

Wie ein Lichtkegel erhellt der väterliche Brief für einen Augenblick die Diskussionen um den Familientisch der Beckers, wenn es dort um Paulas Mal-Arbeit und ihre Vorstellung von Kunst ging: »Nimm alles in Dir auf was schön ist, und entwickle Dein Gefühl für Form. Darin sind uns die Franzosen über. Schön ist alles was uns Genuss bereitet. Deine Worpsweder Hängebäuche werden jedenfalls durch zierlichere in der Malakademie ersetzt werden.« Soll Paula Becker den Vater aufklären, dass die Worpsweder Künstler längst von gestern sind, während sie für sich und ihre Kunst auf der Bezeichnung »modern« beharrt? Sie kann die traditionelle Kunstauffassung ihrer Eltern nicht ändern; und sie haben Erwartungen an das Talent der Tochter, die sich von ihren grundsätzlich unterscheiden. Keine weitere Diskussion, keine Kraft mehr in diese Richtung vergeuden: das ist die Lehre von Paris.

Woldemar Becker kritisiert wenige Tage darauf einen weiteren Punkt. Paula Becker hatte ihr schmuddeliges Hôtel de la Haute Loire am Boulevard Raspail verlassen und war Clara Westhoff in das Hinterhaus mit Atelier-Zimmern in der Rue Campagne Première Nr. 7 gefolgt. Es liegt fast um die Ecke, ebenfalls im Quartier Montparnasse.

Wem das schwere Portal vom Haupthaus offensteht und wer im Hinterhof längs der Rampe mit den Ateliers eine offene Türe findet, der kann ungehindert auf den flachen, knarrenden Holzstufen bis in den vierten Stock gehen. In den meisten Zimmern wohnen heute Studentinnen und Studenten. Aus einem der oberen rückwärtigen Fenster geht der Blick auf ein kleines Stückchen vom Montparnasse-Friedhof, letzte Ruhestätte für viele berühmte Franzosen. (Das Doppelgrab von Jean-Paul Sartre und Simone de Beauvoir, gleich rechts vom Eingang, ist stets mit Blumen geschmückt.) Auf dem Trottoir vor dem Vorderhaus Nr. 7 steht eine gusseiserne Stele und informiert: Preisgünstige Ateliers, gegen Ende des 19. Jahrhunderts mit Material der Weltausstellung von 1889 erbaut. Für Künstler, die damals vom Montmartre zum Montparnasse zogen, um neue Inspiration zu finden. Französische und ausländische Namen werden genannt, auch Rainer Maria Rilke, der hier 1902 sein »Buch von der Armut und vom Tod« schrieb – kein Wort über die deutsche Malerin, die hier gewohnt hat.

Den Eltern gefällt der Wohnungswechsel genau so wenig wie die »Worpsweder Bande«. Paula Becker antwortet dem Vater selbstbewusst, ohne ihre Gefühle zu verbergen: »Deine beiden Briefe haben mich doch ein wenig deprimiert. Sie klangen so durch und durch unzufrieden mit mir.« Zuerst greift sie ihren Umzug auf: »Bei mir ist's jetzt reinlich. Leer, aber gemütlich. Pekuniär kommt es auf ungefähr dasselbe heraus.« Sie werde es sich selbst möblieren, »ungefähr wie Mama Möbel aus Kisten macht«. Das muss genügen. Dann kommt die Kunst an die Reihe: »Ich muss doch ruhig meinen Weg weiter gehen. Na, wenn ich erst was kann, dann wird's besser. Ihr scheint mir's zwar nicht zuzutrauen, aber ich.« Trotz der Verletzungen gelingt es ihr, in den Briefen an die Eltern eine Offenheit und Direktheit zu bewahren, die das Tiefste nicht erzählt und doch Wesentliches mitteilt. Sie ist entschlossen, diese warmen Gefühle aus dem inneren Konflikt herauszuhalten.

Kurz geht sie zum Schluss auf die Forderung des Vaters ein, sich von Clara Westhoff zu emanzipieren: »Ich besuche andere Kurse als Clara

Westhoff, habe überhaupt eine andere Lebensweise als sie.« Eine indirekte Distanzierung von der Freundin ist das keineswegs, denn Paula berichtet den Eltern weiterhin geradezu demonstrativ von ihren gemeinsamen Vergnügungen. Zuerst beim Geburtstagsbericht: »Dann Ständchen Clara Westhoffs auf einer Panflöte vor der Kammertür ... Gemeinschaftlicher Kaffee. Und heute abend nach dem Abendakt große Hauptfeier bei einer halben Flasche Champagner!!!« Der Geburtstag ist eine Ausnahme. Während der Woche gehen die beiden tagsüber ihre eigenen Wege. An den Sonntagen jedoch, für Paula Becker Inseln der Ruhe – »das ist eins von den wenigen christlichen Dingen die mir geblieben sind« –, erkunden die Freundinnen die Umgebung von Paris.

Im März: »Aber den vorigen Sonntag verlebte ich mit Clara Westhoff in Joinville ... Der Frühling kommt hier in einem berauschenden Überfluss. Er nahm uns ganz gefangen und wir sagten und sangen all unsre deutschen lieben Frühlingslieder.« Im April: »Am Sonntag hatte ich einen berauschenden Tag mit Clara Westhoff. Er endete in Velizy, einem kleinen Dörflein ... Es war eine verzauberte Stimmung. Mondschein über einem kleinen Dorfseee.«

In Bremen merken die Eltern offenbar, dass mit zunehmender Entfernung ihr Einfluss nachlässt. Der Vater schreibt einen versöhnlichen Geburtstagsbrief. Er will Paula seine Wünsche nicht aufdrängen, denn »ich bin mir zu sehr bewusst, wie verschieden ich mit dir fühle«. Es folgt die Bitte um Verständnis, weil er zu alt sei, »um meine Ansichten und mein Wissen vollständig umzukrempeln, also musst du mich so nehmen wie ich einmal bin«. Aber diesmal gibt er auch Paula Raum: »Deshalb aber keine Feindschaft nicht! ... Daher wollen wir neben einander wandeln und einander nicht zu überzeugen suchen, dass wir den Stein der Weisen gefunden und die Wahrheit gepachtet haben.« Woldemar Becker will seine Tochter nicht verlieren. Kein kritisches Wort mehr zu Paulas künstlerischem Weg während der Pariser Zeit.

Ihre Urteile werden differenzierter; sie lernt, dass die Mischung aus Licht und Schatten den Reiz dieser Stadt ausmacht: »Das Grauehaarewachsenlassen muss man hier verlernen. Es gibt zu Mannigfaltiges nach jeder Richtung hin, bald hört man auf, sich zu wundern.« Als darüber Kritik auftaucht, bekommen die Eltern eine gelassene Antwort: »Mein Brief war Euch auf die Nerven gefallen. Lieben, ich bin ja doch nicht so. Aber das ist eine der charakteristischen Seiten von Paris, das ist die Mischung. Reines Gold gibt's nicht. Und grade die Mischung als solche zu erfassen, das ist fein.« Die Zeit der Rechtfertigungen ist vorbei.

Die junge Frau aus Deutschland gibt sich einem Lebensgefühl hin, das sich weder von Vergangenem noch Zukünftigem beschweren lässt: »Zweimal haben wir hier schon nächtlicher Weile auf der Straße auf dem Asphaltpflaster getanzt. Die Leute hier tanzen los, wenn es ihnen Spaß macht. Die warten nicht bis zum nächsten Schützenfest.« Zielsicher hat Paula Becker ausgemacht, wo das Herz von Paris schlägt – auf der Straße, auf dem Boulevard. Er verkörpert, was die Stadt in der zweiten Hälfte des 19. Jahrhunderts zur Welt-Hauptstadt macht.

Im Jahre 1852 war Louis Napoléon, ein Neffe des großen Napoléon Bonaparte, durch einen Staatsstreich an die Macht gekommen und hatte versprochen, als Kaiser der Franzosen das Land zu altem Ruhm und neuer Größe zu führen. Der neue Präfekt von Paris, George Eugène Haussmann, erhielt alle Vollmachten, ohne Rücksichten auf die Bewohner und auf gewachsene Strukturen das alte Paris aufzubrechen, umzukrempeln und fit zu machen für die neue Zeit. Das brutale Experiment gelang. Von der städtebaulichen Struktur her ist es das Haussmann-Paris, das wir kennen und das bis heute nichts von seiner Faszination verloren hat. Damals entstanden die breiten Straßen mit den einheitlichen Häuserblocks, die sternförmigen Plätze – Étoile als der größte –, die Kaufhäuser und Bahnhöfe als Kathedralen der Moderne, die Luxusvillen der Belle Époque, die monumentalen Ausstellungshallen und Museen, neue Seine-Brücken, Theater, Oper, Parks. Am Anfang des 19. Jahrhunderts zählte Paris ca. 550 000 Einwohner, gegen Ende waren es fast 3 Millionen.

Glas und Stahl, industriell vorgefertigt, waren das Material dieser Epoche, das den Bauten Höhe und Weite, Kraft und Anmut zugleich gibt. Die sensationelle Neuigkeit im Haussmann-Paris aber war der Boulevard und das, was seine Attraktion ausmacht – das breite Trottoir, der Bürgersteig. Er wurde rasch zum öffentlichen Wohnzimmer von Paris. Zuerst stellten Findige nur ein paar Stühle vor ihr Lokal. Schnell folgten Tische, eine Überdachung, Holztäfelung, Gaslichter, Gasheizungen. Der Boulevard kennt keine Tageszeiten, keine Jahreszeiten. Er wurde im modernen Paris zur Bühne, zum Mittelpunkt des urbanen Lebens. Hier konnten der Städter, die Städterin bei einem neumodischen Café crème – umgeben vom Strom des hektischen Verkehrs – den Augenblick, das Jetzt erleben und genießen. Mit den Boulevards, den Lebensadern der Stadt, entstand eine neue Wahrnehmung von Raum und Zeit, die mit der monumentalen Kulisse von Paris in ein neues Lebensgefühl mündete.

Das neue Paris war eine Herausforderung an die Maler. So entstand der Impressionismus, dessen Vertreter die Ateliers verließen und erstmals in der Kunstgeschichte städtische Themen aufgriffen. Und die moderne Malerei machte ein Produkt sichtbar, das sich – nicht nur, aber zum großen Teil – längs den Pariser Boulevards ausbreitete, bevor es ein Teil der Welt-Zivilisation wurde: die Unterhaltungskultur.

Henri de Toulouse-Lautrec ist mit seinen Bildern und Plakaten der Kronzeuge der neuen Kultur, die das »Moulin Rouge« am Boulevard de Clichy am Montmartre beispielhaft verkörpert. In diesem Unterhaltungslokal, 1889 gegründet, gab es Besuchergalerien, einen riesigen Tanzsaal mit Orchesterpodium, Spiegelwände, gewaltige Gaskandelaber und für die Kinder einen Parcours im Garten. Im »Moulin Rouge« verkehrten alle, der Prinz von Wales wie der einfache Angestellte.

Vergnügungs-Etablissements schossen wie Pilze aus dem Boden, kleine Varietés und Theater, als erstes Cabaret das berühmte »Chat Noir«. Bald zählte man an die tausend Café-Concerts mit bis zu 600 Sitzplätzen in den angebauten Sälen. Ausgangspunkt aller Unterhaltung ist das Chanson, das um die Jahrhundertmitte Konkurrenz vom Cancan bekam. Revuen traten auf, bei denen die Bekleidung der Tänzerinnen immer spärlicher wurde. Es ist eine städtische Unterhaltungslandschaft, die harmlose Vergnügungen für die ganze Familie bietet, edle exotische Glamourwelten und Prostitution in schmutzigen Hinterzimmern. Paula Becker kennt die Zeichnungen von Toulouse-Lautrec, der diese Welt ohne Sentimentalitäten darstellt, und sie hat keine Berührungsängste: »Manchmal geht es auch abends auf die Boulevards. Da gibt's viel komische Dinge zu sehen, Dinge wie man sie in Worpswede auch nicht kennenlernt.« Das schreibt sie im Februar an das Ehepaar Modersohn. Ende Mai erfährt Paulas Schwester Milly: »... die Zeit wird jetzt täglich knapper, ich fange an lang in die Nächte hinein zu leben ... Ich führe jetzt nämlich einen unsoliden Lebenswandel.«

Kaum in Paris angekommen, sucht Paula Becker die Nähe zu den Einheimischen: »Ich habe eine Crémerie entdeckt, wo ich mit allerlei kleinen Leuten zu Tisch esse. Pariser kleine Leute sind nun zwar etwas anders als bei uns, mehr wie bei uns die großen Leute ... Na, unter diesen Weltkindern bin ich dann der Waisenknabe. Sie sind aber ganz niedlich mit mir, machen nur manchmal aus meinem Französisch etwas zweideutig scheinende Wortspiele.« Die Crémeries sind Überbleibsel aus dem dörflichen Paris, ursprünglich reine Meiereien, die jetzt ein überschaubares Lebensmittel-Sortiment anbieten und einfache Speisen auftischen.

Die junge Malerin aus Deutschland wird wie viele andere junge Leute mal zur beliebten Madame Caron, gegenüber der Mal-Akademie Colarossi, gegangen sein, mal zu Rosalies Crémerie in der Rue Campagne Première Nr. 3; Rosalie war ein ehemaliges Aktmodell aus Italien. Gegenüber von Paulas Haus befand sich eine »Kutscherkneipe«, die große Portionen für wenig Geld bot. An der Ecke zum Boulevard Montparnasse lag »der große Pferdestall« für den Verkehrsverbund von Paris, der um die Jahrhundertwende über rund 500 von Pferden gezogene Omnibusse verfügte.

Wenn Paula Becker und Clara Westhoff abends nach der Arbeit nochmal auf die Boulevards gehen, können sie zwischen drei lebhaften Vierteln von Paris wählen. Ihr Atelier-Hinterhaus in der Rue Campagne Première liegt im Quartier Montparnasse, wo seit Beginn des 19. Jahrhunderts zusammen mit den Handwerkern, Arbeitern und Weinhändlern ein buntes Völkchen aus Dichtern und Malerinnen, Sängerinnen, Kabarettisten und Schauspielern zu Hause ist. In der Rue de la Gaîté, nur wenige Gehminuten entfernt, haben sich traditionsreiche Pariser Theater etabliert. Das Théâtre de la Gaîté-Montparnasse in der Nr. 26, 1869 gegründet, hat sich bis heute gehalten. Alle Großen des französischen Chansons – ob Edith Piaf oder Maurice Chevalier – sind in der Nr. 20, der Music-Hall »Bobino«, aufgetreten. Die aufregende Boheme-Zeit am Montparnasse ist lange schon versunken im Schatten der mächtigen Tour Montparnasse. Der Turm, ein hässliches Ungetüm gleich neben dem Bahnhof, ist zum Wahrzeichen des modernen Montparnasse und zur Touristenattraktion geworden.

Ging Paula Becker damals rechts aus dem Haus, links über den breiten Boulevard Montparnasse und durch die Rue Notre-Dame des Champs, war sie in weniger als zehn Minuten in ihrer Mal-Akademie Colarossi und damit im Viertel Saint-Germain-des-Prés. Rechts den Boulevard Montparnasse hinunter lockte das Quartier Latin und an der Ecke zur

Avenue de l'Observatoire eines der bekanntesten Pariser Tanzlokale. Paula Becker war dort: »Donnerstag abend Tanz bei ›Bullier‹. Kennst du dies große Tanzlokal des ›Quartier Latin‹, lieber Vater? Ein buntes Bild, unglaublich viel zu sehen: Studenten und Künstler, hübsch und lustig in ihren gelungenen Sammetanzügen und Schlapphüten, mit ihren kleinen Mädchen, von denen einige Radfahrhosen anhaben, andere Seidenroben und andere Sommerblusen. Es sind meistens Couturières und Blanchisseuses.« Was Paula Becker sicher nicht verborgen blieb: Zur bunten Mischung im »Café Le Bal Bullier« gehörten neben Studenten und ihren »kleinen Mädchen«, den Näherinnen und Weißwäscherinnen, ehrbare Bürger mit ihren Frauen ebenso wie Repräsentanten einer Welt, die man im Französischen Demimonde nennt.

Bal Bullier, Rue de la Gaîté, Kutscherkneipen, die Muschelstände im Freien, der Duft frisch gebackener Crêpes, die Akrobaten auf den Boulevards, Chansons und lockeres Amüsement im Theater, die Arbeiter in der Crémerie, die offenen Türen der kleinen Handwerkerläden – hier am linken Seine-Ufer, wo sich das dörfliche und das weltstädtische Paris mischten, war Paula Becker zu Hause.

Nach den ersten drei unbeschwerten Pariser Monaten kippt die Stimmung im April. Im Tagebuch steht: »Ich bin seit Tagen traurig, tieftraurig und ernst. Ich glaube, die Zeit des Zweifels und des Kampfes wird kommen ... Mir ist nicht bang davor. Ich weiß, sie wird mich reifen und weiter bringen.« Ähnliches hatte sie in Worpswede erlebt. Nun führt die Erfahrung von Paris zu neuen Bildern: »Ich gehe durch diese große Stadt, ich blicke in tausend, tausend Augen. Ganz selten finde ich da eine Seele. Man winkt sich mit den Augen, grüßt sich und ein jeder geht weiter seinen einsamen Weg. Aber man hat sich verstanden. Schwesterseelen hielten sich einen Augenblick umschlungen.« Die Einsamkeit, Paula Beckers Begleiterin seit Kindertagen, geht mit. Vielleicht ruft ihr auch etwas in Paris Allgegenwärtiges die Dresdener Kindheit besonders intensiv ins Gedächtnis: Blumen.

Im Januar: »Narzissen und Mimosen stehen auf dem Tisch. Blumen sind hier lächerlich billig ... Die ganze vorige Woche habe ich mich an einem achtköpfigen Rosenbündel für fünfzig Centimes gelabt.« Im Februar: »Doch vor mir auf dem Tisch stehen Veilchen und atmen Frühling.« Im April: »Es ist Feierabendstunde. Ich sitze in meinem Zimmerlein, vor mir im grünen Pott tiefrosa, üppig duftende Levkojen.« Im

Mai: »Und vor mir stehen duftende Maiglocken.« Die Blumen in ihrem Zimmer spiegeln im Kleinen, was Paula Becker betört, wenn sie durch die Straßen und Parks von Paris geht: »So etwas von Frühlingsüppigkeit habe ich mir nicht träumen lassen, eine duftdurchschwängerte Luft. Überall Kastanien mit ihren tausend leuchtenden Fackeln. Syringen, Goldlauch, Glyzine, Rotdorn und geputzte Frauen.« Und die äußere Welt korrespondiert auf geheimnisvolle Weise mit der inneren:

»Ich bin in Paris ... Um mich her glüht es von Leidenschaften. Jeder Tag läßt mich eine neue rote Blume gewahren, glühend, scharlachrot. Alle um mich her tragen sie, einige still eingehüllt im Herzen. Und sie ist wie ein erblühender Mohn, von dem nur hier und da ein rotes Zipfelein durch die grünen Kelchblätter winkt.« Die Zeilen im Tagebuch schildern, wie die einen zur Erde blicken, ihre Blüte in »bleichen weichen Händen« halten und auf den Wind warten. Andere mit »frecherhobenem Haupt« brechen die Blüten »und ziehen trunken ihre Bahn. Welches von diesen ist das Leben? Das wahre?«

Es ist die ungelöste Frage nach dem Leben, die Paula überallhin begleitet. Sie hat sich ein Symbol gewählt: Die Blume ist ihr ganz persönliches Code-Wort, mit dem sie das Unaussprechliche aussprechen kann. Leben – Blume. Es umfasst den ganzen Kosmos – Natur und Geist, Seele und Leib, Gott und Kunst – und ist zugleich der innerste, persönliche Kern jedes einzelnen Menschen. Jeder geht unterschiedlich damit um, still und ängstlich die eine, laut und selbstbewusst der andere.

Es ist der mehrfach zitierte Geburtstagsbrief an den Bruder Kurt, in dem sie im April 1900 den gemeinsamen Kindheits-Garten in Dresden lebendig werden lässt und die Blume zum Zeichen für das Unaussprechliche erklärt: »Ich schreibe Dir dies alles zu Deinem Geburtstage ... weil wir, wenn wir miteinander sprechen, doch nicht bis zum Innerlichsten kommen. Da muss manchmal einer dem andern erzählen von der Blume, die da drinnen blüht.« Dem Bruder erzählt sie von den Stunden, die seit Dresden ihr Leben begleiten, wo Sein und Nichtsein miteinander verfließen, »Stunden, die meine Kunst ausmachen, mein Leben, meine Religion, meine Seele«.

Es ist ein Brief, der die ganze Paula Becker zeigt. Eine Persönlichkeit, die immer doppelt gepolt ist und nur in Gegensätzen denkbar, die ihr selbst bewusst und keineswegs eine Last sind. Auch der Bruder soll kein einseitiges Bild von ihr haben und sie für ein irrationales Wesen halten, das altmodischen Träumen nachhängt. Ziemlich unvermittelt stellt sie bohrende Fragen: »Liest du jetzt viel? Und liest Du viel moderne Sachen? Siehst Du, das habe ich für Dich gewünscht, dass Du mit Deiner Zeit lebst ... Du wurzelst zu sehr in den Ideen der vorigen Generation ... Und wenn Du nicht mitkommst, so ist es eine Schwäche und Kraftlosigkeit, die Du überwinden musst.« Ganz schön kritisch, diese Geburtstagswünsche, und der Umkehrschluss heißt: Ich, Paula Becker, bin weder schwach noch kraftlos; ich bin modern und lebe mit meiner Zeit.

Das Stimmungstief vom April verzieht sich. Rückblickend beschreibt sie den Eltern, die sich Sorgen gemacht hatten, die doppelte Paula, die sie in solchen Krisenzeiten ist: »Denn trotz dieses Riesenkatzenjammers habe ich jetzt äußerlich ein höchst fideles Leben und lache viel. Nur hat der innere Mensch nicht viel Teil daran, der verlebt eben die schwarzen schweren Stunden, die mit der Kunst verbunden sind, und ringt mit dem Engel des Herrn ›Ich lasse dich nicht, du segnest mich denn‹.« Am Briefende steht die Überzeugung, diesen Segen erhalten zu haben: »Ich fange an Paris zu überwinden. Ich finde mich selbst wieder und meine innere Ruhe ... Ich habe das schöne Gefühl, dass ich tüchtig weiterkomme.« Paris überwinden heißt für Paula Becker: die tausendfältigen Einwirkungen ordnen, verarbeiten und Teil der eigenen Lebenskraft und Kreativität werden lassen.

Im gleichen undatierten Eintrag des Pariser Tagebuchs, wo Paula Becker von der »roten Blume« schreibt, spricht sie sich selber Mut zu und beschwört wieder einmal ihr Lebensziel: »Ich fühle eine neue Welt in mir erstehen ... Und ich liebe die Farbe. Und sie muss sich mir geben. Und ich liebe die Kunst. Ich diene ihr auf den Knien und sie muss die Meine werden.« Um diesem Ziel näher zu kommen, ist sie nach Paris gegangen, in die Hauptstadt der künstlerischen Avantgarde. Paula Becker wird den Eltern auch weiterhin über zeitgenössische Kunst berichten, aber auffallend kurz. Wer ihre Worpsweder Aktzeichnungen als »Hängebäuche« schmäht, dem kann sie das, was ihr Leben ausmacht, nicht mehr ausführlich anvertrauen. Was sie in den Ausstellungen und Museen sieht und wie sie es beurteilt, erfährt in ausführlichen Briefen Otto Modersohn. Er löst auf diesem Gebiet den Vater als Ansprechpartner ab.

Am Anfang ihres Paris-Aufenthaltes hatte sie die beiden Völker verglichen und geurteilt: »Ich glaube wir Deutschen sind doch bessere

Menschen.« Die Franzosen könnten zwar »für den Augenblick geistreich sein oder lebhaft; aber ein einfaches, tiefes, großes Gefühl kennen sie nicht«. Ähnliches schreibt sie von der Malerei: »Auch in der Kunst gibt es viel Esprit. Die Art des Farbenauftrags ist äußerst geistreich. Das Unterste, Letzte, Feinste, das haben sie nicht.« Doch schon im Februar beginnt sich die Beurteilung zu wenden: »Wir Deutschen in unserer Auffassung sind wohl etwas schwerfällig, etwas bieder, nicht nervös genug.« Im Mai, als sie über die Internationale Kunst-Ausstellung auf der Weltausstellung berichtet, ist von ihrem Ressentiment gegen das Französische nichts mehr geblieben: »Das Schönste für mich sind die Franzosen.« Nun trifft ihr Urteil die deutschen Maler mit aller Härte: »Jetzt fühle ich wie wir in Deutschland noch lange nicht genug losgelöst sind, nicht über den Dingen stehen … Ich fühle jetzt Liebermann, Mackensen und Konsorten. Sie alle stecken noch viel zu sehr im Konventionellen. Unsere ganze deutsche Kunst.« Diese Meinung ist endgültig.

In einem Brief an die Schwester Milly reflektiert Paula, wie gründlich sie ihre Meinung revidiert hat: »Auch der Kunst stand ich völlig fremd gegenüber … Da sitzt so vieles drin, was uns Germänlein nicht im Blute steckt, und wir sträuben uns dagegen. Es ist mir interessant zu sehen, wie mein Urteil sich allmählich gebildet hat, obgleich ich noch lange nicht annehme, dass es fertig ist. Was ist fertig? Und wann ist man fertig? Hoffentlich nie.«

Während Paula Becker die zeitgenössische deutsche Malerei in Grund und Boden verurteilt, schreibt sie voller Entzücken von ihren französischen Maler-Favoriten – Cottet, Simon, Millet, Puvis de Chavannes. Wem sind diese Namen im 21. Jahrhundert noch geläufig? Es sind große Maler, doch zu den ganz Großen der Malerei zählen sie wohl nicht mehr. Trotz allem Jubel: Diese Maler haben Paula Becker angeregt; künstlerisch ist sie andere Wege gegangen. War es die Nähe zu den Worpsweder Künstlern, die sie spontan zu diesen Malern zog? Wurde ihre Begeisterung in den Briefen von dem Wissen beeinflusst, dass Otto Modersohns Malerei in die Richtung der Genannten ging? Fragen, auf die es keine wirkliche Antwort gibt. Das Medium, durch das Paula Becker kommuniziert, ist ihre Kunst.

Es gibt ein Selbstporträt aus dem ersten Halbjahr 1900 in Paris, und das redet (Tafel 1). Die Künstlerin zeigt sich als eine selbstsichere junge Frau, die mit dem Rücken zum offenen Fenster steht. Das keck vorgestreckte Kinn erweckt den Eindruck, als würde sie von einem erhöhten Punkt auf ihre Umgebung herabblicken – mit extrem großen, mandelförmigen braunen Augen, die gelassen ein fernes Ziel anpeilen. Das Porträt geht bis zum Brustansatz, ist auffallend flächig gemalt und so nah und unmittelbar, dass Paula Becker fast aus der Leinwand herauszutreten scheint.

Der Hintergrund ist nicht monochrom farbig, sondern sagt etwas aus über die Person. Eine helle Hauswand mit Dach und Fenster steht im Kontrast zu Gesicht und Kleid, die mit dunklen Farben wie im Schatten gemalt sind. Paula Becker malt sich demonstrativ auf dem Schauplatz Stadt. Mit diesem Bild weist sie sich als Künstlerin in der Öffentlichkeit eine gewichtige Rolle zu. Wie sie im Januar 1900 den Eltern aus Paris geschrieben hatte: »Ich muss doch ruhig meinen Weg weitergehen ... Ihr scheint mir's zwar nicht zuzutrauen, aber ich.«

Einmal von einer Sache überzeugt, lässt sich Paula Becker nicht entmutigen. »Sie müssen einfach herkommen«, bestürmt sie Otto Modersohn nach dem Besuch der Internationalen Kunstausstellung im Mai, wohl wissend, dass er seine schwer lungenkranke Frau eigentlich nicht allein lassen kann. Forsch nimmt Paula Becker mögliche Einwände der Ehefrau vorweg. Sie hoffe zwar, dass auch Helene Modersohn mitkomme. Aber »wenn es nicht geht, schicken Sie Ihren Mann alleine fort. Er wird natürlich nicht wollen ohne Sie, seien Sie aber unerbittlich und streng. Geben Sie nicht nach. Eine Woche genügt.« Wer der Kunst dient, muss Opfer bringen, das ist Paula Beckers Devise.

Aber Otto Modersohn will nicht nach Paris fahren: »Ich fühle mich nämlich z. Zt. so frisch und angeregt ... Ich fürchte die Beunruhigung und event. Beeinflussung ... Das ist ja schließlich der Wert und Reiz unsers Lebens in der ländlichen Stille, dass nicht alle modernen Strömungen uns in ihre Bahnen ziehen ... Nein, ich will hier bleiben ...« Paula Becker, wie sie sich vor dem offenen Fenster sieht, hätte sich keiner modernen Beeinflussung verweigert, sondern hat diese Herausforderung geradezu gesucht. Was sie auch über diese Zeilen gedacht haben mag, sie wurden schnell und freudig Makulatur. Otto Modersohn ändert seine Meinung, und Paula Becker schreibt: »Ich freue mich *riesig*, dass Sie kommen. *Das wird ein Fest*. Und dann schütteln wir selbander den Pariser Staub von den Füßen und kehren heimwärts und das wird *noch immer* schöner.«

Am 11. Juni 1900 kommen Otto Modersohn, der Worpsweder Maler Fritz Overbeck mit seiner Frau und die Malerin Marie Bock, Paulas Freundin, auf dem Pariser Nordbahnhof an. Paula Becker und Clara Westhoff warten schon. Drei Tage lang führen die beiden jungen Frauen die Worpsweder kundig durch Paris. Über den Besuch der Internationalen Kunstausstellung schreibt Clara Westhoff: »Hier war es ein Genuss, sich Paulas Führung anzuvertrauen.« Am 14. Juni gegen Abend, als das Trüppchen müde ins Hotel zurückkehrt, findet das Fest ein abruptes Ende.

An der Rezeption liegt ein Telegramm aus Worpswede für Otto Modersohn. Er schreibt in der Erinnerung mit Bezug auf Paula Becker: »Sie nahm es an sich und teilte mir den erschütternden Inhalt mit. Meine arme Frau war an einem Blutsturz plötzlich gestorben. In derselben Nacht fuhren wir heim.« Am nächsten Tag informiert Paula die Eltern: »Ihr Lieben, ganz plötzlich ist Frau Modersohn gestorben. Der arme Mann ist mit den andern nach Hause gereist … Dies ist ein sehr trauriger Schluss, meine Pariser und auch meine nächste Worpsweder Zeit wird schwer und traurig sein. Ich habe in diesen Tagen so viel von Modersohn gehabt.«

Die beiden Freundinnen bleiben noch bis Ende Juni, um nach dem halben Jahr Paris ihre Angelegenheiten zu ordnen. Paula Becker verkauft ihren kleinen Hausstand nicht, verpackt das Nötigste und gibt es zur Aufbewahrung. Zurück nach Worpswede begleitet sie eine Erkenntnis, die sie im Mai dem Ehepaar Modersohn geschrieben hatte: »… denn dies Paris *ist* eine Stadt und ich bin nicht zum letzten Male hier gewesen.«

Heimliche Verlobung
Worpswede im September 1900 (I)

So mächtig Paris alle Sinne in Anspruch genommen hatte, Paula Becker verzauberte und beim Abschied schon ans Wiedersehen denken ließ, Worpswede mit seinem weiten Himmel war nicht vergessen. »Und zwischen all dieser Pracht freue ich mich schon auf die Heimat«, hatte sie schon im Mai an die Eltern geschrieben. Gegenüber Heinrich Vogeler klang es allerdings anders: »Der Gedanke Worpswede macht mich traurig. Ich fühle die schwere Luft. Und doch werde ich im Sommer dort landen.« Heinrich Vogeler, aus wohlhabender Bremer Kaufmannsfamilie, war der vielseitigste aus der Künstlergruppe, die sich im Teufelsmoor niedergelassen und Worpswedes Ruf als Malerkolonie begründet hatte. Er war ein gefragter Buchillustrator, Maler und Kunsthandwerker.

Mit Fantasie und geerbtem Vermögen hatte Heinrich Vogeler am Fuße des Weyerbergs eine verfallene Kate in ein elegantes Wohn- und Arbeitshaus umgewandelt, den Barkenhoff. Er war das künstlerische Zentrum der Malerkolonie: mit einem mächtigen Giebel zur Straße hin, der schwungvollen Treppe, die an der Vorderfront zur Veranda führt, dem Garten mit den gezirkelten Beeten, den geschmackvoll eingerichteten Jugendstil-Zimmern.

Nur wenige Minuten vom Barkenhoff entfernt, mietete Paula Becker nach der Rückkehr aus Paris Anfang Juli 1900 im reetgedeckten Hof des Bauern Hermann Brünjes eine kleine Kammer. Wenn sie die Zimmertür öffnete, stand sie auf der großen Diele, wo nachts die Tiere untergebracht wurden. Paula besorgte leuchtende Farbe und ließ das Zimmer neu streichen: den unteren Teil der Wände ultramarinblau, den oberen türkis. Außer dem Himmelbett gab es ein Pult, einen Tisch und ein paar Bauernstühle. Später kam ein Bücherbord hinzu.

Der Arzt in Bremen hatte ihr viel Ruhe und Liegen verordnet, denn sie fühlte sich seit der Heimkehr erschöpft, ohne Antrieb. Am 5. Juli lag

Paula Becker den ganzen Nachmittag in der Heide und las »Pan« von Knut Hamsun. Als sie nach Hause zurückkam, lag Post vom Vater da:

»Du scheinst ja mit Deiner neuen Wohnung und mit Deinen Wirtsleuten zufrieden zu sein ... Ich kann es aber nicht billigen, dass Du Dich dabei in neue Ausgaben stürzest. Im allgemeinen bitte ich Dich doch vernünftiger Weise in die Zukunft zu sehen und einen Plan zu machen, der nicht abenteuerlich ist und den Du auch wirklich durchführen kannst.« Wer mag nach einer solchen Einführung schon weiterlesen, aber es half nichts: »Alles, was Du mir mitgeteilt, kann mich nicht überzeugen ... Aus einigen Reden glaube ich entnehmen zu können, dass Du zum Herbst wieder nach Paris reisen möchtest, doch sehe ich durchaus keine Möglichkeit dazu ... Meiner Ansicht nach musst Du Dich nach einer Stelle umsehen ... Also überlege Dir die Sache und lebe nicht in den Tag hinein.« Zum Gesundwerden war das nicht.

Es stimmte: Der »Geldsegen« der Dresdener Verwandtschaft war mit dem Paris-Aufenthalt aufgebraucht, die Pension des Vaters reichte nicht für einen soliden monatlichen Wechsel. Aber die examinierte Lehrerin war überzeugt: Sie hatte mehr mitbekommen als ein »gewisses Talent« zum Malen; sie war berufen, als Künstlerin Höchstes zu leisten, und niemand würde sie davon abbringen. Dass sie nicht in den Tag hineinlebte – immer der gleiche Vorwurf der Eltern –, wusste sie selbst am besten. Kaum fühlte sie sich gekräftigt, ging Paula Becker wieder an ihre Arbeit: Sie besuchte die Kinder der Tagelöhner und brachte sie dazu, eine lange Weile still auf einem der typischen Bauernstühle zu sitzen. Sie nahm ihre Staffelei unter den Arm und baute sie neben einem schwarzen Moorkanal auf, malte den blauen Himmel und die weißen Wolken, die sich im Wasser spiegelten.

Man dürfe gewisse Dinge gar nicht erst an sich heranlassen, hatte sie ihrer Freundin Clara Westhoff gesagt, als die sich wegen kritischer Worte ihres Vaters nicht auf ihre Bildhauer-Arbeit konzentrieren konnte. Doch Paula Becker konnte sich von der Kritik des eigenen Vaters offenbar nicht frei machen: »Mir kamen heute beim Malen die Gedanken her und hin und ich will sie aufschreiben für meine Lieben. Ich weiß, ich werde nicht sehr lange leben. Aber ist das denn traurig? Ist ein Fest schöner, weil es länger ist. Und mein Leben ist ein Fest, ein kurzes intensives Fest. Meine Sinneswahrnehmungen werden feiner, als ob ich in den wenigen Jahren, die mir geboten sein werden, alles, alles noch aufnehmen sollte ... Und wenn nun die Liebe mir noch blüht, vordem ich scheide, und wenn ich drei gute Bilder gemalt habe, dann will ich gern scheiden mit Blumen in den Händen und im Haar. Ich habe jetzt wie in meiner ersten Kinderzeit große Freude am Kränzebinden.« Das steht unter dem 26. Juli 1900 in ihrem Tagebuch.

Geheimnisvolle, rätselhafte Worte, deren Sinn sich nicht ganz erschließt. Aber ein paar Mosaiksteinchen lassen sich zum näheren Verständnis zusammentragen. Der Brief des Vaters, so wenig Paula sich an seine Aufforderung hält, bleibt nicht ohne Wirkung auf ihren Gemütszustand. Wenn sie nachdenkt, wie es weitergehen soll und kann, in ihrem Sinne, werden die Gedanken bald im Kreis gelaufen sein. Trübe Aussichten – die müssen verscheucht werden. Paula Becker hat Visionen, kann sich fortdenken in eine andere Welt seit Kinderzeiten. Dass ihre frühen Jahre in diesen bedrängten Wochen auftauchen, hat eine innere Logik. Und zur Kindheit gehört die Erinnerung an Cora, die geliebte Cousine, die neben ihr starb und im Sarg lag mit Blumen bedeckt und einem Freudenlächeln auf den Lippen. So konnte man sterben, im Zeichen der Blumen, die in sich Blühen und Vergehen und neues Wachsen trugen. Und von den Dichtern und Philosophen hatte die heranwachsende Paula Becker begierig aufgenommen, dass nicht die Länge eines Lebens über den Sinn entscheidet, sondern wie intensiv es gelebt wurde.

Die melancholisch-heiteren Zeilen der Vierundzwanzigjährigen ernst nehmen heißt auch, ihre Visionen stehen lassen und keine weiteren Tiefenbohrungen anzustellen. Ihre Sehnsucht, noch eine Liebe zu erfahren, bevor das Fest zu Ende ist, lässt allerdings aufhorchen. Denn dass eine Liebe tatsächlich Gestalt annimmt, dafür sind die äußeren Anhaltspunkte so zahlreich, dass es ein Versäumnis wäre, sie zu übersehen.

In den ersten Worpsweder Wochen, als sie zum Ausruhen noch viel in ihrem Zimmer blieb, kam Otto Modersohn fast täglich zum Vorlesen. Es war für ihn Ablenkung in mehrfacher Hinsicht, seit auf dem Friedhof hinter der Kirche ein frisches Grab auf ihn wartete. Seinem guten Freund Carl Hauptmann, der sich im Schatten des Bruders Gerhart mühsam eine Schriftsteller-Existenz erarbeitete, schrieb Modersohn am 28. August 1900: »All die Zeit war mir so weh zu Mute, dass ich Ihnen noch nicht schreiben konnte ... O diese Herreise von Paris – – – Mein Leben hat ja seit langem unter dieser Sorge um das Leben meiner lieben Frau gestanden. Es war ein schweres Schicksal, was die wenigsten ahnten. O wie habe ich oft gekämpft, gute, frohe Laune geheuchelt. Sieben Jahre waren wir verlobt und nicht drei verheiratet ... Ich finde noch keine Ruhe zur Arbeit und mag auch nicht von hier fortgehen.« Das Vorlesen in Paulas Stube bei Brünjes tat beiden wohl, nährte eine stille Vertrautheit, die in den gemeinsamen vier Pariser Tagen gewachsen war.

Manchmal besucht Paula Becker auch Otto Modersohn. Was im September 1900 geschieht, erzählen knapp dessen Aufzeichnungen. Samstag, 1. September: »... treffe sie auf der Straße. Sie famos. Nachmittags zu ihr. Sagt mir – warum ich nicht mehr komme, könnte doch nicht immer zu mir kommen.« Dienstag, 4. September: »Morgens ich bei ihr, langes Gespräch über ihre Studien ... Treffe sie abends – sehr schön und tief – starkes Gefühl.« Mittwoch, 12. September: »Nachmittags Schiff – Paula Becker – Rilke. 5 – 2 Uhr nachts verlobt.« Am 15. September 1900 fasst Otto Modersohn über Paula Becker, seine Verlobte, zusammen: »1. Künstlerischer Mensch. – ... schaffen von Kunst ist ihr Hauptziel ... 2. Freier Mensch. – Sich geben ganz ohne Rücksichten, heiteres, lebensfrohes, frisches Temperament ... 3. Äußerlich reizvoll, anmutig, kräftig, gesund, energisch. – Gewandt, geschickt, nicht verlegen, selbständig, graziös, weiblich.«

Bei Paula Becker sind die melancholischen Gedanken verflogen. Was das Fest des Lebens betrifft, ist sie am 3. September überzeugt: »Und es dauert doch noch lange. Ich bin gesund und stark und lebe. Heil!« Zu Otto Modersohn kein Kommentar.

Der fünfunddreißigjährige Witwer ist unter den fünf Worpsweder Malern die größte Begabung, ein feinsinniger Einzelgänger, den die künstlerische Kraftmeierei seines Freundes Fritz Mackensen schon lange abstößt. Modersohns Landschaftsbilder sind gefragt, er kann mit seiner Kunst eine Familie gut ernähren. Was noch schwerer wiegt: Otto Modersohn erkennt ohne Einschränkungen an, dass Paula Beckers Lebensziel – Kunst zu schaffen – durch ihre Ehe nicht tangiert würde. Das ist außergewöhnlich in einer Zeit, in der verbeamtete Lehrerinnen ihren Beruf aufgeben müssen, sobald sie heiraten. In der die Künstlerin Käthe Kollwitz in ihren Erinnerungen schreibt, dass ihr Vater, der die künstlerische Ausbildung seiner Tochter sehr gefördert hatte, aus Anlass ihrer Hochzeit 1891 zu ihr sagt: »Du hast nun gewählt. Beides wirst du schwerlich vereinigen können. So sei das, was du gewählt hast, ganz.«

In der berühmte Maler wie Max Beckmann und Lovis Corinth mit der Heirat von ihren als Malerin ausgebildeten Ehefrauen verlangen, dass sie auf eine Karriere verzichten.

Eine solche Alternative kommt für Paula Becker nicht in Frage, und ihre Familie soll es wissen: »Ich will meine Junggesellenzeit recht zum Lernen wahrnehmen; denn dass ich mich verheirate, soll kein Grund sein, dass ich nichts werde«, schreibt sie der Mutter. Tante Marie erfährt es noch expliziter: »In der Kunst verstehen wir uns sehr gut, der eine sagt meist, was der andere empfindet. Ich will auch meine Kunst nicht an den Nagel hängen. Wir wollen nun vereint weiterstreben.«

Über Gespräche zwischen ihr und Modersohn zu diesem Thema ist nichts überliefert. Aber in der zweiten Septemberhälfte bringt Paula Becker ihren Standpunkt subtil und selbstsicher zu Papier: »Lieber, ich habe heute fein gearbeitet ... Und ich habe gedacht, wenn ich schön durchhalte und nicht auf einmal plötzlich vor dem Berge stehen bleibe, dann bekommst du einmal eine Frau, die sich schon sehen lässt. Ich wollte es so von ganzer Seele für uns beide. Vor der Hand bin ich es, glaube ich, nur, die daran glaubt. Na, wenn du auch daran glaubtest, so wäre es vielleicht zuviel des Glücks.« Dieser Brief, an einem »Mittwoch abend« geschrieben, hat einen direkten Vorläufer, der unterstreicht, wie ernst es Paula Becker mit ihrer Arbeitsethik ist.

Am vorangehenden »Montag-Nachmittag«, es muss kurz nach der Verlobung gewesen sein, hat sie geschrieben: »Wir sind nicht auf dem richtigen Weg, Lieber. Sieh, wir müssen erst ganz, ganz tief in uns gegenseitig hineinschaun, ehe wir uns die letzten Dinge geben sollen oder das Verlangen nach ihnen erwecken ... Wir müssen uns erst die tausend anderen Blumen unseres Liebesgartens pflücken, ehe wir uns in einer schöne Stunde die wunderbare tiefrote Rose pflücken ... lass mich eine kurze Zeit noch Dein Madönnlein sein. Ich mein's gut mit Dir, glaubst Du's? Denk an die holde Dame Kunst, Lieber. Wir wollen diese Woche beide malen. Dann komme ich am Sonnabend früh zu Dir. Und dann sind wir gut und milde ... Wir haben uns ja die Hände gereicht, um mit vereinten Kräften feiner zu werden, denn wir sind ja noch lange nicht auf unserem Höhepunkt, ich noch l-a-n-g-e nicht und Du auch nicht, Lieber, Gott sei Dank.«

Es ist ein kraftvoller Ton, den Paula Becker anschlägt. Der zukünftige Ehemann wird vor vollendete Tatsachen gestellt, was ihre intime Beziehung betrifft, über die Paula Becker nur durch die Blume spricht. Zugleich verpflichtet sie Otto Modersohn entschieden auf das Ideal einer Künstlerehe, in der die Frau den Maßstab für das hohe Ziel vorgibt. Widerstand ist nicht eingeplant.

Ist es Kalkül, was Paula Becker in diese Beziehung treibt? Hat sich die Malerin mit der Verlobung, der im Mai 1901 die Hochzeit folgen wird, für eine pragmatische Lebenslösung entschieden, die ihr Dilemma mit einem Schlag beseitigt? Die Liebe kam in ihrer Lebenssituation wie gerufen, das ist wahr. Ein Problem löste sich von selbst. Aber Paula Beckers Briefe in den Monaten vor der Hochzeit widersprechen der Deutung, sie habe aus Kalkül die Ehe angesteuert. Sie geben Zeugnis von einer Herzensangelegenheit, von tiefen Gefühlen, von großem Glück und grenzenlosem Vertrauen. Der Brief vom 27. Dezember 1900 steht für viele. Paula Becker hat Weihnachten bei ihren Eltern in Bremen verbracht, Otto Modersohn bei seinen Eltern in Münster:

»Mein Rex, mein König, mein Trauter, Lieber, Du Bester Einziger ... Dein Brief war wie ein weiches Kosen Deiner Hände. Und ich hielt mich Dir hin und ließ es mir so gerne gefallen ... Das Leben *ist* ein Wunder. Es kommt über mich, dass ich oftmals die Augen schließen muss, wie wenn Du mich in Armen hältst ... Ich habe ein wundervolles Gefühl der Welt gegenüber. Lass sie treiben, was sie will ... Ich gehe an Deiner Seite und führe Dich an der Hand ... Ich habe das wundervolle Gefühl, als ob in dieser Zeit der Trennung unsere Liebe geläutert und durchseelter würde ... Mein König Rother. Ich bin das Mägdelein, das Dich liebt und das sich Dir schenkt und dessen Scham vor Dir gebrochen liegt und zerronnen ist wie ein Traum. Und das ist meine Demut, Lieber, dass ich mich gebe wie ich bin und in Deine Hände lege und rufe: Hier bin ich. So sei es bis an unseres Lebens Ende. Lass Dir leise den Rotherbart streichen und empfange einen Kuss auf jede Wange und dann nimm meine Seele auf und trinke sie. Trinke sie in einem heißen Kuss der Liebe. Ich bin immerdar Dein treues Weib.«

Jede Zeit hat ihre Sprache, auch für Liebesbriefe. Die jugendbewegte Epoche um 1900 hatte keine Scheu, große Gefühle mit großen Worten auszudrücken. Philosophen und Dichter gaben die Vorlagen. Nietzsches »Zarathustra«, der sie alle so unendlich beeindruckte und beeinflusste, hatte es vorgemacht: hochfliegende Ziele in eine poetische, bilderreiche Sprache zu fassen, den Verstand und die Sinne anzusprechen. An »Zarathustra« und anderen literarischen Bespielen hat Paula Becker sich geschult.

War es eine plötzliche Liebe, ein Funke, der in der ersten Septemberhälfte übersprang? Wohl kaum, denn die Spuren führen deutlich zurück in das Worpsweder Jahr 1899. Öfter als die anderen Malerfamilien hat Paula Becker das Ehepaar Modersohn in seinem Haus besucht. Mit Otto Modersohn trat damals ein Mann in ihr Blickfeld, der sie erstmals auf den Gedanken brachte, dass es neben der Kunst noch anderes gab, das das Leben schön und reich machte. Von ihrer sommerlichen Schweiz-Reise schickte sie dem Künstler, der in seinem Atelier von ausgestopften Vögeln, toten Insekten und Schmetterlingen umgeben war, eine Heuschrecke. Als sie von der katastrophalen Bremer Kritik ihrer Bilder erfuhr, ging sie spontan zu Modersohn ins Atelier, »munter aber doch wütend«, wie der Maler sich später erinnerte.

Ihre briefliche Aufforderung, Modersohn müsse unbedingt nach Paris zur Internationalen Kunstausstellung kommen, begleitete eine Hymne auf seine Kunst: »Ich hoffe ganz riesig auf Ihre Zukunft. Entschuldigen Sie, dass ich Ihnen das so ins Gesicht sage. Ich muss es mir aber mal von der Leber wegsprechen. Ich habe es so oft gedacht.« Dann kam Otto Modersohn ohne seine schwerkranke Frau, für die die Reise zu beschwerlich war und die während seiner Abwesenheit starb. Seine Erinnerung: »In Paris gehörten wir stillschweigend zusammen.« Vom Himmel gefallen war die Verlobung am 12. September nach einer Bootsfahrt nicht.

Paula Becker, die sich zu starken selbständigen Frauen hingezogen fühlt, ist fest entschlossen, sich durch eine Heirat nicht an Heim und Herd fesseln zu lassen. Ihr Anspruch gilt unabhängig von ihrer Lebensform; sie will jenseits des herrschenden Frauenbildes als Künstlerin auf höchstem Niveau arbeiten. Ihr liberales bürgerliches Elternhaus bestärkte sie einerseits in ihrem kühnen Vorhaben, wurde aber immer skeptischer, was ihr Talent betraf. Und auch nach den Lebensregeln ihres liberalen Vaters müssen die Wünsche der Ehefrau immer hinter denen des Ehemanns zurückstehen. Wie ist es da für eine Frau möglich, Familie und Beruf zu verbinden, noch dazu wenn es um eine künstlerische Karriere geht?

Paula Becker hat die öffentliche Auseinandersetzung um die Rolle der Frau, den Aufbruch in die Selbständigkeit und die verschiedenen Strömungen in der Frauenbewegung wahrgenommen. Ihre eigenen Gedanken und Gefühle blieben davon nicht unberührt. Es waren keine Themen mehr am Rande der Gesellschaft

Für Zeitungen und Zeitschriften waren Ehe, Familie und Sexualität um 1900 Spitzenthemen. Zu den Begriffen, die Schlagzeilen machten, gehörte die »Neue Mütterlichkeit«. Eine der eifrigsten Propagandistinnen für »jenes herrlichste Kulturgut« war Marianne Weber, in der Frauenbewegung engagiert, ansonsten die Stütze ihres Mannes, des Philosophen Max Weber, für den sie ihre eigenen Berufspläne hintanstellte.

Frauen wie Marianne Weber wollten das konservative Frauenbild modernisieren, ohne mit der Tradition zu brechen. Selbstverwirklichung war ihnen kein Ziel, Kinder zu bekommen, die Familie zusammenzuhalten dagegen eine Kulturaufgabe. Was sie von den Konservativen alten Schlags unterschied: Der Begriff der neuen Mütterlichkeit war nicht an die Biologie gebunden, sondern eine geistig-seelische Einstellung dem Leben gegenüber. So fand man Verbündete unter den unverheirateten berufstätigen Frauen. Heiratete die berufstätige Frau, dann kannte allerdings Marianne Weber – wie der Vater von Käthe Kollwitz – nur eine Lösung: »Mutterarbeit« war wichtiger als Berufsarbeit. Die Frau mit Kindern landete bei diesem starken Zweig der deutschen Frauenbewegung wieder am heimischen Herd.

Mitte April 1900 schreibt die Vierundzwanzigjährige in Paris in ihr Tagebuch: »Und dann fängt es menschlich an mir zu tagen. Ich werde Weib. Das Kind beginnt das Leben zu erkennen, den Endzweck des Weibes, und harret seiner Erfüllung. Und es wird schön werden, wundervoll. Und ich gehe durch die Boulevards und Scharen von Menschen begegnen mir und in mir ruft es: ›So etwas Schönes, wie ich es noch vor mir habe, habt ihr alle, alle alle nicht.‹ Und dann ruft es: ›Wann wird es kommen? Bald?‹ Und dann spricht die Kunst und will noch zwei ernste ungeteilte Jahre der Arbeit haben.« Es ist eine einsame Eintragung inmitten des Pariser Trubels und ihrer Arbeit. Noch beherrscht die Kunst unumschränkt die Szene. Aber es sind Vorstellungen, die in die Zeit passen, der sich Paula Becker zugehörig fühlte.

Was in Paris für Paula Becker noch Sehnsucht und Traum war, rückt mit der Verlobung in den Bereich der Realität. Weihnachten 1900 in Bremen, die alte Geschichte von der Geburt im Stall rühren Gedanken und Gefühle in ihr an, die sie Otto Modersohn zum Jahresende mitteilt. Sie spricht von der weihnachtlichen Freude: »Ich wärme mich an diesem Stück Christentum und nehme es entgegen wie ein Märlein. Und dann, weißt Du, ist es solch ein Fest für Frauen, denn diese Mutterbotschaft, sie lebt ja immer noch weiter in jedem Weibe. Das ist alles so heilig. Das ist ein Mysterium, das für mich so tief und undurchdringlich und zart und allumfassend ist. Ich beuge mich ihm, wo ich ihm begegne.« Gut ein Jahrhundert später, mit den Erfolgen, Frustrationen und Rückschlägen im Kampf um die Gleichberechtigung der Frau hinter sich und dem Missbrauch von Begriffen wie »Mutterschaft« und »Mysterium« durch totalitäre Regime im Gedächtnis, kann man solche Zeilen kaum unvoreingenommen lesen. Doch ein Blick in die jüngste Vergangenheit verschafft Paula Beckers »Mutterbotschaft« eine erstaunliche Aktualität.

Im letzten Viertel des 20. Jahrhunderts provozierten die »Frauen von Mailand« andere altgediente Feministinnen mit der These, dass die erwünschte Gleichstellung der Geschlechter in eine Sackgasse führe. Nur die Betonung der sexuellen Differenz könne die traditionellen Rollenbilder von Mann und Frau aufbrechen und für Frauen zu grundsätzlichen Veränderungen führen. Frauen sollen sich deshalb auf ihr Frausein besinnen. Das einzig originäre Symbol für Weiblichkeit ist nach Meinung der »Donne di Milano« die Mutterschaft. Nur über die Mütter kommen Frauen zu ihren Ursprüngen, finden Maßstäbe, die nicht von der Männerwelt vorgegeben werden. Das Mailänder Manifest löste einen heftigen »Streit unter Schwestern« aus, demonstriert, wie verschieden innerhalb der Frauenbewegung die Wege sind, die zum Ziel führen sollen.

Paula Beckers positive Einstellung zur »Mutterbotschaft« hat Berührungspunkte mit der zentralen These der »Frauen von Mailand«, die politisch dumpfes, nationalistisches Gedankengut bekämpfen. Die Überlegung, Weiblichkeit über Mutterschaft zu definieren, ohne sich dabei von männlichen Erwägungen und Interessen leiten zu lassen, ist eine Idee, die Paula Becker lebenslang begleiten wird.

Die Stichworte »Mutter« und »Mysterium« führen zu einer Szene, die Paula Becker Anfang Oktober 1900 in ihrem Tagebuch festhält. Ihre jüngere Schwester Herma, seit den frühen Malversuchen ihr Modell, ist zu Besuch in Worpswede: »Morgens male ich Halbakt, nachmittags Herma. Und wir haben Mondenschein. Und als gestern Brünjes zu Balle waren, sprangen wir im Akt aus dem Fenster und hielten einen Ringelreihenflüsterkranz.« Ein andermal hören wir von Heinrich Vogeler, wie Paula Becker, ihre Schwestern und Clara Westhoff, nur mit einem Schleier bekleidet, im Mondschein tanzen.

Der Mond, Frau Luna, mit seinen zu- und abnehmenden Kräften symbolisiert seit den ältesten Menschheitsmythen zusammen mit den Muttergottheiten das Wachsen und Vergehen in der Natur, das für den Menschen lebensspendend ist. Uralt ist der Glaube, mit Gebeten und Tänzen, Prozessionen und Opfergaben den Mond zu verehren und an seinen göttlichen Kräften teil zu haben. Naturgemäß fühlten sich die Frauen dem Zyklus des Mondes besonders verbunden.

Im Kampf gegen die Prüderie der viktorianischen Epoche wie gegen die vermeintliche Rationalität einer technisierten Welt verbreitete sich um 1900 eine Kultur der Nacktheit in Europa. Lebensreformer priesen gesunde Ernährung, luftige Kleidung, Tanz und Sport. »Zurück zur Natur« war ein populäres Motto, dem der »Wandervogel« und die Jugendbewegung folgten. Auch der vielgepriesene Begriff »Leben« verwies auf die beseelte Natur, von der der Mensch ein Teil war.

Die Erinnerung an den Kult des Mondes wiederzubeleben, gehört keineswegs zur Vergangenheit. Es ist ein Versuch, Symbole für Lebenswirklichkeiten zu finden, die durch die Jahrhunderte unterdrückt, verdrängt, belächelt und kleingehalten wurden – weibliche Lebenswirklichkeiten. Paula Beckers Mondscheintänze entsprechen auch der Freude an anmutigen Bewegungen, aber mit einem ernsthaften Kern, einer selbstbewussten weiblichen Botschaft. Sie sah keinen Gegensatz darin, sich für Mondkult und Muttergottheiten zu interessieren und mit Begeisterung Ibsen zu lesen.

Kurz nach Paula Beckers weihnachtlichem Brief kam Otto Modersohn nach Bremen, um mit seinen zukünftigen Schwiegereltern den Beginn des neuen Jahres zu feiern. »Es ist eine famose, lebenslustige, kunstbegeisterte Familie, in der ich mich wohl fühle, soviel ich mich in der Stadt wohl fühlen kann«, schreibt Modersohn erfreut in sein Tagebuch. Bei den Beckers, die Paulas Wahl herzlich begrüßten, fühlte er sich wohler als bei seinen eigenen Eltern, die einen strengen engen Blick auf die Welt und das Leben hatten. Sich so kurz nach dem Tod seiner Frau wieder zu verloben und dann noch mit einer angehenden Malerin: Otto Modersohn bekam die elterliche Missbilligung zu spüren, und Paula Becker ist mit ihren Schwiegereltern nie warm geworden.

Ein Witwer hatte zu trauern – mindestens ein Jahr lang – und keine Damenbesuche zu empfangen. So wollte es die Konvention, und deshalb waren Paula Becker und Otto Modersohn seit dem 12. September heimlich verlobt. Nur die Eltern und Clara Westhoff wurden informiert.

Am 3. November 1900 eröffnet Otto Modersohn seinem Freund Carl Hauptmann, er fühle sich »so frisch aufgelegt zur Arbeit, wie seit langem nicht«. Und lässt ein Geheimnis folgen: »Ich habe mich nämlich verlobt ... Mit Frl. Paula Becker. Dieses Mädchen hat es mir angetan. Immer stärker zog es mich zu ihr. Sympathien hatten wir ja seit langer Zeit ... Nach beglückender Arbeit eilen wir uns in die Arme. Ihr heiteres frisches, sonniges Temperament, ihr Verständnis für alle Kunst bietet für Gegenwart und Zukunft anregend reiche Stunden – – Natürlich ist unser Bund ein geheimer, nicht öffentlicher, wenn er auch in unserem intimen Kreise bekannt ist ... Wir erleben oft köstliche Sonntage, von Kunst und Liebe in gleicher Weise erfüllt.«

Carl Hauptmann wusste bestens, wer zum intimen Kreis zählte. Er war im September 1900 im »Weißen Saal« des Barkenhoffs selber ein Teil der köstlichen Sonntage gewesen. Ein verzauberter Spätsommer für eine Handvoll Menschen, im Mittelpunkt Paula Becker, ihre Freundin Clara Westhoff und der Dichter Rainer Maria Rilke.

Liebe Freundin – lieber Freund
Worpswede im September 1900 (II)

Die roten Rosen waren nie so rot
Als an dem Abend, der umregnet war.
Ich dachte lange an dein sanftes Haar ...
Die roten Rosen waren nie so rot.

Es dunkelten die Büsche nie so grün
Als an dem Abend in der Regenzeit.
Ich dachte lange an dein weiches Kleid ...
Es dunkelten die Büsche nie so grün.

Die Birkenstämme standen nie so weiß
Als an dem Abend, der mit Regen sank;
Und deine Hände sah ich schön und schlank ...
Die Birken standen nie so weiß.

Die Wasser spiegelten ein schwarzes Land
An jenem Abend, den ich regnen fand;
So hab ich mich in deinem Aug erkannt ...
Die Wasser spiegelten ein schwarzes Land.

Der Dichter Rainer Maria Rilke war unmittelbar nach einer langen Russland-Reise am 27. August 1900 nach Worpswede gekommen und bewohnte als Gast von Heinrich Vogeler das blaue Giebelzimmer im Barkenhoff. Die beiden hatten sich 1898 in Florenz kennen gelernt. 1899 erschien Rilkes schmaler Gedichtband »Mir zur Feier« mit Zeichnungen des Freundes.

Vogelers Freundschaft und Verehrung taten dem Fünfundzwanzigjährigen gut. Denn war sein dichterisches Werk auch schmal bisher: Rainer Maria Rilke, der, 1875 in Prag geboren, ein kurzes Jura-Studium in München abgebrochen hatte und in Berlin wohnte, fühlte sich zum Dichter berufen. Aus seinem Leben Kunst zu machen und im Dienst der Kunst sein ganzes Leben zu formen war sein Ziel. Es war für ihn harte Arbeit und Fest zugleich. In Heinrich Vogeler und dem kleinen Kreis der Worpsweder Künstler traf er Gleichgesinnte. Der »Weiße Saal«, das Musikzimmer im eleganten Barkenhoff, war eine ideale Bühne. Vogeler, der in diesem Sommer viel unterwegs war, hatte dem Dichter Rilke freie Hand gegeben, den Gastgeber zu spielen. Und alle spielten mit.

Clara Westhoff erinnert sich: »Vogelers Haus, das den Mittelpunkt des Kreises bildete, versammelte uns jeden Sonntag in seinem ›weißen Saal‹. Dort wurde vorgelesen, gesungen und getanzt. Paulas Schwester Milly sang die Lieder an die ferne Geliebte von Beethoven und Schuberts ›O holde Kunst‹, das Carl Hauptmann sehr liebte.« Rilke hält in seinem Tagebuch fest: »Ich gebe Gesellschaften. Dr. Hauptmann kommt mit zwei Schwestern, einer blonden und einer dunklen, über den Berg ... Wir sitzen im Musiksaal ... weiße Türen, Vasen darüber gemalt, aus denen Rosenketten sanft zu beiden Seiten fallen. Alte Stiche, kleine galante Gartenszenen, graziöse Porträts ... Empirestühle, ein Lehnstuhl, gerade für die blonde Schwester recht.«

Carl Hauptmann ist als Freund und Gast von Otto Modersohn für vierzehn Tage im September an allen Geselligkeiten der Künstler-Clique beteiligt. Die »Schwestern, blond und dunkel« sind Paula Becker und Clara Westhoff.

Am 3. September 1900 sitzt Paula Becker in ihrem Bauernstübchen über ihrem Tagebuch: »... Rainer Maria Rilke, ein feines lyrisches Talent, zart und sensitiv, mit kleinen rührenden Händen. Er las uns seine Gedichte, zart und voller Ahnen. Süß und bleich.« Zwei Tage später besucht der Dichter am Abend die Malerin in ihrer Stube. Sie sprechen über die Worpsweder Landschaft und ihre starken Farben, die noch strahlen, wenn die Sonne längst untergegangen ist. Wie verzaubert erlebt Rilke, wovon er in einem seiner Gedichte geträumt hatte: ein Mädchen, blond und klug, und wie mit diesem Mädchen Kunst und Leben eins wurden. Zurück im Barkenhoff schreibt Rilke die Verse von den Rosen, die nie so rot waren.

Am 10. September geht es erneut festlich zu auf dem Barkenhoff. Der Dichter notiert: »Ich gebe wieder eine Gesellschaft ... ganz in

Weiß kamen die Mädchen vom Berg aus der Heide. Die blonde Malerin zuerst, unter einem großen Florentiner Hut lächelnd ... Als wir eben in der dunkeln Diele standen und uns aneinander gewöhnten, kam Clara Westhoff. Sie trug ein Kleid aus weißem Batist ohne Mieder im Empirestil. Mit kurzer, leicht unterbundener Brust und langen glatten Falten. Um das schöne dunkle Gesicht wehten die schwarzen, leichten, hängenden Locken ... Das ganze Haus schmeichelte ihr.« Sein dichterisches Konzentrat von den Stunden im »Weißen Saal«: »Menschen, die sich verwandeln unter Liedern und Versen. Ernst, Gespräche, Stille; die Kerzen brennen tief, Schatten gehen über die Stirnen. Einsame aus Gemeinsamkeiten, Schweigende aus Teilnahme.«

Rainer Maria Rilke erlebt in diesem Kreis, dessen Worpsweder Kern aus Otto Modersohn, Paula Becker, Clara Westhoff, Heinrich Vogeler und seiner Verlobten Martha Schröder bestand, ein anregendes Geben und Nehmen. Das Erlebnis der Gemeinschaft beschränkte sich nicht auf den »Weißen Saal«, wie Clara Westhoff berichtet: »Besonders reizvoll aber war es, wenn auf Spaziergängen und Wasserfahrten Milly und Paula zweistimmig sangen. Paula sang auch wohl zur Gitarre.« Dass sich am 12. September Paula und Otto verloben, erfährt außer der Vertrauten Clara niemand.

Ende September macht sich der ganze Trupp, Rilke inklusive, für drei Tage auf nach Hamburg. Von Carl Hauptmann zur Premiere seines Theaterstückes »Ephraims Breite« eingeladen, genießen die Künstler aus dem Moor in vollen Zügen Kultur und Großstadt. Otto Modersohn schreibt in sein Tagebuch: »Wunderbar, unvergesslich waren die Tage in Hamburg.«

In einer idealen Konstellation fühlten sich die drei Jüngsten verbunden – Paula Becker, Clara Westhoff und Rainer Maria Rilke. Die drei Künstler waren Mitte Zwanzig, keine Anfänger mehr, aber noch ohne öffentliche Anerkennung; mit ihrer Kunst Ringende, voller Anspannung und Erwartung. Sie waren überzeugt, zu einer geistigen Elite zu zählen und etwas zu schaffen, das Bestand haben und sie überdauern würde.

Ebenso wie Paula Becker in ihrer Bauernstube besucht Rilke auch Clara Westhoff in ihrem Atelier. Was ihn mit Clara Westhoff verbindet, ist eine eigene Geschichte, davon später mehr. Jetzt steht Paula Becker im Mittelpunkt. Es ist die Zeitspanne von Anfang September 1900 bis

Ende Februar 1901, in der sich zwischen dem Dichter und der Malerin ein besonderes Band knüpft.

Insgesamt sechs lange Abende, während die Dämmerung in die Nacht überging, verbrachten sie in Gespräch und gemeinsamem Schweigen in Paula Beckers »Lilien-Atelier«. So nannte Rilke ihr Stübchen, weil hinter dem Bett als Pariser Souvenir ein Stück Stoff mit dem französischen Lilienwappen die Wand bedeckte. An einem Abend las Paula Becker in Rilkes Gedichtband von 1899, als er in die Stube trat. »Wovon die Worte zwischen uns gingen«, hat er hinterher im Tagebuch festgehalten: »Vom Leben und von der Schönheit in allem Erleben, vom Sterbenkönnen und Sterbenwollen, von der Ewigkeit und warum wir uns Ewigem verwandt fühlen. Von so vielem, das über die Stunde hinausreicht und über uns. Alles wurde geheimnisvoll. Die Uhr schlug eine viel zu große Stunde und ging ganz laut zwischen unseren Gesprächen umher. – Ihr Haar war von florentinischem Golde. Ihre Stimme hatte Falten wie Seide. Ich sah sie nie so zart und schlank in ihrer weißen Mädchenhaftigkeit.«

Die beiden brauchten keinen Anlauf, um ins Gespräch zu kommen. Rilkes Gedichte müssen ihr wie Bekenntnisse eines Seelenverwandten geklungen haben: »Ernste, heilige Einsamkeit«, die in der Kindheit wurzelte; Erfahrungen über das Sichtbare hinaus: »Ich bin zu Hause zwischen Tag und Traum«; Verbundensein mit der Natur und nicht zuletzt mit den Blumen: »ich fühle, wie ich weiße Blüten trage, / die in der Kühle ihre Kelche heben«; ein tiefes Wissen um das Leben – »Du musst das Leben nicht verstehen, / dann wird es werden wie ein Fest« – und um den Tod. Denn davon war der junge Dichter überzeugt: »Wer den Tod nur recht versteht und feiert, der macht das Leben groß.« Ohne Umwege konnte Paula Becker an den Abenden mit Rilke bei dem Gefühl anknüpfen, das sie im Juli empfunden hatte – das Leben als ein kurzes Fest. Maurice Maeterlinck verehrten beide seit langem.

Die Erfahrung ist für die Malerin wie den Dichter überwältigend: im dörflichen Worpswede unerwartet einem Menschen zu begegnen, dessen Träume und Sehnsüchte, Lebensziele und Lebensgefühle als Künstler mit den eigenen identisch sind. Ein Mensch, der zuhört und versteht – ohne Worte, ohne Erklärungen. In seinem blauen Giebelzimmer hat Rilke anschließend das Glück dieser Begegnung in Verse gefasst, und Paula Becker wird es ebenso gefühlt haben:

> …
> *auf einmal ist ein Horchender gefunden –*
> *und alle Worte haben Sinn.*
> …
> *Zwei Menschen wachsen wie im selben Garten,*
> *und dieser Garten ist nicht in der Zeit.*
> …
> *Und wenn die beiden gleich darauf sich trennen,*
> *beim ersten Wort ist jeder schon allein.*
> *Sie werden lächeln und sich kaum erkennen,*
> *aber sie werden beide größer sein.*

Es gibt zahlreiche Notizen aus jenem verzauberten September in Worpswede, in denen der Dichter sich dankbar als ein Lernender zeigt: »Wieviel lerne ich im Schauen dieser beiden Mädchen, besonders der blonden Malerin, die so braune, schauende Augen hat.« Rilke, der Meister der Worte, hatte sich schon früh für die bildenden Künste interessiert. Aber es war ein papierenes, theoretisches Verständnis, das vom Wort her kam. Von Paula Becker lernt der Dichter, die Augen nicht mit Worten zu verengen, sondern nur zu schauen, stundenlang: in die weite Landschaft, auf einen Baum, ein Haus, einen Menschen, ein Ding. Rainer Maria Rilke ist fasziniert, die Augen gehen ihm buchstäblich auf. »Mir ist, ich lerne jetzt erst Bilder schauen«, steht im Tagebuch. Und der Dichter versucht, diesen Fortschritt auszudrücken:

> *Und wieder rauscht mein tiefes Leben lauter,*
> *als ob es jetzt in breitern Ufern ginge,*
> *immer verwandter werden mir die Dinge*
> *und alle Bilder immer angeschauter.*

Als Rilke dieses Gedicht schreibt, geht der September seinem Ende entgegen. Am Sonntag, dem 30., trifft sich der vertraute Kreis wieder festlich gestimmt im »Weißen Saal«. Der ruhelose Dichter hat das Gefühl, bei den Künstlern in Worpswede, vor allem bei den zwei »Mädchen«, die ihn aufnahmen »wie einen Bruder«, so etwas wie Heimat gefunden zu haben. Er will über den Winter bleiben, mietet ein Häuschen. Am 5. Oktober 1900 erhält Paula Becker ein Päckchen mit Rilkes Skizzenbuch,

»darin viele meiner liebsten Verse stehen.« Sie solle es »für die Zeit meines Fortseins bewahren«. Er selbst ist ohne Vorankündigung und ohne persönlichen Abschied in aller Frühe abgereist nach Berlin. Sosehr der Zauber der Worpsweder Wochen seine Dichtkunst beflügelt hatte, Rilke brauchte neue Anregungen, wollte alte Beziehungen auffrischen.

Paula Becker reagiert nicht beleidigt, sondern schreibt freundlich: »Kommen Sie nur bald wieder zu uns. Hier ist gut sein. Wir freuen uns alle auf Sie und an Ihnen. Auf Wiedersehn.« Das zurückgelassene Skizzenbuch ist Symbol und Unterpfand jenseits eines baldigen Wiedersehens: Die langen gemeinsamen Abende haben eine feste Brücke in die Zukunft geschlagen. Die Gespräche würden weitergehen.

Für die September-Beziehung von Paula Becker und Rainer Maria Rilke in Worpswede gibt es nur einen Zeugen: den Dichter mit Tagebucheintragungen und Gedichten. Ende Oktober schreibt er ihr aus Berlin: »Ich bin Echo. Und Sie waren ein großer Klang ...« Paula Beckers Briefe an Rilke aus den folgenden Monaten jedoch machen ihn im Nachhinein zu einem glaubwürdigen Zeugen. Es ist ein demütiger, dankbarer Rilke, der sich im Zusammenklang mit Paula Becker zeigt, aber auch, wenn er die beiden »Mädchen« zusammen anspricht und ihnen eine Menge von sich preisgibt.

Die Mädchen: in unseren Ohren eine befremdliche Bezeichnung. Abschätzig klingt das, von oben herab. Für Rilke dagegen sind Mädchenzeit und Jünglingsjahre das erstrebenswerte Lebensalter. Eine Frau oder ein Mann zu werden heißt für den Dichter, nicht mehr frei zu sein, in eine Rolle gezwängt – Ehe, Familie –, die der künstlerischen Kreativität ein Ende setzt. Das eine steht für Jugend und Anmut, das andere für Grobes und Altwerden. Rilke denkt an sich als Mann, und ihm graut: »Dies schien mir lang wie eine Art von Tod / das Nicht-mehr-Jüngling-Sein von Angesicht; / auf sanfte schmale Wangen presst sich dicht / die Männermaske, bartig, hart und rot.«

Mädchen zu sein bedeutet für Rilke weder Benachteiligung noch Diskriminierung, im Gegenteil. Ende Oktober 1900 bringt Rilke in Verse, was den Worpsweder September mit den festlichen Sonntagabenden und weit darüber hinaus für ihn zu einer glücklichen Zeit gemacht hat. Auch Clara Westhoff wird mit diesem »Sonntagsbrief« als »Schwester« gegrüßt, denn die beiden Freundinnen sind für das Glück des Dichters verantwortlich:

Ich bin bei euch, ihr Sonntagabendlichen.
Mein Leben ist beglänzt und überglüht.
...

Ich bin bei euch, ihr sanften Aufmerksamen.
Ihr seid die Säulen meiner Einsamkeit.
Ich bin bei euch: o gebt mir keinen Namen,
dass ich bei euch sein kann auch so, von weit ...

Ich bin bei euch. Bin dankbar bei euch beiden,
die ihr wie Schwestern meiner Seele seid;
denn meine Seele hat ein Mädchenkleid,
und auch mein Haar ist seiden anzufühlen.
...

In der traditionellen Sicht auf die Geschlechter ist die Fähigkeit zum Künstlerischen rigoros dem Mann vorbehalten. Der Mann ist Verstand und Geist, die Frau Stimmung und Gefühl. Für Rainer Maria Rilke muss der Künstler – er verwendet auch für Clara und Paula immer die männliche Form – beides besitzen. Es ist der Mann, dem aufgrund der gesellschaftlichen Konventionen etwas fehlt. Er muss sich seiner weiblichen Anteile bewusst werden oder mehr davon erwerben. Weiblichkeit ist ein Wert an sich, nichts, das sich zweitrangig aus der Männlichkeit ableitet. Darum kann sich Paula Becker sehr verstanden fühlen, wenn Rilke ihr weiches Kleid bedichtet und ihr seidenes Haar. Nichts Abwertendes liegt darin, sondern eine Wertschätzung von Weiblichkeit und Anmut, die Paula Beckers Lebensphilosophie entspricht und sich selbstverständlich in äußeren Formen ausdrücken kann. Und die ihren Anspruch als Künstlerin nicht mindert.

Nie zuvor ist Paula Becker ein Mann begegnet, der vorbehaltlos anerkennt, dass sie zum Höchsten in der Kunst fähig ist. Otto Modersohn gehört zu den wenigen, die ihre Malerei schätzen. Aber ob er ihr das Größte zutraut? Da macht sie sich bei aller Liebe keine Illusionen. »Vor der Hand bin ich es, glaube ich, nur, die daran glaubt«, hat sie ihm kurz nach der Verlobung geschrieben.

Rainer Maria Rilke hat in seiner Worpsweder Zeit keines ihrer Bilder bewusst gesehen. Das schreibt er ihr mit »Bedauern« im Januar 1901 und fügt hinzu: »... denn Sie selbst haben mir niemals etwas gezeigt, und ich wollte Sie nicht darum bitten.« Trotzdem hat Rilke grenzenloses Zutrauen in Paula Beckers künstlerische Fähigkeiten, denn Künstlersein umfasst das ganze Leben, die ganze Persönlichkeit. Diese Gewissheit und Ermutigung hat er ihr in den Worpsweder Gesprächen vermittelt. Am 3. Oktober 1900, nach einem langen intensiven Abend in Paula Beckers Stube, – zwei Tage vor seiner Abreise – hatte er seine hohe Meinung über ihr Talent in ein Gedicht gefasst. Der Dichter ist der »Sänger«, die Künstlerin das »blasse Kind«:

>...
> *Du blasses Kind, dein Leben ist auch eines, –*
> *Der Sänger kommt dir sagen, dass du bist.*
> *Und dass du mehr bist als ein Traum des Haines,*
> *mehr als die Seligkeit des Sonnenscheines,*
> *den mancher graue Tag vergisst.*
> *Dein Leben ist so unaussprechlich deines,*
> *weil es von vielen überladen ist.*
>
> *Empfindest du, wie die Vergangenheiten*
> *leicht werden, wenn du eine Weile lebst,*
> *wie sie dich sanft auf Wunder vorbereiten,*
> *jedes Gefühl mit Bildern dir begleiten*
> ...
> *Vergangenheiten sind dir eingepflanzt,*
> *um sich aus dir wie Gärten zu erheben.*
> ...

Am 5. November schreibt er Paula Becker, er werde dieses Gedicht bald abschreiben und ihr zuschicken: »Es ist überhaupt nicht vorhanden, wenn Sie es nicht besitzen ...« In einem Brief vom Januar 1901 wird er die Botschaft des Gedichtes bekräftigen. Die Türen ihres Lebens stünden offen für etwas »Großes, dem man vertrauen darf ... Und das ist nicht nur Ihr Temperament. Das haben Sie aus sich gemacht ... Dass das, Ihr Leben, etwas für sich ist, etwas, was in eigenen Wurzeln steht und seinen Duft und seine Blüte hat«. Es ist ein Zuspruch, den sich der Dichter und die Malerin gegenseitig geben. Sehr bald heißt es in ihrem

Briefwechsel nicht mehr »Lieber Herr Rilke« und »Liebes Fräulein«, sondern »liebe Freundin« und »lieber Freund«.

Rilke ist knapp drei Wochen fort, da schreibt Paula Becker ihm von ihrer Cousine Maidli und vertraut Rilke eines ihrer tiefsten Geheimnisse an: »Maidlis ältere Schwester wurde mit sechs anderen spielenden Kindern, unter denen auch ich war, in einer großen Sandkuhle bei Dresden verschüttet. Wir konnten uns retten. Dieses Kind war das erste Ereignis in meinem Leben. Sie hieß Cora und war auf Java groß geworden. Wir lernten uns mit neun Jahren kennen und liebten uns sehr. Sie war sehr reif und klug. Mit ihr kam der erste Schimmer von Bewusstsein in mein Leben. Als in ihrer Todesstunde Maid und ich unsere Köpfe tief in den Sand steckten, um das Furchtbare nicht zu sehen, was wir ahnten, da sagte ich zu ihr: ›Du bist mein Vermächtnis.‹ Und weil sie mein Vermächtnis ist, bitte ich Sie, ihr ein wenig Schönheit zu bringen.« Rilke erwidert: »Ich warte eine sehr schöne Stunde ab, und die schönste, die kommt, werde ich zu Maid tragen ...«

Als Paula Becker Weihnachten 1900 bei der Familie in Bremen ist, schreibt sie Otto Modersohn vom »Mysterium der Mutterbotschaft«, aber auch vom Tod: »Das ist ein Mysterium, das für mich so tief und undurchdringlich und zart und allumfassend ist. Ich beuge mich ihm ... Das und der Tod, das ist meine Religion, weil ich sie nicht fassen kann. Des musst Du Dich nicht betrüben, Du musst es lieben, Lieber. Denn das sind ja doch die größten Dinge dieser Erde.« Der Mensch, den Paula Becker liebt und der ihr Leben mit ihr teilen wird, soll ihre tiefsten Gefühle teilen.

Auch Rainer Maria Rilke bekommt einen weihnachtlichen Brief aus Bremen: »Es ist ein Fest für Mütter und Kinder, und auch für Väter. Es ist ein Fest für alle Menschheit. Es kommt über einen, und legt sich warm und weich auf einen ... Mir ist als ob dann Barrikaden fallen ... als ob man weiter würde und das Gefäß allumfassender, auf dass darin jedes Jahr eine neue weiße Rose aufblühe und den andern zuwinkt und in sie hineinleuchtet und ihnen die Wange streicht mit ihrem Geschimmer und die Welt erfüllt mit Schönheit und Duft.« Paula Becker weiß, welche große Bedeutung die Blumen auch für Rilke haben. Er gehört zum Kreis derer, die den Blumencode deuten können, als Chiffre des Lebens.

Sie fährt fort: »Und das ist das Leben, und ist ein Leben wie ein Gebet ... welches immer tiefer hinabsteigt in den Sinn des Seins, dessen

Auge größer wird und ernster, weil es viel gesehen. Und wenn es alles gesehen, das letzte, dann darf es nicht mehr schauen, dann kommt der Tod. Und vielleicht versöhne ich mich in diesem Sinne mit dem Tod, weil ich ihn ja auch einst leiden muss.« Es drängt sie, Rilke ausführlicher und persönlicher vom Tod zu erzählen als Otto Modersohn. Es steht keine Todeserfahrung zwischen ihnen, die noch frisch schmerzt. Und sie weiß, der Tod ist auch Rilkes Lebensthema. Dann fügt Paula Becker hinzu: »Sie hören so gut und freundlich zu und ich habe keine Scheu, die Dinge so zu nennen, wie sie in mir liegen.«

Parallel zu ihrem Briefwechsel mit dem Dichter schreibt Paula Becker, die frisch Verlobte, glühende Liebesbriefe an Otto Modersohn. Die Frage, die sich schon längst zwischen den Zeilen eingeschlichen hat: Was läuft ab zwischen der Malerin und dem Dichter? Haben sich leidenschaftliche Gefühle entwickelt? Geben die Worte nicht Zeugnis von einer großen Liebe?

Es sind tiefe Zuneigung und Sympathie, die Paula Becker und Rainer Maria Rilke füreinander empfinden, große Gefühle. Beide genießen die Gegenwart des anderen. Mitte Januar 1901 fährt Paula Becker nach Berlin und bleibt bis Ende Februar. Ihre Eltern bestehen darauf, dass sie sich vor der Heirat in der Hauptstadt gründliche Koch- und Haushaltskenntnisse aneignet. Die Sonntage mit Rainer Maria Rilke, der in Schmargendorf wohnt und sie sehnlich erwartet, sind wie friedlich-heimatliche Inseln während der Wochen des Berliner Missvergnügens. Zusätzlich gehen auch in Berlin Briefe zwischen den beiden hin und her. So ist zwischen Oktober 1900 und Februar 1901 ein schriftliches Netzwerk mit dichten inneren Verästelungen entstanden.

Als sie ihn zwei Tage nach ihrer Ankunft in Berlin am 12. Januar 1901 besucht, schreibt er noch in der Nacht an sie: »Und ich rührte kein Ding an, um von nichts den feinen Schmelz ihres Dagewesenseins abzustreifen ...« Er schließt mit der Bitte, sie schon am Donnerstag bei einer Ausstellung wiederzusehen: »Und bitte um Zusage und danke für sie wie für alles Liebe von einst und jetzt. Ihr Rainer Maria.«

Man kann es eine Liebesgeschichte nennen. Paula Becker würde es nicht bestreiten, aber ebenso vehement darauf bestehen, dass eine andere große und tiefe Liebe sie mit Otto Modersohn verbindet. Dass ihre Beziehung zu Rainer Maria Rilke ihre Verbindung mit Otto Modersohn weder beschädigt noch verkleinert. Für Paula Becker hat die Liebe viele

Dimensionen, wie sie im Februar 1902 temperamentvoll versucht ihrer Freundin Clara Westhoff nahe zu bringen: »Ist Liebe denn nicht tausendfältig? Ist sie nicht wie die Sonne, die alles bescheint. Muss Liebe knausern. Muss sie *Einem alles* geben und andern nehmen … Ist sie nicht viel zu hold, zu groß, zu allumfassend.« Der Anlass für diesen beschwörenden Weckruf ist ausgerechnet Rilke – auch davon wird noch die Rede sein. Doch das nimmt der Aussage nichts von ihrer Gültigkeit.

Von einer Familie in die andere
Worpswede Frühjahr 1901

Alle, die die verzauberten Sonntagabende im »Weißen Saal«, die gemeinsamen Bootsfahrten, Wanderungen und Atelierbesuche in diesem September 1900 in Worpswede miterlebt hatten, zehrten davon. In Otto Modersohns Erinnerung hat Rainer Maria Rilke einen festen Platz: »Rilke war doch mit der schönen Zeit so sehr verbunden, er gehört mir dazu, wie nur einer.« Der Dichter als Gastgeber hatte die Künstlergruppe zusammengeführt und neu miteinander ins Gespräch gebracht. Ein Gefühl der Verbundenheit war gewachsen. Die Vision einer Gemeinschaft, in der Kunst und Leben eins sind, hatte Gestalt angenommen. Mochte der Dichter auch ausgeschert sein, der harte Kern war entschlossen, die Flamme zu nähren und die Vision lebendig zu halten.

»Draußen leben wir eine stille Gemeinde: Vogeler und seine kleine Braut, Otto Modersohn und ich, und Clara Westhoff. Wir nennen uns: die Familie. Wir sind immer sonntags beieinander und freuen uns aneinander, und teilen viel miteinander. So mein ganzes Leben zu leben ist wunderbar.« Das alte Jahr 1900 hatte noch zwei Tage, als Paula Becker ihren Brief an Tante Marie schrieb. Ein Jahr zuvor hatte sie gepackt für die Reise nach Paris. Seit der Rückkehr nach Worpswede schien sie die Sehnsucht nach der Metropole verloren und in der dörflichen Abgeschiedenheit zusammen mit dem einen geliebten Mann, mit der einen vertrauten Freundin und mit befreundeten Gleichgesinnten ein Lebensziel gefunden zu haben. Im Januar 1901 meldet sie Rilke in Berlin: »Wir haben hier wundervolle Tage hinter uns, wir die Familie.«

Konnte es Schöneres geben, als von der Blutsfamilie durch die Heirat in den familiären Verbund der Freunde überzugehen? Mit dem positiven Unterschied, dass ihre Kunst, durch die sie Eltern und Geschwistern fremd geworden ist, nun zum verbindenden Element wird.

Zu einer richtigen Familie gehört eine Weihnachtsfeier. Vor den Feiern mit den Eltern trafen sich im Dezember 1900 alle bei Heinrich Vogeler im Barkenhoff. Im »Weißen Saal« stand ein Baum, der mit fünfzig Kerzen geschmückt war. »Meine Braut«, schreibt Otto Modersohn seinem Freund Carl Hauptmann, »hatte ein Vogelersches Engelsgewand an ebenso Frl. Westhoff u. Vogelers Braut Martha Schröder ging im grünseidenen Empirekleid, in dem er sie gemalt. ... Milly Becker war gekommen und sang uns ...« Der Besitzer des Barkenhoffs schwärmt, dass »Otto Modersohn in einem langen roten Gewande mit seiner dicken Pfeife, die das Zimmer in einen blauen Qualm hüllte, aussah wie ein Heiliger König aus dem Abendlande«. Heinrich Vogeler fährt fort: »Hier hat sich jetzt überhaupt so ein enges Familienleben entwickelt.« Paula Becker ist nicht allein überzeugt, dass in Worpswede ein Traum Wirklichkeit geworden war und von Dauer sein würde.

Kaum sind Paula Becker und Otto Modersohn zum Jahresanfang 1901 von den Feiern bei ihren Eltern zurück in Worpswede, gehen die »wundervollen Tage« in der neuen Familie weiter: »Es war Winter geworden, alle Fenster zugefroren, draußen Schnee und spiegelblankes Eis. Da wurden schnell die Schlittschuhe hervorgeholt und fort ging's auf den Moorgräben auf Entdeckungsfahrten ... Weite Strecken durcheilten wir, wohin man zu Fuß nicht leicht kommt. Unter hundert kleinen Brücken durch, hundert Klappen musste man überklettern.« Otto Modersohn, der seinem Freund Hauptmann dieses Vergnügen schildert, war eigentlich kein begeisterter Schlittschuhläufer. Paula Becker um so mehr, und er ließ sich mitreißen. Vogeler, seine Braut und Clara Westhoff waren mit von der Eispartie.

Widerwillig, nur auf Druck der Eltern macht sich Paula Becker am 10. Januar 1901 auf den Weg nach Bremen, um von dort zum Kochkurs nach Berlin zu fahren. Wenigstens ist die Anfahrt ein Vergnügen: Otto Modersohn und Clara Westhoff begleiten sie – auf Schlittschuhen. Alle drei flitzen über das Eis nach Alt-St. Jürgen. »Paula immer voran«, erinnert sich Clara Westhoff: »Wenn Hindernisse kamen, war sie die erste im Überwinden. Ich sehe sie noch, wie sie – da wir eben noch zu dritt vorsichtig eine gefährliche Stelle untersuchten – schon auf der anderen Seite wieder ihre genussreichen Bogen lief, ohne dass man gemerkt hatte, wie sie dahin gekommen war, als sei nie ein Hindernis dagewesen.«

In Alt-St. Jürgen mit seinem romanischen Kirchlein trennen sich die Wege. Paula Becker fährt auf Schlittschuhen allein in Richtung Ritterhude weiter, wo der Omnibus nach Bremen wartet. »Und dann ging's auf gelbem Eis unter blauem, nachtblauen Himmel dahin. Dann ein Stücklein zu Fuß. Der Fluss krachte neben mir und über mir schrie ein Flug wilder Gänse«, schreibt sie Rilke noch am gleichen Abend mit der Ankündigung: »Also ich komme jetzt nach Berlin ... Soll ich sie Montag in der Dämmerung heimsuchen?«

Paula Becker, die während der zwei Berlin-Monate in der Eisenacher Straße bei ihrer Tante Herma Parizot und der geliebten Cousine Maidli wohnt, erzählt ihrem Verlobten selbstverständlich von ihren Rilke-Besuchen: »Rilke sehe ich jeden Sonntag bis jetzt. Dann besuche ich ihn in seinem großen Zimmer in Schmargendorf und wir haben schöne, stille Stunden. Er dankt Dir sehr für Deinen Brief und lässt Dich durch mich grüßen ...« Otto Modersohn fühlt keine Eifersucht. Er schätzt die Verdienste des Dichters an der Gestaltung der stimmungs- und gehaltvollen Septembersonntage, führt mit ihm einen freundschaftlichen Briefwechsel. Und an Paula Becker mag er, dass sie eine unkonventionelle Frau ist – »ihr freier Sinn ist köstlich«. Ihre Zuneigung zu Rainer Maria Rilke und noch stärker und länger zu Clara Westhoff ist das eine, die Liebe zu Otto Modersohn das andere.

Fast geht es unter zwischen all den romantischen Abenden, dem Gemeinschaftsgefühl, das die Künstler in Worpswede erfasst, den tiefen und zugleich hochfliegenden Visionen, die sie ihrem Leben steckten: Paula Becker hat in den Monaten Juli bis Dezember 1900 ein kaum glaubliches Arbeitspensum geschafft. Unabhängig von Zeichnungen und Skizzen malte die Vierundzwanzigjährige rund 90 Ölbilder, als Hauptthemen wählte sie Landschaften und Kinder.

Landschaften: Wie eine Schneise durchzieht das Wasser des Moorkanals, stetig schmaler werdend, eine schwarz-braune Landschaft weit in die Tiefe des Bildes bis zum schmalen Horizont. Die Landschaft wirkt, trotz dieser Tiefe, als wäre sie zum Betrachten nach vorne hochgeklappt. Das Wasser zeigt sich nicht als Wasser sondern als totale Spiegelung von blauem Himmel und weißen Wolken, zu geometrischen Formen aufgereiht.

In dem begeisterten Brief, den Paula Becker im Mai 1900 aus Paris schrieb – nicht mehr als acht Monate ist das her –, um Otto Modersohn zur Internationalen Kunstausstellung nach Paris zu locken, sagt sie über die Bilder der skandinavischen Maler: »Zwar stört mich jetzt ein wenig

1 *Selbstbildnis vor Fensterausblick auf Pariser Häuser*
Paris 1900

2 Brustbild der Schwester Herma mit Marienblümchenkranz
Worpswede um 1900

3 *Mädchen mit Uhrgewicht*
Worpswede 1900

4 Mädchen mit Kind vor roten Blumen
Worpswede 1902

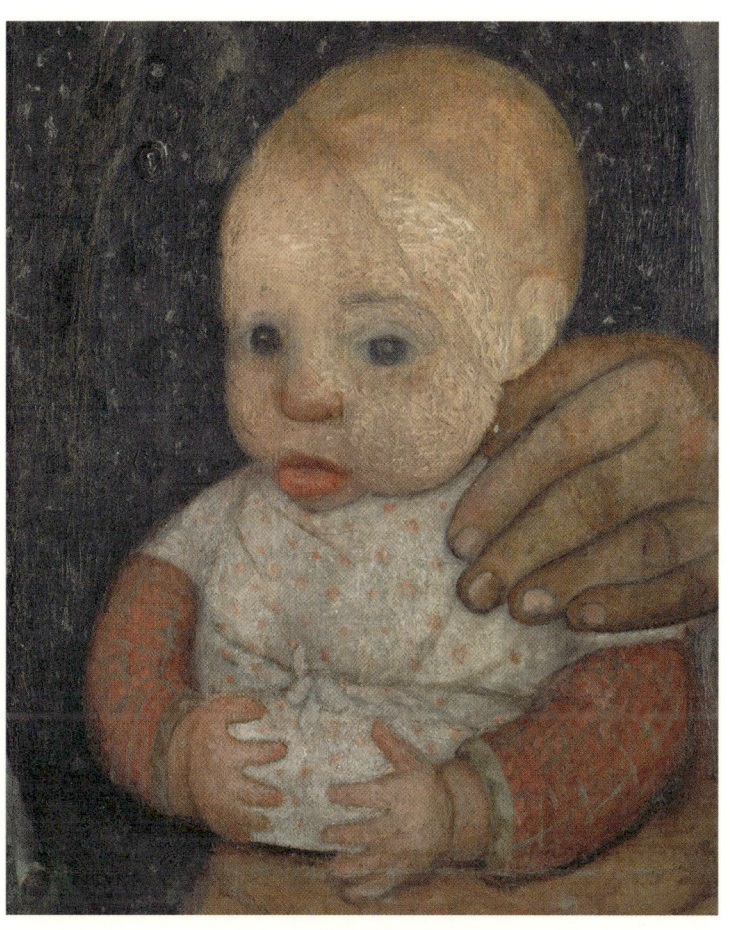

5 Säugling mit der Hand der Mutter
Worpswede 1903

6 Brustbild der Bildhauerin Clara Rilke-Westhoff
Worpswede 1905

7 Bildnis Rainer Maria Rilke
Paris Juni 1906

8 Stilleben mit gelbem Napf
Paris 1906

*9 Bildnis Werner Sombart
Paris März 1906*

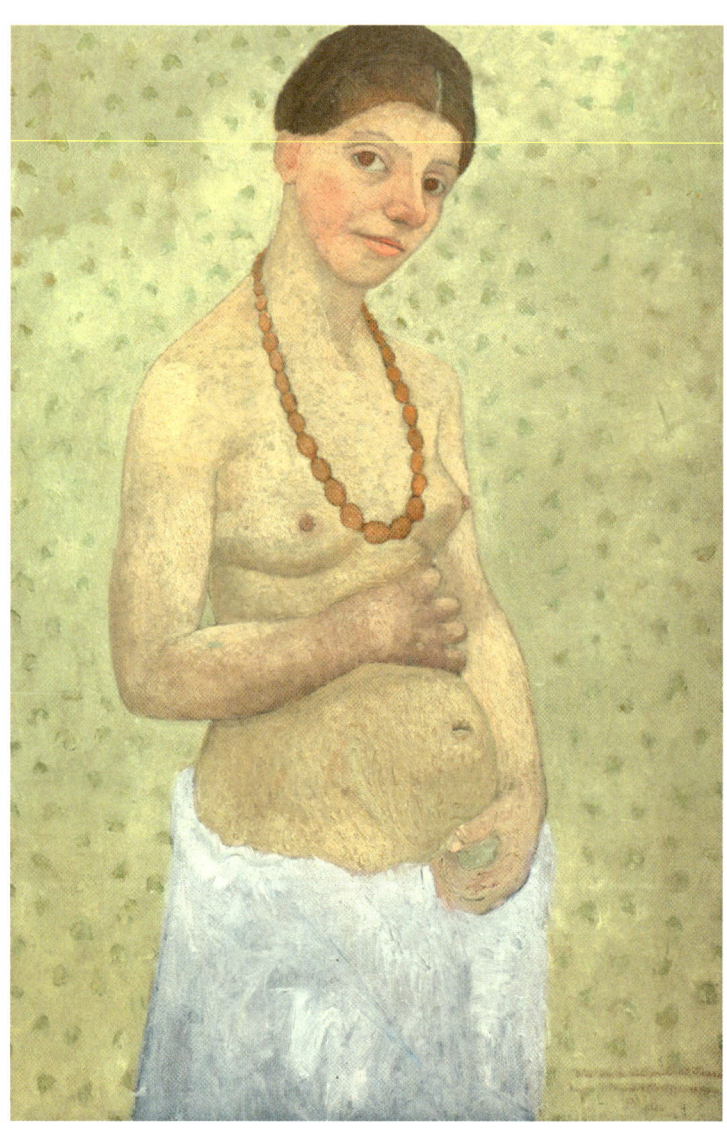

10 *Selbstbildnis am 6. Hochzeitstag*
Paris Mai 1906

11 Selbstbildnis als stehender Akt mit Hut
Paris 1906

12 *Liegende Mutter mit Kind*
Paris 1906

13 Kniende Mutter mit Kind an der Brust
Paris 1907

14 Mutter mit Kind auf dem Arm
Paris 1906

15 *Alte Armenhäuslerin*
   Worpswede 1907

16 *Selbstbildnis mit Kamelienzweig*
Paris 1906/07

der Mangel an Konstruktion all dieser nordischen Menschen. Stört ist nicht das richtige Wort, aber ich sehe ihn, während ich ihn früher nicht sah. Das ist glaube ich ein Pariser Fortschritt. Denn Konstruktion ist auch eines von den Schlagwörtern ...«

Deckt man im Bild vom »Moorkanal« den Horizontstreifen mit den Umrissen von Haus und Bäumen ab, entsteht ein abstraktes Bild. Ohne den Gesamtzusammenhang verliert die Landschaft ihren Charakter. Als Ganzes gesehen ist sie unverwechselbar und gibt das Streng-Karge des Moors eindrücklich wieder. Das Bild vermittelt, obwohl streng komponiert, ein Gefühl von Landschaft pur. Die angeschaute Landschaft auf der Leinwand neu zu konstruieren ist die revolutionierende Methode, mit der Cézanne seine Bilder schuf. Cézanne, den Paula Becker im Frühling dieses Jahres in Paris entdeckt hatte und der wie ein »Gewitter« in ihr Leben fuhr. Paula Becker hat den »Pariser Fortschritt« in allen Facetten in ihre Formensprache, in ihre Farbpalette, in ihre Themen aufgenommen und etwas eigenes daraus gemacht.

Kinder: Das Bild ist ganz einfach konstruiert – ein Mädchen sitzt auf einem Stuhl, die Rückenlehne wie ein hölzernes Gerüst; neben dem Körper hängt ein Uhrgewicht vor seegrünem, monochromem Hintergrund (Tafel 3). Das Bild hat kaum Tiefen. Das Mädchen mit dem bräunlichen Kleid, darüber ein ausdrucksvoller Kopf mit großen Augen, großem Mund, sehr präsent, wird von keinem Raum klein gemacht.

Kaum in Berlin angekommen, geht Paula Becker ins Museum. »Kunst ist doch das Allerschönste«, schreibt sie an Otto Modersohn und berichtet ausführlich, was sie gesehen, gedacht und gefühlt hat. Vor allem über Rembrandt: »Das ist alles so rührend menschlich und so tief, tief empfunden. – O, diese Tiefe in unserem Herzen. Sie war mir lange mit Nebeln verhüllt ... Und nun ist es mir als höbe jedes meiner inneren Erlebnisse diese Schleier.«

Das »Mädchen mit Uhrgewicht« bedeutet einen Bruch mit den Kindern, die bisher in der europäischen Malerei erschienen sind. Die Tradition kennt barocke Puttenköpfe und Jesuskinder, kleine herausgeputzte Erwachsene und bürgerlich-freundliche Lockenköpfe, romantische Hirtenknaben und niedliche Gänsemädchen. Wer auf das Mädchen mit dem Uhrgewicht schaut, von dem fallen alle Worte ab und alles Vor-Gedachte, je länger er schaut. Ein Mensch wird präsent, dieses Mädchen in seiner Unverwechselbarkeit. Eine Traurigkeit wird fühlbar, der jedes

Aufbegehren fehlt, aber auch jede Naivität. Von kindlicher Niedlichkeit und Kindheitsverklärung keine Spur.

Paula Becker hat dieses Mädchen mit jeder Faser ihres Seins aufgenommen, durch sich hindurchgehen lassen – durch ihren Verstand, ihr Gefühl, ihr Empfinden. Als Einundzwanzigjährige hat sie den Eltern während ihrer Berliner Lehrzeit geschrieben, was für sie das Wesentliche der Malerei sei – »das bewusste Ergreifen einer Persönlichkeit«. Genau das erreicht sie fünf Jahre später mit ihrem Mädchenbild. Zugleich steckt in diesem Bild das Geheimnis gelungener Kunst – im Individuellen eröffnet sich lautlos eine zweite Dimension, das Allgemeine: Mit zusammengepressten Händen, einsam auf dem Stuhl sitzend, teilt das Mädchen etwas mit von der traurigen Verlorenheit, die jeder Kindheit eigen ist – in den bürgerlichen Wohnstuben wie in den Katen der Tagelöhner. Paula Becker hat den meisten ihrer Bilder keine Titel gegeben, vielleicht sollten Worte das Geschaute nicht einengen.

Paulas Eltern, die dem zukünftigen Schwiegersohn eine möglichst perfekte Hausfrau wünschen, konnten nicht ahnen, was Otto Modersohn seinem Tagebuch über »meine Paula« anvertraute: »Sie strebt überall nach Freiheit ... Muss es nicht auch in der Ehe sein ... Warum heiratet man denn, um alsbald ein philisterhaft-spießbürgerliches Leben zu führen, einen ordentlichen Haushalt zu führen, in dem alles nach dem Schnürchen geht, um Kinder zu bekommen und großzuziehen – nein, das ist alles für mich nebenbei.«

Nicht anders dachte Paula Becker, und so konnte sie in ihren Briefen aus Berlin ihrem Unmut freien Lauf lassen. Es begann mit dem eleganten Viertel, in dem Tante Herma wohnte und in das sie überhaupt nicht passe – »in Paris das Quartier latin, das war noch etwas anderes«. Wie im Käfig kam sie sich vor, ein Vogel mit beschnittenen Flügeln. Vier Treppen hoch, Mauern, Mauern, Mauern, wenig Himmel, dafür viel Türenschlagen und Teppichklopfen. Auf den Straßen nichts als Federhüte und der Lärm der Straßenbahnen.

Und die geliebten Tanten, die Cousinen aus Dresdener Kindertagen? »Zarte, vibrierende, sensitive Frauen« seien es, »Gartenblumen, und mein Blühen ist doch zu sehr im Felde«. Sie versuchte, sich diesen »feinen, lieben Frauen« mitzuteilen – »aber dieses Mitteilen geht doch nur bis zu einem Gerade, dann hat es eben ein Ende«. Ein letzter Seufzer von Berlin nach Worpswede: »Ich sehne mich von Herzen weg hier aus den gepressten Eichenmöbeln in meine kleine Bude mit ihrer Stille ...«

Auf diesem Hintergrund war es erfreulicher als vermutet, »Eismachenderweise das Kochlöffelein« zu schwingen und Erfolgsmeldungen zu verschicken: »Ich sage Dir ich lerne. Und kann schon falschen Hasen und Kalbsfricassé und beinahe Mohrrüben.« Außerdem gab es einen gewaltigen Lichtblick: »Und Clara Westhoff, kommt sie wohl bald? Schön, Lieber, dass Ihr Euch so viel seht. Mir ist für die Zukunft so wohl, wenn Ihr Euch gut versteht. Und sie ist solch ein feines Geschöpf.« Das war am 26. Januar 1901.

Eine Woche zuvor hatte sie Otto Modersohn beschrieben, was ihr Berliner Zimmer schmückte: »Über dem Bett nun, Lieber, hängt Deine Studie und mit Rosenwolken erwache ich jeden morgen ... Es hängt auch dort unser dreier Bildnis, Cl. Westhoff, Deins und meins, da schaue ich Dir jeden Morgen in die Augen.« Das Dreierbildnis hatte Paula Becker ihrem Verlobten zu Weihnachten geschenkt und dazu den Spruch: »Du und ich und ich und Du und Clara Westhoff auch dazu.« Ein Bund wie für die Ewigkeit gemacht. Clara Westhoff kommt noch vor Monatsende in die Hauptstadt, und Paula Becker meldet am 31. Januar: »Also Clara Westhoff. Wir haben schon *sehr* viel voneinander gehabt ...« Sie hatten einen Ball besucht, waren zusammen bei Rilke gewesen und »jetzt gehen wir gleich zum Museum«.

Otto Modersohn weiß, wie sehr Clara Westhoff zu Paulas Leben gehört, eine »Schwester-Seele« für sie ist. Paula Becker geht fest davon aus, dass ihre Liebe zu Otto Modersohn nichts an der vertrauten Beziehung zu Clara ändert. Clara Westhoff hatte mit dem Maler während der Pariser Zeit korrespondiert und war gern gesehener Gast in seinem Haus. Für Paula Becker war es ein unbeschwertes »Dreiecksverhältnis«. Diese Unbeschwertheit, verbunden mit der Bedeutung, die sie dem Dreierbündnis für ihr Leben gab, hatte zu dem erstaunlichen Weihnachtsgeschenk und dem Verslein geführt. Jenes Bild von Otto Modersohn, Clara Westhoff und ihr.

Mitte Februar 1901 kehrte Clara Westhoff nach Worpswede zurück. Rainer Maria Rilke folgte ihr auf dem Fuße und wenige Tage später erfuhr die »Worpsweder Familie«, was Otto Modersohn am 25. Februar 1901 seinem Freund Carl Hauptmann schrieb: »Denken Sie sich, Clara Westhoff und Rilke sind verlobt ... in 3 Wochen werden beide in Westerwede einziehen. Rilke wird Worpsweder. Ist das nicht eine Staunen und Freude erweckende Tatsache? Denken kann ich mir diese beiden so verschiedenen Menschen noch nicht zusammen. Mir scheint Frl. W. hat den kleinen Rilke, der an ihrem Arme komisch wirkt, mit sich fortgerissen.«

Für Paula Becker kam die Verlobung offenbar überraschend. Hat sie wirklich nicht gespürt, was sich zwischen den zwei Menschen, die ihr nahe standen, anbahnte? Oder wollte sie es nicht wahrnehmen? Am 28. Februar schließt sie einen letzten Brief aus Berlin an Otto Modersohn: »Und in Deinem Atelier grünt es und blüht es und wuchert es von Schönheit. Lieber, ich muss es bald sehn. Ich freue mich in Inbrunst. Clara W. und Rainer erzählten gestern davon.« Otto Modersohn fand die überraschende Entwicklung nur erfreulich: »Ich denke mir künftig unser geselliges Leben in W. ... sehr angenehm und anregend. Dass wir einen Dichter hier dauernd haben werden ist gewiss auf das Freudigste zu begrüßen.«

Der Dichter und die Bildhauerin heirateten am 28. April 1901 in Bremen, wo Clara Westhoff zu Hause war. Die Hochzeitsreise ging in das berühmte Dresdener Sanatorium »Weißer Hirsch«. Rilke, vom Scharlach nur knapp genesen, hatte medizinische Betreuung und Erholung nötig. Aus Dresden erhielt Paula Becker, seit Anfang März wieder in Worpswede, Post von der Freundin. Clara Rilke erzählte von »guten Freunden« – Bildern von französischen Malern in der Gemäldegalerie, die sie beide in Paris geschaut hatten. Sie empfahl eine Dresden-Reise, »wenn Sie verheiratet sind. Wann werden Sie das sein? Hoffentlich hören wir davon rechtzeitig ... Für heute Ihnen und Modersohn tausend Grüße von Rainer Maria und mir, Ihre Clara Rilke«. Ein herzlicher Brief, der auf ein baldiges Wiedersehen hofft, um mehr zu erzählen.

Paula Becker beschäftigte die eigene Hochzeit und wie das Leben danach aussehen sollte. Es war Aufbruchstimmung und dazu noch Frühling. Tante Marie, die ein erstes, großzügiges Hochzeitsgeschenk schickte, las im März: »Was ich jetzt erlebe, kann ich gar nicht schreiben ... Ein wunderbares großes Glück ... Ich gehe jetzt in seinem Haus aus und ein und wir machen zusammen Pläne es umzugestalten, und dazwischen zwitschert unser kleines Mädchen und lacht und lacht. Und dann umschlingen wir uns alle drei und singen einen frohen Indianersang.« Es war noch kein Jahr her, dass die kleine Elsbeth, im August 1898 geboren, ihre Mutter verloren hatte. Ihre Freude, dass in Zukunft ein fröh-

Paula Modersohn-Becker und Otto Modersohn in dessen Atelier in der alten Dorfschule, Worpswede 1901

liches weibliches Wesen mit ihr und dem eher schweigsamen Vater leben würde, ist sehr nachvollziehbar.

Tante Marie erhält ein Profil im Kleinen von den beiden Menschen, die sich für ein Leben zusammentun: »Wunderbar hat unsere Liebe auf seine Kunst gewirkt. Da sind auf einmal viele Schleier gefallen, die über ihm lagen ... Ich wünschte, du sähest einmal die Pracht und ihn dazwischen, einfach und kindlich, und jungenhaft in seinem Glück. Da stehe ich reflektierender Mensch ganz fromm und demutsvoll vor dieser Seeleneinfalt.« Es sind die Gegensätze, die Paula Becker in ihrem Doppelporträt heraushebt. Was Otto Modersohn in den Augen seiner Braut charakterisiert, sind Herzensgüte, Kindlichkeit, Einfachheit bis zur Naivität. Sich selbst zeichnet Paula Becker als einen unruhigen, zitternden, komplizierten Menschen, der bei Otto Modersohn Ruhe und Geborgenheit findet.

Doch das ist nicht das ganze Bild. Differenziert, ja widersprüchlich wird es, wenn sie an anderer Stelle von sich sagt: »ich kann ihm viel sein« und über Modersohn: »Mir ist immer, als ob ich die Hände über ihn halten sollte. Dieses Händehalten tut mir wohl.« Der Mutter gegenüber bemerkt sie, Initiative sei eigentlich nie ihre starke Seite gewesen: »Nun muss ich das wenige, was ich besitze, noch in Otto Modersohn und mich teilen. Denn er hat noch vie-ie-iel weniger als ich.«

Kaum ein Brief, in dem sie nicht begeistert erwähnt, dass Modersohn, dank ihrer Liebe, neue reichhaltige Schaffenskraft gewinnt und sie Großes von seiner Malerei erwartet. Dass sie in Sachen Malerei von ihm Entscheidendes lernen kann, ist so richtig deutlich nirgendwo ausgesprochen. Paula Becker ist überzeugt, dass sich in dieser Verbindung die Waagschale nicht einseitig zu Gunsten des berühmten Ehemannes senken wird.

Wie Otto Modersohn seine zukünftige Frau sieht, was er von dieser Ehe erhofft, wissen wir aus seinen stetigen Tagebuchnotizen. Typisch ist eine Notiz vom 26. November 1900: »Paula ist ein reifes, reiches Mädchen mit hundert Interessen, wahren, wirklichen höheren Bedürfnissen, mit frischem lebensfrohen Sinn. Wie oft ist mir bei ihr, als wüchsen mir Flügel ... Ich neige entschieden zum Schweren, Grüblerischen, wie oft bin ich so, wenn ich allein bin. Da ist Paula ein wahres Labsal, sie erheitert, erfrischt, belebt, verjüngt ...« Was sie beide am Tiefsten verbindet, so der Bräutigam, ist ein »kunstdurchdrungenes Leben«.

Paula Becker bezweifelt, dass Modersohn ihr den höchsten Lorbeer in der Kunst zutraut. Aber sie weiß, dass er ihre Malerei, die keinen der anderen Künstler in Worpswede wirklich interessiert, außerordentlich schätzt und sie beide in wesentlichen Ansichten übereinstimmen. Offensichtlich gibt es keine Diskussion darüber, dass Paula Becker auch als Frau Modersohn weiter voll ihrer Arbeit nachgehen wird. Otto Modersohn hatte einst sein Kunststudium an der Akademie abgebrochen. Er war das Risiko eingegangen, sich in Worpswede, fernab der Kunstmetropolen, eine Existenz als freier Künstler aufzubauen. Wenn es ihn auch nicht zur Boheme-Szene zog und er ein bürgerliches Leben führt: Ein spießbürgerliches Eheleben mit den traditionellen Mann-Frau-Rollen entspricht nicht seinem Ideal.

Die Kunstleidenschaft nährt ihre Liebe zu einem ganz gewichtigen Teil. Doch andere Leidenschaften hatten auch ihren Platz in dieser Beziehung: »Lieber, Lieber, Lieber, Ich habe mir heute Hemden und Hosen und Nachthemden gekauft und alles für Dich. Und dabei sind auch süß zirzenhafte, und ich glaube, du wirst mich gerne drin sehen. Ich habe sie ordentlich ein bisschen hübsch genommen, wie Du sie liebst.« Das meldet Paula Becker am 19. Februar 1901 aus Berlin, und es ist mit leichter Feder geschrieben. Aber daneben stehen in der Berliner Zeit auch schwerblütige Stimmungen und rätselhafte Bemerkungen. Paula Becker spricht von ihrer »großen schweigsamen Liebe« und identifiziert sich mit Cordelia, der Tochter von König Lear in Shakespeares Drama. »Cordelia liebt und schweigt«, schreibt sie an Otto Modersohn, um ihre eigene Situation zu erklären. Ein verwirrender Vergleich, denn Cordelias unbeirrbare Liebe bezieht sich auf ihren Vater, der sie verstößt und letztendlich an ihrem schrecklichen Tod schuldig ist.

Am 31. Januar schreibt sie Otto Modersohn zärtlich: »Aus Deinen Briefen strömt immer solch ein sanfter, wunderbarer Hauch ... Ja, Otto, wenn wir erst unserer kleinen Moorhütte zupilgern, und wenn wir erst wieder tausend andere Dinge tun können, das wird wunderbar ... So nehme ich Dich in aller Liebe in meine Arme und streiche sacht Dein weiches Haar, dann schaue ich tief in Deine Augen und bleibe Dein treues Weib.« Der poetischen Liebesbezeugung folgen nur vier Tage später andere Töne.

Offensichtlich hat Otto Modersohn anklingen lassen, dass seine Verlobte ihm zu viel vom Malen und zu wenig von der Liebe schreibt. Paula Becker fühlt sich in ihren Gefühlen verletzt, ungerecht beurteilt: »Steht nicht Liebe in den Zeilen und zwischen den Zeilen, leuchtend und glühend, und still und minnig, so wie ein Weib lieben soll und wie Dein Weib Dich liebt?« Das sind vorwurfsvolle Sätze. Doch sie sind erst der Auftakt zu einem sehr persönlichen Bekenntnis:

»Lieber. Ich kann mein Letztes nicht sagen. Es bleibt scheu in mir und fürchtet das Tageslicht ... Mit der Zeit kommt dann wohl eine Zeit, wo Du fühlst, dass ich es Dir gar nicht sagen musste, sondern dass in lautlosen Stunden Du in mich übergegangen bist und ich in Dich. Scheine ich Dir kargend und geizig? Ich glaube es ist meine Jungfräulichkeit, die mich bindet. Und ich will sie tragen, still und fromm tragen, bis eine Stunde kommt, die auch die letzten Schleier hinwegnehmen wird. Und dann?« Es ist Paula Beckers Schicksal, sich immer wieder Menschen, denen sie in tiefer Liebe verbunden ist, zu erklären und um Verständnis zu bitten. Weil sie nicht den »normalen« Erwartungen entspricht – aber was ist denn normal? Weil sie ehrlich sein will und wahrhaftig und nicht angepasst und doppelbödig.

Dabei möchte sie nicht kühl erscheinen. Sie hat doch so viel Liebe für Otto Modersohn in sich. Es drängt sie, das tiefe, aber zurückhaltende Bekenntnis in einem Bild, einem schönen Bild aufzugreifen: »Wenn der Frühling über den Weyer Berg zieht und grüne Schleier über die kleinen Birken spannt, und jedes Bäumlein sich schauernd zur Befruchtung rüstet, wenn aus der Erde der junge Lebensgeruch strömt, dann wird es auch mir die Stirne küssen und wonniglich durch mein ganzes Wesen rieseln und der Drang von mir zu Dir wird wachsen und zunehmen bis zu einem Tage, da ihm Erfüllung wird.« Es ist der Versuch, einen versöhnlichen Ausklang zu finden – aber nicht um den Preis falscher Harmonie. Ein letzter klarer Satz muss sein: »Aber daran lass mich jetzt noch wenig denken und wolle nicht, dass ich davon rede. Lieber, lass noch Dein Bräutlein in seinem Winterschlaf.« Eine unkomplizierte Liebe war das nicht.

Und die unkompliziert scheinende Liebe zu Clara Westhoff hatte mit deren unerwarteter Verlobung einen ersten feinen Riss bekommen. Der Dreierbund – »Du und ich und ich und Du und Clara Westhoff auch dazu« – war nicht mehr zu halten. Würde es ein Viererbündnis werden? Sollte sich Paula Becker das überhaupt für ihre Beziehung zu Clara Westhoff wünschen? Rainer Maria Rilke war einer, der mitsprechen wollte, wo es um das Innerste von Menschen ging; der nicht freundlich in der zweiten Reihe blieb wie Otto Modersohn. Aber das war alles zweitrangig.

Jedenfalls waren sich die beiden einig: Zu Pfingsten sollte geheiratet werden. In Otto Modersohns Haus gingen die Handwerker ein und aus, und Paula Becker hatte ihre eigenen Vorstellungen für den kleinen Garten hinter dem Haus. Otto Modersohn ließ ihr freie Hand, und seine Braut mischte sich kräftig ein in alles, was ihr zukünftiges Heim betraf.

Zu ihrem 25. Geburtstag am 8. Februar 1901 hatte der Vater ihr einen langen Brief geschrieben: »Du verlässt nicht bloß äußerlich sondern auch innerlich Dein Vaterhaus ... Deine Pflicht ist es ganz in Deinem zukünftigen Manne aufzugehen, ganz nach seiner Eigenart und seinen Wünschen Dich ihm zu widmen, sein Wohl immer vor Augen zu haben und Dich durch selbstsüchtige Gedanken nicht leiten zu lassen.« Zwar solle in der Ehe keiner zu sehr dominieren. Doch für Woldemar Becker war selbstverständlich: »Die Aufgabe der Frau ist es aber im Eheleben Nachsicht zu üben ...« In diesem Sinne ging es weiter, wurde die Tochter ermahnt, vernünftig zu sein und die eigenen Wünsche zurückzustellen.

»Rührend« nannte Paula Becker den väterlichen Brief gegenüber Otto Modersohn. Mehr war dazu nicht zu sagen. Ein solches Eheverständnis gehörte für sie und Otto Modersohn der Vergangenheit an, mochten auch viele Paare in der Gegenwart noch danach leben. In Worpswede sollte ein Ideal Wirklichkeit werden, das keinen Bruch zwischen dem Leben vor und in der Ehe voraussetzte. Die kleine private Familie sollte in der großen Familie der Künstlergemeinschaft geborgen sein, alte Freundschaften integriert werden.

Der Frühling war sommerlich heiß, für Arbeit im Freien bestens geeignet. Am 13. Mai kam Paula Becker in ihre Stube beim Bauern Brünjes zurück, das Skizzenbuch gut gefüllt. Sie hatte am Rande des Dorfes ihre Studien gemacht: »Dort ist es jetzt fein. Zwischen leuchtend gelben Hundeblumen und rührend kleinen blauen Gundermanns sitzen und knien und liegen und stehen und wühlen kleine Kinder und kleine Zicklein und Voges kleine Gänse. Und in der Ferne lacht es von blühenden Bäumen und jungen Birken.« Nun sitzt sie an ihrem kleinen Pult und schreibt einen langen Brief an die »Liebe, liebe Clara Westhoff«, die seit gut vierzehn Tagen Rilkes Frau ist und immer noch auf Hochzeitsreise.

Zuerst erzählt Paula Becker von den Fortschritten ihrer Kunst – »Ich glaube, es geht vorwärts in mir«. Dann kommt Otto Modersohn an die Reihe, in ihm werde »in dieser Zeit auch so vieles Neu«. Eine Menge Zeilen, bevor es zur Sache geht: »*Liebe* Clara Westhoff, ich fange schon beinahe an mich daran zu gewöhnen, Sie nicht zu sehen und mit Ihnen über alle diese Dinge zu reden. Aber ganz geht es doch nicht und ich fühle, wie manches in mir unausgesprochen bleibt, weil Sie nicht da sind.«

Es folgen ein paar Zeilen über Heinrich Vogeler und seine Frau. Doch es sind nur Abschweifungen von der wichtigsten Botschaft: »Kommen Sie bald heim? O! wie wird das schön.« Dann ein kurzer Hinweis auf die eigene Hochzeit »am Sonnabend vor Pfingsten«. Dazu eine Bitte in Bezug auf die kleine Elsbeth: »Und mein kleines Mädchen müssen Sie auch lieb haben ... Es wird Ihnen leicht bei Ihrem großen Liebereichtum, mit dem Sie haushälterisch und verschwenderisch umgehen.« Auf dem Umweg über die kleine Elsbeth offenbart Paula Becker ihre eigenen geheimen Ängste und Wünsche. Mit jeder Zeile wird die Sehnsucht transportiert, dass Clara Westhoff, weil sie Frau Rilke geworden ist, mit ihrer Liebe gegenüber Paula nicht »haushälterisch« umgehen möge; dass nach den Heiraten der beiden Freundinnen die tiefe Vertrautheit und der gewohnte Austausch nicht ausbleiben.

Für Paula bedeutet das neue Leben mit Otto Modersohn keinen Schlussstrich für das alte. Sie will denen, die sie liebt, unbedingt die Treue halten. Noch einmal beschwört sie das schwesterliche Einverständnis: »Liebe Clara Westhoff, es wird schön, wenn wir wieder zusammen sind. Ich möchte Ihnen noch viel liebe Dinge sagen, aber dann will so vieles nicht aufs Papier, und es wird wohl gut sein so zwischen uns beiden, dass manche letzte Dinge aus Scheu unausgesprochen bleiben. Ich grüße innig Ihren Mann.« Sie könne ihr Letztes nicht sagen, hatte sie Otto Modersohn geschrieben: Paula Becker bleibt sich treu, auch gegenüber dem Menschen, der ihr am nächsten ist. Und hofft, dass jenseits aller Worte ihre sehnsüchtigen Erwartungen erfüllt werden.

Paula Becker und Otto Modersohn heiraten kirchlich am 25. Mai 1901 in der Wohnung von Paulas Eltern in Bremen. Woldemar Becker ist schwer vom Asthma gezeichnet und kann nur vom Krankenlager aus zusehen. Dem kirchlich gebundenen Christentum fernstehend, entsprechen Paula Becker und Otto Modersohn der bürgerlichen Konvention. Ein Verzicht darauf wäre zudem für Modersohns Familie undenkbar gewesen. Otto Modersohns Bruder, ein Pfarrer »von der strengen Observanz«, wie Paulas Mutter anmerkt, nimmt die Trauung vor. Die Hochzeitsreise geht über Berlin nach Dresden. Es folgen einige Tage auf dem Besitz von Carl Hauptmann im Riesengebirge, auch der große Bruder Gerhart wird besucht. Von dort fahren sie nach Prag und München weiter und machen einen Abstecher zur Künstlerkolonie Dachau. Am 19. Juni 1901 ist das Hochzeitspaar wieder in Worpswede. Endlich daheim.

Der erste Brief war ein Dank an die Gastgeber Martha und Carl Hauptmann: »Das Heimkehren war wundervoll. Auf unsern Weg vor dem Haus hatte man Blumen gestreut und Blumen dufteten überall im Haus. Klein Elsbeth kam mit lautem Hurrah uns entgegen gesprungen. Und wir? Wir fühlen uns im Himmel ... Jetzt warten wir Beide ganz still auf unsere Arbeit, um uns ihr in Demut zu widmen ... Ihre Paula Modersohn-Becker.« Sie ist aus Liebe Otto Modersohns Frau geworden und bleibt doch demonstrativ auch Paula Becker. In der Regel wird sie von nun ab mit ihrem doppelten Namen zeichnen. Wer neue Wege betritt, behält das alte Gepäck auf dem Rücken, und es ist keineswegs nur eine Last. Vergangenheit enthält immer ein wertvolles Stück Zukunft. Das gilt für die Kunst wie für das Leben, davon ist Paula Becker überzeugt, vor und nach ihrer Heirat.

Für Paula Modersohn-Becker setzen sich zentrale Lebensmuster fort. Der Zielstrebigkeit, mit der sie den Tagen Struktur und Programm gibt, seit sie in der Berliner »Zeichen- und Malschule« ihre Leidenschaft für die Kunst entdeckt hat, muss sich auch der Familienalltag in Worpswede beugen. Ihre jüngere Schwester Herma, vor und nach der Heirat Paulas liebster Gast, skizziert das Gerüst eines normalen Tages: »Um sieben wurde aufgestanden, bis neun einiges Häusliche erledigt. Dann verschwand sie auf dem kleinen Pfad durch die Wiese hinter der Lehmkuhle nach dem Atelier ... Um ein Uhr wurde Mittag gegessen. Nach zehn Minuten Schlafes erschien sie frisch und arbeitsfroh beim Kaffee und um drei ging das Malen weiter bis nach sieben.«

Der Tageslauf lässt nur eine Deutung zu: Paula Modersohn-Becker, Malerin, ist eine berufstätige verheiratete Frau mit Kind. Nicht das Übliche im Jahre 1901 und selbst in der Frauenbewegung sehr umstritten. »Neue Mütterlichkeit« heißt das Motto einer »emanzipierten Frau«, wie sie Marianne Weber propagiert, die in der bürgerlichen Frauenbewegung aktiv ist. Die unverheiratete Frau soll einen Beruf ergreifen können. Heirat jedoch bedeutet Kinder, und damit ist für die Ehefrau ausschließlich »Mütterlichkeit« angesagt.

Für Paula Becker war eine Familiengründung natürlich mit dem Wunsch nach Kindern verbunden. Während sie in Berlin tagsüber Kalbsfrikassee und gekochte Möhren lernte, träumte sie am Abend »vom Häuserbauen«: »Ich meine eigentlich, oder selbstverständlich etwas für Otto Modersohn und mich und unsere Kinder. Die Treppen sollen recht durcheinander gehen, auf und ab ... Im unteren ein Gartenzimmer mit Flügeltüren nach draußen.« Dazu wünschte sie sich eine »Turmstube mit flachem Dach« – das erinnert an die Wohnung in der Dresdener Friedrichstraße – und »Laternen wie auf der Wilhelmstraße in Berlin schön«. Die Träumerei blieb kein Geheimnis: »Heute habe ich mir auch aufgeschrieben, wie ein Haus wohl sein muss, wenn wir eins in zehn Jahren bauen«, erfuhr Otto Modersohn.

Paula Becker liebte Trödler und Antiquitätenläden. Ihre Cousine

Maidli erinnerte sich im Jahre 1906 an die Zeit in Berlin, »als sie als Braut bei uns wohnte«: »Paula wollte Kinder haben, sie sprach schon von ihnen in ihrer süßdrolligen Weise und ein Korallenarmband brachte sie heim von einem ihrer Ausflüge zum Trödler, das sollte ihre Tochter haben.« Nirgendwo allerdings deutet Paula Becker an, dass zukünftige eigene Kinder sie von der Malerei abhalten würden. Und die kleine Elsbeth, die sie sozusagen mitheiratet, ist der beste Beweis, dass Kinder und Beruf sich nach ihrer Überzeugung nicht ausschlossen.

Für den Haushalt hat Paula Modersohn-Becker eine Hilfe, für »Kinderbetreuung« ist die dörfliche Gemeinschaft ein idealer »Kindergarten«. Während die Eltern getrennt in ihren Ateliers arbeiten, ist Elsbeth stundenlang mit andern Kindern vom Dorf zusammen, bei deren Eltern gut versorgt. Manchmal begleitet sie auch die neue Mutter. Paula hatte auf der Hochzeitsreise einen guten Draht zu Carl Hauptmanns Frau Martha gefunden. Ihr schreibt sie im September 1901: »Ich zieh allmorgendlich mit meinem kleinen Mägdelein nach meinem Atelier, dem Bauernhaus, wo ich als Mädchen gewohnt habe. Dort spielt sie mit Kühen und Ziegen und den Gackhühnern und wird von den Bauern behandelt wie ein kleines Fürstenkind. Und ich male während dessen oder winde aus Blumen einen kleinen Kranz und setze ihn in ihr blondes Haar und denke an das, was ich einmal gerne malen möchte. Und dann habe ich ein Gefühl, als ob ich dem näher käme.«

Der erster Ehesommer verläuft ruhig, undramatisch. Weil die Hitze fast tropisch ist, bleiben sie zu Haus, genießen den Garten. Noch einmal an Martha Hauptmann: »Unser Leben spielt sich so einfach ab, neben wenig Menschen und wenig Dingen und doch ist es so reich und mannigfaltig.« Unter den Malern der Künstlergruppe besteht der engste Kontakt zu Heinrich Vogeler und seiner Frau. Heinrich Vogeler in seinen Lebenserinnerungen: »Einmal in der Woche waren wir bei ihnen, und sonntags am Nachmittag kam Otto mit der Paula von unten durch den Garten zwischen Blumenbeeten auf die Terrasse vor unserem Haus hinauf, Paula in ihrem weißen Kleid, umgürtet mit roten Korallen und mit einer Kette von Bernsteinkugeln um den Hals.« Es war ein schönes Paar, das bei aller Freude am einfachen Dorfleben voller Anmut auftrat: der große schlanke Otto und Paula, die sich gerne auf ihre Weise elegant kleidete, ausgefallene Halsketten, Gürtel und Hüte liebte.

Die Terrasse vor dem Haus, davor die Blumenbeete – das ist der Barkenhoff. Wo sind die Sonntagabende geblieben, als sich im »Weißen Saal« in festlicher Stimmung die »Familie« versammelte? Von der Paula Becker Ende Dezember 1900 geschrieben hatte, man freue sich aneinander und teile viel miteinander: »So mein ganzes Leben zu leben ist wunderbar.«

Und was ist mit Clara Westhoff, verheiratete Rilke, deren Heimkehr nach Worpswede Paula Becker kurz vor der eigenen Heirat im Mai so sehnsüchtig herbeigewünscht hatte?

Viele Abschiede und ein Neubeginn
Worpswede Herbst 1901 bis Frühjahr 1902

Anfang August war eine Ansichtskarte von der Nordsee-Insel Neuwerk gekommen: »Wir grüßen Sie Beide unversehens von der kleinen einsamen Insel ... Wir kommen in wenigen Tagen wieder zurück. Viele Grüße Frau Clara und Rainer Maria Rilke.« Förmlich klang das. Aber wer nach langer Pause an alte Gemeinsamkeiten anknüpft, ist leicht verkrampft. Nach der Rückkehr richten sich die Rilkes in einem alten Bauernhaus in Westerwede, südlich von Worpswede ein. Im September 1901 meldet Otto Modersohn seinem Freund Carl Hauptmann, der ein Jahr zuvor an den festlichen Sonntagabenden mit im »Weißen Saal« des Barkenhoffs gesessen hatte: »Der letzte Sonntag war seit langer, langer Zeit ein den damaligen ähnlicher. Meine Schwägerin Milly sang und Rilke las einiges im weißen Saale, nur Sie fehlten. Ganz allmählich beteiligen sich Rilke und Frau wieder an der Geselligkeit, die sie bisher fast ganz gemieden. Warum, darüber ist sich keiner ganz klar.« Clara Rilke-Westhoff war schwanger, zum Jahresende wurde der Nachwuchs erwartet.

Die Hoffnung, dass den ersten Schritten der Annäherung weitere folgen, trügt. Herr und Frau Rilke ziehen sich weiter in ihr Bauernhaus zurück. Paula erhält kein Zeichen von der alten Freundin, doch sie gibt nicht auf. Es ist eine Chronologie der Sehnsucht, die sich seit dem Frühjahr durch das Jahr 1901 zieht.

Im Mai 1901 der ausführliche Brief mit einem Wunsch, der fest an die Erfüllung glaubt: »Kommen Sie bald heim? O! wie wird das schön.« Zugleich mit dem Bekenntnis, dass wohl manche Dinge unausgesprochen bleiben werden. Am 20. September nur noch ein kurzes Brieflein: »Liebe Clara Westhoff, ist es Ihnen nicht manchmal als ob Sie in eine kleine Stube bei Hermann Brünjes in Ostendorf eintreten müssten. Da warten viele Dinge auf Sie und eine junge Frau. Der wird das Warten aber sehr lang und traurig. Ich bin Ihre Paula Becker.« Eigentlich herzerweichend; gerade mal acht Monate war es her, dass die beiden Freundinnen gemeinsam durch Berlin gestreift waren. Aber Paula, die für die Briefe an die Freundin weiterhin die Namen vor ihrer Heirat reserviert, wartet vergebens. Am 22. Oktober steht im Tagebuch: »Clara Westhoff hat nun einen Mann. Ich scheine zu ihrem Leben nicht mehr zu gehören. Daran muss ich mich erst gewöhnen. Ich sehne mich eigentlich danach, dass sie noch zu meinem gehört, denn es war schön mit ihr.« Es ist der Versuch, der Realität ins Auge zu sehen.

Am 30. Oktober hält Otto Modersohn in seinem Tagebuch fest: »Gestern abend mit Paula bei Rilkes … Wie ist seine Frau in dieser kurzen Zeit ins Gegenteil verwandelt … Wo sie vor einem Jahr tollte, in ihrem einfachen bäuerlichen Kram saß, zwanglos und ungeschlacht – da sitzt sie nun, ein Vogel, dem man die Flügel geschnitten, in einem übermäßig ordentlichen Zimmer, wo man die Gegenstände alle blank, kahl sofort zählen kann.« Kein Wort bei Paula über diese Begegnung.

Am 13. Dezember schreibt Rainer Maria Rilke: »Liebe Modersohns! Wir haben gestern mittag zu unserer Überraschung eine liebe kleine Tochter bekommen. Frau Clara ist recht wohl und wir beide sind sehr glücklich. Mit tausend herzlichen Grüßen Ihre Rilkes.« Die Freude über die Tochter lockerte die Verkrampfungen der vergangenen Monate. Am 24. Dezember 1901 schickte Rilke »durch die Post eine Fülle herzliche Wünsche« zu Weihnachten: »Mögen Sie Ihr erstes gemeinsames Weihnachten recht froh empfangen und tragen … Wir denken herzlich an Sie beide … Tausend herzliche und treue Grüße Ihnen beiden von meinen Lieben und mir.« Wie anders das klingt, zugetan und von Herzen. Das Ehepaar Modersohn beschließt, den Faden aufzunehmen, stapft durch den Schnee nach Westerwede und klopft bei Rilkes an die Türe.

Otto Modersohn schildert in seinem Tagebuch, was nach längerem Warten geschah: »Da fanden wir in der Stube Frau Clara feierlich auf dem Stuhl sitzend, ihr Kindchen im Arm – anzusehen wie Maria mit dem Christuskinde – und neben ihr zu Häupten stand Rainer Maria Rilke wie der alte Joseph, auf einen langen Stab gestützt, und beide schauten still und selig auf ihr Kind … Und wir freuten uns mit ihnen.« Kein ironisches Wort über diese seltsame Inszenierung. Ende Januar 1902 hat Rainer Maria Rilke in Worpswede zu tun. Im Tagebuch steht: »Besuch bei Modersohns. – Nichts Erfreuliches.« Die Freundschaftsfäden sind dünn geworden.

Um die Jahreswende 1901/02 fertigte Paula Modersohn-Becker eine Zeichnung von Clara Westhoff im Profil und mit einem Kranz auf dem Haar an. Nach der Vorzeichnung begann sie das Porträt als Bild auf eine Holzplatte zu malen – und hat es nicht zu Ende geführt. Weil zu viele Erinnerungen ihre Stube bevölkerten? Weil das Malen schmerzlich sichtbar machte, was sie verloren hatte?

Endlich kommt ein Brief von der Freundin mit dem Datum vom 10. Februar 1902: »Liebe Paula Becker, heute morgen blätterte ich in meinem Tagebuch und las auf einmal: 8. Febr. 1901 Paula Beckers Geburtstag...« Den hatten sie zusammen in Berlin gefeiert. Dann geht der Freundin ein weiteres Geburtstagsbild durch den Kopf: »Ein Veilchenstrauß, eine Apfelsine und eine Panflöte und dann noch eine Flasche Sekt, welche nicht knallte.« Zwei Jahre lag es zurück, dass die beiden in Paris ein vertrautes Gespann waren.

Natürlich weiß die Schreiberin, dass das Geburtstagskind auf anderes wartet. Endlich kommt Clara Rilke zur Hauptsache: »Ich bin (in diesem Fall: leider) – so sehr ans Haus gebunden, dass ich nicht, wie früher, mich einfach aufsetzen kann und fortradeln ... sondern ich habe jetzt Alles um mich, was ich sonst draußen suchte, habe ein Haus, das gebaut werden muss – und so baue und baue ich – und die ganze Welt steht um mich her. Und sie lässt mich nicht fort ... Darum kommt die Welt zu mir ... und lebt mit mir in allen Dingen, die um mich sind ... diese Dinge, die so weise sind ... standen eine Weile und gedachten Ihres Festtages und sandten Ihnen einen Gruß. – Und ich komme mit ihnen und sende viele gute Wünsche für Sie und Ihr Haus. Ihre Clara Rilke.«

Ehemann Rilke hatte auch noch fünf Zeilen an die »Liebe Frau Modersohn« hinzugesetzt. Von »Arbeit um Arbeit« geredet, weshalb er leider ihren Geburtstag vergaß, »den mitzufeiern mir so natürlich war«. Er schickte Grüße an Otto Modersohn und wünschte »alles Liebe Ihnen von Ihrem ergebenen Rainer Maria Rilke«. Viel förmlicher ging es nicht von einem, der sie am Jahresanfang noch als »liebe Freundin« angeredet hatte. Aber Rilkes Zeilen waren Nebensache. Oder besser: überflüssig. Denn der Dichter sprach unüberhörbar und übermächtig aus jeder Formulierung des Briefes, den Clara Rilke aufgesetzt hatte. In Rilkes eigenwilliger Diktion verbannte sie die altvertraute Freundin vorläufig aus ihrer Welt – und beschwor zugleich die gemeinsame Pariser Zeit. Das war zu viel. Paula hat keine Nacht darüber geschlafen, sondern postwendend geantwortet. Sie hat ihre Gefühle und ihre Verletzlichkeit offen gelegt, aber auch eine kühle Analyse nicht gescheut.

Die Analyse: »Aus Ihren Worten spricht Rilke zu stark und zu flammend. Fordert das denn die Liebe, dass man werde wie der andere? Nein und tausendfach nein ... Ich weiß nicht viel von Ihnen beiden, doch wie mir scheint, haben Sie viel von Ihrem alten Selbst abgelegt und als Mantel gebreitet, auf dass Ihr König darüber schreite. Ich möchte für Sie, für die Welt, für die Kunst und auch für mich, dass Sie den güldenen Mantel wieder trügen.« Vehement widerspricht Paula einer Ehe, die alle Liebe auf den Partner beschränkt, und alle vorangehenden Beziehungen für ungültig erklärt. Sie setzt ihre Philosophie dagegen: Liebe muss nicht knausern.

Die Verletzlichkeit: »Lieber Rainer Maria Rilke, ich hetze gegen Sie. Und ich glaube es ist nötig dass ich gegen Sie hetze ... gegen Sie und gegen Ihre schönen bunten Siegel, die Sie nicht nur auf Ihre feingeschriebenen Briefe drücken ... Ich glaube, ich habe ein treues Herz ... Und ich glaube auch, dass keine Macht der Welt Ihnen die Erlaubnis gibt, dieses Herz zu treten.« Was Paula Modersohn-Becker poetisch-elegant ausdrückt, sagt im Klartext: Rainer Maria Rilke ist für seine Ehefrau ein Verhängnis. Er bricht und prägt sie so sehr, dass sie sich in die Einsamkeit zurückzieht und von ihrer alten »Familie« nichts mehr wissen will.

Die Enttäuschung bezieht sich nicht nur auf ihre Freundin Clara, sondern ebenso sehr auf Rilke selbst. Die junge Frau hatte dem Dichter zwischen September 1900 und Februar 1901 ihre tiefsten Geheimnisse anvertraut, weil sie gleichgesinntes Vertrauen spürte. Rilke hatte zärtliche Gedichte auf sie geschrieben. War das alles nicht so gemeint? Ist Rainer Maria Rilke jemand, der Gefühle aufbaut und zelebriert, um sie zu zerstören oder zu manipulieren? Es scheint nun so, und damit ist für Paula Modersohn-Becker diese besondere Freundschaft beendet, so bitter es ist.

In ihrer Antwort verweist sie ebenfalls auf gemeinsame Erinnerungen, die Rilke und Clara Westhoff als Paar mit einschließen: »Geht denn das Leben nicht, wie wir sechs es uns einst dachten? ... Können wir denn nicht zeigen, dass sechs Menschen sich lieb haben können. Das wäre doch eine erbärmliche Welt, auf der das nicht ginge! Und ist unsere denn nicht wunderschön und zukünftig. Ich bin Ihre alte Paula Becker, und bin stolz, dass meine Liebe so viel dulden kann und von gleicher Größe bleibt.«

Die Vision von einer »Künstler-Familie«, die Rilke nur anderthalb Jahre zuvor im »Weißen Saal« wesentlich mit angefacht und befördert hat, die Vision von drei Paaren, die Kunst und Leben miteinander teilen – ist das alles vergessen? Die Antwort auf diesen Brief kommt ebenfalls postwendend – von Rainer Maria Rilke an die »Liebe Frau Modersohn«. Seine Frau schweigt, verweigert sich gegenüber der Freundin. Der Dichter pariert die Angriffe elegant: »Wollen Sie mir glauben, dass es mir schwer fällt zu verstehen, wovon Sie eigentlich reden? Es ist doch nichts geschehen – oder vielmehr: es ist viel Gutes geschehen.« Mit diesem Nachsatz lässt Rilke die rhetorische Maske fallen. Er bestätigt den Rückzug seiner Frau in eine Einsamkeit, die Menschen außerhalb ihrer Ehe vorläufig keinen Zutritt mehr gewährt. Die Schwerpunkte hätten sich eben verschoben, während Paula auf die alten Zustände fixiert sei.

Dass sie enttäuscht sei, müsse sie sich selber zuschreiben: »... warum freuen Sie sich nicht auf das Neue, das beginnen wird, wenn Clara Westhoffs neue Einsamkeit einmal die Tore auftut, um Sie zu empfangen?« Und er setzt noch eins drauf, wenn er darauf hinweist, dass er selber »vor den Toren ihrer Einsamkeit« stehe. Denn dies ist sein Ideal von der Verbindung zweier Menschen: »Dass einer dem andern seine Einsamkeit bewache.« Im Gegensatz zur ungeduldigen Freundin warte er »still und voll tiefen Vertrauens«, welche Dinge sich in Claras Einsamkeit vollziehen – »die ich ebenso wenig kenne wie sie«. Nach dieser Lektion in Sachen »Freundschaft und Liebe« war es an Paula zu schweigen. Hatte bei ihrem Brief auch eine gehörige Portion Wut die Feder geführt, jetzt fühlte sie sich nur noch grenzenlose Traurigkeit.

Ende Februar berichtet Otto Modersohn seinem Freund Carl Hauptmann über Rainer Maria Rilke: »Er hat sich ganz zurückgezogen ... In vieler Hinsicht bedaure ich das sehr. Seine Frau ist nicht wiederzuerkennen, sie ist ganz sein Ebenbild. Sie schreibt ganz wie er, nichts von ihrem früheren Wesen ist augenblicklich zu sehen. Er hat sie scheinbar ganz hypnotisiert ... Seine finanzielle Lage ist sehr schwierig und darum wohl alles das.« Der Hinweis auf die minimalen Einkünfte der beiden Künstler war richtig. Aber das änderte nichts an dem Eindruck, den auch andere Freunde, darunter Heinrich Vogeler, hatten. Vogeler, der beide schätzte, war überzeugt, dass Rilke den »lebensfrohen, freien, offenen

Charakter« von Clara Westhoff sozusagen »eingemauert« und die »natürlichen, einfachen Gefühle dieser stark veranlagten Frau« verschüttet habe. Der Dichter mache aus dem Leben seiner Frau »eine ewige Weihestunde«.

Keinen trifft der Verlust dieser Freundschaft so elementar wie Paula Modersohn-Becker. Nach Claras Heirat mit Rilke hatte sie die Hoffnung nicht aufgegeben, dass ihr langes trauriges Warten ein gutes Ende finden würde – »denn es war schön mit ihr«. Jetzt ist es Gewissheit: Ihre Freundschaft, ihre Liebe haben keine Zukunft. Clara Westhoff gehört endgültig nicht mehr zu ihrem Leben.

Um den 20. Februar 1902 geht Paula Modersohn-Becker morgens auf den Worpsweder Friedhof, der sich um die weiße Zionskirche lagert. Es hat geschneit. Sie legt einen Kranz auf das Grab von Helene Modersohn, die im Juni 1900 gestorben war. Es gab keinen besonderen Anlass, kein Erinnerungsdatum. Sie notiert ihren Friedhofsgang am 24. Februar im Tagebuch und schließt unvermittelt präzise Vorstellungen zu ihrem eigenen Grab an: »Es sei ein viereckig längliches Beet mit weißen Nelken umpflanzt. Darum läuft ein kleiner sanfter Kiesweg, der wieder mit Nelken eingefasst ist und dann kommt ein Holzgestell, still und anspruchslos, und da, um die Wucht der Rosen zu tragen, die mein Grab umgeben.« Auch eine »kleine anspruchslose stille Bank« soll es geben, »auf der sich die Menschen zu mir hinsetzen«. Zwei kleine Wacholder wünscht sie sich zu ihren Häupten und »eine kleine schwarze Holztafel mit meinem Namen ohne Datum und Worte«. Und schließt lapidar: »So soll es sein. Dass da eine Schale stünde, in die man mir frische Blumen setzte, das wollte ich auch wohl.« Friedlich klingt die Eintragung, die Bezeichnung »still« taucht mehrmals auf.

Hat der Kranz wirklich Otto Modersohns erster Frau gegolten? Oder war dieser Friedhofsgang Ausdruck einer unbewusster Trauerarbeit um den Verlust einer Lebenden? War nicht ein wesentliches Stück ihres Lebens abgestorben, seit Clara Westhoff nicht mehr dazugehörte? Darum die Fantasien um ihr eigenes Grab? Ein Brief von Mathilde Becker, geschrieben ein Jahr nach Paulas Tod, bekräftigt, wie tief dieser Verlust gewesen sein muss. Die Mutter dankt Clara Rilke, die eine Schale mit Obst auf das Grab hatte stellen lassen, und bittet sie, doch einmal bei ihr vorbeizukommen, um mit ihr von der zu sprechen, »die Sie mehr liebte als einen anderen Menschen auf der Welt«.

Otto Modersohn fühlte mit seiner Frau. Er war solidarisch mit Paula, enttäuscht über die alten Freunde. Im Mai 1902 kommt er gegenüber Carl Hauptmann noch einmal auf das Ehepaar Rilke zu sprechen: »Ach, lieber Herr Doktor, welche Künstlichkeit der Gefühle. Welche Sympathien haben die Menschen in kurzer Zeit zu beseitigen verstanden. Unglaublich ist mir die Sache, wenn ich daran denke; meine Frau hat oft darunter gelitten, allmählich sieht sie die Dinge ruhiger an.« Tatsächlich war mit dem Abstand bei Paula der Wille gewachsen, das Geschehene zu begraben und Kopf und Herz für Neues frei zu haben. Es war Frühling, Schwester Herma aus Bremen herübergekommen und die geliebte Gartenarbeit konnte beginnen.

»Und jetzt blühen bei uns und bei Brünjes im Garten Schneeglöckchen. Meisen, Stare, Lerchen, Buchfinken singen. Die Tage dauern fast bis 7 Uhr ... Gestern haben Herma und ich und Gefken den ganzen Tag den Garten zubereitet zum Osterfest. Ich lerne allmählich jede Blume dort kennen, tue ihnen etwas zu Gute und wir fühlen allmählich, dass wir zueinander gehören.« Paula hatte einen direkten Kontakt zur Natur, den Blumen und Bäumen, dem Mond und dem Wind. Sie nahm Farben und Gerüche, Blühen und Vergehen unverstellt wahr, als Teil des großen Lebenszusammenhangs, dem sie sich zugehörig fühlte.

Aber sie blieb nicht stehen bei ihren Gefühlen. Sie versuchte nachdenkend zu erfassen, was unbewusst in ihr und sichtbar um sie herum geschah. Das Blühen und Wachsen des Frühlings ließ die Gedanken noch einmal zurückgehen. »Das erste Weihnachten, das ich mit meinem lieben Mann verlebte, war sehr schön. Es war soviel Licht und Hoffnung in den Zimmern und klein Elsbeth jubelte«, hatte sie an Martha Hauptmann geschrieben. Daneben musste sie einen Verlust melden, den sie dennoch als eine bereichernde Erfahrung erlebte. In der Nacht zum 30. November 1901 war ihr Vater gestorben: »Ich habe vor kurzem das erste Sterben meines Lebens erlebt. Es war sehr sanft und friedlich wie der Schlaf und voller Schönheit.«

Die Tochter versucht, dem Vater, der ihr Leben auf liebevolle, stets Anteil nehmende, nicht unkomplizierte Weise begleitet hatte, gerecht zu werden: »Er war mit den höchsten Hoffnungen und Idealen ins Leben gezogen. Doch dem war er nicht gewachsen. Das hatte ihn mürbe gemacht. Er bekam eine rauhe Außenschale bei einem weichen Herzen.« Inmitten der Schneeglöckchen, beim Gesang der Stare und Buchfinken schmerzt die Erinnerung an die Abschiede von zwei Menschen, die fest mit ihrem Leben verwurzelt waren. Wieder umgibt sie die Einsamkeit, die ihr seit den Kindertagen in Dresden vertraut ist. In der Osterwoche 1902 schreibt Paula Modersohn-Becker in ihr Tagebuch, was ihr Herz bewegt:

»In meinem ersten Jahre der Ehe habe ich viel geweint und es kommen mir oft die Tränen wie in der Kindheit … Ich lebe im letzten Sinne wohl ebenso einsam als in meiner Kindheit. Diese Einsamkeit macht mich manchmal traurig und manchmal froh. Ich glaube, sie vertieft. Man lebt weniger dem äußeren Schein und der Anerkennung. Man lebt nach innen gewendet. Ich glaube, aus solchem Gefühle ging man früher ins Kloster. Da ist denn mein Erlebnis, dass mein Herz sich nach einer Seele sehnt, und die heißt Clara Westhoff. Ich glaube, wir werden uns ganz nicht mehr finden.« Der Sturm der ersten Enttäuschung ist vorbei, die wilde Flut des Schmerzes hat in ruhiges Gewässer gefunden. Neben die Gefühle ist eine nüchterne Bilanz getreten.

Ostersonntag hat das Hausmädchen frei. Während Paula den Kalbsbraten für das Mittagessen zubereitet, bleibt Zeit, mit dem Bilanzieren fortzufahren. Es hat noch kein Ende mit den Abschieden. Denn die Sehnsucht nach einer verwandten Seele war nicht auf die Freundschaft mit Clara Westhoff begrenzt: »Es ist meine Erfahrung, dass die Ehe nicht glücklicher macht. Sie nimmt die Illusion, die vorher das ganze Wesen trug, dass es eine Schwesterseele gäbe. Man fühlt in der Ehe doppelt das Unverstandensein, weil das ganze frühere Leben darauf hinausging, ein Wesen zu finden, das versteht.« Die Eintragung ins Küchenhaushaltebuch ist kein Blitz aus heiterem Himmel. Paula Modersohn-Becker hat nachgedacht, und die Wahrheit schreckt sie nicht.

Es ist das Ende einer Illusion, die kräftig genährt wurde von der jung gestorbenen Marie Bashkirtseff, deren nachgelassenes Tagebuch Paula im Frühjahr 1899 begierig in sich aufgenommen hatte. Die russische Adlige hatte das Wort von der »Schwester-Seele« geprägt und mit ihrem Tagebuch populär gemacht: »Ich wünsche mir jemanden, der mich ganz verstünde, vor dem ich alles sagen könnte … er müsste alles verstehen und in der Unterhaltung mit ihm … müsste ich meine eigenen Gedanken wiedererkennen … Liebe bringt solche Wunder zustande.«

In neun Monaten Ehe hat Paula erfahren: Wenn man mit einem Menschen an der Seite lebt, der nicht – wie erwartet – das Unverstandensein beendet, verdoppelt sich der Schmerz, es kommt noch die Enttäuschung hinzu. Eine niederschmetternde Erkenntnis, mit kühlem Blut zwischen Kalbsbraten und kochenden Kartoffeln zu Papier gebracht, während in Rufweite Otto Modersohn und Elsbeth auf das festliche Osteressen warten. Ihre Liebe, ihre Ehe, ihre Vorstellung vom Leben zu zweit war auf Illusionen gebaut? Kann Paula mit diesem Wissen einfach weiterleben wie bisher?

Was wären die Alternativen? Otto Modersohn und die kleine Elsbeth verlassen – wie soll sie das gegenüber ihrem Mann, gegenüber ihrer Mutter und ihren Geschwistern rechtfertigen? Wohin soll sie gehen und wovon ihren Lebensunterhalt bestreiten? Denn von ihrer Arbeit, dem Malen, würde Paula Modersohn-Becker nicht lassen – komme, was wolle. Doch bisher hatte die Sechsundzwanzigjährige keinerlei Anstrengungen unternommen, aus ihrer Kunst Geld zu machen.

Eine ausweglose Situation, in der nur Anpassung und Resignation bleiben? Ihre Lebensumstände kann Paula Modersohn-Becker nicht ändern. Sie kann nicht fortgehen aus dieser Ehe, nicht zu diesem Zeitpunkt. Sie nimmt die schmerzlichen Erfahrungen als Herausforderung und wendet sie ins Positive. Schon in den österlichen Aufzeichnungen wird aus den Abschieden ein Neubeginn: »Und ist es vielleicht nicht doch besser ohne diese Illusion, Aug' in Auge einer großen einsamen Wahrheit?« Vor der Einsamkeit hat sie sich noch nie gefürchtet: »Und vielleicht ist diese Einsamkeit gut für meine Kunst, vielleicht wachsen ihr in dieser ernsten Stille die Flügel. Selig, selig, selig.« Die Kunst – das lebenswichtige Stichwort ist gefallen. Was ihr auch persönlich widerfahren mag, sie hat eine Berufung, und die muss sie noch einlösen. Das ist es, was sie im Innersten antreibt: »Ich empfange den Frühling draußen mit Inbrunst. Er soll mich und meine Kunst weihen.« Paula Modersohn-Becker ist keine, die aufgibt.

Am Mittwoch nach Ostern schreibt sie in ihr Tagebuch: »Und dann reizt mich auch dies Hoffen allem und allen zum Trotz. Das gibt dem ganzen Menschen solch eine stolze Stärke.«

Das Unaussprechliche: Durch die Blume gesagt
Immer noch Worpswede 1902 bis Februar 1903

Der Frühling des Jahres 1902 hatte in Worpswede viele schöne Tage. Das Wetter war ideal zum Blumenpflanzen und Laubenbauen. Für die Blumen war die Hausherrin zuständig: »Ich pflanze Rosen und Bauernblumen die Hülle und Fülle ... jäte Unkraut und habe schwarze Hände«, erfuhr im April Tante Marie. Kleinen Lauben galt Paula Modersohn-Beckers große Liebe. Das Aufstellen besorgten ihr Mann und ihr jüngerer Bruder: »Otto und Henry zusammen haben schon drei wunderhübsche zusammengeschlagen, die eine steht unter einem Holunderbaum, die zweite unter Birken, die dritte wird eine Kürbislaube ... In die Mitte kommt dann noch eine silberne Glaskugel als leuchtender Edelstein.« Zwischendurch macht die fröhliche Familie Kahnfahrten auf der Hamme. Otto Modersohn hatte zu Weihnachten Paula einen Wunsch erfüllt und ihr ein Ruderboot geschenkt.

Zwischen den Erwachsenen hüpfte Elsbeth umher. Paula gefiel es, mit der Stieftochter ein wenig Kind sein zu dürfen und ihrer Fantasie freien Lauf zu lassen. Eine Freundin von Elsbeth erinnert sich: »Von einem besonderen Zauber umwoben war das Märchenspielen bei Modersohns.« Im Zimmer der Hausfrau stand eine Truhe, in der lagen prächtige Gewänder aus schimmernden Stoffen, Samtjacken, Mützchen und Mieder. War eine Kinderrunde zu Gast, wurde jedes eingekleidet, und Paula Modersohn-Becker führte das Spiel an.

Im August hatte Elsbeth Geburtstag, und der wurde festlich in Paulas Atelier beim Bauern Brünjes gefeiert. Die große Wiese hinter dem Hof eignete sich zum Herumtollen, und Paula erfand immer neue Spiele. Einmal zog die Kindergesellschaft zur Sandkuhle am Weyerberg zum Topfschlagen, Paula und ihre Mutter mittendrin. Mathilde Becker hatte Preise für das Topfschlagen gestiftet. Der Höhepunkt kam, als Paula sich die Augen verbinden ließ, geradewegs auf den Topf zusteuerte und ihn unter großem Jubel in Scherben schlug.

*Otto Modersohn und Paula Modersohn-Becker mit Elsbeth,
Worpswede um 1902*

Otto Modersohn schätzte ein ruhigeres Familienleben. Im Frühjahr 1903, fern von Worpswede, denkt Paula in einem Brief an ihren Mann leicht wehmütig »an unsere stillen Mittage, wenn wir zusammen nebeneinander auf dem Rohrbänklein sitzen und Du wenig sprichst, wenn es Dir gut schmeckt, höchstens einmal mit der Serviette Elsbeth eins auf den Kopf klatschst, wenn sie zu viel plappert und zu wenig isst«. Es gab aber auch Tage, an denen Paula die traditionelle Mutterrolle – ausgleichen, der väterlichen Ungeduld freundlich die Spitze nehmen – gar nicht gefiel. Für 1903 gibt es einen solchen Hinweis an die eigene Mutter über die Rollenverteilung im Hause Modersohn: »Elsbeth macht ihm viel zu viel Radau und ist ihm deshalb nicht sehr sympathisch. So muss ich immer das Öl sein, das die Wogen glättet.« Der Unmut ist unüberhörbar.

Aber jetzt ist erst einmal Sommer, und die Kunst verbindet das Ehepaar in gemeinsamer Arbeit: »Sogar nach dem Abendbrot stürzen wir uns noch selbander hinüber ins Armenhaus und malen Farbenstudien von der Kuh, der Ziege, der dreibeinigen Alten und all den Armenkindern ...« Das erfuhr die Mutter im Juni. Im August schreibt Otto Modersohn dem Freund Carl Hauptmann: »Ich habe viel in diesem Sommer draußen gemalt und meine Frau hat mit mir gestrebt, wir beiden sind rechte Kameraden in der Arbeit. Meine Frau entwickelt sich so sehr, dass ich oft erstaunt darüber bin; sie ist wirklich ernst zu nehmen, ich erhoffe sehr viel von ihrem großen Talente.« Die Hochachtung Otto Modersohns vor der Kunst seiner Frau ist ehrlich und in diesem Brief eher noch untertrieben.

Im Frühjahr und Sommer 1902 zieht sich durch Otto Modersohns Tagebucheintragungen ein dreifach geknüpfter roter Faden: die neidlose Anerkennung von Paulas Talent; die kritische Einschätzung der eigenen malerischen Unzulänglichkeiten und die Überzeugung, durch die Verbindung mit Paula zu lernen und noch mehr in der Malerei zu leisten.

Neidlose Anerkennung: »Sie hat Witz, Geist, Fantasie, sie hat einen prächtigen Farbensinn und Formensinn. Wenn sie weiter kommt im Intimen, ist sie eine syperbe Malerin.«

Selbstkritik: »Meine Paula ist doch eine feine Deern. Eine Künstlerin durch und durch ... ich komme zur Zeit nicht mit ... Gott sei Dank, dass ich endlich klar, ganz klar sehe, worauf es ankommt. Paula verdanke ich das ...«

Die ideale Verbindung: »Ein großes gemeinsames Streben verbindet uns – alle Tage ... Wundervoll ist dies wechselseitige Geben und Nehmen ... Unser Verhältnis ist zu schön, schöner als ich je gedacht, ich bin wahrhaft glücklich ...«

Während dieser Eintragungen zwischen März und Juni 1902 gibt es zwei emotionale Ausbrüche. Der eine, vom 11. März, ist »pro Paula«: »Verstanden wird sie – von keinem. In Bremen: Mutter, Tanten, Geschwister haben ein stilles Übereinkommen: Paula wird nichts leisten. Sie nehmen sie nicht für ernst.« Dann werden die Worpsweder Künstler angeklagt: »Nie wird nach ihrer Arbeit gefragt, nie hat Clara Westhoff sie besucht ... Dass *sie* etwas ist und leistet, daran denkt keiner. Und ebenso bei Heinrich Vogeler ... nach Paula fragt er nie, nach Brünjes kommt er nie. Er kennt sie nicht, würdigt sie nicht – hält sie für ganz verfehlt.« Es sind richtige und schmerzliche Einsichten, die Otto Modersohn ausspricht. Und er bricht ein Tabu, indem er Paulas Familie kritisiert.

Zwar hat Paula längst die Erfahrung gemacht, dass ihre verzweifelten brieflichen Bitten an die Eltern vergeblich sind. Sie hat bei ihnen als Künstlerin keinen Kredit, sie trauen ihrem festen Willen, etwas zu werden, nicht. Trotzdem versucht sie am 6. Juli 1902 wieder einmal, ihre Mutter in einem ausführlichen Brief zu überzeugen: »Meine liebe Mutter, es ist Sonntagmorgen und ich habe mich in mein liebes Atelier geflüchtet ...« Sie entschuldigt sich, dass der Brief nicht schon am Sonntag in Bremen vorliegt, weil sie so an der Arbeit sei, »in der ich jetzt von Herzen stecke mit meinem ganzen Menschen ... Es wird in mir Morgenröte und ich fühle den nahenden Tag. Ich werde etwas«. Die Zeit wird bald kommen, »wo ich mit Stolz fühlen werde, dass ich Malerin bin«.

Dann bricht es, deutlich wie nie zuvor, aus der Tochter heraus, unter welchem äußeren Leistungsdruck sie all die Jahre schon lebt: »Wenn ich das unserem Vater noch hätte zeigen können, dass mein Leben kein zweckloses Fischen im Trüben ist, wenn ich ihm noch hätte Rechenschaft ablegen können für das Stück seiner selbst, das er in mich gepflanzt hat.« Was den Vater betrifft, der bei aller Ermutigung nicht an ein großes Talent seiner Tochter glaubte, gilt unausgesprochen auch für die Mutter.

Der Vater ist nicht der einzige, dem gegenüber Paula Modersohn-Becker sich verpflichtet fühlt, Rechenschaft abzulegen: »O, wenn ich erst etwas bin, dann fallen mir allerhand Steine vom Herzen ... allen anderen Menschen gegenüber, die meine Malerschaft mitleidig und zartfühlend behandelten wie einen kleinen, schnurrigen, verbissenen Spleen, den man eben bei meinem Menschen mit in Kauf nehmen muss«. Der Stolz, den sich Paula auch nach der Heirat nicht nehmen lässt, verhindert nicht, dass sie verwundbar ist.

Ob die Mutter den Schmerz und den Ehrgeiz der Tochter verstanden hat? Paula war durch die Heirat mit Otto Modersohn gut versorgt. Die ganze Familie Becker pries sie glücklich, einen sympathischen, großzügigen, treu sorgenden Ehemann gefunden zu haben, der noch dazu ihr künstlerisches Talent unterstützte und ihr Freiheiten gab, von denen viele Ehefrauen nicht einmal zu träumen wagten. Niemand in ihrer Familie hatte so recht mit einer Verheiratung der eigenwilligen Paula gerechnet. Ein Grund mehr, rundum zufrieden zu sein. Aber Paulas Ehrgeiz hat auch nach der Heirat weiterhin ein Ziel, das unabhängig ist von ihrer Lebensform. Das ist die heimliche Botschaft des Briefes.

Einer großen Liebe begegnet zu sein, zu heiraten, eine Familie zu haben – das war wunderschön, aber für Paula Modersohn-Becker nicht genug, schon gar kein Ruhekissen. Sie musste weiter auf dem eingeschlagenen Weg – als Malerin Neues, Großes schaffen. Etwas in ihr wartete darauf, Gestalt anzunehmen. Sie fühlte sich als Teil eines schöpferischen Prozesses, der sie weiterdrängte und der seiner Vervollkommnung entgegenwuchs. Es war keine Unruhe, die sie vorantrieb, sondern eine große Kraft.

Aber wann war sie am Ziel? Lag es nicht in der Natur von künstlerischem Schaffen, nie fertig zu sein? Konnte sie ihrem Gefühl vertrauen, das sie davon abhielt, ihre Bilder anderen zu zeigen? Hatte sie vielleicht Angst, sich der Kritik auszusetzen? Die leise Anfrage von Rainer Maria Rilke nach ihrer Arbeit hatte sie im September 1900 überhört. Als Tante Marie im Februar 1902 sie um ein Bild bat, antwortete die Nichte: »Dass ich Euch etwas von mir schicke, hat keinen Sinn, da warten wir noch ein Weilchen. Mir ist immer noch sehr werdend zumute, was mich sehr froh, fast fromm macht.« Außer Otto Modersohn fragten die anderen Worpsweder Künstler nicht nach ihrer Kunst. Aber wahr ist auch: Paula Modersohn-Becker hielt ihre Bilder und Zeichnungen demonstrativ fremden Blicken fern.

So eindrucksvoll ihr selbstkritischer Blick auf das eigene Werk ist und so sympathisch ihr Zögern, etwas preiszugeben, bevor es nicht ihren höchsten Ansprüchen genügt: Wäre es nicht an der Zeit zu sagen: »Ich bin etwas«, statt diese Zielmarke weiterhin in die Zukunft zu verschieben mit dem vertrauten »Ich werde etwas«? Sich nicht passiv im Hintergrund zu halten, während die männlichen Künstler aktiv ihren Vorteil suchen und wie selbstverständlich die vordersten Plätze besetzen? Endlich Bescheidenheit nicht mehr als weibliche Tugend zu verstehen, wie es die traditionellen Werte vorschrieben? Dabei kannte Paula Modersohn-Becker vor sich selber keine falsche Bescheidenheit: »Ich fühle es größer werden in mir und weiter. Wolle Gott, es werde etwas mit mir.« Das schreibt sie im Dezember 1902 in ihr Tagebuch.

Unter den Bildern, die Paula Modersohn-Becker in den Jahren 1901 und 1902 malte, sind viele meisterhafte Werke. Sie ist ihrem Thema »Menschen« – und das heißt vor allem Kinder und junge Mädchen – treu geblieben. Das Bild, das ein Gefühl von »Morgenröte und nahendem Tag« in ihr ausgelöst hat, ist eine Studie von Elsbeth, die Paula der Mutter in ihrem Juli-Brief schildert: »Sie steht in Brünjes Apfelgarten, irgendwo laufen ein paar Hühner und neben ihr steht die große blühende Staude eines Fingerhutes. Welterschütternd ist es natürlich nicht. Aber an dieser Arbeit ist meine Gestaltungskraft gewachsen ...« Auch wenn die Malerin es nicht wahrhaben will: Das Bild entspricht dem selbstgestellten Anspruch, im Oktober 1902 zum wiederholten Male im Tagebuch formuliert: »Aber meine persönliche Empfindung ist die Hauptsache.«

Zunehmend malt Paula Modersohn-Becker Köpfe mit Blumenkränzen im Haar oder – wenn mehr vom Körper erfasst ist – halten die Porträtierten eine kleine Blume in den Händen (Tafel 4). Es fällt auf, dass es fast kein Bild mehr ohne Blumen gibt. Wird die Blume ein subversives Markenzeichen der Malerin? Steht sie für etwas, das sich in Farben und Formen nicht ausdrücken lässt? Im Leben von Paula Modersohn-Becker waren Blumen ja die ganz persönliche Chiffre für das Unaussprechliche geworden.

Otto Modersohn ist kurz verreist, Paula schreibt: »Lieber, fast möchte ich unserer Trennung noch eine längere Dauer wünschen ... Wie merkwürdig, dass diese Trennung unsere Liebe so jauchzen macht. Wenn Du wieder kommst, sollst Du alles, alles haben. Ich lege alles in Deine Hände. Nur das Letzte, Köstlichste, das Kleinod, das wickle ich in ein seidenes Tuch und grabe es in die Erde und pflanz ein Blümelein darauf und im Mai wenn meine Blume duftend blüht in Seligkeit, beseligt, dann lüfte ich leise das Tüchlein und wir schauen beide fromm das Allerheiligste ... O, wenn ich dies alles bedenke, was ist da für uns für Glück und Wonne in der Zukunft.« Das schreibt Paula ihrem Mann am 7. November 1902.

Am 4. November hatte sie ihm geschrieben: »Dies ist nun der erste Abend der ersten größeren Trennung in unserer Ehe. Es gibt mir ein eigenes Gefühl ... Ich schwelge darin, schwelge in meiner Einsamkeit,

Deiner in Liebe gedenkend ... Und als ich heute so ging, durchfuhr mich ein atemloses Glücksgefühl, wenn ich bedachte, dass der Höhepunkt, das Letzte unserer Liebe, noch vorbehalten ist. Sieh, Lieber, Du brauchst nicht traurig zu sein oder eifersüchtig auf meine Gedanken, wenn ich meine Einsamkeit liebe. Ich tue es, um still und ungestört und fromm Deiner zu gedenken. Lieber, ich küsse Dich.« Auch diese Zeilen gehören zu ihrem Brief: »Ich lebe in Dir sehr, das fühle ich. Aber die Trennung ist mir lieb, weil sie dies Ineinanderleben zu einem seelischen macht ... Es wechselt in mir ein sprödes Meiden Deiner Körperlichkeit mit der innigsten Lust der nächsten körperlichen Vereinigung. Lieber, liebe mich, wenn ich auch ungereimt bin. Ich meine es doch gut.«

Es gibt kein Leben ohne Geheimnisse. Wer wäre sich selbst nicht hin und wieder ein Rätsel? Wer das Leben anderer beschreibt, zumal von Toten, muss sich hüten, alles auflösen zu wollen. Aber darf die Biografin Geheimnisse vor sich herschieben und das fremde Leben zu einer Wundertüte stilisieren, um am Ende mit einem Aha-Effekt zu glänzen? Woran misst sich, wie frei die Dramaturgie einer Biografie gestaltet werden kann?

Hier heißt die Entscheidung, nach Möglichkeit auf gleichem Wissensstand zu sein wie Paula und ihr Mann. Manches in den Briefen vom November 1902 bleibt rätselhaft. Doch etwas Wichtiges – die »Körperlichkeit« – erfährt durch einen fünf Jahre später geschriebenen Brief eine wesentliche Ergänzung. In einer extremen Lebenssituation schreibt die dreißigjährige Paula 1906 an Modersohns alten Freund Carl Hauptmann, mit dem auch sie seit der Heirat freundschaftliche Gefühle verbinden: »Ich habe mich ganz in Otto Modersohns Hände gelegt und habe 5 Jahre gebraucht, um wieder frei davon zu werden. Ich habe 5 Jahre neben ihm gelebt, ohne dass er mich zu seiner Frau machte, das war Tierquälerei.« Auch dieses Dokument, in der klassischen Ausgabe »Paula Modersohn-Becker in Briefen und Tagebüchern« (1979) nicht publiziert und bisher in den Biografien nicht abgedruckt, gehört zum Leben von Paula Modersohn-Becker.

Mit Gewissheit lässt sich sagen: Die beiden waren in eine komplizierte Liebe verwickelt. Dass sie bis dahin ihre Ehe nicht »vollzogen« haben, wie die altmodische Redewendung heißt, gehört zum Gepäck, das beide trugen. Es hat nicht ständig das gleiche Gewicht. Mal wird es zur unerträglichen Last, mal verlagert es sich in den Hintergrund und macht fröhlichem, entspanntem, nachdenklichem Miteinander Platz. Paulas November-Briefe sind ein Versuch, zu dieser frühen Zeit ihrer Ehe damit umzugehen – ohne Schuldzuweisungen. Vielleicht gelingt es auch uns, die wir von außen und so viel später in dieses Leben blicken, das Urteil, das Paula in ihrem Brief an Carl Hauptmann über ihren Mann fällen wird, vorläufig auszuklammern.

Der Brief vom 7. November ist der anrührende Liebesbrief einer jungen Frau, die versucht, den widerstreitenden Gefühlen in ihrer Brust ehrlich Raum und Ausdruck zu geben: »Mein geliebter Mann, Mein König Rother, Mein Otto mit dem Barte, Du mit der weichen Stirne und den lieben Händen, Du Maler, Du Trauter, Du vertrauter ...« Weil die sechsundzwanzigjährige Paula entschlossen ist, dieser schwierigen Liebe eine Zukunft zu ermöglichen, gibt sie ihrem Mann ihr Gefühlsleben preis und schwelgt nicht heimlich in ihrer Einsamkeit. Allerdings rückt das Bekenntnis, ihrer Liebe zu Otto Modersohn einen Altar zu errichten – »still und ungestört und fromm« –, ihren Mann in merkwürdige Ferne. Es ist, als ob Paula nicht einen leibhaftigen Menschen, sondern ein Denkmal liebkost.

Das Jahr 1902 geht seinem Ende entgegen. Der November bringt Worpswede eine rauhe, dunkle Zeit. Paula mag sie gar nicht. Wenn an den langen Abenden die Gedanken zurückwandern, füllt sich die Schale der Erinnerung mit bitteren Früchten. Clara Westhoff vor allem, aber auch Rilke – so sehr vermisst und dann verloren in großer Traurigkeit.

Mitte September 1902 hatte Otto Modersohn in sein Tagebuch geschrieben: »Heute morgen traf ich Frau Rilke. Wie düster, wie ein schlimmes Buch wirkte ihre Erzählung auf mich und Paula ... Er in Paris bei Rodin – sie geht in vierzehn Tagen; wenn sie Geld hat. Kind zu den Eltern in Oberneuland. Zukunft ganz ungewiss.« Im Oktober kam das Bauernhaus der Rilkes – nach gerade anderthalb Jahren – in einer Auktion unter den Hammer, Clara Westhoff-Rilke folgte ihrem Mann nach Paris.

Zum Verlust der vertrauten Freundin gesellte sich die Erkenntnis, in der Ehe mit Otto Modersohn nicht die ersehnte »Schwester-Seele« gefunden zu haben, sondern doppelte Einsamkeit. Das zweite Ehejahr – ein Jahr der Ernüchterung, nicht nur für Paula, auch für ihren Ehemann.

Im März 1902 hatte Otto Modersohn vehement Paulas Familie und die Worpsweder Freunde angeklagt, sie nicht ernst zu nehmen als

Künstlerin. Am 23. Juni schreibt er verständnisvoll: »Paula strebt riesig künstlerisch und gesund. Und als Mensch; sie ist ja schroff gegen Kleines, nicht zu ihr Gehöriges, aber das tut sie aus hoher Einschätzung wirklicher Werte, die ja so sehr selten sind ...« Schon am 28. Juni jedoch sind alle Jubelrufe auf seine Frau wie weggewischt. Ein zweiter emotionaler Ausbruch macht sich Luft, diesmal aber nicht »pro Paula«. Unter der glatten freundlichen Oberfläche ist ein aggressives Gemisch entstanden.

Paulas Kunst bleibt unangezweifelt, doch für Otto Modersohn hat die außerordentliche Begabung seiner Frau plötzlich eine schwarze Seite: »Egoismus, Rücksichtslosigkeit ist die moderne Krankheit. Nietzsche der Vater. Gegenteil von christlicher Nächstenliebe. Finde es schrecklich barbarisch, brutal, nur an sich zu denken, für sich zu sorgen, andere Menschen mit Füßen zu treten. So ist Rilke und seine Frau ... Leider ist Paula auch sehr von diesen modernen Ideen angekränkelt. Sie leistet sich auch etwas in Egoismus ... Ich habe diesen schroffen Egoismus auch schon oft erfahren müssen. Ob wohl alle begabten Frauenzimmer so sind? Begabt in der Kunst ist Paula ja sehr ... Wenn sich damit doch mehr menschliche Tugenden verbänden.«

Der gekränkte Ehemann schreibt sich in Rage. Dem Stichwort »begabtes Frauenzimmer« folgen die abschätzigen Vorurteile und Klischees, die Gegner von Frauenbewegung und Emanzipation seit Jahrzehnten verbreiten. Otto Modersohn, der sich zur Avantgarde zählt – künstlerisch und menschlich –, übernimmt sie unreflektiert: »Das muss das schwerste für ein Frauenzimmer sein: geistig hoch, intelligent, und doch ganz Weib. Diese modernen Frauenzimmer können nicht wirklich lieben, oder sie fassen Liebe nur von der animalischen Seite, die Psyche nimmt nicht daran teil.« Was muss sich bei ihm angestaut haben, dass er so um sich schlägt. Wusste Otto Modersohn nicht zu gut, dass dieses Klischee so gar nicht auf seine Frau passte?

Anschließend versucht er es mit Ironie und nimmt die angeblichen Vorwürfe der »modernen Frauenzimmer« auf: »Der Mann ist natürlich in mittelalterlichen, tyrannischen Gelüsten befangen, wenn er erwartet, dass seine Frau ihm zuliebe etwas tut, mit ihm lebt, auf seine Interessen eingeht. Eine Frau würde da ja ihre Rechte, ihre Persönlichkeit opfern. So argumentieren sie und machen sich und ihre Männer unglücklich.« Im Herbst 1901 hatte Otto Modersohn den »freien Sinn« seiner Frau gepriesen und sich über jene mokiert, die heiraten, »um alsbald ein philisterhaft-spießbürgerliches Leben zu führen«.

Durch das Zusammenleben mit Paula, die an ihrer Arbeit festhält, hat Otto Modersohn den Kern von Emanzipation richtig erfasst: Es sind die Männer, die Liebgewordenes aufgeben müssen. Zuallererst ihre Definition von Weiblichkeit, die nichts anderes ist als eine Gebrauchsanweisung, wie Frauen sich den Interessen der Männer unterzuordnen haben. Der theoretische Fortschritt in der Beziehung zwischen den Geschlechtern, dem sich Otto Modersohn verpflichtet fühlt, ist in der Praxis eine klare Rechnung von Verlust – auf Seiten der Männer – und Gewinn – auf Seiten der Frauen. Die anmutige Paula, die sich gerne elegant kleidet, modische Hüte trägt und so gar nicht dem Klischee eines »modernen Frauenzimmers« und eines »Malweibs« entspricht, war auf ihre eigene leise, zähe Weise entschlossen, ihr Leben nicht nach dem traditionellen Ungleichgewicht der Geschlechterrollen einzurichten. Mochte ihre Umgebung das auch egoistisch nennen.

Als Paula Becker den Maler Otto Modersohn heiratete, hatte sie nicht nur auf Verständnis für ihre Mal-Kunst gehofft. Sie, die sonst gerne abwartete, schuf Tatsachen. Vom ersten Tag ihrer Rückkehr nach der Hochzeitsreise an ging sie morgens und nach dem Mittagessen zur Arbeit in ihr Atelier. Sie hatte – ohne Abstriche und ohne sich zu verstecken – einen Beruf, sie war Malerin. Otto Modersohn akzeptierte das, war stolz auf seine Frau. Wurden ihm nach noch nicht zwei Jahren die Folgen unheimlich? Fühlte er sich vernachlässigt? Kam ihm langsam die Erkenntnis, dass er – bei aller Liebe – nicht das Wichtigste war im Leben seiner Frau? War ihm aufgefallen, dass seine Frau viel unabhängiger arbeitete und nicht ständig ihre Bilder mit seinen verglich, um dann zu erklären, er sei der begabtere? Dass sie seine Arbeiten lobte, ihn aber noch mehr antrieb?

Es war ein vorübergehendes Tief. Schon im Juli überwogen wieder Freude, Stolz und Selbstkritik: »Meine Paula ist doch eine feine Deern. Eine Künstlerin durch und durch ... ich komme zur Zeit nicht mit ... Paula ist ein geniales Frauenzimmer, die begabteste hier und überhaupt selten, sie allein hat großen Gesichtspunkt, fühlt, worauf es ankommt ...« Auch Otto Modersohn war erfüllt von einer großen, tiefen Liebe und wünschte sehnlichst, dass sie von Dauer sei.

Ende Januar 1903 findet sich in Paulas Brief an Tante Marie eine

Skizze ihrer Ehe: »Wir leben still weiter unsern Gang und warten still weiter darauf, dass etwas aus uns wird. Otto in seiner Art gerade so wie ich, denn ihn verlangt auch nach etwas Höherem. Und dann erzählen wir uns gegenseitig von uns, was ein jeder machen will, und dann wartet der eine auf den andern.« Die beschriebene Stille hat etwas Unheimliches an sich. Als ob die Zeit erstarrt oder die Lebenskraft verrinnt. Beides passt nicht zu Paula Modersohn-Becker.

Was Tante Marie erfährt, ist die halbe Wahrheit. Mitte Januar hatte Otto Modersohn ins Tagebuch geschrieben: »Heute Abend mit Paula langes Gespräch über mich. Sie schenkt meinen Worten keinen Glauben, dass ich jetzt wirklich so wichtige Erkenntnisse gewonnen habe … Sie hält mich für sehr hoffnungsreich, aber auch für sehr gefährlich veranlagt, im Augenblick schwärme ich, hinterher verwerfe ich.« Paula ist enttäuscht, dass ihr Mann in seiner Malerei die selbstgesetzten Ziele immer wieder verfehlt. Otto Modersohn zeigt Verständnis für die Vorwürfe, glaubt aber fest an sich: »Ich kann es ihr nicht verübeln … Und doch ist es diesmal etwas ganz anderes … Ich behaupte, Paula täuscht sich diesmal gründlich.«

Die poetischen Briefe von Paula Modersohn-Becker, ihre bildreiche Sprache, die Tagebucheintragungen über ihre Gefühle, ihre Verbundenheit mit den Blumen und Bäumen verführen dazu, ihrer Persönlichkeit eine falsche Gewichtung zu geben, einseitig zu urteilen. Was sie antreibt, ist vielfältig und keineswegs vorrangig geprägt von »Gefühl und Wellenschlag«, wie man es flapsig formulieren würde. Sie hat sich selbst als einen reflektierenden Menschen gesehen.

Wenn Paula Modersohn-Becker an der Jahreswende 1902/03 ihre künstlerische Entwicklung bilanziert und bedenkt, an welchem Punkt sie im Vergleich zu Otto Modersohn steht, dann hat ihr Verstand eine klare Antwort parat. Ihr Mann mag von ihr lernen und sich gerne antreiben lassen – das Umgekehrte gilt nicht für sie. Sie ist weit fortgeschritten in der Malerei, und sie hat zu sehr abweichende künstlerische Ziele, um von Otto Modersohn oder dem Künstlerdorf Worpswede noch wesentliche Anregungen zu erhalten. Sie kann geduldig warten, damit sich etwas vorbereitet und größer wird in ihr. Stillstand jedoch erträgt sie nicht. Sie braucht Tapetenwechsel, aber nicht irgendeinen. Ihr Mann, den so gar nichts aus dem stillen Worpswede fortzieht, gibt ihrer Bitte nach und übernimmt die Reisekosten.

Von unterwegs erhält Otto Modersohn eine Postkarte: »L. O. Zwischen Compiègne und Paris. Belgien war prachtvoll. Hügelig und weiße Sandsteinfelsen, dunkle Frauen, die die schwarzen staubigen Kohlenberge hinaufsteigen ... Dazwischen merkwürdige efeuumrankte Herrenhäuser ... Und immer ein Fluss und dabei lauter Gefühle: Es war einmal. Ich grüße unser kleines Holzhäuschen. D. P.«

Es dauert nicht mehr lange, bis der Zug in den Gare du Nord einfährt. Paris, 10. Februar 1903: Paula Modersohn-Becker ist wieder am Ziel ihrer Sehnsucht.

Fünf Wochen Arbeitseifer und Lebenslust
Paris Februar bis März 1903

Paula Modersohn-Becker liebte ihre kleinen Rituale. Hatte sie drei Jahre zuvor in Briefen an die Eltern ihrer Begeisterung für Paris und seine Boulevards freien Lauf gelassen, um sogleich anzufügen, wie sehr die große Stadt mit ihren vielen Menschen sie bedränge, war jetzt Otto Modersohn an der Reihe. Noch am Ankunftstag schreibt sie ihm aus dem gleichen Grand Hôtel de la Haute Loire am Boulevard Raspail, wo sie auch schon am Neujahrstag 1900 abgestiegen war: »Überhaupt genieße ich es, obgleich ich noch sehr befangen bin und mich vor den Menschen ein wenig fürchte.« Am nächsten Morgen fährt sie im Brief fort: »Aber eine Stadt ist dies Paris doch; nur sind noch Schleier zwischen ihr und mir.«

Wie schnell sie sich tatsächlich akklimatisiert hat, verrät das Briefende. Da fühlt sie schon, dass sie ihrem Ehemann vorschlagen wird, er solle zu ihr nach Paris kommen, »denn hier sitzt Champagner in der Luft, ganz abgesehen von der Kunst auf Schritt und Tritt«. Es ist ein Wunsch, der sich durch ihre Paris-Briefe ziehen wird. Paula versteckt ihre Lebenslust nicht. Am 26. Februar die bekannte Frage mit einem koketten Zusatz: »Sag mal, kommst Du noch? Dann musst Du bald kommen. Für mich wäre es ja sehr schön, wir würden manches mit einander erleben können, was ich als Dame allein nicht so gut erleben kann.«

In wesentlichen Punkten knüpfte Paula Modersohn-Becker an Erkenntnisse und Erlebnisse des ersten Aufenthalts in der Weltstadt an. Die Leichtigkeit der Pariser, das heitere Straßenleben imponieren ihr unvermindert: »In einer Nebenstraße stand auf einem Karren, den ein Eselein zog, eine Drehorgel, die eine alte Frau spielte … Ein kleines Ladenmädchen, die die Blumentöpfe, die vor der Tür standen, hinein bringen sollte, tat dies im Takt sich wiegend und tanzend, im Hausflur tanzten zwei andere Mädchen. Und ein Paar Burschen, die vorbeizogen, denen juckte es auch in den Beinen.« Es war ein Sonntagabend in Paris, und Paula Modersohn-Becker spaziert durch ihr Viertel Montparnasse.

Genau wie 1900 hat sie das Hotel nach einer Woche satt. Diesmal zieht sie in ein kleines Zimmer in der Rue Cassette Nr. 29. Von ihrem Zimmer aus sieht sie in den gegenüberliegenden Klostergarten, und das Haus selbst hatte einen kleinen Hof mit Garten. In wenigen Minuten ist sie in der vertrauten Kunstakademie Colarossi. Sie hat nur den Croquis-Kurs am Nachmittag belegt, um das schnelle zeichnerische Erfassen des menschlichen Körpers noch zu verfeinern.

Den Vormittag hält sich Paula Modersohn-Becker diesmal frei zum Schauen und Skizzieren. Wieder stöbert sie in den Galerien für die moderne Kunst in der Rue Laffitte am rechten Seine-Ufer und besucht das Luxembourg-Museum im gleichnamigen Park. Hier sind die inzwischen etablierten Maler der Moderne – die Impressionisten – zu Hause. Drei Jahre zuvor hatte sie Manet und Degas sehr kritisch gesehen, beim erneuten Anschauen findet sie sie interessant und nennt sie sehr künstlerisch.

Insgesamt bestätigt sich ihr positiver Eindruck von der modernen französischen Malerei, der im Frühjahr 1900 sehr bald an die Stelle ihrer Vorurteile getreten war. Schon vier Tage nach ihrer Ankunft nutzt Paula Modersohn-Becker ihre Entdeckungen, um ihren Mann in seinem künstlerischen Streben anzuspornen: »Lieber Kerl, was Du wohl machst ... Hast Du die kleinen Rahmen schon bespannt? ... das ist eine der Hauptsachen, die man hier in Paris lernen kann, die Impromptus. Ich war heute in der Rue Laffitte, der Straße der Kunstläden. Da sieht man viel Interessantes, weißt Du, was Du das Künstlerische in der Kunst nennst. Dieses nicht Fertigdrehen, das besitzen die Franzosen in hohem Maße ... Dahin musst Du auch noch kommen, denn das liegt gerade Deinem Talente sehr.«

Es fällt auf, wie sehr Paula Modersohn-Becker über die Entfernung ihren Mann in die Pariser Reise mit einbezieht. Dabei wird die Siebenundzwanzigjährige gegenüber dem elf Jahre Älteren zur Lehrerin, die nüchtern seine Defizite aufdeckt: »Weißt Du, ich denke hier auch viel mit an Deine Bilder. Sie müssen noch viel, viel merkwürdiger werden. ... Ein Ausdruck von Dir ist: ›Man hat so ein Gefühl, da geht es um‹. Wenn Du nun ein Bild malst, ist es das erste, dass Du dies Gefühl in seiner ganzen Stärke zum Ausdruck bringst. Da musst Du alle Mittel dazu am Schnürchen haben. Die Technik, die Farbe, die große Form.« Gefühl allein reicht nicht, heißt die Botschaft an Otto Modersohn, von dem seine Frau noch viel erwartet. »Ich habe einen so großen Stolz auf Dich gesetzt, mein Rother«, schreibt sie ihm liebevoll aus Paris. Enttäusche mich nicht, steht unausgesprochen dahinter.

Paula Modersohn-Becker will ermutigen und anspornen. Sie weiß, dass ihre Erwartungen einem Menschen gelten, dessen künstlerisches Selbstbewusstsein keineswegs so gefestigt ist wie das ihre. In den Antworten an seine Frau nimmt Otto Modersohn die Hinweise auf seine künstlerischen Defizite und seine noch verborgenen Fähigkeiten mit Humor auf: »Ich danke Dir, mein liebes, liebes Kind, für Deine zahlreichen Briefe, jeder ist ein Festtag. Du bist mir sehr im Voraus und ich muss mich wirklich auf die Hosen setzen, wenn ich mit will.« Ohne Beschönigung schreibt er am 21. Februar seinem Freund Carl Hauptmann, der zurückliegende Winter sei »ein rechter Kampf für mich in meiner Kunst« gewesen: »Nie war ich mehr ein Suchender.« Der Brief von Worpswede nach Paris offenbart auch etwas über ihren persönlichen Umgang. Die jüngere Paula belehrt ihn ohne Hemmungen in seinem künstlerischen Schaffen, umgekehrt ist Otto Modersohns Liebe von väterlichen Gefühlen eines älteren Mannes gegenüber seiner jüngeren Frau mitbestimmt.

Schon beim ersten Paris-Aufenthalt galt ihr erster Gang dem Louvre. Jetzt wandert Paula Modersohn-Becker mit dem Skizzenbuch in der Tasche täglich dorthin. Sie »lernt viel« von den alten Meistern. Immer wieder nennt sie Rembrandt, an dem sie »das Krause in sich, das Leben« fasziniert. Einmal zeichnet sie sein Bild »Bathseba im Bade« nach: »Es ist ein Frauenakt im Bett. Aber wie der gemalt ist, und wie die Kissen gemalt sind in ihrer Form mit den Spitzeneinsätzen, das alles ist ganz entzückend.«

Das Stichwort ist gefallen, das Ziel, das Paula Modersohn-Becker umtreibt, seit sie in Berlin im Kurs der »Zeichen- und Malschule« saß. Am 20. Februar 1903 hält sie im Tagebuch fest: »Das sanfte Vibrieren der Dinge muss ich ausdrücken lernen … Das merkwürdig Wartende, was über duffen Dingen schwebt (Haut, Ottos Stirn, Stoffen, Blumen), das muss ich in seiner großen einfachen Schönheit zu erreichen streben. Überhaupt bei intimster Beobachtung die größte Einfachheit anstreben.« Die Erinnerung an ihre Berliner Lehrerin, die geliebte Jeanne Bauck, stellt sich wie von selber ein. Deren malerisches Credo hatte Paula Becker den Eltern im Dezember 1897 genannt: die große Wirkung nobler Einfachheit.

Hatte Paula Modersohn-Becker beim ersten Paris-Besuch die Kunst der Antike als »kühl« abgelehnt, findet sie nun einen Zugang: »Jetzt fühle ich tief, wie ich an den Köpfen der Antike lernen kann. Wie sind die groß und einfach gesehen.« Sie entdeckt sich mit ihrer Arbeit als organischen Teil im Entwicklungsprozess der abendländischen Kunst: »Ich fühle eine innere Verwandtschaft von der Antike zur Gotik ... und von der Gotik zu meinem Formempfinden.« Tief beeindrucken sie ägyptische Mumienporträts aus dem 2. bis 4. Jahrhundert n. Chr., die – auf Holz und Leinwand gemalt – den Toten mit auf den letzten Weg gegeben wurden. Die Verbindung zur Antike ist der eine wesentliche Ertrag der Pariser Wochen im Frühjahr 1903. Doch es gibt einen zweiten künstlerischen Höhepunkt. Ihn verdankt sie dem Ehepaar Rilke, das seit Herbst 1902 in Paris lebt.

Schon in ihrem zweiten Brief an Otto Modersohn, am Tag nach der Ankunft, heißt es: »Ich will nun doch heute Abend zu Rilkes gehen.« Und am nächsten Abend: »Eben waren Rilkes da und machten mir ihren Gegenbesuch ... Sie sind sehr freundlich zu mir. Aber Paris plagt sie beide mit viel unheimlichen Ängsten.« Es folgen einige Besuche hin und her, stets von den gleichen Schilderungen begleitet. Sehr liebenswürdig seien die beiden, sehr nett. Auch Paula Modersohn-Becker gibt sich Mühe, bringt Rainer Maria Rilke, der ständig von Grippe geplagt ist, einen prächtigen Tulpenstrauß ans Krankenbett. Aber die Stimmung hellt sich nicht auf. »Wenn sie doch ein bisschen fröhlicher wären«, hört Otto Modersohn am 14. Februar.

Wie sehr sich Rilkes, die ihr einst so nahe waren, auch bemühen – ihre Anstrengungen stoßen auf höfliche Liebenswürdigkeit, aber keine Herzenswärme. Paula ist selbst verwundert, dass all die freundschaftlichen Avancen von ihr abprallen, sie »völlig kalt lassen«. Dabei hatte Rilke, noch bevor die ehemalige Freundin ihre Reise antrat, am 29. Januar 1903 einen Brief an die »Liebe Frau Paula Modersohn« geschrieben, der eine große ehrliche Bitte um Vergebung ist.

Zwei Briefe stehen seit dem Februar 1902 zwischen Paula und den Rilkes. Der Brief von Paula, in dem sie Clara vehement bittet, mit ihrer Liebe gegenüber der engen Vertrauten nicht weiterhin zu knausern, und

Rilke anklagt, die unguten Veränderungen bei seiner Frau bewusst ausgelöst zu haben. Darauf hatte Rilke in hochmütigem Ton geantwortet, sie solle Clara nicht weiter in ihrer selbstgewählten Einsamkeit stören, die Enttäuschung über den zeitweiligen Verlust der Freundin sei allein ihr Problem.

Es war eine delikate Aufgabe, diese belastende Korrespondenz, mit der die Freundschaftsbande zerschnitten schienen, Anfang 1903 wieder aufzunehmen. Rilke – »Wir hörten auf Umwegen, dass Sie nach Paris kommen« – hat sie mit Bravour gemeistert. Ohne drum herum zu reden kommt er in seinem Brief auf den zentralen Punkt ihres Zerwürfnisses zu sprechen. Er versteht Paulas abweisende Haltung und übt Selbstkritik ohne Selbstmitleid: »Bitte, versuchen Sie allen Unwillen, alles Mißtrauen und alle Fremdheit gegen uns abzutun; wir leiden darunter, wir litten darunter vom ersten Augenblick an, seit dieses Missverstehen sich zwischen uns ausbreitete ... wir sind die Schuld daran ... oder vielmehr: *ich* bin schuldig, ich klage mich an, wie Sie es längst getan haben.«

Er bestätigt noch einmal, wie sehr Paula mit ihrer Vermutung recht hatte: »In mir liegt die Ursache, dass Ihr Verhältnis zu Clara Westhoff an Klarheit und Einfachheit verlor, dass es kompliziert wurde ...« Daraus folgt die Bitte: »Tragen Sie es Clara Westhoff nicht nach, dass ich kam und viel Schweres über sie brachte, darin sie sich leise verwandelte; darin sie zu einem ernsteren, einsameren ... Menschen wurde ...«

Rilke fügt eine Erklärung für die damaligen Umstände hinzu, die den Tatsachen entspricht: »... für uns begannen große Sorgen, die wir mit niemandem teilen *konnten*.« Seine dünnen Gedichtbände brachten nichts ein, seine Frau hatte keine Schüler, keine Aufträge. Sie konnten ihr Haus in Westerwede nicht mehr halten. Sie ließen das Kind bei den Großeltern und versuchten, in Paris mit einem Minimum über die Runden zu kommen. Hier glaubten sie als Künstler zu wachsen und mussten erfahren, dass Paris eine »schreckliche und schwere Stadt« ist, »wo Armsein und Untergehen so ähnlich sind«.

Am Ende noch einmal die Bitte: »Können Sie nicht versuchen, uns trotz allem, arglos gut zu sein?« Paula kann es nicht. Obwohl ihr auch Clara noch einen Brief vor der Reise geschrieben hatte – aber darin war nur von Arbeit die Rede. Gleiches galt für den einzigen Besuch in Claras Atelier, den Paula macht. An Otto Modersohn schreibt sie anschließend, es setze sich ein »Posten Selbstanbetung in ihrem Gemüte fest«.

Immerhin mit dem Zusatz, man könne über Clara nicht urteilen und müsse abwarten, »was daraus wird«.

Etwas einfühlsamer urteilt sie zwei Tage später, in einem Brief an Martha Hauptmann: »Clara Rilke fasst im Augenblick Paris von seiner unheimlichen Seite traurig und schwer auf. Das kommt wohl, weil sie sich von ihrem Heim und von ihrem Kinde trennen musste.« Mehr an Gefühl kann sie nicht aufbringen.

Am 22. Februar 1903 bringt Rilke Paula Modersohn-Becker eines der ersten Exemplare seines Buches über die Künstlerkolonie Worpswede. Erschienen in einer angesehenen Kunstbuch-Reihe, ist es für ihn ein finanzieller Lichtblick und für die fünf Maler von Worpswede ein gutes Aushängeschild. Für Paula ist es nur ein Anlass zu ätzender Kritik: »Diese Vorsichtigkeiten und diese Angst es mit irgendeinem zu verderben ... Da sind viele Phrasen und schöne Sätze; aber die eigentliche Nuss ist hohl ... In meiner Wertschätzung sinkt Rilke doch allmählich zu einem ziemlich kleinen Lichtlein herab, das seinen Glanz erhellen will durch Verbindung mit den Strahlen der großen Geister Europas ...« Das Urteil von Paula Modersohn-Becker über Rainer Maria Rilke im Frühling 1903 steht fest: »Aber ich mag ihn auf einmal nicht mehr leiden. Ich schätze ihn nicht mehr hoch ein. Er hält es mit jedem.«

Jenseits persönlicher Gefühle verbindet die Malerin und den Dichter weiterhin das Interesse an bildender Kunst, an Literatur und französischer Kultur. Diese Brücke ist geblieben. Rilke hinterlegt in der Rue Cassette ein Päckchen für Paula mit Lesestoff. Sie ist begeistert und meldet Otto Modersohn: »Rilke hat mir ein schönes Buch geliehn. Notre Dame de Paris von Victor Hugo, ein Roman, wo der Dichter glühend und mit feinstem Verständnis für die Erhaltung der alten gotischen Bauten eintritt.« Die gewichtigste Anregung hat Paula schon kurz nach ihrer Ankunft in Paris erhalten. Am 14. Februar, einem Samstag, schreibt sie nach Hause: »Eigentlich wollte ich gestern gern aufs Land. Aber Rilkes wollen sich eine japanische Ausstellung ansehen. Da werde ich mich wohl daran beteiligen.« Sehr begeistert klingt das nicht, eher nach Pflichtgefühl.

Es erstaunt, dass für Paula Modersohn-Becker die japanische Kunst offensichtlich eine unbekannte Größe ist. In Paris wurden 1867 auf der Weltausstellung erstmals Holzschnitte aus dem kaiserlichen Nippon ausgestellt. Schon Ende der 1870er Jahre waren Drucke japanischer

Holzschnitte Massenware in Pariser Kaufhäusern. In den Fachzeitschriften erschienen begeisterte Aufsätze über die fernöstliche Kunst. Die westliche Welt – hin- und hergerissen zwischen Moderne und Tradition, Natur und technischem Fortschritt, gespalten in Geist und Körper – war fasziniert von einer Malerei, die den Zusammenhang von Mensch und Natur, Welt und Kosmos voraussetzte und sichtbar machte. Die französischen Maler, vorweg die Impressionisten, öffneten sich dem Einfluss der fremden Kunst.

Am Sonntag, dem 15. Februar 1903, ging Paula Modersohn-Becker mit Rilkes ins Hôtel Drouot, das berühmte Pariser Kunst-Auktionshaus, wo die private Sammlung Hayashi vor ihrer Versteigerung gezeigt wurde. Noch am gleichen Tag hielt sie im Tagebuch fest, wie sehr diese Kunst sie beeindruckt hatte. Ihr gelinge es, »Regungen, die unser Inneres durchziehen« ins Bild zu bringen: »Der Ausdruck des Nächtlichen, des Grauenhaften, des Lieblichen, Weiblichen, des Koketten, alles dies scheint mir auf eine kindlichere, treffendere Weise gelöst zu sein als wir es tun würden.« Die Bilder vermitteln eine »kolossale Stimmung«. Dagegen sei die Malerei Europas »noch viel zu konventionell«. Man spüre »den Zusammenhang dieses Volkes mit der Natur«. »Ich muss Dir mündlich noch viel davon erzählen«, schreibt sie an Otto Modersohn. Und: »Es stürmt jetzt von allen Seiten auf mich ein, viel merkwürdige Sachen, und ich bekomme das Gefühl, dass die Reise mir nützt.«

Indem Paula Modersohn-Becker nach Paris geht, sich nicht im beschaulichen Worpswede einigelt, setzt sie sich bewusst Eindrücken und Anregungen, Ereignissen und Widersprüchen aller Art aus, saugt sie auf, ordnet sie ein und wird dennoch an den eigenen Zielen nicht irre. Sie vertraut darauf, dass aus den vielfältigen Erfahrungen Eigenes erwächst. Freilich ohne sofort Ergebnisse vorweisen zu können. Den Ertrag dieser zweiten Paris-Zeit würde erst die Zukunft bringen. Sie kann darauf vertrauen, dass Otto Modersohn, selber Maler, dafür Verständnis hat.

Doch das bürgerliche Arbeitsethos, das Leistung vergöttert, gehört zu den Tugenden, mit denen Paula Modersohn-Becker groß geworden ist. Die Vorwürfe der Eltern während ihrer Berliner Zeit, ihr »Leben sei ein einziger egoistischer Freudenrausch«, haben sich festgesetzt. Dabei war die Kunst Arbeit, harte Arbeit. Otto wusste es. Doch es fällt auf, wie oft sie ihm und anderen berichtet, dass die Reise ihr nützt. An Otto Modersohn schreibt sie: »Ich freue mich aber auch ganz konzentriert, dass ich hier bin und nutze meine Zeit gut aus ... Ich hoffe überhaupt, dass mich dieser Aufenthalt weiter bringt.« Und fügt allerdings selbstbewusst hinzu: »Na, das müssen wir in Geduld abwarten.«

Paula Modersohn-Becker ist dankbar für die finanzielle Unterstützung ihres Ehemannes und seine Einwilligung in die Reise. Dass eine verheiratete Frau einfach die Koffer packte und aufbrach, entsprach nicht den allgemeinen Vorstellungen von einer bürgerlichen Ehe. Aber mit den Bekundungen ihrer Dankbarkeit streut sie schon bald nach ihrer Ankunft elegant zwischen die Zeilen, dass die traditionelle Abhängigkeit als Ehefrau ihren Freiheitsdrang auch in Zukunft nicht schmälern wird: »Lieber, ich freue mich überhaupt so *sehr*, dass Du mich hiergelassen hast und ich bin Dir so von ganzem Herzen dankbar und ich glaube, ich werde es mir in meinem späteren Leben nach gewissen Zeiträumen immer wieder wünschen.« Im gleichen Brief vom 26. Februar kommt sie am Ende auf »das leidige Geld zu sprechen«. Das Thema macht ihr kein Problem: »Ich bin zu Ende. Schickst Du mir wohl *bald* noch einmal hundertundachtzig. Damit komme ich dann aus auch für mein Bahnbillet ... Weißt Du, dass ich Dich im Hintergrund weiß, das macht mir meinen Aufenthalt so voller Ruhe.« Ein Bekenntnis, das mehr als einmal ausgesprochen wird.

Ihre Liebesbriefe sind ähnlich intensiv wie die, die sie Otto Modersohn schrieb, als er im November 1902 erstmals ein paar Tage abwesend war. Paula ersinnt immer neue liebevolle Anreden – »Otto, mein lieber Rother und König«, »Mein lieber Gespons«, »Mein lieber RotherRex« – und Briefausklänge – »Dein kleines Reiseweib«, »ich bin trotz Ferne und trotz Ausreißen und trotz Malerin Dein kleines, treues, liebes Weib«. Der erste Liebesbrief kommt zwei Tage nach ihrer Ankunft: »Mein lieber Rotbart, ich wünschte, es wäre einmal einen Augenblick still um mich, dass ich Dir sanft und leise sagen könnte, wie fein und groß Du in meinem Herzen stehst. Und an Deine Arbeit zu denken und an Deine weiche Stirn und an Deine Hände, das geht schön.« Die Liebe ohne die Kunst zu denken – unmöglich für Paula: »Glück und Segen Deinen lieben Händen, dass unter ihnen Pracht und Glanz und Leuchten erblühe. Das ist ja doch das Allerallerschönste für mich.«

Zuvor hatte sie ihrem Mann zum Geburtstag geschrieben und die räumliche Trennung angesprochen, ohne sie wirklich zu bedauern: »Und trotzdem bin ich vielleicht mehr denn je bei Dir, denn ich bin mehr denn je in Dir, wohne in Dir und schlafe in Dir. Du bist mein lieber Schatten, in dem ich mich kühle und das kühle Wasser, in dem ich meine kleine runde Seele bade, von der ich das Gefühl habe, dass sie aussieht wie mein Akt ... Du bist mein lieber Geselle und ich gedenke in herzlicher herzinniger Liebe Dein und küsse Dir die lieben Hände und die Stirn. Deine beiden Hände und die milde Stirne, aus denen kommen Deine Bilder ...« Und am Ende des Briefes wieder ein Wunsch, der eine starke Erwartung ist: »Nun lass dich innig küssen, mein lieber Neununddreißiger. Mit dem neuen Jahre Vierzig soll die große Kunst beginnen.« Liebe und Kunst – Kunst und Liebe: Für Paula Modersohn-Becker sind sie eins, untrennbar in ihrer Beziehung zu Otto Modersohn. Sind sie auch gleichgewichtig?

Es ist März geworden in Paris, als Paula Modersohn-Becker ihrem Mann schreibt: »Ich sehe mir kleine Kinder mit Liebe an und schlage beim Lesen mit großem Verständnis Vokabeln nach wie: Wickelkind, Nähren und so weiter. Überhaupt merke ich und fühle ich, wie diese beiden Jahre an Deiner Seite mich leise zu einer Frau gemacht haben. Als Mädchen war ich innerlich jubelnd erwartungsvoll. Nun als Frau bin ich auch voller Erwartungen, aber sie sind stiller und ernster. Auch haben sie das Unbestimmte der Mädchentage abgelegt. Ich glaube es sind jetzt nur ihrer zwei ganz bestimmte: meine Kunst und meine Familie.« Ob diese Hinweise Signale sind, dass Paula endlich nicht nur eine Frau sein möchte, sondern durch körperliche Vereinigung seine Frau werden? Mehr als stellen lässt sich diese Frage nicht.

Aber eine Aussage steht nach diesem Brief auf festem Grund. Erst kommt die Kunst, dann die Familie, die Liebe. Beide sind das Wichtigste in ihrem Leben – aber in dieser Reihenfolge. Auch wenn sie im gleichen Brief anmerkt, dass sie ihre Kunst nur in Ruhe betreiben kann, weil sie »Dich und Elsbeth und unser kleines Häuschen« besitze. Die Wünsche und Lebensziele von Paula Modersohn-Becker sind keine Gleichung, die mühelos aufgeht. Widersprüche stecken darin und Ungereimtheiten. Die Siebenundzwanzigjährige scheint sich daran nicht zu stören. Hat sie doch bisher erfahren, dass Gegensätze fruchtbar sind. Liegt nicht darin das Geheimnis großer Kunst? Warum sollte es in der Liebe anders sein?

Beim Lesen kommt noch ein weiteres Gefühl auf: Dass Paulas offenherzig-liebevollen Briefe der Versuch sind, aus der Entfernung mit dem Partner ein Gespräch über Schwieriges in ihrer Ehe in Gang zu bringen, das in der Nähe nicht gelingt.

Aber am 17. März 1903 ist es auf einmal genug mit den Anregungen in der Fremde: »Ich kehre heim. Mich packt es auf einmal so, dass ich zu Euch muss und zu Worpswede. Liebster, am Sonnabend Abend, vielleicht auch schon am Freitag bin ich bei Dir … Junge, König Rother, das wird schön. Mach nur Deine Arme weit auf und sorge dafür, dass wir allein sind …« Tags darauf fährt sie über Münster – Otto Modersohn hatte sie um einen kurzen Besuch bei seinen Eltern gebeten – zurück nach Worpswede.

Es traf ein, was sie eine Woche zuvor aus Paris an Martha Hauptmann geschrieben hatte: »Und Ostern feiere ich wieder in der Heimat in meinem stillen Glück.« Aber in diesem Brief stand auch: »Ihr Mann sagte früher einmal zu mir, ich solle nicht wieder nach Paris gehen. Nun hoffe ich sehr, dass es mir nützt, und hoffe, dass es mir immer wieder nützen wird, wenn ich wieder einmal herkomme.« An Martha Vogeler hatte Paula Modersohn-Becker vor der Rückreise eine Grußkarte geschickt: »So eine Reise tut gut glaube ich, *sehr* gut und ich möchte wohl Paris alle paar Jahre wiedersehn …«

Das stille dörfliche Glück in Worpswede kommuniziert mit der großen Stadt Paris. Paula Modersohn-Becker braucht beides – für die Kunst, die auch das Leben ist.

Das stille Glück reicht nicht
Worpswede März 1903 bis Februar 1905

Wenn im Herbst beim Gang über die Heide der Sturm die Bäume peitschte und ihr der Regen ins Gesicht schlug; wenn im Winter bei strengem Frost das Eis unter den Schlittschuhen knackte; wenn sie im Frühling beim Pflanzen die Gartenerde unter den Händen fühlte; wenn sie nach einem heißen Sommertag in der Hamme badete – dann war Paula Modersohn-Becker glücklich. Sie fühlte sich eingebunden in den Zyklus des Jahres mit seinen Gegensätzen, dem Vergehen der Zeit im Gleichmaß der Tage, Wochen und Monate.

Einen Monat nach der Rückkehr aus Paris schreibt Paula im April 1903 an Tante Marie: »Bei mir gleitet das Leben Tag und Tag dahin und gibt mir das Gefühl, als ob es mich zu etwas führe. Und dieses hoffende, steigende Gefühl ist wohl die stille Seligkeit meiner Tage. Es ist merkwürdig, dass das, was man für gewöhnlich Erlebnisse nennt, in meinem Leben so wenig Rolle spielt ... der tägliche Kreislauf der Tage, das ist für mich das Beglückende ... Ich lebe, glaube ich, sehr intensiv in der Gegenwart.«

Acht Monate später, am 30. Dezember, erfahren Carl und Martha Hauptmann: »Wir leben hier unser Leben still weiter, von dem Sie ja auch wissen, dass es sehr gleichmäßig ist. Unsere Freuden bestehen in Naturstimmungen und Seelenstimmungen ... So ist es Otto und mir in unserm Lande auch so unbeschreiblich wohl zu Mute. Oft gerade dann am meisten, wenn am wenigsten passiert.« Von den fünf Wochen in Paris abgesehen: Passiert ist tatsächlich nicht viel in diesem Jahr 1903.

Auffallend sind die körperlichen Herausforderungen, die Paula Modersohn-Becker im Zusammenhang mit den Höhepunkten der Jahreszeiten sucht. Am 9. Juli 1903 fährt die kleine Familie für vier Wochen auf die Nordseeinsel Amrum. Otto Modersohn notiert im Tagebuch: »Oft stürmisches Wetter; Paulas kühnes Baden an solchen Tagen.« Oder: »Paula ging auf eine Mole hinaus, ohne sich zurückhalten zu lassen, trotzdem die Mole bei sehr hohem Wellengang kaum aus den Fluten heraussah.« In ihrem Brief vom 30. Dezember an die Hauptmanns fügt sie noch hinzu: »Eben komme ich vom Eis, was schön und blank gefroren ist. Zwanzig Dorfjungen liefen hinter mir drein, um sich mit mir an Schnelligkeit zu messen. Das Eis knackte und das Wasser trat an den Ufern über. Es war eine Lust.« Stimmungen allein waren nicht genug. Sie musste ihre körperliche Kraft einsetzen und fühlen, wie sie Hindernisse überwand, auch mal ein Risiko einging.

Otto Modersohn war anders. In Amrum wollte er erst gar nicht ins Wasser, lieber im Strandkorb sein Pfeifchen rauchen und Skizzen machen. Aber seine Frau kannte kein Pardon: »Bei uns baden bisher nur Mutter und Tochter. Vater sieht zu«, schreibt sie an ihre Mutter. Kurzerhand besorgt sie eine Badehose: »Und nun hilft es nichts. Er muss hinein.« Im gleichen Brief steht: »Gott sei Dank, dass Vater wieder wohl! Eine Nacht wollte er sterben ...« Auch das vermeintliche Sterben beschreibt Paula Modersohn-Becker mit jenem ironischen Ton, der zum Beckerschen Erbe zählt. In diesem Jahr gelten diese Töne auffällig oft dem Ehemann.

Vor der Heirat hatte Paula Becker ihn als ruhenden Pol gelobt, sie würde sich bei ihm geborgen fühlen. Nun erscheint Otto Modersohn als ängstlicher, leicht wehleidiger Ehemann. Ihre Schwester Milly erfährt: »Diesen Herbst hatte er leider ein paar nervöse beängstigende Herzklopfen, die ihn, weil er ja überhaupt ängstlicher Art ist, besonders mitnehmen und ihn in seinem Gesundheitsgefühl unsicher machen.« Der gleiche Brief an die Schwester erzählt von einem Besuch bei den Schwiegereltern in Münster. Die alten Leute lassen das Ehepaar durch eine »zähe stille oder laute Opposition« fühlen, dass sie Paula als Schwiegertochter im Grunde nicht akzeptieren: »Otto wird dann in ein paar Tagen wie ausgewischt. Ich nenne ihn dann nur mein ›Pastörken‹, so etwas Ernstes, Blasses hat er dann.« Statt Mitgefühl Kritik am Ehemann und der Hinweis auf seine Schwachstellen: Wo seine Ehefrau erwartet, dass er selbstbewusst auftritt, weicht Otto Modersohn dem Konflikt aus.

Zum Geburtstag der Mutter wäre Paula im November 1903 gerne nach Bremen gefahren. Die Familie jedoch hält sie in Worpswede fest – die kleine Elsbeth, das neue Hausmädchen und der dünnhäutige Ehemann vor allem: »Dass ich so in Deiner Nähe bin und doch nicht bei Dir! Ich weiß mich nicht hier aus meinem Häuschen wegzustehlen, ohne dass die drei übrigen Insassen trübselig verwaist sind. Otto hat in dieser Zeit eigentlich mehrmals täglich mein Gesicht nötig.« Elsbeth ist dem Vater zu laut, die Ehefrau muss ausgleichen. Paula aber will nicht die traditionelle »Ehefrau auf Zehenspitzen« sein, die für den häuslichen Frieden zuständig ist.

Gleich nach ihrer Rückkehr aus Paris besucht Paula Modersohn-Becker ihre »Modelle« im Armenhaus und in den Arme-Leute-Katen: »Ich komme unsern Leuten hier wieder nahe, empfinde ihre große biblische Einfachheit. Gestern saß ich eine Stunde lang bei der alten Frau Schmidt am Hürdenberg. Diese sinnliche Anschauung, mit der sie mir den Tod ihrer fünf Kinder und drei Winterschweine erzählte … Es brennt in mir ein Verlangen, in Einfachheit groß zu werden.« Sie konnte poetisch und gefühlvoll sein und schreiben – und dann wieder ganz lapidar und einfach.

Paula Modersohn-Becker nimmt ihr übliches Programm wieder auf. Tagsüber, von der Mittagspause abgesehen, verschwindet sie aus dem Familienhaus. Sie geht in ihr kleines Atelier in der Brünjes-Stube, wo Otto Modersohn ein großes Fenster ins Reetdach hatte einbauen lassen. Sie redet mit den alten Frauen in den verrauchten Katen. Sie beobachtet die Kinder, die Ziegen, Gänse oder ihre jüngeren Geschwister hüten. Sie schaut sich lange und intensiv die Bäume, die Blumen und die Wolken an; fühlt den eigenen Empfindungen nach und bewahrt sie fest im Innern. Alles war Teil ihrer Arbeit als Malerin. Manchmal kommt sie erst spät zu ihrer Familie. »Ich sitze in meiner lieben Brünjeschen Klause. Es dämmert. Der Mond steht schon hell am Himmel und vor meinen Fenstern liegt unser geliebter Berg«, schreibt sie am 30. November 1903 an ihre Schwester Milly.

Direkt hinter Brünjes Bauernhof befand sich eine verlassene Ziegelei, und dahinter waren steile braune Wände, aus denen man einst Torf gestochen hatte. Die Wände waren von Moos, Farnen und Brombeeren überwuchert. Der Boden war im Frühling mit kleinen weißen Sternen übersät; noch vor den Anemonen wuchs auf dem verwunschenen Gelände gelber Huflattich in großen Mengen. Für Herma Becker, die in Worpswede wie zu Hause war, verband sich die Erinnerung an »die kleinen Gelben« fest mit ihrer älteren Schwester: »Stundenlang konnte sie zwischen ihnen sitzen auf dem lehmigen Gelände und … diesen rührenden goldenen Reichtum betrachten. Und dann malte sie eine Handbreit davon, lebensgroß auf eine Pappe, stand einen ganzen Morgen daneben und malte sie mit den ersten Bienen, die drüber flogen und den gelben Weidenkätzchen, die in Menge drum herumblühten. Oder sie wand sie zu Kränzen und setzte sie mir oder den armen Bauernmädchen, ihren Modellen, auf den Kopf, die halb beschämt, halb gehoben lächelten unter dem ungewohnten Schmuck.« Zu allen Jahreszeiten war die zerfallende, verwunschene Ziegelei einer von Paulas Lieblingsorten.

So wenig passiert im Jahre 1903, dass die Masern, die Elsbeth am Ende der Sommerferien erwischen, fast eine Sensation waren. Anfangs wird sie von Großmutter Becker gepflegt. Dann fährt Paula nach Bremen, und ihr Mann bekommt sehnsüchtige Zeilen zu lesen: »Ich danke Dir für Deinen lieben Brief und habe ein ganz krankes Verlangen nach unserm kleinen stillen Haus und dem Gärtelein ... Ich liebe Dich herzinniglich und danke Dir aus tiefstem Seelengrunde, dass Du Otto Modersohn aus Worpswede bist.« Sie hat wieder »das kranke-Vogelgefühl«, das Paula Modersohn-Becker eigentlich erst im November packt, wenn die Tage kürzer werden und es draußen nass und trübsinnig ist.

Nach der Rückkehr seiner Frau aus Paris hatte Otto Modersohn über die neu vertiefte Liebe ins Tagebuch geschrieben: »So muss die echte Liebe sein: Rein, lautere Seelengemeinschaft. Dann bleibt man im Gleichgewicht, dann bleibt die Liebe immer neu, immer erhebend, beglückend, beseligend. Man profaniert und brutalisiert so leicht in der Kunst und in der Liebe.« Auch über Paula als Künstlerin geriet er wieder ins Schwärmen: Keiner unter den Worpsweder Künstlern strebe so nach Größe wie Paula; turmhoch stehe sie über allem. Ein glückliches Künstler-Ehepaar, ein ideales Familienleben?

Ende September 1903 taucht im Tagebuch zwischen all dem Lob plötzlich ein anderes Bild auf. Konventionell sei Paula sicher nicht, aber als Ehefrau erhält sie Minuspunkte: »Geistige Interessen hat Paula mehr wie irgend eine. Sie malt, liest, spielt etc., der Haushalt geht auch ganz gut – nur das Familiengefühl, das Verhältnis zum Hause ist zu gering. Ich hoffe, dass das noch besser wird ... nie könnte sie versimpeln – nur etwas mehr zusammen und miteinander möchte ich unser Leben haben, dann wäre es ideal zu nennen.«

Drei Jahre liegen der Beginn ihrer Verlobungszeit, ihre Träume und Erwartungen zurück. Geborgenheit hatte sich Paula von ihrem Mann erhofft, Stärke und das Verständnis einer Schwester-Seele. Otto Modersohn, grüblerisch, zweifelnd, schweigsam, erhoffte sich von Paula – jung, lebensfroh, frisch – einen neuen Frühling, ein gemeinsames Streben als Künstlerpaar. Im Mai 1901 hatten sie geheiratet. Nun ging das Jahr 1903 zu Ende. Keine lange Zeitspanne. Aber lang genug, um zu erkennen, dass die Realität des ehelichen Lebens anders aussah als die erträumte Gemeinschaft. Was Paula und Otto im Laufe der Ehe beim anderen schmerzlich als Defizit empfanden, erwies sich als Teil der Persönlichkeit. Natürlich waren ihnen Unterschiede schon vor der Heirat bewusst gewesen. Im Überschwang ihrer Liebe hatten sie darauf gesetzt, dass sich die Verschiedenheiten zur gegenseitigen Bereicherung ergänzen würden.

Otto Modersohns Eintragung führen vom privaten Leben geradewegs weiter ins Reich der Kunst. Zuerst notiert er wohlwollend über seine Frau: »Sie hasst das Konventionelle ...« – das liebt er an ihr, im Leben wie in der Kunst. Aber wie im Leben folgt in der Kunst für Otto Modersohn die Enttäuschung auf dem Fuße: »Sie hasst das Konventionelle und fällt nun in den Fehler, alles lieber eckig, hässlich, bizarr, hölzern zu machen. Die Farbe ist famos, aber die Form, der Ausdruck. Hände wie Löffel, Nasen wir Kolben, Münder wie Wunden, Ausdruck wie Cretins. Sie ladet sich zuviel auf. Zwei Köpfe, vier Hände auf kleinster Fläche, unter dem tut sie es nicht, und dazu Kinder. Rat kann man ihr schwer erteilen, wie meistens.« Es erinnert sehr an den Ausbruch vom Juni 1902, als Otto Modersohn im Tagebuch bitter über den Egoismus seiner Paula klagte.

Was zwischen den Zeilen steht: Paula soll mehr auf seinen Rat hören, mehr die Zweisamkeit suchen und nicht so sehr eigene Wege gehen, das betrifft die Kunst wie das Leben. Wenn Paula sich ihm mehr anpasst, würde ihre Ehe, aber auch Paulas künstlerische Entwicklung eine positivere Wendung nehmen.

Otto Modersohns heftige Kritik an Paulas Malerei hat sichtbare Auslöser, Bilder, die in diesen Monaten entstanden sind – und die in ihren Briefen und Tagebucheintragungen so gut wie gar nicht vorkommen. Es ist eines der Rituale, mit denen Paula Modersohn-Becker ihr Leben umgibt: ausführlich von Ottos künstlerischer Entwicklung berichten, seine Bilder loben – doch über die eigene Arbeit schweigen. Nur hin und wieder findet sich in den Briefen die Bemerkung, dass etwas im Werden ist. Oder wie im Brief an Martha Hauptmann zum Jahresende 1904 der bescheidene und sehr allgemeine Wunsch: »Für mich hoffe ich auch, dass jedes Jahr mir ein wenig mehr Ausdrucksfähigkeit in meiner Kunst verleihe.«

Sie schweigt nicht nur, sie sendet sogar negative Signale aus. »Ich bin diese Zeit gar nicht so recht im Malen drin, dafür lese ich tüchtig, hauptsächlich französisch. Ich möchte der Sprache noch ein wenig näher kommen. Im Augenblick lese ich George Sand«, schreibt Paula an die Schwester Milly im Januar 1904. Was sie an der französischen Schriftstellerin besonders interessiere, seien die »verschiedenen Verhältnisse, die sie mit den verschiedensten größten Männern gehabt hat«. Ende 1904 erfährt die andere Schwester Herma: »Und dann denke ich wieder ein wenig zu arbeiten worauf ich mich sehr freue; denn wenn man lange nichts getan hat, dann bekommt man ordentlich einen Hunger darauf.« Herma kennt das Ritual, das eigene Schaffen im Dunkeln zu halten oder sogar klein zu reden; zugleich hat sie oft genug aus nächster Nähe erlebt, wie ernst Paula ihre Arbeit nimmt: »Tagelang aber saß sie nur angestrengt grübelnd vor ihren Arbeiten und lernte an ihnen, nur den letzten oder dem Arbeitsergebnis von Monaten, und war sich selbst die beste und meist die einzige Kritikerin mit ihrem unbeirrbar klaren Wissen für das, was sein sollte.« Nur Otto Modersohn kam in ihr Atelier und gab »liebevoll eingehend sein Urteil ab, das aber keineswegs immer angenommen wurde, und es gab ernsthafte und leidenschaftliche Erörterungen für und wider«.

Von wegen »nicht so recht im Malen drin« und »lange nichts getan«: Nach ihrer Rückkehr aus Paris Ende März 1903 hat Paula Modersohn-Becker bis zum Jahresende 1904 rund 130 Bilder gemalt, von den vielen Zeichnungen ganz abgesehen. Vier Schwerpunkte an Bildmotiven schälen sich für diese Zeitspanne heraus: sie malt Selbstporträts, wie schon von den allerersten Anfängen an; die reine Landschaft wird seltener, es wächst die Anzahl der Bilder, in denen Natur und Mensch zusammengehören; zwei, drei Stilleben hat sie bisher gemalt, nun zeigt sie zusehends Interesse an dieser Thematik; und dann immer wieder Kinder.

Die Motive der Bilder von Paula Modersohn-Becker stehen für ein Programm. Das Selbstporträt verbindet sie mit den Größten der europäischen Malerei seit Albrecht Dürer. Es ist eine künstlerische Herausforderung – mit den Mitteln der Malerei der Antwort auf die Frage nahe zu kommen: Wer bin ich? Die Einheit von Natur und Mensch führt sie

1903 und 1904 zu den Motiven von Mädchen im Wald, an einen Baum gelehnt oder in ein Netz von Zweigen eingebunden, mit einer Katze im Arm, einem Kaninchen zu Füßen oder mit einer Flöte durch den Wald ausschreitend. Nicht nur inhaltlich, auch formal betritt Paula Modersohn-Becker Neuland. Der »Säugling mit der Hand der Mutter« und der »Säugling an einer Frauenbrust«, aber auch »Das blinde Schwesterchen« und das mehrfache Motiv einer »Halbfigur Mädchen, Arm um ein Kind gelegt« erscheinen auf den ersten Blick unvollständig, wie aus einem größeren Zusammenhang gerissen. Doch das Unfertige, Unvollendete ist als eigenständiges Bild angelegt und konzentriert auf das Wesentliche. Nichts lenkt den Blick ab, eine intensive intime Stimmung geht von diesen Bildern aus.

Die Einheit von Mensch und Natur, Stimmungen und intime Sujets in Malerei umzusetzen – diese Meisterschaft japanischer Künstler hat sie im Frühjahr 1903 in Paris bewundert. Sie hat sie beim Gang durch die Ausstellung im Hôtel Drouot in sich aufgenommen und auf ihre eigene künstlerische Weise fruchtbar gemacht.

Was bei Otto Modersohn Anstoß erregte und auf Unverständnis stieß – »zwei Köpfe, vier Hände und dazu Kinder« –, waren die Geschwisterbilder. Die Mädchen, selbst kaum zehn Jahre alt, geben Säuglingen die Flasche und halten jüngere Geschwister fest auf dem Schoß umklammert. Es sind die dörflichen »Modelle«, deren Väter und Mütter im Moor arbeiten oder auf Suche nach Arbeit über Land ziehen. Es sind Kinder und doch schon in die Pflicht genommen. Sie tun es selbstverständlich, mit unbeholfener Zuneigung (Tafel 4).

Paula Modersohn-Becker waren geschwisterliche Liebe und Verantwortung für jüngere Geschwister wohlvertraut. Mathilde Becker hatte den älteren unter ihren sechs Kindern immer Verantwortung für jüngere Geschwister übertragen. Paulas Dresdener Kindheit war geprägt vom fröhlichen Zusammensein mit Cousins und Cousinen, mehr oder weniger im gleichen Alter. Die Erwachsenen mischten sich nicht ängstlich ein, wenn jüngere Kinder die kleinsten Geschwister kräftig herzten. An jenem unvergessenen Morgen im Juli 1886, bevor die zehnjährige Paula mit Geschwistern und Cousinen, darunter die geliebte Cora, in die Sandkuhle aufbrach, blieben die Kinder noch ein wenig im Garten unter sich, bei ihnen die jüngsten Becker-Kinder, die Zwillinge Herma und Henry, gerade zehn Monate alt. Bruder Kurt schreibt in seinem Tagebuch: »Zuerst saßen wir alle zusammen hinten an der Linde. Hier waren auch die Zwillinge, von denen Cora immer eins ums andere auf den Schoß nahm.« Alle Bilder von diesem strahlenden Sommertag, als Leben und Tod so eng beieinander waren, hat Paula Becker im Gedächtnis behalten. Cora mit den Kleinen auf dem Schoß – das war eins davon.

Zum Kreislauf des Jahres gehört Weihnachten. Am 30. Dezember 1903 dankt Paula Becker mit Verspätung dem Ehepaar Martha und Carl Hauptmann für seinen Besuch in Worpswede im Herbst und erzählt vom Fest: »Am heiligen Abend war ich mit Elsbeth in unserer kleinen Dorfkirche, wo zwei große Weihnachtsbäume angezündet standen, und vor den Leuten auf den Bänken standen auch Lichtlein. Von oben herab sangen uns die Kinder das: Ehre sei Gott in der Höhe. Dann wurde uns das Evangelium gelesen.« Generell allerdings gilt für das Jahr 1903, und es wird 1904 noch auffälliger: Paula Modersohn-Becker macht sich rar mit Briefen und Tagebucheintragungen. (Auch wenn man einbezieht, dass vieles verloren gegangen ist.) Weil tatsächlich so wenig passiert? Oder weil sie sich zurückzieht? Weil sie nicht mehr den Anschein von einem glücklichen Familienleben geben will?

Zwei Briefen im gesamten ersten Vierteljahr 1904 folgen dreieinhalb im April. Da muss etwas passiert sein: »Lieber. Wie ich Dir adieu sagte da hatte ich ungefähr so ein Gefühl wie Elsbeth, wenn sie uns glücklich in den Wagen gesetzt hat und nach Bremen abfahren sieht ... Ich fühlte mich so göttlich frei. Und wie ich über den Berg ging und den Lerchen zuhörte ... kam über mich das Gefühl: ›Was kostet die Welt‹, wie man es als Mädchen oft hat.« Ob dieses freimütige Bekenntnis Otto Modersohn freut, der am 15. April auf vier Tage zum Geburtstag seines Vaters nach Münster gefahren ist? Paula fügt sogleich hinzu: »Weißt Du gerade, dass Du im Hintergrund meiner Freiheit stehst, das macht sie so schön.« Der Ehemann hört diese Argumentation nicht zum ersten Mal. Genau so hatte sie ihre Paris-Reise legitimiert. Eine Logik, die von dem Partner, der die Trennung nicht als glücklich erlebt, einseitigen Verzicht verlangt.

Anschließend schildert Paula ihrem Otto, wie vergnügt sie diesen Tag verbringen wird. Sie bestellt sich zum Mittagessen, was bei ihrem Mann nicht auf den Tisch kommen durfte – kalten süßen Reis mit Schnittäpfeln und Rosinen. Überhaupt denke sie sich aus, wie sie »diese paar Tage ganz nach meinem Gutdünken verbringen kann«. Und dann tut sie etwas, das ihr Glück vollkommen macht, wie sie noch am gleichen

Abend ihrer Schwester Milly schreibt: »Mein Mann ist nach Münster gereist zu seines Vaters Geburtstag. Und ich bin nach Brünjes gezogen und spiele Paula Becker, habe eben auf meinem kleinen Petroleumofen Tee gekocht und lasse nun die linde Frühlingsnacht durch all meine Fenster und all meine Poren in mich einströmen ... Mir ist so lieblich wundersam zu Mute, halb bin ich Paula Becker noch, halb spiele ich sie.« So sehr behagt ihr diese Vorstellung, dass sie noch Ende April Tante Marie mitteilen wird: »Otto war jetzt vier Tage in Münster bei seinen Eltern. Da habe ich Paula Becker gespielt und in meinem früheren kleinen weißen Bettchen unter dem Strohdach geschlafen. Das machte mir einen Heidenspaß.«

Ihrem Mann schreibt sie am nächsten Morgen: »Lieber, weißt Du wo ich vergangene Nacht geschlafen habe? Bei Brünjes. Es war ganz reizend ... Ich hänge an diesem Stübchen wohl so wie Du an Deiner Junggesellenbude bei Grimm ... Und nun lebe wohl, mein Lieber, Lieber, Lieber. Wie es Dir wohl ergeht. Und wann Du wohl wiederkommst zu Deinem kleinen Weibe.« Dass sie Paula Becker spielt, erzählt Paula Modersohn-Becker nicht. Das »Lebewohl mein Lieber« mit den entsprechenden Fragen klingt ziemlich distanziert; der lange Brief an Milly ist viel persönlicher.

Der älteren Schwester gesteht Paula: »Es ist so merkwürdig, ich freue mich fast jedes Mal, wenn Otto und ich getrennt sind.« Dann versucht sie diese Merkwürdigkeit mit rationalen Argumenten zu erklären: »Man hat den seltenen Genuss, sich von der Ferne geistig anzuschauen, und dann kann man sich schon aufs Wiedersehn freun und dann können wir uns auch einmal Briefe schreiben.« Ob Paula von ihren eigenen Argumenten wirklich überzeugt ist? Verrät nicht der holprige, unbeholfene Satz, dass die sonst differenzierte und elegante Schreiberin hier nicht mit sich im Reinen ist?

Dass die Liebe aus der Ferne für sie eine besondere Qualität besitzt, hatte Paula Modersohn-Becker ihrem Ehemann schon im November 1902 eingestanden. Es war die erste längere Trennung, und Paula wünschte sich »fast«, dass diese »Trennung noch eine längere Dauer« habe. Mehr noch: »Ich ... schwelge in meiner Einsamkeit, Deiner in Liebe gedenkend.« Das Trennungs-Glücksgefühl in diesem Brief wurde allerdings ausbalanciert durch ein »atemloses Glücksgefühl«. Otto Modersohn las damals: »Wenn Du wieder kommst, sollst Du alles, alles haben. Ich lege alles in Deine Hände.« Ähnlich poetisch-sinnliche Sehnsucht erfüllte auch ihre Briefe aus Paris im Frühjahr 1903, in denen sie schreibt, sie sei als Abwesende »mehr denn je bei Dir«. Im April 1904 aber ist von solchen ausgleichenden Beteuerungen keine Rede.

In ihrem Brief an die Schwester steht: »Zu fühlen, dass das wonach man lange heimlich darbte, dass das naht, dieses sind wohl die seligsten Augenblicke im Leben. Mir scheint der Besitz ist nicht so rein beglückend, als die Augenblicke, die uns zu ihm führen sollen. Ist er selbst da, so bringt er neue Pflichten und neue Wünsche mit sich.« Banale Wahrheiten, doch sie beruhen auf menschlichen Erfahrungen, die auch Paula Modersohn-Becker in der Ehe machte: Dass die Hoffnungen, die die Vorfreude begleiten und sie nähren, nicht selten einer großen Ernüchterung weichen, wenn das Ersehnte eintritt und Wirklichkeit wird.

Was geblieben ist von Paula Modersohn-Becker und ihrer Ehe mit Otto Modersohn, ist allein das geschriebene Wort. Hat Otto Modersohn nach der Rückkehr Paulas »Trennungs-Brief« angesprochen? Weil er als Anwesender geliebt werden möchte und nicht aus der Ferne? Oder herrschte Schweigen im Häuschen und im Garten, lebten die beiden stumm nebeneinander her? Niemand wird das je erfahren. Vielleicht ist es ein Zeichen, dass der Sommer 1904 nicht so ereignislos verlief wie die vorangegangenen Monate. Das Ehepaar hatte sich Geselligkeit verschrieben.

Anfang Juni 1904 machten die beiden mit dem Ehepaar Vogeler vier Tage Ferien im Nachbardorf Fischerhude. Aus Bremen kamen Paulas Schwester Milly und ihr Bruder Kurt, der Mediziner, dazu. Otto Modersohn im Tagebuch: »Paulas Bett brach durch ... Baden im Pastorensee bei Otterstedt, über Bremen zurück.« Zwei Tage nach ihrer Rückkehr, am 7. Juli 1904, waren die Koffer schon wieder gepackt. Museen mit den Schätzen europäischer Malerei standen für elf Tage auf dem Programm – in Berlin, Dresden, Kassel und Braunschweig. In Paulas geliebtem Dresden wurde außer der Gemäldegalerie auch Beckersche Verwandtschaft besucht, während das Thermometer auf 30 Grad stieg.

Die Lust auf Abwechslung war offensichtlich gestiegen. Ende Juli fuhr wieder eine fröhliche Gesellschaft für zwei Tage von Worpswede nach Fischerhude – die beiden »Modersöhne«, Paulas Schwester Herma, Heinrich Vogeler und der Schweizer Maler Louis Moilliet. Er war mit dem Maler August Macke befreundet und kam ab und an zu Studienreisen in das Künstlerdorf im Teufelsmoor. In Otto Modersohns Tagebuch steht: »Große Baderei. Hinterher Frühstück im Akt.« Was auf gut Deutsch heißt: Die Beteiligten trugen weder beim Baden noch beim Frühstücken irgendwelche Kleidungsstücke.

Aus den Lebenserinnerungen von Heinrich Vogeler wissen wir, dass es auch am Abend freizügige Unterhaltung gab. Zuerst machte die Gesellschaft eine Bootspartie, »geräuschlos glitt der schwarzgeteerte flache Kahn auf dem dunklen Moorfluss dahin«. Zurück am Ufer lagerten alle am Hang. Der Mond stand als gelbe Scheibe am Himmel. Unbemerkt hatten sich Paula und Herma entfernt. Gerade als die Männer sich fragten, wo die Frauen wohl seien, traten beide aus einem Weidengebüsch am Fluss: »Ihre Kleider hatten sie bis auf einen schmalen Schleierschal abgelegt. Nun überflutete das Mondlicht ihre schönen Körper. Wiegend kamen sie sich entgegen, ihre Händen fingen sich, schwangen hoch und trennten sich, gingen auf und nieder, einten sich und gaben den Schwung zur Trennung und zum wirbelnden Tanz.«

Es war im Oktober 1900 gewesen, dass die beiden Schwestern »im Akt« aus dem Fenster von Paulas kleiner Stube sprangen, um im Mondschein »Ringelreihenflüsterkranz« zu tanzen. Beim nächtlichen Tanz in Fischerhude im Sommer 1904 kam mehreres zusammen: Paulas Sensibilität für die Einheit von Mensch und Natur und die Kräfte des Mondes; ihre Begeisterung für den Ausdruckstanz und ihr aktives Interesse an der Freikörperkultur. Schon vor ihrer Ehe praktizierte sie regelmäßig mit nacktem Körper »Luftbaden« am offenen Fenster. Auch Otto Modersohn hatte sie vom Nutzen der Übungen überzeugt, die mit den Reformbewegungen für gesunde Ernährung, gesunde Kleidung und gesunde Lebensführung um 1900 populär wurden.

Im Jahre 1904 hatte Paulas Tanzbegeisterung eine neue Variante bekommen, wie Tante Marie im April erfuhr: »Ein anderes Spiel ist jetzt bei uns Duncan zu tanzen, Herma, Frau Vogeler und ich. Es macht uns sehr große Freude. Wir üben uns allerhand ein.« Es war keine vorübergehende Marotte, wie ein Brief von Otto Modersohn an Carl Hauptmann Ende November 1904 zeigt: »Am letzten Sonntag hatten wir einen feinen Genuss: Frau Vogeler und meine Frau tanzten in reizenden Gewändern à la Duncan ...« Die amerikanische Tänzerin Isadora Duncan füllte seit 1900 in Europa die Säle mit ihrem ausdrucksstarken freien Tanz. Fort mit dem akademisch-starren Ballett, war ihre Devise. Im Tanz soll der Mensch ganz individuell seinen Empfindungen Ausdruck geben und seinem Körpergefühl folgen. Die Duncan nutzte dazu vor allem Arme und Hände und hätte am liebsten nackt getanzt. Was vor Publikum undenkbar war, nicht aber in der kleinen befreundeten Gesellschaft im Teufelsmoor.

Zu den Ereignissen des Jahres 1904 könnte man noch zählen, dass Clara Rilke im Spätsommer vorübergehend ein Nebengebäude vom Barkenhoff als Atelier nutzte, das Heinrich Vogeler, der Freund und Hausherr, ihr angeboten hatte. Der Paris-Aufenthalt der Rilkes war gescheitert. Wie Heimatlose zogen Clara und Rainer Maria Rilke seit dem Herbst 1903 durchs Leben: Von Worpswede und Bremen ging es nach München, Venedig, Florenz und Rom. Dann reiste Rilke nach Schweden, seine Frau nach Worpswede. Jeder versuchte auf eigene Faust, mit seiner Kunst ein Minimum für den Lebensunterhalt aufzutreiben.

Nur einmal, als während der ersten Januarwoche 1905 das Eis zum Schlittschuhlaufen tüchtig gefroren war, taucht Clara Rilkes Name in einem Brief von Otto Modersohn auf: »Man schnallte an der Worpsweder Mühle an und lief in einer Tour bis Bremen. Das ganze Hammetal stundenweit eine spiegelglatte Fläche. Wir liefen mit Vogelers und Frau Rilke. Dann fuhren wir 2 Stationen von Bremen weiter und den ganzen Weg per Schlittschuh zurück.« Das war ein Vergnügen so recht nach Paulas Geschmack, die davon träumte, bei diesem Wetter auf Schlittschuhen eine Tour bis Amsterdam zu machen. Doch am 11. Januar 1905 meldet sie der Schwester Herma: »Mit unserer Schlittschuhbahn nach Amsterdam hat es noch lange Weile. Das Wetter hier ist ganz abscheulich, gestern gab's ein wenig Schnee, heute ist er schon wieder weg. Du in Paris frierst glaube ich mehr als wir hier.« Herma Becker lebte seit dem Herbst 1904 in Paris, um sich als Au-Pair-Mädchen und mit Deutschstunden Geld für ein Französischstudium zu verdienen. (Sie gehörte zum ersten Jahrgang von Mädchen, die in Bremen Abitur machen konnten, und hatte diese Chance genutzt.)

»Es ist immer Frühlingswetter ... Mir will diese Zeitlosigkeit gar nicht gefallen«, schrieb Paula an Tante Marie. Wenn die natürlichen Abwechslungen der Jahreszeiten ausblieben, dann musste sie sich eigene suchen. Am Weihnachtstag hatte sie an Herma in Paris geschrieben: »Vor allem würde ich mich freun, wenn es uns beiden vergönnt wäre, diese schöne Stadt noch zusammen zu genießen. Ich hoffe gewiss, Anfang Februar dort einzutreffen.« Herma war Paulas Vertraute und hatte auch zu Otto einen guten Draht, beide wechselten Briefe. Paula wusste, dass Hermas erste Frage bei einer erneuten Paris-Reise sein würde: Und was sagt dein Mann dazu?

Mit großer Offenheit erläutert sie der Neunzehnjährigen, warum sie auf Otto Modersohns Zustimmung bauen kann: »Sein definitives Ja hat Otto mir zwar nicht gegeben; aber er merkt doch, dass ich so große Sehnsüchte nach meiner Stadt habe, dass man ihnen keinen Wall entgegensetzen kann. Und dann ist meine Ehe ja auch so, in vielen kleinen Dingen gebe ich nach, wird es mir auch nicht schwer nachzugeben, in einigen großen Dingen könnte ich fast nicht nachgeben, wenn ich es auch gern wollte. In diesem Fall will ich es natürlich nicht gern.« Nach diesem nüchternen Blick in ihr Eheleben, nennt Paula ihrer Schwester einen sachlichen Grund für ihre Reise: »Ich habe diesen Winter, der bis jetzt noch kein Winter ist, eine schlechte Arbeitszeit gehabt, oder vielmehr gar keine. Es ist deshalb ein recht geeigneter Zeitpunkt, wo eine Anregung von Außen eintreten kann«. Und daraufhin lebe ich jetzt.« Alles klingt sehr rational an diesem Weihnachtssonntag.

Das befreundete Ehepaar Martha und Carl Hauptmann hatte das Ehepaar Modersohn eingeladen, in diesem Winter ihre Gäste im Riesengebirge zu sein. Am 9. Januar 1905 erfahren sie von Paula Modersohn-Becker: »Und wir sollen in Ihren Schnee und Ihren prachtvollen schlesischen Winter kommen? Ich glaube, das wird einmal ein großes Erlebnis für mich sein … Aber denken Sie sich, ich habe diesen Winter einen Durst nach der Stadt Paris. Ich möchte für ein paar Monate ordentlich im Leben drin sein, viel sehen und hören. Ich bin noch zu jung, als dass ich immer hier sitzen darf. Es wird sehr schön für mich werden, denn Paris ist für mich die Stadt. Schön und sprudelnd und gärend und man selbst taucht ganz darin unter.«

Ob sich die Hauptmanns noch an Paulas Brief vom 30. Dezember 1903 erinnerten? »Unsere Freuden bestehen in Naturstimmungen und Seelenstimmungen«; unbeschreiblich wohl sei ihnen zumute, gerade dann, »wenn am wenigsten passiert«. Zwölf Monate später ist Paula Modersohn-Becker wie verdurstet, ausgehungert nach Leben. Deshalb muss sie nach Paris fahren, nicht weil diesen Winter in Worpswede kaum Schnee fiel. Jetzt macht sie keinen Hehl mehr daraus, dass ihre Reiselust ihrer Lebenslust entspringt.

Auch Tante Marie erfährt, dass Paula Ende Januar in Paris sein wird: »Ich freue mich ganz kolossal darauf, lebe innerlich eigentlich in Gedanken nur darauf hin. Es ist sonderbar, dass ich von Zeit zu Zeit eine so riesige Sehnsucht nach Paris bekomme. Das rührt wohl davon her, dass unser Leben hier sich meist nur aus inneren Erlebnissen zusammenbaut, da bekommt man manchmal starke Sehnsucht, äußeres Leben um sich her zu haben, aus dem man sich immer flüchten kann, wenn man es gern möchte.« Eine ehrliche Erkenntnis und die Korrektur eines kapitalen Irrtums: Paula Modersohn-Becker reichen die inneren Erlebnisse nicht zu einem erfüllten Leben. Weil Leben und Kunst bei ihr identisch sind, verhungert sie in Worpswede als Mensch und als Künstlerin. Es genügt nicht, im dörflichen Worpswede intensiv in der Gegenwart zu leben.

Anfang Februar erfährt auch Herma, dass es nicht nur darum geht, dem miserablen Winter zu entfliehen: »Ich zähle die Tage ... Und Du kannst Dir denken, wie ich mich freue ... mit Dir das Leben zu genießen.« Sie kündigt ihre Ankunft für den 15. Februar an und lässt noch einmal ihren Gefühlen freien Lauf: »Überhaupt kann ich Dir gar nicht sagen, wie ich mich auf alles freue« – und zelebriert ihr kleines Paris-Ritual diesmal schon vor der Ankunft: »... obgleich ich im voraus schon sage, dass ich mich wohl erst einleben muss und in der ersten Zeit nicht so leistungsfähig sein werde.« Am Tag zuvor war sie 28 Jahre alt geworden. Doch selbst der Geburtstag, sonst intensiv gefeiert, ist vor Paris in den Hintergrund gerückt.

Und Otto Modersohn? Die ältere Schwester versucht, Nachfragen von Herma im Vorhinein mit einem Augenzwinkern zu entkräften: »Dem Rother steht diesmal die Trennung sehr bevor, schlimmer, als er sie dann wohl in Wirklichkeit empfinden wird. Das Wiedersehn ist ja hernach um so schöner. Ich bin neugierig, ob Du in Paris wohl einiges kennst, was ich noch nicht kenne? ... Und nun auf Wiedersehn in Liebe und in Freuden.« Paula scheint darauf zu vertrauen, dass die Jüngere versteht, wie sehr ihre Lebenslust Vorrang hat vor den Gefühlen ihres Ehemanns, die sie ohnehin nicht ganz ernst nimmt.

Am 22. Februar 1905 wird Otto Modersohn vierzig Jahre alt. Aus Paris kommt ein Geburtstagsbrief: »Mein lieber Mann, Nun schreib' ich Dir meinen Geburtstagsbrief und bin bei Dir mit allen meinen Wünschen für Kunst und Leben und Leben und Kunst ... Wie Ihr wohl Deinen Geburtstag verlebt? Hoffentlich ist schönes Wetter. Ob wohl noch

*Paula Modersohn-Becker vor ihrer dritten Paris-Reise,
Worpswede Anfang 1905*

Schnee liegt? Wenn Mutter eine Bowle machen will, steht Ananas im Weinschrank ... Ich gebe Dir einen zärtlichen Kuss und sage Dir gute Nacht. Grüße Mutter und ma petite fillette. In Liebe Deine kleine Frau qui t'aime avec tout son cœur.« Die dich von ganzem Herzen liebt – aber ein wenig unverbindlich klingen diese Zeilen doch.

Ein Jahr später, am 22. Februar 1906, wird Herma an ihre Mutter schreiben: »Heute ist Schwager Ottos Geburtstag. Der gute Kerl wird froh sein seine Frau diesmal bei sich zu haben und dass sie nicht wie letztes Jahr in Paris rumhuppt, was ihm doch blutige Stiche ins Herz gegeben.«

Ein zweiter Liebesfrühling: Ersehnt, doch misslungen
Paris 14. Februar bis 7. April 1905

»Paris ist jetzt entzückend mit seinem duftig-dunstigen Frühjahrshimmel und den lustigen neuen Strohhüten. Ich bin diese Woche auf dem Omnibus durch die Straßen kutschiert und bin sehr froh gewesen, denn es ist sehr schön. Es ist, wie ich gesagt habe, erst jetzt fängt die Stadt wieder ordentlich an, mir ans Herz zu wachsen.« Nun ist es schon ein bekanntes Spiel – sich ein bisschen zu zieren, bevor Paula Modersohn-Becker zugibt, wie sehr sie diesen Ort liebt und wie gut er ihr tut. Dabei hatten die ersten zwei Postkarten, die sie in einem übermütigen Kauderwelsch aus Deutsch und Französisch an Otto Modersohn schrieb, schon verraten, wie befreiend allein die Ankunft in ihrer geliebten Stadt auf sie wirkte: »Dans Aix-la-Chapelle / Je suis très fidèle – De Herbestal / Des baisers sonder Zahl ... à Paris / freu ich mich wie noch nie. / Je suis la tienne / Ta petite Parisienne ...«

Sie hatte sich im Voraus im vertrauten Hotel in der Rue Cassette Nr. 29 in Saint-Germain-des-Prés eingemietet, aber diesmal blickte ihr Zimmer nicht in den Klostergarten auf der anderen Straßenseite. Am 20. Februar schon zieht sie um in die Rue Madame Nr. 65, dem geliebten Jardin du Luxembourg und im fünften Stock dem Himmel von Paris näher: »Für mein Zimmer gebe ich monatlich 45 fr. Es ist sehr anständig und hat alles, was man braucht, vor allem ein prachtvolles gemütliches Himmelbett ...« Noch vor Paulas Abreise war überlegt worden, dass Otto Modersohn mit Verwandten und Worpsweder Freunden an die Seine kommt, solange seine Frau dort ist. Aber der Hinweis auf das Himmelbett ist nicht für diesen Fall gedacht. Der Brief an Otto Modersohn endet: »Wenn Du kommst, müssen wir wohl ein Zimmer mit zwei Betten beziehen.«

Was sie in Paris und auf Ausflügen in die Umgebung fühlt, wird Otto Modersohn gefallen haben: »Es ist ein bezaubernd liebenswürdiges Land, dieses Frankreich, und diese Riesenstadt Paris hat sich mit großer

Anmut in diese Landschaft gebettet ... Es ist merkwürdig, wie Land und Leute sich immer decken. Diese leichte, verliebte buhlende Landschaft und dies liebelnde küssende Völklein ... Es wird Dir auch viel Freude machen ... wenn ich abends aus dem Croquis komme, gehe ich schnell noch einmal durch den Jardin du Luxembourg. Nur wünsche ich Dich sehr an meine Seite. Denn in dieser Zeit braucht man jemand zum Lieben und zum Küssen. Lieber, wir wollen diesen Frühling wahrnehmen, als wenn es unser erster wäre, den wir zusammen erleben.« Die Zeit zurückdrehen, neu beginnen. Und den Ehemann ein wenig eifersüchtig machen, um die Liebe anzufeuern?

Ausführlich erzählt Paula ihrem Mann von den Vergnügungen, die sie mit ihrer Schwester Herma in der quirligen Weltstadt erlebt. Am 6. März ist es der Vorgeschmack auf »mardi gras« – der »fette Dienstag« – die Fastnacht vor dem Aschermittwoch: »Wir gingen auf die großen Boulevards, und dort war das Konfettiwerfen schon ordentlich im Gange. Es macht furchtbar viel Spaß, diesen bunten Schnee durch die Luft fliegen zu sehen, und die Leute sind so witzig dabei.« Die beiden Schwestern haben Glück: »Herma und ich setzten uns bei einem Kaffee vor die Tür, hatten einen ziemlich sicheren Platz und konnten ungestört beobachten.« Doch das ist erst der Anfang.

Nach dem harmlosen Konfettiwerfen besuchen die beiden eine andere Art von Amüsement, höchstwahrscheinlich in der Rue de la Gaîté im benachbarten Viertel Montparnasse, wo sich Theater und Varietés aneinander reihen: »Abends waren Herma und ich in einem Vaudeville ... In dem ersten kleinen Stückchen zog sich alles, was auf die Bühne kam, gleich aus – Männer in Unterhosen und Frauen in entzückenden Dessous. Dann kam eine Concierge in Hemd und Nachtmütze auf die Bühne, das Hemd hatte ganz den Schnitt von Mutter ihrem. Ich sage Dir, der Anblick wäre für Dich gewesen.« Die Anrede gilt dem Ehemann, an den der Brief gerichtet ist.

Paula Modersohn-Becker fährt fort: »Im zweiten Stück ging es mir ein bisschen zu bunt her, es standen immer wundervoll gemachte Betten auf der Bühne, der Mann lag schon darin, die Frau hatte ungefähr nichts mehr an. Ich hatte wirklich Angst, gleich würde es losgehen ... (Du musst dies natürlich nicht alles vorlesen.) Mir tut es doch eigentlich leid, dass Herma diese Seiten der Welt so früh kennen lernt. Na, sie ist nun einmal darin und muss sehen, wie sie damit fertig wird.« Otto Modersohn schickt den Brief gegen Paulas Rat in voller Länge zur Beckerschen Familie nach Bremen. Kurt Becker, Arzt und seit dem Tod des Vaters das Oberhaupt der Familie, ist entrüstet, welchen sittlichen Gefährdungen seine Schwester Paula ihre jüngere Schwester Herma aussetzt.

Wenn der Bruder gewusst hätte, dass die beiden im Fastnachtstreiben zwei Studenten aus Bulgarien kennen gelernt und sich für die nächsten Tage verabredet hatten! Auch diese Geschichte bekommt Otto Modersohn fröhlich erzählt: »Es war furchtbar komisch, wie wir mittags um drei Uhr zu unserem Rendez-vous im Luxembourg gingen.« Die Schwestern teilen sich die Bekanntschaft: »Hermas ist ein Rechtsstudent und meiner ein Bildhauer.« Der Bildhauer geht auf die staatliche Kunst-Akademie. Paula erzählt ihrem Mann, wie streng und reglementiert es dort zugeht und in diesem Zusammenhang erfährt Otto Modersohn: »Wenn ich frei wäre, ginge ich mindestens noch ein halb Jahr hier auf die Akademie. Dir wäre es auch gut, Du wirst es wohl aber nicht finden.« Ein offenherziges doppeltes Bedauern.

Otto Modersohn muss sich noch mehr anhören. Drei Tage später schreibt ihm seine Ehefrau: »Neulich waren wir mit unseren schwarzen Bulgaren in einem Varieté, das aber weder gut noch schlecht genug war, uns zu interessieren. Wir haben uns aber zusammen sehr gut amüsiert.« Warum schreibt Paula Modersohn-Becker, der das Schweigen gar nicht schwer fiel, dies alles ihrem Ehemann? Dass Otto Modersohn die Rendezvous seiner Ehefrau ebenfalls komisch fand, konnte sie nicht annehmen. Zumal er inzwischen eine sorgenvolle Reise angetreten hatte.

Am 7. März 1905 hatte Otto Modersohn den Zug nach Münster bestiegen, weil seine Mutter plötzlich schwer erkrankt war. Am 11. März schreibt Paula in ihrem kleinen Zimmer hoch über Paris: »Mein geliebter Mann, ich habe heute viel an Dich gedacht und alle diese Tage ... Ich bin in letzter Woche wieder so ganz in den Bann von Paris gekommen. Dieses millionenfache, millionenmannigfältige Leben ... wirkt faszinierend. Heute, zur Stunde als Ihr Deine liebe Mutter der Erde übergabt, war ich auf dem Montmartre bei der immer noch unfertigen Sacré Cœur, unter mir Paris. Der Eindruck ist auf mich jedesmal wieder erschütternd, dieses Häusermeer mit seinem Gebraus, seinem vielfachen Streben und Jagen. Was ist der Mensch doch für ein seltsames Wesen. Was treibt ihn zu diesen tausendfachen Handlungen ... Wie seltsam dieser Hunger, den unsere Seele spürt, und der nie zu stillen ist ...

Schreibe mir bitte umgehend, wie Du Dich fühlst. Wie Du empfindest. Ob Du es richtig findest, wenn ich hier bleibe, mich nicht zu sehr vermisst. Wie es um Dein Kommen steht, Lieber.« Die Trauer um die Schwiegermutter, die aus diesem Brief spricht, ist sehr verhalten.

Schon in ihrem ersten Brief, sofort nach der Todesnachricht, mischten sich widersprüchliche Signale: »Nun ist auf einmal plötzlich Trauer in Dein Leben eingetreten und ich bin nicht bei Dir, Dir die Hand zu drücken. … Du musst mir bitte ganz ehrlich schreiben, ob du die Empfindung hast, dass ich auch nach Hause kommen soll … Ich habe hier gerade viel Schönes und Inhaltvolles gesehen und fühle, dass noch vieles ist, was mich äußerst interessiert und ich möchte Dich bitten, die Reise hierher vielleicht doch nicht aufzugeben … Mein lieber Kerl, schreibe mir aber ganz, wie Du empfindest, wie alles werden soll.« Paula Modersohn-Becker entzieht sich der Entscheidung und überlässt Otto Modersohn seinen zwiespältigen Gefühlen. Er beschließt, an der Reise festzuhalten.

Freudig schickt seine Frau einen Brief von Paris nach Münster, wo sich Otto Modersohn noch bei seinem verwitweten Vater aufhält: »O, ich habe Dir so viel Schönes zu zeigen und so viel schöne Liebe in mir aufgespeichert, die ich alle in Dich gießen möchte und Dich damit einhüllen.« Sie geht davon aus, dass Otto Modersohn trotz seiner Trauer die traditionellen Pariser Vergnügungsstätten aufsuchen will: »Wir sondieren überall schon … Am Sonntag Abend waren wir bei Bullier, dem Tanzlokal des Quartier latin … Heute Abend gehen wir in die Folies Bergères, eine Art Wintergarten.« Und zum Abschied: »Au revoir, mon chéri, mon coucou sagen hier die kleinen verliebten Mädchen. Ich küsse Dich innig.«

Die Erwartung, mit dem Ehemann in Paris einen zweiten Liebesfrühling zu erleben, spricht aus fast jedem Brief: »Ich küsse Dich herzlich hinter die Ohren und vor die Ohren und auf die glatte Stirn und Deine lieben Hände, die mich bald kosen und lieben werden, des sich mein runder Leib freut … Dein kleines Weib.« Ungezählte Küsse werden brieflich verschickt, wenngleich die Ehefrau nicht verhehlt, dass sie auch ohne ihren Mann aktiv ist. Neben den populären Vergnügungen geht sie mit Herma ins Konzert, ins Theater und genießt die Fahrten auf dem offenen Oberdeck der Omnibusse in Augenhöhe mit den Zweigen blühender Kastanien.

Den Schönheiten von Paris ohnehin aufgeschlossen, ist Paula Modersohn-Becker in diesen Wochen den Menschen gegenüber geselliger, als es ihre Art ist. Ihrem »Rother-Rex« schreibt sie: »Mir geht es also weiter gut und ich erlebe viel Schönes. Am Freitag suchte ich die Bojers auf, das norwegische Schriftstellerpaar, die Adresse von Rilke. Da fand ich eine feine sympathische Frau, der man gleich so menschlich nahestand. Du weißt, wie sehr ich mich freue, wenn mir mal ein Mensch gefällt, da mir ja doch die meisten einerlei sind ... Im Frühjahr erwartet sie ihr drittes Kindchen, worüber sie sich Sorgen macht, weil es zuviel wird für ihren Mann und für sie selbst. So geht es, bei einigen geht es zu schnell, bei anderen zu langsam.« Ein leises Bedauern über die eigene unerfüllte Ehe ist nicht zu überhören.

Gleich nach der Rückkehr wird Paula Modersohn-Becker ihre »Modellkinder« in den Tagelöhnerfamilien besuchen und der Mutter schreiben, überall sei »ein neuer Hinnerk oder eine Metta angekommen. Ich blickte ordentlich neidisch auf all dies zappelnde Leben.« Neid erwächst aus Sehnsüchten. Wie groß Paulas Wunsch nach einem eigenen Kind ist, muss offen bleiben. Vor dem Hintergrund ihres späteren Briefes an Carl Hauptmann lässt sich vermuten, dass sie von einem neuen Liebesfrühling im vierten Jahr ihrer Ehe nun die sexuelle Vereinigung mit Otto Modersohn erhoffte. Aber sie war ein verschwiegener Mensch. Die Fairness gebietet es, mit diesem intimen Thema behutsam umzugehen.

Otto Modersohn ist von Münster wieder zurück in Worpswede. Seine Frau, auf ein elegantes Äußeres bedacht, schickt am 24. März letzte Anweisungen. Zum einen solle er sich ordentlich die Haare schneiden lassen. Dann kümmert sie sich um seine Garderobe: »L. O. bitte doch Mutter, dass sie Deinen blauen Anzug noch einmal genau durchsieht wegen der Flecken. Auf der Reise kannst Du den grauen anziehn, der sogenannte beste, mein Liebling, wird Dir hier wohl zu warm sein.« Und mit dem Brief schickt sie einen Schlüssel, »der passt zur rechten obern Schieblade meiner Kommode. Da findest Du einen kleinen Blechkasten mit allerhand Schlüsseln, einer davon passt zu dem Schrank in der Kinderstube mit den goldenen Sternen. Darin liegt mein brauner Hut von Milly. Den bring mir bitte mit. Ich bitte aber Mutter, ihn vorher aufzufrischen ... mein Herz ist voll von Liebe zu Dir und zählt die Tage ... Ich bin Dein, Du bist mein, des sollst Du gewiss sein. Verlier nur nicht mein

Schlüsselein (zur Kommode).« Witzig sein konnte sie und anspruchsvoll auch.

Am 29. März 1905 treffen Otto Modersohn, Heinrich Vogeler mit Frau und Schwester und Paulas Schwester Milly am Gare du Nord in Paris ein, von Paula und Herma freudig empfangen. Für die nächsten acht Tage gibt es pausenlos Programm – Ausstellungen, Varietés, Museen, Privatsammlungen und Galerien und Ausflüge in die Umgebung. Paula ist in ihrem Element als Gastgeberin für ihr Paris: »Sie führte uns Worpsweder überall hin. Paula sorgte auf ihre Weise für unsere gute Ernährung. Da war eine Brasserie Universelle von ihr ausgekundschaftet worden. Dort gab es das beste hors d'œuvre. Sie instruierte vorher die Worpsweder Karawane: also an der Kasse auf der gelben Karte nur das hors d'œuvre bezahlen, dann Platz nehmen und tüchtig zugreifen. Das wurde natürlich von allen befolgt. Dann erfolgte bei erstaunten Gesichtern der anwesenden Gäste der schleunige Aufbruch ...« So weit die Erinnerungen von Heinrich Vogeler. In Otto Modersohns Tagebuch stehen über diese Paris-Reise nur wenige Zeilen: »Wir wohnten alle in Paulas Hotel ... Die Zeit war nicht erfreulich.«

Am 7. April verabschiedet Herma die Worpsweder Gesellschaft, inklusive Paula. Am 21. April 1905, es ist Karfreitag, sitzt Paula wieder in ihrem Brünjes-Stübchen. Sie schreibt an ihre neunzehnjährige Schwester, die weiterhin als Au-Pair-Mädchen an der Seine arbeitet: »An meine Paris-Reise denke ich gerne zurück. Es waren für mich reiche wundervolle Wochen.« Aber der Ehemann! »Der Schluss mit Otto ›Es war einmal ein Kater‹ fiel recht schauerlich gegen unsern Festplan ab ... Er hatte eine große Eifersucht auf Paris, französische Kunst, französische Leichtigkeit, Boulevard Miche, Bulgaren etc. Er bildete sich ein, ich bliebe am liebsten in Paris und hielte von Worpswede nichts. Na, Du kennst ihn ja ... In solcherlei Gedanken war er ganz untergegangen und hat mir die letzte Woche recht verdorben.« Das war die eine Seite. Otto Modersohn hatte eine andere Sicht der Dinge.

Ein Jahr später, im Mai 1906, versuchte er Paula in einem Brief zu erklären, in welchen Zwiespalt ihn die Reise gebracht hatte: »Wie freute ich mich auf Paris und die Tage mit Dir ... da trat der Tod meiner Mutter ein ... ich mochte nicht auf Paris verzichten, und doch hätte ich es lieber tun sollen ... Ich traf dich strahlend, jubelnd, ich konnte den Takt nicht finden.« Er erinnert daran, wie sehr er mit ihr um ihren Vater getrauert habe: »Und wenn Dir meine Mutter auch fern gestanden, ich hatte doch Trauer, da war es doch gewiss nicht unnatürlich, wenn Du meiner Stimmung etwas Rechnung getragen hättest. Daraus entwickelte sich nun eine Gegenstimmung ... die Stimmung nahmen wir mit nach Worpswede.« Von der Auffrischung, gar Erneuerung ihrer Liebe kann demnach nicht mehr die Rede gewesen sein. Der Sehnsucht muss schmerzliche Enttäuschung gefolgt sein.

Was brachte Paula Modersohn-Becker mit zurück nach Hause außer den Erinnerungen an Fastnachts-Vergnügen, Kaffeetrinken auf den Boulevards und lustigen Abenden im Varieté? Natürlich ist die Kunst nicht zu kurz gekommen, gerade wenn Leben und Kunst so verflochten sind.

Wieder hatte sie einen Kurs im Aktmalen besucht. Weil ihr die vertraute private Akademie Colarossi zu »heruntergekommen« war, hatte sie diesmal die angesehene Privatakademie Julian gewählt, in der rund 25 Jahre zuvor Marie Bashkirtseff, die junge russische Prinzessin, ihre kurze genialische Malkarriere begonnen hatte: »Diese Woche bin ich wieder bei Julian und male meinen Akt und habe Freud an dem Malen und Spaß an den Mädels. Da ist eine Polin angezogen wie ein Mann, trägt auch eine Männermalschürze und hat männliche Gebärden. Ziemlich viele kokette schmuddelige Französinnen.« Wieder hatte sie den Louvre und das Luxembourg-Museum besucht und an Otto Modersohn berichtet: »Merkwürdig, diesmal wirken auf mich die alten Meister nicht so stark, sondern hauptsächlich die aller-allermodernsten. Vuillard und Denis will ich aufsuchen, im Atelier hat man doch den Haupteindruck. Bonnard ist im Augenblick in Berlin ...« Drei Namen und ein Programm – die Nabis.

Pierre Bonnard (geboren 1867), Jean-Edouard Vuillard (1868) und Maurice Denis (1870) kamen aus gutbürgerlichen Familien, gingen alle auf das gleiche Pariser Gymnasium und besuchten zusammen als angehende Maler die Akademie Julian, weil ihnen die traditionelle Ausbildung an der staatlichen Kunstakademie eine künstlerische Sackgasse schien. Aber den Weg der modernen Impressionisten wollten sie auch nicht gehen. Sie wollten die Dinge, Menschen und Landschaften nicht auflösen in Punkte und Striche, sondern durch Farbe und Form auf neue Weise wieder in den Mittelpunkt stellen. Ein Bild entsteht auf der Fläche einer Leinwand, das ist für sie die Grundlage aller Malerei: »Sich ins Gedächtnis rufen: ein Bild ist – bevor es ein Schlachtpferd, eine nackte Frau oder irgendeine Anekdote darstellt – vor allen Dingen eine ebene Fläche, die in einer bestimmten Ordnung mit Farben bedeckt wird.« Dieses Credo der Nabis formulierte der Maler Maurice Denis, zugleich der Theoretiker dieser Künstlergruppe, 1892. Da hatten die jungen Neuerer schon Aufsehen in den Galerien und Ausstellungen von Paris erregt und zur Avantgarde der modernen Malerei aufgeschlossen.

Die Künstler Denis, Vuillard und Bonnard, zu denen bald noch Paul Sérusier und der Schweizer Félix Vallotton stießen, liebten es ein wenig geheimnisvoll. Ein Atelier am Boulevard Montparnasse, wo sie sich regelmäßig trafen, nannten sie den »Tempel«. Ein Dichterfreund der Gruppe glänzte mit hebräischen Vokabeln und hatte für die Malergruppe einen Namen bereit: Nabis, nach dem hebräischen Nabiim, die Propheten. Erleuchtete, Propheten wollten sie zwar nicht sein, aber das mystisch-geheimnisvolle Flair gefiel ihnen. Die exotische Bezeichnung half ihnen, sich auf dem Kunstmarkt schnell und erfolgreich von den anderen Modernen – den Impressionisten, Nachimpressionisten und Symbolisten – abzusetzen.

Auf der großen Lithographie-Ausstellung mit internationalen Künstlern 1898 in Berlin, die auch Paula Becker besuchte, vertraten Denis, Vallotton und Sérusier unter anderen Malern die französische Moderne. Schon bei ihrem ersten Paris-Aufenthalt im Frühjahr 1900 begegnete Paula Becker den Nabis in Galerien und Ausstellungen. Die »Revue Blanche« war ihr ebenfalls bekannt. Seit 1891 hatte sich die Kunstzeitschrift in Paris etabliert. Sie war ein Sprachrohr der Avantgarde von Musik, Literatur und Malerei, und hier bevorzugt für die Nabis.

Die einzelnen Vertreter der Nabis malten keineswegs uniform und hatten doch das gleiche Ziel: die Natur nicht zu kopieren, sondern auf der Leinwand das Wesen der Dinge und die im Künstler ausgelösten Emotionen wiederzugeben. Diese Emotionen soll der Künstler rigoros, wenn nötig übertrieben umsetzen. Dabei können bestimmte Partien des Körpers extrem vereinfacht und herausgehoben werden. Nicht Details, sondern Gebärden und Haltung der dargestellten Personen sind wichtig.

Wem fallen zum Nabis-Ideal der Zuspitzung nicht die Hände und Füße mancher Modelle auf den Bildern von Paula Modersohn-Becker oder ihre Kindergesichter ein, in denen sich das Wesen einer Persönlichkeit extrem verdichtet? Nicht die einzelne Gesichtsfalte interessierte sie – das hatte sie einst in Worpswede Fritz Mackensen lehren wollen. Ihre Bilder sollten das Große, das Ganze ausdrücken und in eine Form bringen.

Die Nabis hatten enge Beziehungen zum Theater, zu Dichtern, Philosophen und Musikern; es gab Kontakte zu Maurice Maeterlinck. Sie waren überzeugt, dass sich die Wirklichkeit nicht am Sichtbaren, sondern im Traum, im Unbewussten durch intuitives Empfinden erschließt. Das passt zu der Erfahrung, die Paula Becker als Kind gemacht hatte, wenn in der Einsamkeit des Dresdener Gartens inmitten der Blumenbeete die Grenze zwischen Sein und Nichtsein fließend wurde: eine Erlebnisfähigkeit, die sie sich für ihr ganzes Leben bewahrte.

Die Nabis gehörten zu den Künstlern in Frankreich, die sich schon um 1890 für die Bild-Philosophie der Japaner begeisterten. Sie verzichteten auf die Tiefeneffekte der klassisch-europäischen Perspektive. Sie wollten zurück zu den Anfängen, zu einer Einfachheit, die für sie in der Kunst der Antike lag, bei den ägyptischen und griechischen Künstlern, in den fernöstlichen Holzschnitten, den Masken aus Afrika, den Keramiken aus Südamerika. Das sogenannte »Primitive« dieser Kunst war ihnen das Höchste. »Es brennt in mir ein Verlangen, in Einfachheit groß zu werden«, hatte Paula Modersohn-Becker im April 1903 nach ihrem Paris-Besuch im Tagebuch notiert.

Im März 1905 machen sich Paula und Herma von Paris auf ins benachbarte Saint-Germain-en-Laye und treffen Maurice Denis in seinem Atelier an. Kein Hinweis darauf findet sich in Paulas Tagebüchern oder Briefen. Nur aus einem Brief von Herma Becker wissen wir, er war menschlich sympathisch und seine Bilder von »großer Einfachheit und Innigkeit«. Denis hatte um 1900 eine »Hommage à Cézanne« gemalt, Cézanne, dessen Bilder Paula Becker zur gleichen Zeit in einer Pariser Galerie wie »ein Blitz und ein Gewitter« getroffen hatten. Auch wenn sie malerisch andere Wege gingen, fühlten sich die Nabis, die auf dem Bild von Denis alle um den verehrten Maler versammelt sind, Cézanne und seinen modernen Impulsen verpflichtet. (Das Bild hängt heute im Pariser Musée d'Orsay.)

Maurice Denis hat in seine »Hommage à Cézanne« einen Hinweis auf einen Abwesenden geschmuggelt – auf den anderen hochverehrten Meister, dem die Nabis sich auch persönlich nahe fühlten. Er war manchmal als Gast zu ihren geselligen Treffen gekommen, wenngleich er gar nicht in ihre bürgerliche Lebens- und Familienwelt passte. Der Cézanne auf dem Bild von Maurice Denis malt gerade an einem Bild, das um 1900 einem anderen aufmüpfigen, revolutionären Maler gehört – Paul Gauguin.

Am Ende ihres Briefes vom Karfreitag 1905 an Herma bittet Paula die Schwester, sie möge sich »nach den Preisen folgender Zeitschriften, von denen ich einige sehr gern haben möchte«, erkundigen. Es waren Kunstzeitschriften, in denen jeweils Aufsätze über Gauguin erschienen waren. In der kurzen Tagebuchnotiz von Otto Modersohn über die unglückliche Paris-Reise steht auch: »Sahen bei Fayet die Gauguins«. Es war dem Ehepaar Modersohn gelungen, die private Sammlung eines Gauguin-Liebhabers zu besichtigen, die rund zwanzig Bilder und zwanzig Zeichnungen neben weiteren Holzschnitten und Keramiken des Meisters umfasste.

Was für Otto Modersohn »primitive Bilder« waren, die er nicht schätzte, muss auf Paula Modersohn-Becker einen ähnlich tiefen Eindruck gemacht haben wie fünf Jahre zuvor ihre Entdeckung der Cézanne-Bilder beim Kunsthändler Vollard in der Rue Laffitte. Sie wollte alles erfahren über den Maler aus der Bretagne, der auf der Suche nach dem verlorenen Paradies nach Tahiti fuhr, ein neues Gespür für Farben und Formen entwickelte und den weiblichen Körper zurück in die europäische Malerei brachte. Gauguin war 1903 gestorben.

Bevor Paula Modersohn-Becker in ihrem Brief auf Gauguin zu sprechen kommt, bombardiert sie die Schwester mit Fragen nach ihrem Pariser Leben und schließt diesen Abschnitt: »Du musst mir bald einen Brief schreiben, in dem Du mir auf alle diese Fragen antwortest. Ich finde, wir wollen später noch einmal zusammen nach Paris gehen.« Später?

Kaum zurück aus Paris, schreibt Paula ihrer Mutter: »Ich danke Dir überhaupt, dass Du in der Zeit, da ich in der Welt herumflog, meine Stelle so lieb vertreten hast. Du hast mir dadurch ermöglicht, den Inhalt meines Lebens zu erweitern. Ich sehe diese Pariser Reisen an als Ergänzung meines hiesigen etwas einseitigen Lebens und ich fühle, wie dieses Untertauchen in eine fremde Stadt mit ihren tausend Schwingungen nach zehn ruhigen Worpsweder Monaten mir ungefähr Lebensbedürfnis wird.«

Bei ihrer zweiten Paris-Reise im Frühjahr 1903 hatte sie nach rund vier Wochen von einem Tag auf den anderen ihre Sachen gepackt, weil sie sich nach dem »Stillen Glück« in Worpswede sehnte. Diesmal ist Paula Modersohn-Becker sieben Wochen geblieben und kündigt gleich nach ihrer Rückkehr an, Paris sei ihr zum »Lebensbedürfnis« geworden. Schon vor Beginn der dritten Reise hatte sie aus Worpswede an Martha und Carl Hauptmann geschrieben: »Ich bin noch zu jung, als dass ich immer hier sitzen darf.« Was die Neunundzwanzigjährige Lebensbedürfnis nennt, ist ihr ebenso unentbehrlich für ihre Kunst, mehr noch.

Mit ihrem Leben könnte sie vielleicht verhandeln, Kompromisse schließen. Doch der Kunst hat Paula Becker bedingungslose Treue geschworen, viele Male. So im Januar 1899 in Worpswede am Ende eines schönen Tages, als sie sich »gottgesegnet« fühlte: »Und ich lechze nach mehr, mehr, unermüdlich will ich danach streben mit allen meinen Kräften. Auf dass ich etwas schaffe, in dem meine ganze Seele liegt.« So im Frühjahr 1900, als Paula Becker das erste Mal in Paris war: »Und ich liebe die Farbe. Und sie muss sich mir geben. Und ich liebe die Kunst. Ich diene ihr auf den Knien und sie muss die Meine werden.«

Und aus der Erinnerung taucht auf, was Paula Becker am 7. September 1898, an ihrem ersten Abend in der eigenen kleinen Kammer in Worpswede, ihrer Tante Cora nach Berlin geschrieben hat. Zweiundzwanzig Jahre war sie alt, die Grundausbildung als Malerin lag hinter ihr. Nun musste sie im Alltag beweisen, ob diese Berufswahl lebensfähig war. Doch Paula Becker, die sich gerade im norddeutschen Teufelsmoor niedergelassen hat, weiß sich Ziele zu setzen: »... und in der Ferne glüht, leuchtet Paris.« Sieben Jahre und drei Paris-Aufenthalte später ist die Sehnsucht nach Paris, als dem Ort für ihr Leben und für ihre Kunst, nur noch brennender geworden.

Heimliche Vorbereitungen für ein neues Leben
Worpswede April 1905 bis Februar 1906

Wie ihr Alltag im Sommer 1905 aussah, hat Paula Modersohn-Becker am 7. Juni Tante Marie mitgeteilt. Wenn sie nicht gerade »male, schlafe oder esse«, müsse sie zwei hungrigen Elstern die Kehlen vollstopfen. Es ist ein Brief wie ein Küchenzettel, nur dass Paula auch den witzig gestalten kann. Nach der Generalklausel – »Von uns das Gewöhnliche zu melden, es geht uns sehr gut« – wird erst Elsbeth abgehakt, die nun zur Schule geht, wo das »Fundament zu ihrer Kulturmenschwerdung gelegt« werde. Dann ist der Ehemann an der Reihe, der für seine Laubfrösche auf Fliegenjagd geht und für seine Molche und Fische Regenwürmer sammelt, sich dabei aber ziemlich ungeschickt anstellt. »Außerdem fangen in unserem Garten die Rosen und Nelken zu blühen an ... Außerdem ist Malen eine schöne Kunst, die schwer geht. Das ist so ungefähr der Stand der Dinge hier.«

Eine Woche später sitzt sie schon wieder über einem Küchenzettel-Brief. Er beginnt allerdings mit einem Paukenschlag: »Lieber Herr Hauptmann, Ist es Ihnen möglich mir für einen dritten 400 M zu leihen. Ich bin um das Geld angegangen worden und weiß niemand, den ich besser darum fragen könnte als Sie.« Er möge darin ein Zeichen ihres Vertrauens in ihre Freundschaft sehen. Nachdem der eigentliche Grund für den Brief erledigt ist, beginnt die Aufzählung, zuerst die Familie: »Hier ist alles zufrieden an der Arbeit. Mein Mann ist rege über neuen Bildern. Elsbeth geht zur Schule, und ich versuche auch immer mehr, dem nahe zu kommen, dass ich etwas bin.« Weiter geht es mit kurzen Informationen über Clara Rilke, Vogeler, Mackensen, Overbeck, um unvermittelt wieder beim Ausgangspunkt zu landen. Hauptmann solle bitte die 400 Mark – wenn es denn möglich ist – per Einschreiben an den Bauern Hermann Brünjes schicken. Denn: »Ich bitte, meinem Mann gegenüber, diese Angelegenheit nicht zu erwähnen. Es würde ihn bedrücken.« Der Brief muss ein Rätsel bleiben, es gibt keine Hinweise zur Aufklärung.

Am 6. Oktober 1905 erhält Paula eine aufmunternd-verschwörerische Karte von Clara Rilke: »Paris im Herbst! Es ist etwas, das Sie noch erleben müssen. Tun Sie es mir nach mit unerwarteten Entschlüssen.« Die beste Freundin aus alten Zeiten hatte sich im März des Jahres wieder in Worpswede niedergelassen und hoffte im Künstlerdorf auf Schülerinnen, um ihr Leben und ihre Arbeit als Bildhauerin finanzieren zu können. Die beiden Frauen knüpften erste vorsichtige Gesprächsfäden, nachdem der erneute Kontakt während Paulas Paris-Aufenthalt im Frühjahr 1903 förmlich geblieben war. Im September 1905 war Rainer Maria Rilke vom berühmten Rodin als Privatsekretär engagiert worden und hatte im Oktober für einen Monat seine Frau nachgeholt. Sie konnte in Rodins Atelier bei Paris arbeiten. Clara Rilke war um diese Zeit die einzige, die wusste, was ihre Paris-Karte für Paulas heimliche Pläne bedeutete.

Im Tagebuch von Otto Modersohn ist unter dem 5. November nachzulesen, dass Paula mit ihrer Kritik am Worpsweder Leben nicht hinter dem Berg hielt: »Mit Paula eine gründliche fundamentale Aussprache gehabt ... Unser Leben ist zu eintönig, philisterhaft geworden. Da leidet Paula sehr darunter. Sie fühlt sich so beengt dadurch. Ich ging erst dagegen an – mit Unrecht. Paula hat recht.« Otto Modersohn schwärmt von früheren Aktivitäten. Doch dafür muss er weit zurückgehen – in die Zeit der Verlobung im Herbst 1900 mit den festlichen Sonntagabenden im »Weißen Saal« vom Barkenhoff. Luftbaden, Schlittschuhtouren und Fahrten nach Fischerhude fallen ihm noch ein als vorbildliche Aktivitäten. Wie so oft fehlt es nicht an Selbstkritik: »Aber mein Leben muss reicher, aktiver, erlebnisreicher werden ... Ich will jede Gelegenheit freudig ergreifen. Paula wird's mir mit ihrer Liebe danken ... Ich bin auch nicht mehr gegen Reisen, wenn ich Geld habe.« Hatte Otto Modersohn verstanden, worunter seine Frau litt? Und hatte Paula Modersohn-Becker ihrem Mann wirklich klar gemacht, dass es nicht um Fischerhude ging und nicht um Soest, Münster oder Hagen, wo sie im Oktober fünf Tage verbracht hatten?

Nur drei Tage nach Otto Modersohns erleichterter Eintragung schreibt Paula ihrer Schwester Herma, dass Clara Rilke zurück ist und ihr von Paris erzählt hat. Die »kratzbürstige Zeit mit Otto«, die Herma erlebt hatte, sei vorbei: »Wir sind uns jetzt sehr einander gut. Nur habe ich im tiefsten Untergrunde eine große Sehnsucht nach der Welt, hauptsächlich die langen Abende, während er bei einem Pfeifchen in einer

Sofaecke sehr gemütlich aufgehoben ist.« Ihrer Schwester kann sie nichts vormachen: »Du merkst dem Briefe wohl an, dass ich etwas kleinlauter Stimmung bin. Ich habe meinen Winterschlaf angetreten.«

So groß ist der Druck, ausbrechen zu wollen aus der dörflichen und familiären Enge, dass Paula am 26. November gegenüber der Mutter noch konkreter wird: »Im ganzen habe ich wieder meinen Winterschlaf angetreten mit allerhand Sehnsuchtsgefühlen, vielleicht deshalb auch meine Schreibunlust. Im stillen plane ich wieder einen kleinen Ausflug nach Paris, wofür ich mir schon fünfzig Mark gespart habe.« Und dann zeigt sich, dass sie – im Gegensatz zu ihrem Mann – keine Hoffnung in eine »fundamentale Aussprache« setzt. Sie klagt nicht an, sondern stellt nüchtern die Unterschiede fest: »Dagegen fühlt Otto sich urgemütlich. Er braucht das Leben nur als ein Ausruhen seiner Kunst ... Ich habe von Zeit zu Zeit den starken Wunsch, noch etwas zu erleben. Dass man, wenn man heiratet, so furchtbar festsitzt ...«

Die wiederbelebte Freundschaft zwischen Paula Modersohn-Becker und Clara Rilke hat nicht mehr die Unbeschwertheit jener Worpsweder Jahre und Pariser Monate, als sie frei und einander Schwestern-Seelen waren. Doch sie haben ähnliche Erfahrungen in einer schwierigen Partnerschaft, und die immer noch gegenwärtige Entschlossenheit, ihre Kunst nicht dem Leben zu opfern, hat eine Verbundenheit von neuer Qualität geschaffen. In Claras Erinnerungen gibt es im Winter 1905 einen Nachmittag, »an dem wir beide am Ofen ihres kleinen Ateliers saßen: Paula warf ein Torfstück nach dem anderen durch die kleine piepende Tür in die Feuerstelle, und eine Träne nach der andern rollte darauf nieder, während sie dabei war, mir zu erklären, wie sehr wichtig es für sie sei, wieder ›in die Welt‹ hinaus, wieder nach Paris zu gehen. ›Wenn ich so denke, die Welt‹ – sagte sie«. Es sind die Tage, in denen Paula ein Zeichen setzt, dass die nach der Heirat von Clara und Rainer Maria Rilke tief gestörte Freundschaft wieder zu ihrem innersten Leben gehört.

Der Brief von Ende November 1905 an die Mutter erzählt neben ihren Paris-Sehnsüchten auch von ihrer Arbeit: »Des Morgens male ich jetzt Clara Rilke im weißen Kleid, Kopf und ein Stück Hand und eine rote Rose. Sie sieht sehr schön so aus und ich hoffe, dass ich ein wenig von ihr hineinbekomme ... Ich freue mich, auf diese Weise mit Clara Rilke öfter zusammenzukommen. Sie ist mir trotz allem von allen noch die liebste.« Während der Porträtsitzungen spielte Claras vierjährige Tochter Ruth in der kleinen Stube. Paula Modersohn-Becker malt kein Mutter-Tochter-Bild, so sehr ihr dieses Motiv vertraut ist. Aus ihrem Porträt spricht nur Clara Westhoff in ernster großer Pose (Tafel 6). Der leicht nach hinten gebogene Kopf ist rückwärts gewandt, mit Trauer in den dunklen Augen, Resignation um den geschlossenen Mund.

Doch da ist, vor dem starken Kontrast des weißen Kleides, die dunkelrote Rose. Mit ihr wird zwischen der Malerin und der Gemalten ein Dritter anwesend; jener verzauberte Herbst 1900 stellt sich ein, von dem Rainer Maria Rilke in sein Tagebuch schrieb: »Wir waren nie ohne Rosen in diesen Tagen.« Als er Paula und Clara – die »Mädchen«, die immer in Weiß gekleidet waren – mit in seine Dichterträume nahm. Als er in diesem gleichen Atelier mit Paula Modersohn-Becker lange Abende im Gespräch verbrachte und nach der Rückkehr dichtete: »Die roten Rosen waren nie so rot ...« Vorbei und doch unvergänglich. Eingegangen in ihrer beider Leben, das nun endlich das Große bringen sollte, über das sie sich schon als junge Frauen verschwörerisch austauschten. Die Rose ist die Brücke zwischen Vergangenheit und Zukunft.

Seit der Rückkehr aus Paris im April 1905 ist Paula Modersohn-Becker sehr fleißig gewesen, wie immer. Sie hat endgültig das Stilleben für sich entdeckt. Unter anderen entstehen das »Stilleben mit Zuckerdose und Hyazinthe im Glas«, das »Stilleben mit Äpfeln und Bananen« und das »Stilleben mit gelbem Napf« (Tafel 8). Rund zehn hat sie bisher gemalt, bis ins Jahr 1907 werden über fünfzig weitere folgen. Sie arrangiert, was ihr Haushalt hergibt. Sie macht die Dinge extrem präsent, indem sie die Tischkante an den Bildrand holt oder ganz weglässt. Sie schafft Raumgefühl, indem sie Farben gegeneinander setzt und komponiert die Gegenstände im Bild in ausgeklügelter Anordnung.

Darüber vernachlässigt Paula Modersohn-Becker ihre »Modellkinder« nicht. In diesem Sommer 1905 malt sie, was eine Ikone ihrer Malerei wurde und nicht selten als »bäuerliche Kunst« missverstanden wird – das »Worpsweder Bauernkind auf einem Stuhl sitzend«. Die Beine angezogen, die Füße mit den Holzschuhen auf einer Querlatte des Korbstuhls abgesetzt und damit vom Boden gelöst, die großen dunklen Augen sowie Hände und Unterarme hell vor dem Dunkel von Kleid und Stuhl. Wieder fehlt die klassische räumliche Perspektive. Ein Kind jenseits von Raum und Zeit und doch von eindringlicher Präsenz, eine Persönlichkeit in großer Stille. Fünf Jahre ist es her, dass die vierundzwanzigjährige Paula Becker »das Mädchen mit Uhrgewicht« (Tafel 3) malte. Ein Bild so meisterlich und originär wie das andere, Beweis für den weiten malerischen Horizont, den sie sich inzwischen erarbeitet hat. Es geht nicht um Fortschritte im Sinne von schlechter und besser, sondern um eine Erweiterung der Möglichkeiten, unermüdlich alles hervorzuholen, was das Talent hergibt.

Auch lebensgroße Akte von jungen Frauen malt sie in diesen Monaten wieder, Mädchengesichter ganz von Nahem. Die Dinge wie die Menschen will sie in ihrem Wesen erfassen und in ihrer größtmöglichen Intensität auf die Leinwand bringen. »Die Stärke, mit der ein Gegenstand erfasst wird (Stilleben, Porträts oder Fantasiegebilde), das ist die Schönheit in der Kunst«, hatte sie im Frühjahr in Paris notiert.

In diesen Dezemberwochen wird ihre Malerei von Otto Modersohn im Tagebuch heftig kritisiert: »Paula macht mir in ihrer Kunst lange nicht so viel Freude wie früher. Sie nimmt keinen Rat an – es ist sehr töricht und schade ... Was könnte die machen! Malt lebensgroße Akte und das kann sie nicht, ebenso lebensgroße Köpfe kann sie nicht ... Verehrt primitive Bilder, sehr schade für sie – sollte sich malerische ansehen. Will Farbe und Form vereinigen – geht gar nicht in der Weise wie sie es macht.« Das ist im Ansatz richtig analysiert. Und es ist verständlich, dass Otto Modersohn nicht erkennt, wie meisterlich Paula genau den von ihm kritisierten künstlerischen Ansatz – Form und Farben zu vereinigen – in ihren Bildern umsetzt. Denn diese Bilder von Paula Modersohn-Becker sind herausfordernd. Sie brechen mit Gesetzen der Malerei, die selbst die Neuerer in der zweiten Hälfte des 19. Jahrhunderts noch fraglos anerkannten. Und keine Malerin vor ihr hat je lebensgroße Akte gemalt (Tafel 13).

Otto Modersohn hat seine Kritik nicht nur im stillen Kämmerlein zu Papier gebracht. Deshalb ist er verbittert, dass seine Paula »sich vernünftiger Einsicht und Rat verschließt«. Sogar ein klassisches Vorurteil taucht in dieser Notiz auf: »Frauen werden nicht leicht etwas Ordentliches erreichen.« Ob Paula Modersohn-Becker noch diskutiert hat – oder nicht längst geschwiegen und um so gewisser wurde, dass sie fort musste aus diesem Umfeld? Was bringt es ihr, dass Otto Modersohn nur wenige Tage später ihre Stilleben über den grünen Klee lobt? Dass er in den vergangenen Jahren Verständnis für ihre Kunst hatte, Großes von ihr erwartete? Sie weiß, was sie will. Was soll sie immerfort diskutieren, sich rechtfertigen. Auch diese Illusion musste der Realität weichen: Sie sind längst kein Künstlerehepaar mehr, das »gemeinsam strebt«.

An Herma Becker in Paris schickt Paula als Weihnachtsgeschenk Mitte Dezember ein halbes Dutzend Teelöffel. Und fügt hinzu, dass eine Sternschnuppe ihr gesagt habe, sie werde mit ihnen »noch in diesem Frühjahr mit Dir ein confiture de fraises löffeln ... Du weißt doch, dass ich mir schon fünfzig Mark gespart habe?« Sie muss nicht lange wählen, wenn es um Erdbeermarmelade in Paris geht oder Theater in Bremen. Sie hatte gerade einen Theaterabend in Bremen hinter sich, an dem eine Schauspielerin aus Berlin »allerhand Feines und Individuelles« leistete – »die übrigen Mannschaften waren abscheulich«.

Manchmal war Paula in den wenigen Familienbriefen des Jahres 1905 ein wenig ironisch, was ihren Otto betraf. Zum Beispiel, wenn es um seine Begeisterung für den wöchentlichen Kegelabend ging. Insgesamt aber lag ihr daran, ein positives Bild zu zeichnen von ihrer ehelichen Beziehung, von der »rührenden Güte«, mit der Otto Modersohn sie umsorgte, und von seinem künstlerischen Erfolg: »Otto malt, malt, malt«, erfuhr die Mutter Ende November. Das brachte Geld in die Familienkasse. Am 28. Dezember 1905 folgt das Ehepaar der Einladung von Carl und Martha Hauptmann ins schlesische Schreiberhau und quartiert sich dort im Gasthaus »Zur Sonne« ein.

Winterurlaub im Riesengebirge: »Großartig und ernst lagen die weißen Berge unter dem wolkigen Himmel ... Die Tagesstunden wurden dann ordentlich zum Schlitteln gebraucht, es ging prachtvoll, diese Berge hinunterzusausen.« Schwester Milly erhielt den Reisebericht im Januar 1906. Paula Becker war von den Abendstunden im Hause Hauptmann nicht weniger fasziniert als von der Natur: »... dann gab es bei Tisch und Nachtisch immer interessante Debatten unter den Männern. Alle diese studierten Leute wirkten so anders als die Maler, mit denen wir gewohnt sind, umzugehen. Es kam viel Feines dabei heraus, hauptsächlich wenn Hauptmann und Sombart gegeneinander zu Felde zogen.« Otto Modersohn lobte in seinem Tagebuch das befreundete Ehepaar Hauptmann, Verwandte und Gäste: »Dann aber Sombart, ein prachtvoller Kerl, wie köstlich waren die Debatten mit Carl Hauptmann.« Er hat Paula und Otto offenbar am meisten beeindruckt: der dreiundvierzigjährige Werner Sombart, noch Professor für Nationalökonomie in Breslau, ab 1906 in Berlin, doch so gar kein typisch deutscher Professor.

Sombart machte mit seinen Arbeiten Kapitalismus und Marxismus wissenschaftsfähig, engagierte sich für eine moderne Sozialpolitik, war als Großstadtmensch lebhaft an neuen kulturellen Strömungen interessiert und schätzte eine elegante, luxuriöse Lebensführung. Der Vater von vier Töchtern fühlte sich in seiner Ehe den »alten Morallehren« nicht mehr verpflichtet. Vielmehr brauche er »von Zeit zu Zeit starke Reize, wie sie in dem zartgesponnenen Netze des Familienlebens nicht liegen«, wie er einem Berufskollegen erklärte. Er liebte es, mit Freunden bis in den frühen Morgen bei Champagner zu feiern, nicht zuletzt, um depressiven Stimmungen zu entrinnen. Keine Frage, dass der Professor Sombart in jeder Gesellschaft geistreich agieren und parlieren konnte.

Von Schreiberhau fährt das Ehepaar Modersohn in der ersten Januarwoche 1906 weiter nach Dresden und besucht Paulas Tante Cora und Onkel Wulf von Bültzingslöwen in ihrer neuen Villa »Sunnyside« hoch über Pillnitz auf dem Hausberg Nr. 5. Erinnerungen stellen sich ein: zuerst an die Berliner Zeit, wo Paula Becker anderthalb Jahre lang von der Villa in Schlachtensee in die »Zeichen- und Malschule« gefahren war und auch sonst allerhand Großstädtisches unternommen hatte. Von Pillnitz sah man unterhalb am Elbhang den Villenort Hosterwitz, wo Paula mit Eltern und Geschwistern viele Male in den Sommerferien einquartiert war und auf halbem Wege jene Sandkuhle lag, in der die Katastrophe ihrer Kindheit geschah, die einen Namen hatte – Cora, die geliebte gleichaltrige Cousine.

Tante Cora und Onkel Wulf führten in Pillnitz ein ebenso gastliches Haus wie in Berlin. Im Gästebuch drängen sich die Eintragungen. Unter »1906« hat Otto Modersohn eingetragen: »4., 5., 6. Jan. Paula und Otto Modersohn«. Direkt darunter steht in der zierlichen Handschrift der Hausherrin: »The painter and his wife«. Die wenigen Worte sprechen Bände. Das war die Stimmung, die Paula innerhalb der Verwandtschaft spürte, wenn es um ihre Arbeit ging. Otto Modersohn war der anerkannte bewunderte Maler. Paulas Malerei galt als »kleiner, schnurriger, verbissener Spleen«. Sie liebte ihre Familie, das Netz der Verwandtschaft galt ihr viel, sie schätzte Tante Cora. Um so entschlossener war der Wille, es ihnen allen zu zeigen, und um so größer der Wunsch, aus diesen Familienbanden auszubrechen, unterzutauchen in der Anonymität der Weltstadt.

»Denn ich werde noch etwas«: Wieder steht die Beschwörungsformel in einem Brief an die Mutter, diesmal vom 19. Januar 1906. Anlass ist der Tod von Christiane Rassow, Mathilde Beckers enge Freundin in Bremen, die sich vielfältig in der Bremer Kultur- und der Bildungsarbeit engagiert hatte. Paula Modersohn-Becker kannte sie aus der Zeit, als sie in Bremen bei den Eltern lebte: »Auch wünschte ich, Frau Rassow hätte noch erlebt, dass ich etwas würde ... Denn ich werde noch etwas ... Dieses unentwegte Brausen dem Ziele zu, das ist das Schönste im Leben. Dem kommt nichts anderes gleich. Dass ich für mich brause, immer, immerzu, nur manchmal ausruhend, um wieder dem Ziele nachzubrausen, das bitte ich Dich zu bedenken, wenn ich manchmal liebearm erscheine. Es ist ein Konzentrieren meiner Kräfte auf das Eine. Ich weiß nicht, ob man das noch Egoismus nennen darf. Jedenfalls ist es der adeligste.« Und es ist wie eine Wunde, die sich nicht schließen will.

Paula kann die flehentlichen Briefe nicht vergessen haben, die sie ihren Eltern, ihrer Mutter zumal, im September und November 1899 geschrieben hatte: »Man muss eben den ganzen Menschen der *einen*, ureinzigen Sache widmen ... Die Hingabe an die Kunst hat auch etwas Selbstloses ... Es ist eben das Einzige, was so ein armes Menschlein kann: leben wie es sein Gewissen für recht hält. Es muss alles gut werden.« Es kann gar nicht oft genug wiederholt werden. Paula Modersohn-Becker, die im Februar 1906 dreißig Jahre alt wird, lebt seit über sechs Jahren mit dieser selbstgeweckten Erwartung. Für sie steht dahinter eine felsenfeste Gewissheit, die sich an ihren vielen Bildern festmacht. Sie weiß, sie hat ein gewaltiges Stück auf ihrem Weg zurückgelegt.

Bis auf wenige Ausnahmen hat sie ihre Bilder vor den Augen der Familie und der Freunde versteckt gehalten. Sie hat nicht vergessen, wie ihr Vater aufatmete, dass es endlich vorbei sein würde mit den gemalten »Hängebäuchen«, als sie 1900 nach Paris zum Malstudium ging. Paula Modersohn-Becker wusste, dass ihre Verwandtschaft einer Vorstellung von Schönheit in der Kunst huldigte, mit der sie rigoros gebrochen hatte. Sie wusste auch, dass die führenden Kunstkritiker am Beginn des 20. Jahrhunderts in der Kunst weiterhin das Monopol des männlichen Genies predigten. Wie konnte sie in ihrer Umgebung auf Verständnis hoffen?

Paula Modersohn-Becker war nicht naiv und blauäugig. Sie hatte einen unerschütterlichen Willen und mobilisierte eine große Kraft, um sich den Freiraum zu erhalten, den sie für ihr künstlerisches Schaffen brauchte, und die Zuversicht, unentwegt auf das eine Ziel hin zu brausen. Einsam und doch mit einem beispiellosen Glücksgefühl. Sie war noch nicht am Ziel, darum brauchte sie diesen Schutzraum; um sich zu schützen, deckte sie ihre Karten nicht auf. Doch sie versandte verschlüsselte Botschaften. Dem Brief der Mutter mit dem Hinweis, sich ganz auf das eine konzentrieren zu müssen, hatte sie ein neues Siegel beigegeben: »Eile dich dass du hingelangst.« So vieldeutig es nach außen wirkte, für Paula Modersohn-Becker war es eine eindeutige Aufforderung, an sich selber gerichtet.

»Lieber Rainer Maria Rilke«, schreibt sie am 17. Februar 1906, »Dafür dass Sie ›mein kleines Kind‹ ein wenig gern mögen, dafür danke ich Ihnen … Mit diesem ›Gerne-leiden-mögen‹ haben Sie mir das erste Stück Paris gebracht, und das ist sehr viel.« Der Brief bezieht sich auf einen Besuch Rilkes in ihrem Atelier kurz vor oder nach den Weihnachtstagen. Er war am 17. Dezember zum Feiern mit Frau und Kind nach Worpswede gekommen. In Paulas Atelier wartete das Porträt von Clara Rilke – und eine ehemalige Freundin, die bei dem Zusammentreffen 1903 in Paris noch fühlbar auf Distanz geblieben war.

Bei seinem Besuch sah der Dichter nicht nur die Bilder von Paula Modersohn-Becker erstmals mit Bewusstsein. Rilke erkannte auf Anhieb ihre Einzigartigkeit und eine Meisterschaft, die sie in seinen Augen als Malerin mit den Größten ihrer Zeit verband: »Das merkwürdigste war, Modersohns Frau an einer ganz eigenen Entwicklung ihrer Malerei zu finden, rücksichtslos und geradeaus malend, Dingen, die sehr worpswedisch sind und die doch nie einer sehen und malen konnte. Und auf diesem ganz eigenen Wege sich mit van Gogh und seiner Richtung seltsam berührend.« Das schreibt Rainer Maria Rilke Mitte Januar 1906 an seinen Förderer, den Bankier und Kunstsammler Karl von der Heydt. Rücksichtslos und geradeaus: Intuitiv und mit einem Blick, der inzwischen an der modernen Pariser Kunstszene geschult ist, hat der Dichter den Kern von Paulas Malerei erfasst. Er wird es ihr bei seinem Besuch im Atelier auch gesagt haben. Was für ein Unterschied zu den bitter-kritischen Anmerkungen von Otto Modersohn in diesen Wochen.

Das künstlerische Einverständnis war die Brücke zwischen den beiden geblieben, über allem Streit und aller zeitweiligen Abneigung. Jetzt führt über sie auch der Weg zu einem erneuerten menschlichen Einverständnis und gegenseitigen Vertrauen. Paula Modersohn-Becker erzählt ihm von ihren Paris-Plänen, von der Worpsweder Enge, die sie lähmt. Wer hätte ihre Situation besser verstehen können als Rilke, den seit seiner Heirat mehr denn je die Frage bedrängte, wie das Leben als Ehemann und Vater – und als Ehefrau und Mutter – mit einer Existenz als Künstler zu vereinbaren sei. Dessen Rat immer noch der gleiche ist: Nur in der Einsamkeit ist künstlerisches Schaffen möglich.

Rainer Maria Rilke belässt es nicht bei ermutigenden Worten, obgleich er nur minimale Einkünfte hat. Er kauft beim Atelierbesuch aus Überzeugung und als Finanzierungsbeitrag für ihren nächsten Paris-Aufenthalt das Bild »Säugling mit der Hand der Mutter« aus dem Jahre 1903 (Tafel 5). Auf dieses »kleine Kind« bezieht sich Paulas Brief vom 17. Februar, der Dank für »das erste Stück Paris«. Mitte Februar 1906 ist Paris in greifbare Nähe gerückt, und dieser Monat wird ein dramatischer Monat im Leben von Paula Modersohn-Becker.

Die Freude an der Winterreise ins schlesische Riesengebirge, den Schlittenfahrten und der anregenden Gesellschaft bei Hauptmanns war das eine. Paula Modersohn-Becker konnte die Gegenwart intensiv genießen. Das andere war der feste Entschluss, ihr Leben zu ändern und endgültig aufzubrechen in eine andere Welt. Sie muss ihn schon vor Beginn der Reise gefasst haben. Nach der Rückkehr am 13. Januar 1906 hatte sie zielstrebig begonnen, ihre Angelegenheiten zu ordnen. Wichtige persönliche Dinge brachte sie aus dem Modersohn-Haus in ihr Brünjes-Stübchen, lagerte sie in Kisten und verschloss so viel wie möglich in einem Schrank. Stundenlang saß sie im Atelier und füllte Mappen mit ihren Zeichnungen, sortierte ihre Bilder. Alles geschah geräuschlos, ohne viel Aufhebens. Otto Modersohn, in seine Arbeit vertieft und in ein Leben, das äußerlich seinen gewohnten Gang ging, bemerkte nichts von den Aktivitäten seiner Frau.

5. Februar Worpswede: Paulas Brief an Schwester Herma schließt: »Ich grüße Dich schwesterlich und mütterlich und bin bald dreißig Jahre alt. Deine Paula.« Wieder ein verschlüsselter Hinweis, denn Herma wusste, wie wichtig für Paula ihr dreißigster Geburtstag war – am 8. Februar 1906. Seit Jahren hatte sie sich diesen Wegstein ihres Lebens als Markierung gesetzt. Das Eine in der Kunst, auf das sie immerfort hinbrauste, sollte erreicht sein. Nicht mehr zu sagen: Ich werde etwas, sondern endlich zu verkünden: Ich bin etwas geworden.

5. Februar Pillnitz: Die Mutter, zu Besuch bei ihrem Bruder Wulf von

Bültzingslöwen und seiner Frau Cora in »Sunnyside«, schreibt ihrer Tochter Paula einen Geburtstagsbrief. Sie schildert, wie Paula an einem Tag voller Unwetter und Regenfällen in Dresden zur Welt kam, während ihr Vater sich verzweifelt mühte, dass die unter seiner Leitung erbauten Eisenbahndämme nicht ins Rutschen kamen. Mathilde Becker wünscht »Dir und Deinem Hause das Schönste für das neue Jahr« und legt eine Fotografie »unseres Vaters und seines Bruders Oskar« bei. Die hatte sie beim Besuch einer Dresdener Jugendfreundin von Woldemar Becker geschenkt bekommen: »In Vaters Bild frappierte mich die Ähnlichkeit mit Dir so stark ...«

11. Februar Worpswede: Paula antwortet auf den mütterlichen Geburtstagsbrief: »Vaters Bild! Auch ich finde die Ähnlichkeit sehr groß, wie wir sie auch wohl im Charakter haben. Nur dass Vater nicht so rücksichtslos war wie ich. Ich bin, glaube ich, zäher. Diese Ähnlichkeit war wohl auch der Grund, dass unser so bescheidener Vater mit mir in meinem ganzen Leben nicht zufrieden war.« Wieder dieser doppelte Stachel: die Erwartungen derer, die sie liebten und die Paula viel bedeuteten, nicht erfüllt zu haben; zugleich der Schmerz, dass die geliebten Menschen ihrer Arbeit kein Vertrauen entgegenbrachten. Nur sie konnte das ändern – wenn nötig rücksichtslos. Ein weiteres Schlüsselwort.

Zuvor, am 8. Februar Worpswede: Clara Rilke schreibt einen Brief an Rainer Maria Rilke, im Mittelpunkt steht ein Gespräch mit der wiedergefundenen Freundin. Dieser Brief ein Schlüsseldokument, das die verklausulierten Hinweise von Paula Modersohn-Becker, dass sie zu neuen Ufern aufbrechen will, erhellt. Der Brief ist bisher nur in einer Fußnote des Aufsatzes von Renate Berger, aber in keiner Biografie dokumentiert, obgleich an seiner Echtheit und Glaubwürdigkeit kein Zweifel besteht. Clara Rilke hat zu ihren Lebzeiten niemals etwas von dem offenbart, was Paula Modersohn-Becker ihr Anfang 1906 anvertraut hatte.

In den Gesprächen ging es zum einen um die offensichtlich gescheiterte Ehe: »Sie sagt, dass sie all die fünf Jahre unverheiratet lebt, eigentlich, dass der Mann, neben dem sie lebt, nicht fähig war, aus Nervosität, das geschlechtliche Zusammenkommen auszuüben. Dass sie selbst gar nichts gefühlt und erlebt habe als eine große Enttäuschung – dass er nun seit einiger Zeit weniger nervös sei – dass nun aber für sie natürlich jede Annäherung zwecklos und ohne Sinn sei ...« So weit bestätigt sich, was Paula Modersohn-Becker in diesem Sommer an Carl Hauptmann über ihre Ehe schreiben wird und was zur Erhellung des ehelichen Hintergrundes schon zitiert wurde.

Es ist nur fair, auch die andere Seite zu hören. In seinen Tagebuchnotizen über die »gründliche, fundamentale Aussprache« am 5. November 1905 ist Otto Modersohn unter anderem auf den heiklen Punkt ihrer sexuellen Beziehungen eingegangen: »Zunächst ist der Mangel an wahrem Liebesgenuss ein großer Defekt unserer Ehe. Komisch, wie ich da ängstlich war. Ich fürchtete mich fast davor, was anderen der Zweck der ganzen Sache, das höchste Glück ist. Das lag natürlich in meinen Nerven. Die sind jetzt aber besser wie seit langem – und nun wird der Punkt auch gut und gelöst. Ich hoffe auf sicheren Erfolg unserer Liebe. Das würde natürlich unser Verhältnis riesig vorteilhaft beeinflussen. – Aber außerdem: unser Leben ist zu eintönig ...« Wenngleich verklausuliert formuliert, bestätigt diese Eintragung von Otto Modersohn, was seine Frau der Freundin erzählte. Dass dieser »große Defekt unserer Ehe« erst nach fünfjähriger Dauer zur Sprache kommt und Otto Modersohn glaubt, ihn wie auf Knopfdruck beheben zu können, ist irritierend. Da tut sich eine Sprachlosigkeit auf zwischen den Eheleuten, die auch durch die »fundamentale Aussprache« – allem Optimismus von Otto Modersohn zum Trotz – nicht behoben wurde, im Gegenteil.

Wie sehr Distanz und Bitterkeit zwischen den Eheleuten mit dem neuen Jahr 1906 wuchsen, wird Otto Modersohn selbst in einem Brief vom Juli an seine Frau bestätigen: »Vor Weihnachten, bei Deiner schweren Stimmung, sagtest Du mir: lass nur, das wird besser ... Und nach Weihnachten sagtest Du: berühre mich nicht, das ist aus.«

Die Ehekrise hat bei Paula Modersohn-Becker Überlegungen in Gang gesetzt, die radikal mit den bürgerlichen Familienidealen brechen, zu denen sie erzogen wurde. Clara Rilke: »Sie selbst glaubt an ihre Fähigkeit, Kinder zu tragen – und möchte das noch – wenn sie selbst allein ist – ohne Mann auf sich allein gestellt nachholen.« Die Freundin, die aus Erfahrung weiß, wie schwer es ist, als Künstlerin die Verantwortung für ein Kind zu haben, fügt hinzu: »Mir scheint es von erstaunlichem Mut ... und wenn sie die Freiheit hat, alles tun zu können, wird sie das vielleicht gar nicht tun ... Ihre Sehnsucht ist ja nur: nicht verheiratet zu sein.« Paula Modersohn-Becker hat sich nicht öffentlich für die Frauenbewegung eingesetzt. Ihre Bemerkungen dazu in Briefen und Tagebüchern sind allerdings differenziert, keineswegs rundum ablehnend. Mit ihrem

Lebensmodell nach der Trennung von Otto Modersohn – Künstlerin und alleinstehende Mutter – ist sie entschieden mutiger als weite Teile der bürgerlichen Frauenbewegung, die sich »Mütterlichkeit« nur innerhalb der Ehe vorstellen können.

Damit ist für den Januar/Februar 1906 dokumentiert, was sie lange zuvor in Gedanken durchgespielt und abgewogen haben muss: Paula will sich von Otto Modersohn trennen und sich in Paris eine neue Existenz aufbauen. Aber wovon wird sie leben? Clara Rilke schlägt vor, ihr sofort für 100 Mark ein Bild abzukaufen – so viel habe sie im Augenblick im Hause. Aber Paula Modersohn-Becker hat schon eine Verkaufsmöglichkeit angepeilt und will auf die briefliche Antwort warten: »Wenn etwas daraus wird – so sagt sie – hätte sie genug, um nach Paris zu gehen.« Weitergehende finanzielle Pläne sind mehr als vage: »... da hofft sie auf irgendeine Quelle von irgendwoher – sie denkt, dass es vielleicht Menschen gibt, davon ihr einer für die nächsten Jahre zumindest vielleicht 3000 Mark gibt. Doch hat sie noch nicht darum gefragt ...« Clara Rilke, die sich seit Jahren mühsamst als Künstlerin durchschlägt, fügt lebensweise hinzu: »... und manchmal irrt man sich ja auch.«

Die Freundin ist nicht nur verschwiegen. Clara Rilke steht für den Versuch, verheiratet und mit Kind ein eigenes Leben zu wagen, gegen die Widerstände ihrer Familie, mit allen Risiken, die dazugehören – ohne sich Paula mit Ratschlägen aufzudrängen. Als Bilanz der Gespräche schreibt sie an Rainer Maria Rilke: »Ich habe gar nichts dabei zu tun, bin nur ins Vertrauen gezogen, damit diese Wirklichkeit noch in einem andern Gehirn lebt als im eigenen. Damit sie ein wenig Raum gewinnt – und schon selbstverständlich ist – ehe die anderen Gehirne sie ihr austreiben wollen.« Paula Modersohn-Becker hat klug daran getan, ihre verwegenen Pläne der Freundin gegenüber auszusprechen, denn mit Clara und Rainer Maria Rilke hat sie zwei verlässliche Mitwisser bekommen. Wie ihre Familie reagieren wird, weiß sie nur zu gut, und deshalb gehen alle Vorbereitungen heimlich weiter.

17. Februar Worpswede: Paula bedankt sich bei Rainer Maria Rilke für den Bildkauf und schreibt mehr über ihre Pläne als Künstlerin in Paris: »Sie haben sich so gütig nach verschiedenen Ausstellungen erkundigt ... Den Salon will ich gar nicht versuchen, die Indépendants nächstes Jahr. Dann gibt es vielleicht schon etwas Besseres.« Zum jährlichen Pariser Salon für traditionelle Malerei will sie ihre Bilder grundsätzlich

nicht einreichen, die Ausstellung der »Unabhängigen« modernen Künstler erst 1907 anpeilen. Beide Ausstellungen sind für Maler entscheidend, um in Paris Aufmerksamkeit zu finden, Kunsthändler und Käufer anzulocken.

Mit Rilke hat sie einen Brückenkopf in Paris, der bereit ist, sich auch praktisch für ihr neues Leben zu engagieren. Zwar will Paula Modersohn-Becker als erste Station wieder im Hotel in der Rue Cassette absteigen, denkt aber schon auf ein kleines unmöbliertes Zimmer hin. Rilke hat einen Freund mit Verbindungen zu Kunststudenten, die nach dem Abschluss meist ihren Haushalt günstig verkaufen: »Ich brauche einen sommier, Staffelei, Tisch und nicht zu hässlichen Stuhl.« Eine Matratze – sommier – reicht, ein Bettgestell wäre in ihrer Lage Luxus.

In ihrem Brief an Rilke steht nichts von Abschiedsschmerz, Zweifeln oder Skrupeln. Wie unerträglich die Situation für Paula Modersohn-Becker schon über lange Zeit gewesen sein muss, lässt sich an dem befreienden Gefühl ermessen, das sie erfüllt, seit sie sich entschieden hat und handelt: »Beinahe hätte ich nicht gedacht, dass es mir noch einmal wieder so gut gehen würde, wie es mir geht. Ich habe das Gefühl, ich bekäme ein neues Leben geschenkt. Das soll schön und reich werden und wenn etwas in mir sitzt, dann soll es erlöst werden.« Rainer Maria Rilke ist wieder der Mensch geworden, dem sie ihre verborgensten Gedanken und Gefühle anvertraut.

Paula Modersohn-Becker plant nicht ohne Kalkül: »Mir brennt der Boden unter den Füßen« – lieber heute als morgen möchte sie Worpswede und allem, was dazugehört, den Rücken kehren. Aber sie ist vorsichtig: »Ich bleibe bis Ende dieses Monats hier, um meine Familie nicht zu beunruhigen, die im Begriff ist, eine Reise nach Rom zu machen. Wenn man dann weit von einander entfernt ist, kann man sich am besten verständigen oder nicht verständigen.« Es geht um die Mutter und ihren älteren Bruder Kurt, die zweifellos ihre Rom-Reise aufschieben würden, um Paula von ihren Plänen abzubringen. Für alle Beckers gehört Otto Modersohn zur Familie, niemand kann sich einen besseren Schwiegersohn oder Schwager vorstellen.

Ein neues Leben, zum Greifen nahe: Aber während sie diese Zeilen schreibt, fühlt sich Paula Modersohn-Becker noch im Niemandsland, zwischen dem Alten und dem Neuen: »Und nun weiß ich gar nicht wie ich mich unterschreiben soll. Ich bin nicht Modersohn und ich bin auch nicht mehr Paula Becker. Ich bin Ich, und hoffe, es immer mehr zu werden. Das ist wohl das Endziel von allem unsern Ringen.« Der Weg, im Kämpfen und Ringen sich selbst zu finden, ist die Malerei. Zum Verständnis hat sie mehrmals ein biblisches Bild herangezogen: Sie lässt von der Kunst nicht ab, wie Jakob, der nächtlich mit dem Engel kämpft und ihm sagt: Ich lasse dich nicht, es sei denn, du segnest mich.

20. Februar Worpswede: Die Anspannung ist groß. Paula hat vergessen, den Brief an Rilke auf die Post zu geben. Das holt sie jetzt nach und fügt eine Notiz hinzu: »Ich reise nun Freitag Nacht und komme nun Sonnabend in Paris an.«

22. Februar Worpswede: An diesem Tag schreibt Herma Becker ihrer Mutter: »Heute ist Schwager Ottos Geburtstag. Der gute Kerl wird froh sein seine Frau diesmal bei sich zu haben und dass sie nicht wie letztes Jahr in Paris rumhuppt, was ihm doch blutige Stiche ins Herz gegeben.« Paula feiert den Geburtstag zusammen mit Otto Modersohn, da hatte Herma richtig getippt. Aber ansonsten irrt sich Herma sehr in ihrer Schwester.

23. Februar Worpswede: Paula Modersohn-Becker verlässt das Künstlerdorf im Teufelsmoor, das sie vor knapp neun Jahren, im Juni 1897, bei einem fröhlichen Familienausflug erstmals betreten hatte. In der Nacht besteigt sie in Bremen den Zug nach Paris. Am gleichen Tag schickt Clara Rilke aus Worpswede einen Brief in die Rue Cassette Nr. 29: »Liebe Paula Becker. Alles Gute zum neuen Anfang! ... Möge alles Neue Sie hell machen und herrlich begrüßen und auch Schweres Ihnen gut und wichtig und nichts als fruchtbar sein. Viele gute Wege in Paris wünscht Ihnen Ihre Clara Rilke.«

24. Februar 1906 Paris: zum vierten Mal die Ankunft am Gare du Nord; die vertraute Fahrt über die Boulevards durch das abendliche Paris auf die andere Seine-Seite ins Viertel Saint-Germain-des-Prés. Am gleichen Abend schreibt Paula Modersohn-Becker, wohl im altbekannten Hotel, in ihr Tagebuch: »Nun habe ich Otto Modersohn verlassen und stehe zwischen meinem alten Leben und meinem neuen Leben. Wie das neue wohl wird. Und wie ich wohl werde in dem neuen Leben? Nun muss ja alles kommen.« Diesmal wird sie in Paris erstmals den Herbst und den Winter erleben und nicht zum letzten Mal, davon ist Paula Modersohn-Becker fest überzeugt.

Fort aus der Ehe: Meine Liebe ist ja doch kaputt
Paris Februar bis September 1906

Am 27. Februar 1906 schreibt Paula Modersohn-Becker den ersten Brief nach Worpswede: »Lieber Otto, Du hast gewiss schon nach einem Briefe ausgeschaut, der Dir melden soll, dass ich hier heil angekommen bin ... Nächste Woche fängt dann das Arbeiten auf der Akademie an, soll überhaupt mein Leben anfangen ... Am Sonntag hatte ich Herma zu mir bestellt. Die war über meine plötzliche Reise nicht wenig erstaunt ... Dr. Voigt schrieb mir, dass er mit Dir gesprochen habe, machte er Dir nicht auch einen ganz famosen Eindruck. Er sagt ja, wie Du, ich sollte erst mal abwarten. Das finde ich auch vernünftig und will es auch tun ... Dir und Elsbeth die besten Grüße von Deiner Paula.«

Am 2. März kommt der Brief in Worpswede an, und nun endlich kann Otto Modersohn in Worte fassen, was er versucht, vor seiner Umgebung zu vertuschen: »Soeben erhalte ich Deinen Brief. Zu jeder Post rannte ich vergeblich ... O Deine ersten Worte! Lass bald mehr folgen – tausend Dank. Keine Nacht finde ich mehr Schlaf – keinen Strich kann ich malen – kein Wort kann ich lesen – Du magst Dir ausmalen, wie ich lebe ... Paula, alle Kisten und Kasten, alle Schubladen sind leer – o diese Entdeckung! In Bremen ›Nach dem Regen‹ für 1500 (ohne Rahmen) verkauft. In Hannover ›Frühling‹ für 1000 – was ist mir Geld und Gut in dieser Seelenpein. Dass ich so blind war und nicht Vorkehrungen traf! Gib' mir Hoffnung – ich ertrag's nicht.« Dass Paulas Schubladen und Schränke leer sind, ist eine Überraschung. Aber dass seine Frau sich von ihm trennen will, ist nicht wie eine völlig unvorhersehbare Katastrophe über Otto Modersohn gekommen.

Der Brief von Paula Modersohn-Becker enthält ein interessantes, bisher nie aufgegriffenes Detail. Vor ihrer Abreise muss sie sich mit dem Bremer Rechtsanwalt Robert Voigt, einem Freund der Familie Westhoff, getroffen haben, um sich zu dem damals äußerst heiklen Thema »Scheidung« beraten zu lassen. Sie hat ihn über ihre Abreise informiert und gebeten, am nächsten Tag Otto Modersohn in Worpswede aufzusuchen und ihm mitzuteilen, dass sie nach Paris gefahren ist und eine Scheidung erwägt. Dass Paula ihrem Mann erst vier Tage nach der Ankunft schreibt, hat demnach einen rationalen Grund: Sie hat den Brief von Dr. Voigt abgewartet, der ihr über das Treffen mit ihrem Ehemann berichtet. Otto Modersohn blieb also keineswegs bis zum 2. März im Ungewissen. Ihm fehlte nur die Auskunft seiner Frau, dass sie »heil« in Paris angekommen war. Die »Nacht-und-Nebel-Aktion« verliert einiges an Dramatik, wenn »Dr. Voigt« nicht ausgeblendet wird.

Otto Modersohn ist weiterhin entschlossen, die Realität – wie Paula sie ihm schriftlich darlegt – nicht anzuerkennen, ihre Entscheidung nicht zu akzeptieren. Der Briefwechsel über die folgenden Monate zeigt zwei Menschen, die versuchen, den anderen vom eigenen Standpunkt zu überzeugen – flehentlich, verzweifelt, mit versteckten Vorwürfen und glühenden Versprechungen, fordernd, verletzt, bittend. Paula ist erst einmal in der günstigeren Position – sie hat gehandelt, Otto Modersohn muss reagieren. Er bestürmt seine Frau mit Briefen. In denen offenbart sich eine Portion Selbstmitleid: »Aus der Tiefe meines Herzens rede ich zu Dir – ich stehe vor Dir, ein Mann, schwer gebeugt von Leiden, ein ruheloser Irrender, ein Gramdurchwühlter. O warum hast Du mir diese tiefe Liebe eingeflößt und dann gehst Du fort und lässt mich allein!« Doch das sind verzweifelte Ausbrüche am Rande. Vor allem anderen müht er sich darzulegen, wie tief seine Liebe zu Paula ist, dass sie auf seine unbedingte Treue und sein Verständnis bauen kann. Er will sich ändern, verspricht auf alle ihre Bedingungen und Wünsche einzugehen, wenn sie nur zu ihm zurückkommt: »Der Wahrheit gemäß will ich nicht unerwähnt lassen, dass ich in den ersten Jahren dich aus übergroßer Liebe nicht gern Mutter werden sah, ich konnte den Gedanken nicht ertragen, dass Dein Leben in Gefahr käme ... ich habe Dich oft verletzt und gekränkt ... Ach ich sehe alles, alles ein.«

Er zeigt Verständnis für die Lebensbedürfnisse der jüngeren temperamentvollen Frau: »Du suchst Erlebnisse, gut, ziehe aus und suche sie, und wenn Dich eine Liebschaft lockt, folge ihr, ich bleibe Dir getreu ... Du suchst Freiheit. Nimm alle Freiheiten, lebe von mir getrennt mal, wohne bei Brünjes auch des nachts ... Müssen wir uns denn darum trennen fürs Leben?«

Paula Modersohn-Becker versucht, ihren Standpunkt freundlich klar zu machen: »Lass uns diese Sache bitte im Augenblick gar nicht berühren und eine Zeit ruhig vergehen lassen ... Ich danke Dir für alle Deine Liebe ... Versuche Dich an die Möglichkeit des Gedankens zu gewöhnen, dass unsere Leben auseinandergehen können.« Es nützt nichts. Otto Modersohn fährt fort, seine Frau mit einer Flut von Briefen zu überschwemmen. Unterdessen versucht Paula, Regelmäßigkeit in ihr Pariser Leben zu bringen. Es greift das Muster der vergangenen Paris-Aufenthalte. Kaum eine Woche ist vergangen und sie hat das schmuddelige Hotelzimmer verlassen. Aus einem Brief der Schwester Hermas vom 8. März an die Mutter: »Paula ist sehr zufrieden jetzt in ihren eigenen vier Wänden zu hausen ... Sie hat ein Atelier 14 Avenue du Maine gefunden ... Ihre Möbel hat sie gekauft, d. h. fast nichts, da ihr der Bulgaren-Bildhauer vom vorigen Jahr sehr geschickt Börter und Tische gezimmert hat.« Am Morgen besucht Paula Modersohn-Becker einen Zeichenkurs in der Akademie Julian, dazu belegt sie den Anatomiekurs in der staatlichen Kunstakademie und eine Vorlesung zur Kunstgeschichte. Der Nachmittag gehört dem eigenen Schaffen im Atelier.

Anfang April, von Otto Modersohns Briefen bedrängt und von dem Vorschlag, mit ihm auf der Nordseeinsel Amrum Urlaub zu machen, ist Paulas Antwort ein Aufschrei: »*Wie* habe ich Dich geliebt. Lieber Rother, wenn Du kannst, so halte Deine Hände noch eine Zeit über mich ohne mich zu verurteilen. Ich *kann jetzt* nicht zu Dir kommen, ich *kann* es nicht. Ich möchte Dich auch an keinem anderen Orte treffen. Ich möchte jetzt auch gar kein Kind von Dir haben ... Ich fühle mich selbst unsicher, da ich alles, was in mir und um mich sicher war, verlassen habe.« Nur in Ruhe gelassen möchte sie werden, um Ruhe zu finden für eine Entscheidung, die – nimmt man sie beim Wort – noch nicht gefallen ist.

Im gleichen Atemzug wird sie nüchtern-konkret: »Ich muss nun einige Zeit in der Welt bleiben, werde geprüft und kann mich selber prüfen. Willst Du mir für die nächste Zeit monatlich 120 Mark geben, dass ich leben kann? Für diesen Monat bitte ich Dich sogar um 200 Mark, da ich am 15. meine Vierteljahrsmiete bezahlen muss.« Paula Modersohn-Becker weiß, dass Otto Modersohn auf eine solche Bitte nur wartet. Hat er doch schon im März geschrieben: »Lebe auch gut, spare nicht zu sehr, Du hast es nötig.« Er drängt ihr und Herma das Geld für einen Osterurlaub geradezu auf. Die beiden nehmen an und fahren über die Feiertage in die Bretagne.

Nach der Rückkehr bedankt sich Paula mit einer Schilderung der Reise, »die ganz über Erwarten schön ausgefallen ist«. Im gleichen Brief steht: »Willst Du nun wohl so gut sein und mir jeden 15. hundertzwanzig Mark schicken? Es fällt mir schwer, Dich darum zu bitten. Wenn Du für die nächste Zeit noch für mich sorgen willst, so tue es bitte, ohne dass ich jeden Monat darum bitten muss.« Gab sie ihrem Mann nicht Argumente in die Hand für eine gemeinsame Zukunft? Tatsächlich findet Otto Modersohn, der in den meisten Briefen um ihre Rückkehr bittet und bettelt, Anfang Juli zu ungewohntem Selbstbewusstsein, indem er ihr Bild aufgreift: »Ich halte meine Hände mit unendlicher Liebe und Güte über Dir seit wie vielen Monaten, wo andere verdonnern würden ... denke an die materielle Seite, bei Geldsorgen kann man nicht seine Kunst leben, Du am wenigsten.«

Ein Dritter wird in die Krise einbezogen, Modersohns Freund Carl Hauptmann; mit ihm – und seiner Frau – hatte Paula Modersohn-Becker schon von Worpswede aus korrespondiert. Otto Modersohn hatte dem Freund am 11. April sein Herz geöffnet: »ich habe nicht geahnt, dass es solche Abgründe des Leidens gäbe«. Dann folgt seine Diagnose: »Alles entspringt zum Schluss daraus, dass meine Frau kinderlos bisher geblieben ist, das hat sie gereizt und krankhaft gemacht ... Ich war versunken in Arbeit etwas nervös und übersah da manches. Aber die Hoffnung auf Kindersegen ist durchaus nicht ausgeschlossen ... Zum Unglück bestärkte sie Frau Rilke in ihren Ideen ... die durch ihren Mann alles Unnatürliche, Komplizierte und Sensationelle liebt ... Sie kann allein von ihrer Kunst gar nicht existieren. – Eine ähnliche Krise hat ihre ältere Schwester auch früher durchgemacht, und ich zweifel nicht, dass sich schließlich alles zum Guten wenden wird.« Verdrängungsmechanismen, die Suche nach Sündenböcken, der alte Optimismus, dass sich die Realität seinen Wünschen anpasst: Was der tief gekränkte Otto Modersohn Paula nicht schreiben mochte, um nichts zu verderben, vertraut er Carl Hauptmann an.

Die erhoffte Unterstützung kam postwendend: »Liebster Otto Modersohn – Lassen Sie mich Ihnen in Eile sagen: Seien Sie stolz und hart! ... Wenn Sie kalt sind, wird die Frau warm werden ... man muss hart sein, wenn bei andern der Egoismus in hellen Flammen aufbrennt ... Und wer nicht mit Ihnen ist, ist wider Sie. Streng und klar! In treuer Freundschaft und in der ganzen Hoffnung, dass Ihrer Frau rechtzeitig noch Besinnung kommt ...« Otto Modersohn hatte ihm Paulas Adresse genannt – »vielleicht schreiben Sie ihr mal ein paar Worte der Aufmunterung und sagen von mir ihr Gutes«. Carl Hauptmann schreibt am gleichen Ostersonntag einen zweiten Brief, nach Paris. Er schlägt moderate Töne an, lässt aber deutlich durchblicken, auf wessen Seite er steht. Er spricht von Abenteuern um jeden Preis und bittet Paula, sie solle »schnell und aufrichtig, streng gegen sich und mutig und gütig für andre« ihre Entscheidung rückgängig machen.

Paula Modersohn-Becker fühlt sich in die Ecke gedrängt, vermutet einseitige Beeinflussung und nimmt in ihrer prompten Antwort, aus der schon einmal zitiert wurde, keine Rücksicht auf ihren Ehemann: »Haben Sie mich bitte lieb, trotz alledem. Ich kann nicht anders. Ich habe mich ganz in Otto Modersohns Hände gelegt und habe 5 Jahre gebraucht, um wieder frei davon zu werden. Ich habe 5 Jahre neben ihm gelebt, ohne dass er mich zu seiner Frau machte, das war Tierquälerei. Und wenn er jetzt leidet, so habe ich wahrlich mein Teil schon vorher gehabt.« Sie wäre gar nicht im Stande, »mit ihm ein Kind zu bekommen, auch möchte ich gar nicht, dass mein Kind in seiner Nähe aufwüchse. Er ist Philister und unfrei nach jeglicher Richtung. – Trotzdem sind es wohl die fünf schönsten Jahre meines Lebens gewesen, die ich in Worpswede war.« Ihr Fazit: »Meine Liebe ist ja doch kaputt.«

Ein Mensch, dessen Reaktion Paula Modersohn-Becker am meisten fürchtet, weiß von alledem nichts. Mathilde Becker ist noch auf Urlaub in Italien und erfährt nur, dass ihre Tochter wieder einmal in Paris ist. Kaum in Bremen zurück und mit der Wahrheit konfrontiert, besucht sie spontan ihren Schwiegersohn in Worpswede und schreibt anschließend am 8. Mai nach Paris: »Mein geliebtes Kind ... Du musst furchtbar gelitten haben in diesen Monaten, meine Paula, Leib und Seele muss Dir krank sein. Darf ich zu Dir kommen?« Mathilde Becker zeigt Verständnis. Ihre Tochter nimmt das Signal mit ungeheurer Erleichterung auf, um sogleich ein Zeichen zu setzen: »Meine liebe Mutter, dass Du nicht böse auf mich bist! Ich hatte solche Angst, du würdest böse sein ... Ja, Mutter, ich konnte es nicht mehr aushalten und werde es auch wohl nie wieder aushalten können. Es war mir alles zu eng und nicht das und immer weniger das, was ich brauche.« Das ist eindeutig, wenngleich ohne präzise Begründung. Paula Modersohn-Becker weiß, warum sie sich zurückhält.

Anfang März hatte sie in einem Brief an Otto Modersohn geschrieben: »Ich möchte so gerne, dass Du und meine Familie unter meinem Schritt nicht so littest. Aber wie soll ich es anfangen?« Es ist eine Frage, die Paula als quälende Hypothek in den kommenden Wochen und Monaten begleiten wird. Der erste Brief der Mutter zeigt neben allem Verständnis für die Tochter unverhohlen Bewunderung für den Schwiegersohn: »Dein Mann trägt diese schwere Prüfungszeit in einziger Art, ich habe mir so etwas nicht vorstellen können. Er hat sich Deine Studien in sein Atelier geschleppt und ist umgeben von Deinen Stilleben ... Der Mann ist ergreifend in seiner großen und mächtigen Liebe, die sein ganzes Wesen füllt ... Er war wie verschmachtet und schließt sich leidenschaftlich an uns an.«

Drei Tage war Otto Modersohn zur Familie Becker nach Bremen gefahren. Paulas Mutter schildert ihrer Tochter, wie am Abend alle einer Nachtigall lauschten, »und manchmal sagte Otto oder Kurt oder Milly oder ich: Wenn Paula doch bei uns wäre. Wenn Paula doch bei uns wäre. Der Vollmond scheint und alle Bäume blühen. Wenn unsere Paula doch bei uns wäre!« Was zwischen den Zeilen steht: Du hast einen riesigen Fehler gemacht. Komm zurück – alles wird verziehen.

Paula Modersohn-Becker tut in ihrer Antwort, was sie über viele Jahre immer wieder getan hat. Sie bittet um Vertrauen, um Liebe und um gerechte Beurteilung: »Ich fange jetzt ein neues Leben an. Stört mich nicht, lasst mich gewähren ... Ich glaube, ich habe etwas vollbracht, was gut ist ... Ich finde Otto auch rührend. Das und der Gedanke an Euch macht mir den Schritt besonders schwer ... Was ich auch tue, bleibt fest im Glauben, dass ich es mit dem Wunsch, das Richtige zu tun, tue ... Du, liebe Mutter, bleibe mir immer nah und gebe meinem Tun den Segen. Ich bin Dein Kind.« Mehr kann die Tochter nicht in die Waagschale werfen. Sie fordert die Solidarität der Familie – und vor allem der Mutter – ein. Aber die gehört aus Sicht der Mutter und aller Geschwister – ihr ältester Bruder Kurt an der Spitze – seit der Heirat auch Otto Modersohn, ohne Abstriche. Der weiß, warum er Carl Hauptmann schreibt: »Nun ist die Familie meiner Frau aus Italien heimgekehrt und ich bin glücklich darüber, sie nahe zu haben.«

Irgendwann in diesen Frühlingstagen findet Paula Modersohn-Becker zwischen all den zwiespältigen Briefen einen uneingeschränkten Mutmacher: »Liebe Freundin, das Leben, das wirkliche gute, hat Sie in seine Hand genommen; Sie haben alles Recht, im Tiefsten froh zu sein. Übrigens wissen Sie, dass sich über Sie und mit Ihnen freut Ihr Rainer Maria Rilke.« Als sie in Paris ankam, war er gerade fort auf Vortragsreise. Am 30. März ist er zurück. Schon am nächsten Tag treffen sich die beiden. Paula hat neu in die alte Freundschaft investiert und begegnet einem Menschen, der herzlich und ungekünstelt Anteil nimmt an ihrem Leben. Rainer Maria Rilke stützt ohne den geringsten Vorbehalt ihren Aufbruch und traut ihrer Kraft und ihrem Talent alles zu. Seiner Frau Clara gegenüber fasst er die drei Stunden mit »P. B.« zusammen: »Sie ist mutig und jung und, wie mir scheint, auf einem guten aufsteigenden Wege, allein wie sie ist und ohne alle Hilfe.« Rilke bietet ihr in dieser schwierigen Zeit Freundschaft und Zuspruch und Geselligkeit.

Am 22. April schreibt Rilke an seine Frau: »Ich komme soeben von der Inauguration des ›Penseurs‹ ... eine Reihe sympathischer Menschen fand sich innerhalb des Gitters ein; es war ein bisschen wie eine Familie. Ich war unter der Menge mit Frau Shaw, Maillol und Paula Becker ...« Es war die feierliche Aufstellung von Auguste Rodins »Denker« vor dem Pariser Pantheon, zu der Rilke Paula Modersohn-Becker eingeladen hatte und wo sie die Frau des berühmten Dramatikers nebst dem von ihr hochgeschätzten Bildhauer Aristide Maillol traf. Manchmal frühstückten sie zusammen im beliebten Restaurant Jouven am Boulevard Montparnasse. Mitte Mai fuhren die Malerin und der Dichter mit dem Seine-Schiffchen nach St. Cloud und gingen im Park spazieren, wo Paulas geliebte Kastanien »in paradiesischer Fülle« blühten.

Ende Mai bringt die Post ein Kärtchen in Paulas Atelier: »Liebe Freundin, wir, d. i. Ellen Key, Bojers und ich, wollen morgen Donnerstag nach Chantilly fahren. Uns allen wär's eine große Freude, wenn Sie mit uns sein wollten. Vielleicht können Sie Ihre Arbeit unterbrechen ...« Paula Modersohn-Becker verbringt einen Nachmittag in Gesellschaft des Dichters und seiner mütterlichen Freundin, der Schriftstellerin und Frauenrechtlerin Ellen Key – »Das Jahrhundert des Kindes« hatte sie 1900 berühmt gemacht –, und des norwegischen Schriftstellers Johan Bojer und seiner Frau Ellen.

»Vielleicht könnten Sie Ihre Arbeit unterbrechen«: Rilke wusste aus eigenem Anschauen, dass Paula Modersohn-Becker in diesem Monat »wie im Rausch« arbeitete. Ihrem Mann hatte sie geschrieben: »L. O. Es wird. Ich arbeite ganz riesig. Ich glaube, es wird.« Den Ausbruch von Kreativität in diesen Pariser Wochen hatte die Begegnung mit dem

Bildhauer Bernhard Hoetger ausgelöst. Hoetger, Jahrgang 1874, war als Meisterschüler der Düsseldorfer Kunstakademie zur Weltausstellung nach Paris gefahren – und geblieben. Nach Hungerjahren hatte er mit seinen Kleinplastiken – Arbeiter, Bergleute, einfache Leute – die Aufmerksamkeit der Pariser Kunstkritiker gewonnen. Schon in einer Bremer Ausstellung hatte Paula Modersohn-Becker eine Hoetger-Arbeit beeindruckt. Jetzt fasste sie sich ein Herz und klopfte an die Tür seines Ateliers im Viertel Montparnasse, nur wenige Minuten von ihrem entfernt. Hoetger und seine Frau Lee (Helene) Haken – eine Baltin, die in Wien Musik studiert hatte – fanden die Besucherin sympathisch, die vorerst nur erzählte, dass ihr Mann Maler sei. Man traf sich wieder zum Tee, Paula verriet sich in einem Nebensatz, Hoetger kam am 4. Mai in ihr Atelier.

Herma war anwesend und schrieb zwei Tage später an Otto Modersohn, Hoetger habe sich Paulas Bilder angeschaut »und war ganz davon durchdrungen. ›Großartig, sehr fein‹ etc. kam es immer ganz leise aus ihm heraus. Und dann machte er ihr Mut, gab ihr den berühmten, manchmal grade notwendigen Anstoß für die Malerei, und nun ist das Seelchen befreit. Ich ... freute mich an Paulas großen Augen, die gierig und demütig zugleich all die Offenbarungen einschlürften.« Ein kritischer Unterton schwingt mit, ein verschwörerisches Augenzwinkern gegenüber dem Schwager: Wir kennen ja unsere Paula, immer etwas überspannt, anfällig für Lob, unsicher – ein Seelchen eben.

Hermas Sichtweise passt nicht zu Paulas Leben, nicht zu ihrer Arbeit, die unbeirrt auf das eine Ziel ausgerichtet ist. Andererseits hat die Schwester seit den ersten Jahren in Worpswede immer wieder mit ihr zusammengelebt. In diesen Tagen und Wochen, wo Herma wiederum Porträt sitzt – wie seit den allerersten Anfängen von Paulas Malerei in Bremen, zehn Jahre liegt das zurück –, bleibt sie oft über Nacht. Sie liebte Paula, ist ihre Vertraute. Doch wie alle in der Familie billigt Herma den Ausbruch ihrer Schwester aus der Ehe mit Otto Modersohn nicht. Sie korrespondiert mit dem Schwager, wird ihn im Sommer in Worpswede besuchen. Ihr Bericht über den Atelierbesuch Hoetgers macht nachdenklich.

Paula Modersohn-Becker selbst bestätigt mit ihrem Brief an Bernhard Hoetger vom 5. Mai indirekt, dass der Eindruck ihrer Schwester zugespitzt ist, aber der Wahrheit nahe kommt: »Dass Sie an mich glauben, das ist der schönste Glaube von der Welt, weil ich an Sie glaube ... Ich habe Mut bekommen. Mein Mut stand immer hinter verrammelten Toren und wusste nicht aus noch ein. Sie haben die Tore geöffnet. Sie sind mir ein großer Geber. Ich fange jetzt auch an zu glauben, dass etwas aus mir wird. Und wenn ich das bedenke, dann kommen mir die Tränen der Seligkeit. – Ich danke Ihnen für Ihre gute Existenz. Sie haben mir so wohl getan. Ich war ein bisschen einsam. Ihre ergebene Paula Modersohn.« Es ist die gleiche Paula Modersohn-Becker, die sich von Otto Modersohn löste, allein in die Weltstadt fuhr, auf ihr Talent vertraute. Diese andere Paula hat sich immer wieder selbst motiviert: »Ich fühle mich so gottgesegnet« – Worpswede 1899; »Und ich liebe die Kunst. Ich diene ihr auf den Knien und sie muss die Meine werden« – Paris Frühjahr 1900.

Wie lässt sich der Prozess eines Lebens in Worte fassen? Es ist ein Widerspruch in sich, für die einzelnen Stationen des Lebens die Zeit anzuhalten und zugleich die Empfindung zu vermitteln, dass der Mensch, der mit diesen Bildern beschrieben wird, sich ständig im Fluss der Zeit befindet. Versucht man, die Bilder aus dem Leben von Paula Modersohn-Becker zusammenzufügen und die inneren Verbindungsfäden aufzuzeigen, werden unweigerlich Widersprüche sichtbar. »Ach, das Leben«, schrieb Paula Modersohn-Becker in ihr Tagebuch, als sie jung und frei war, damals in ihrer frühen Worpsweder Zeit. Sie bestand immer schon darauf, ihre eigenen Geheimnisse zu haben und fürchtete keine Widersprüche.

Es ist kaum nachvollziehbar, wie unerträglich die Spannungen gewesen sein müssen, die sich in ihrem Innern aufbauten, während Paula Modersohn-Becker über Jahre den Schein einer perfekten Ehe wahrte, in der – so die Meinung von Familie und Freunden – nur leider die Kinder ausblieben. Ganz alleine mit sich selber musste sie abmachen, was sie in den Briefen der ersten Ehejahre an Otto Modersohn mit blumenreichen Bildern ansprach – und gegenüber Carl Hauptmann drastisch als »Tierquälerei« bezeichnete. Vernünftige Gründe allerdings sprachen gegen eine Trennung von Otto Modersohn und eine völlig ungesicherte Zukunft in Paris. Paula Modersohn-Becker hat den Schritt dennoch gewagt und muss sich nun mit den Realitäten auseinandersetzen.

Rilke ist ein starker Ermutiger; einer, der die Freiheit selber lebt. Aber bei allem Enthusiasmus für die Malerei: Er ist ein Dichter, ein Meister des Wortes; sein Urteil wiegt nicht so schwer. Otto Modersohn, der bei aller Kritik Paulas Talent erkannt hat und ihre Malerei bewundert, ist zwar ein bekannter Maler, aber nicht von internationalem Format. Bernhard Hoetger dagegen hatte sich als ein Unbekannter in Paris durchgekämpft. Vielleicht trug auch diese Identifikation dazu bei, dass Paula Modersohn-Becker in Hoetger einen ganz Großen sieht. Sie macht den Bildhauer zum Maß aller Dinge, um sich dann von seinem positiven Urteil über ihre Bilder beeindrucken zu lassen.

Bernhard Hoetgers Name steht in den kunsthistorischen Handbüchern, Paula Modersohn-Becker allerdings kann er als Künstler nicht das Wasser reichen. Aber sein Lob war es, dass sie von letzten Selbstzweifeln befreite. Otto Modersohn erfährt am 15. Mai: »Ich habe Dir furchtbar lange nicht geschrieben. Das kommt, weil ich so tüchtig in der Arbeit bin. ... Ich habe Nacht und Tag aufs Intensivste an meine Malerei gedacht ... Dieses Schlafen zwischen seinen Arbeiten ist entzückend. Mein Atelier ist bei Mondenschein sehr hell. Wenn ich aufwachte, sprang ich flugs von meinem Lager und schaute mir meine Arbeiten an und morgens mein erster Blick auf sie.« Martha Vogeler bekommt zu lesen: »Ich male lebensgroße Akte und Stilleben mit Gottvertrauen und Selbstvertrauen.«

Zur Ehrfurcht, mit der Paula Modersohn-Becker die Kunst Hoetgers bewunderte, gesellte sich eine menschliche Dimension. Er und seine Frau Lee bieten ihr in ihrer Atelierwohnung häusliche Geborgenheit. Seit sie weiß, dass sie willkommen ist, erscheint sie öfters zum Morgenkaffee, die Arme voller Blumen und Obst, frisch auf dem Markt gekauft. Ende Juli, als es in Paris unerträglich heiß wird, laden Hoetgers sie ein, für ein paar Tage mit aufs Land zu kommen. Die Schwester von Lee Haken lebt mit dem Ehepaar – »Ihre Schwägerin ist wunderschön«, hatte Paula dem Brief an Bernhard Hoetger vom 5. Mai hinzugefügt. Paula gehörte ein bisschen zur Familie. Als ihre Schwester Milly im Herbst vorsichtig Misstrauen gegenüber Hoetgers artikuliert, erwidert sie streng: »Sie haben es nicht verdient ...« Eine Verbindung zwischen Hoetgers und Rilke erschließt sich aus den Briefen nicht. Doch das tat den Freundschaften keinen Abbruch.

Paula Modersohn-Becker genießt beide auf ihre Weise. Seit dem 13. Mai kam Rainer Maria Rilke fast täglich in ihr Atelier, um der Freundin für sein Porträt Modell zu sitzen (Tafel 7). Gerade für Künstlerinnen waren Porträts eine beliebte, leicht zu erschließende Einnahmequelle. Paula Modersohn-Becker hat sie nie für sich genutzt, keine Auftragsarbeit auf dem Gebiet angestrebt. Die wenigen großen Porträts, die sie malte – von den Frauen und Kindern im Worpsweder Armenhaus und aus den Tagelöhnerfamilien abgesehen –, zeigen Menschen aus ihrer engsten Umgebung; Menschen, mit denen ihr Lebensweg schicksalhaft verbunden ist. Unvorstellbar, ein Porträt um des Geldes willen zu malen.

Sogar am 3. Juni, dem Pfingstsonntag, arbeitet sie an Rilkes Porträt, als es an ihre Ateliertür klopft. Sie öffnet und steht Aug in Auge Otto Modersohn gegenüber. Dass Otto Modersohn nicht willkommen ist, dass Rilkes Anwesenheit die Situation noch peinlicher macht – es braucht nicht viel Fantasie, sich die beklemmende Szene vorzustellen. Das extrem kleine Porträt Rilkes, in der Höhe nur 22 Zentimeter, kann Otto Modersohn übersehen haben; nicht aber das gut einen Meter hohe und 70 Zentimeter breite Selbstporträt, das Paula Modersohn-Becker im Dreiviertel-Akt zeigt. Ein leichtes Tuch liegt über den Hüften; der Körper ist bis zum kräftigen runden Bauch nackt, sie trägt nur eine lange Kette um den Hals (Tafel 10). Rechts unten hat Paula Modersohn-Becker geschrieben: »Dies malte ich mit 30 Jahren an meinem 6. Hochzeitstage. P. B.« Das war der 25. Mai 1906. Selbstbewusst schaut sie mit ihren großen braunen Augen geradewegs die Betrachter an, ein leichtes Lächeln um den roten Mund. »Ich bin nicht Modersohn und ich bin auch nicht mehr Paula Becker«, hatte sie Rilke eine Woche vor der Abreise geschrieben: »Ich bin Ich, und hoffe, es immer mehr zu werden.« In diesem Bild war sie ganz eins mit sich und entschied sich, Paula Becker zu sein.

Otto Modersohn bleibt eine Woche, versucht mit Versprechungen und leisen Drohungen – niemand von den Freunden in Worpswede würde ihr Tun verstehen –, seine Ehefrau zur Rückkehr zu bewegen. Vergeblich. Meistens ist Herma dabei, vermittelt, wenn das Gespräch zwischen den Eheleuten ganz abzureißen droht.

Gleich nach der Abreise ihres Schwagers schreibt Herma an die Mutter in Bremen: »Otto wird Dir von allem sprechen, ich kann es nicht. Diese Woche war sehr aufreibend für uns alle drei, und mir ist als hätte ich eine schwere Arbeit getan. Es ist gut, dass Otto jetzt geht und versteht, dass im Augenblick nichts zu machen ist.« Sieben Wochen später beendet Paula Modersohn-Becker das Schweigen und rafft sich zu einem Brief an ihren Mann auf. Ottos Aufenthalt erwähnt sie nicht direkt, macht aber trotzdem ihrem Unmut darüber Luft: »Nach Deiner Abreise fühlte ich mich leider sehr schlecht. Ich bin auch jetzt noch nicht wieder so wohl wie vor Pfingsten. Es geht mir aber doch schon wieder viel besser und seit einer Woche kann ich wieder ordentlich arbeiten.«

Mag die Arbeit sie noch so erfüllen, auf allem liegt ein schwerer Schatten. Paula Modersohn-Becker hatte zugesagt, die Krise bis zum Herbst so oder so zu beenden. Sie versucht, schon zuvor Wegmarken zu setzen. Anfang Mai schreibt sie an Otto Modersohn: »Das Atelier kündige bitte«. Ich werde nicht zurückkommen, heißt das im Klartext. Paula Modersohn-Becker pflegt die Freundschaft mit Heinrich Vogeler und seiner Frau Martha nach der Trennung aus der Ferne. Sie wehrt sich gegen Otto Modersohns Versuche, seine Frau in ein falsches Licht zu stellen. Martha Vogeler erfährt: »Ihr kleiner Brief hat mir viel Freude gemacht. Ich sehe daraus, dass Sie mich gerne leiden mögen und das tut immer gut … Krank bin ich gar nicht, wie Otto Modersohn es meint. Ich bin fix und wohl und habe eine Riesenlust an meiner Arbeit. Ich empfinde auch, dass ich das Richtige tue, trotzdem ich natürlich an Otto Modersohn und Elsbeth und an meine Familie mit traurigen Gefühlen denke. Sie machen jetzt die Schmerzen durch, die ich vorher durchgemacht habe … Ihr sollt sehen, jetzt in der Freiheit wird etwas aus mir.«

Welcher Art die Andeutungen sind, die Otto Modersohn in Worpswede über eine vermeintliche Krankheit Paulas macht, ist einem Brief an Carl Hauptmann zu entnehmen: »Immer mehr stellt sich der krankhafte Zustand meiner Frau heraus, und zwar zunächst rein physisch, und weil das Seelenleben der Frau damit in innigem Zusammenhang steht, ist das Psychische stark in Mitleidenschaft gezogen … Man müsste das Ding also vor allem an der Wurzel zu fassen suchen, und meine Frau müsste sich in die Behandlung eines tüchtigen Frauenarztes begeben.« Ihm geht es darum, Paulas bewusste Entscheidung für die Trennung als Auswuchs einer Krankheit und damit als Zeichen ihrer Unzurechnungsfähigkeit darzustellen. Von psychosomatischen Problem bei ihm selber ist nicht die Rede.

Otto Modersohn ist kaum zurück in Worpswede, da bekommt Carl Hauptmann Post aus Paris: »Otto Modersohn war hier. Er hat mich über Sombart gefragt. Ich habe ›nein‹ gesagt. Vielleicht halten Sie es für Feigheit, wenn ich Ihnen gegenüber den Wunsch äußere, dass Sie über die Sache Stillschweigen bewahren. O. M. ist ein Mensch, der die Wahrheit nicht will und nicht erträgt.« Paula Modersohn-Becker rechtfertigt sich, warum sie so viel von sich preisgibt: »Es ist ja auch mein Privaterlebnis, was ja, wenn irgend etwas dazu angetan wäre, mich nach Worpswede zurückführen, mich dahin führen müsste. Denn es war eine ziemliche Desillusion. Ich mag aber nicht wieder nach Worpswede und zu Otto Modersohn.« Hauptmann soll seinem Freund die Sombart-Affäre verschweigen und ihm zugleich klar machen: Deine Frau wird nicht zurückkehren.

Dieser Brief lüftet – in groben Umrissen – ein doppeltes Geheimnis, das die Kunstwissenschaftler lange nicht zu deuten wussten. Zu den wenigen Porträts, die Paula Modersohn-Becker geschaffen hat, zählt ein Porträt von Werner Sombart (Tafel 9). Das Ehepaar Modersohn hatte den Professor für Nationalökonomie während der Winterferien 1905/06 als Gast von Carl Hauptmann kennengelernt. Otto und Paula waren von den lebhaften Diskussionen zwischen Sombart und Hauptmann angetan. Paula Modersohn-Becker hat Werner Sombart wiedergesehen, ihr Brief ist eindeutig. Alles spricht für den März 1906, gleich danach hat sie sein Porträt gemalt. Alles andere bleibt ein Geheimnis. Haben die beiden sich mehrmals getroffen? Von wem ging die Initiative aus? Wusste Paula, dass Sombart im Frühjahr 1905 seine Frau – erfolglos – um die Scheidung gebeten hatte und dass Beziehungen außerhalb der Ehe für ihn etwas Alltägliches waren? Sie nennt es ein »Privaterlebnis« – das ist sehr vage, kann vieles bedeuten. Eindeutig dagegen ihr schriftliches Urteil über dieses Wiedersehen – desillusionierend. Um so glaubwürdiger die Kernaussage ihres Briefes: Selbst diese Erfahrung wird sie nicht dazu bewegen zurückzukehren.

Werner Sombarts Sohn Nicolaus, geboren 1923, Schriftsteller, Dandy, Kosmopolit, empfängt im Januar 2000 einen Journalisten der Zeitschrift »Freitag« in seinem Berliner Salon. Das Gespräch endet überraschend, weit in die Vergangenheit zurückgreifend: »Im großen Zimmer steht ein kleiner Bücherschrank, hinter Glas die Werke seines Vaters. Davor eine Postkarte mit dem Gemälde des bärtigen Werner Sombart. Der Vater habe das Porträt nicht gemocht, er habe darin die Rache der Malerin, einer enttäuschten Geliebten, gesehen. Viel später entdeckte der Sohn am Original, wie zärtlich es gemeint war.« Es ist das einzige, vieldeutige Zeugnis von der Seite Werner Sombarts, noch dazu aus zweiter Hand. Die Spur, die Paula Modersohn-Becker mit dem Porträt gelegt hat, kommt aus erster Hand. Den Kopf Werner Sombarts mit seinem dunklen Bart hat sie mit einer zarten flackernden Konturlinie umgeben, die streckenweise im Dunkel versinkt, dann wieder prägnant aufleuchtet und auch noch den Hals konturiert. Es ist ein helles leuchtendes Rot.

Otto Modersohn nutzt in den nächsten Monaten zielbewusst gemeinsame freundschaftliche Kontakte, um seine Frau von vielen Seiten unter Feuer zu nehmen. Außer Carl Hauptmann bittet er den Worpsweder Künstlerfreund Fritz Overbeck, seiner Frau ins Gewissen zu reden. Overbeck meldet Vollzug: »Hast Du irgendwelche Zeichen dafür, dass mein Schreiben Deiner Sache genutzt hat. Ich habe mir alle Mühe gegeben, den Brief eindrücklich zu gestalten, im wesentlichen in dem Sinne, wie wir es besprochen hatten. Als Freund gewissermaßen Abschied von ihr nehmend, die einem ungewissen, wahrscheinlich dunklen Schicksal zusteuert, resigniert.« Fritz Overbeck, den Paula als Mensch schätzte, ging mit Bedacht in seinem Brief fast gar nicht auf ihre Bilder, ihre Kunst, ein: »Nach langem Überlegen schien mir das das Richtigste, damit sie ja keinen Auftrag vermuten könne.«

Der Kreis der vertrauten Menschen in Paris war nie groß gewesen, über den Sommer wird er noch kleiner. Herma hatte Paris am 30. Juni verlassen. Am 21. Juli schreibt Rainer Maria Rilke an die »Liebe Freundin«, dass er nur noch die folgende Woche in Paris sein werde: »Darf ich Sie bitten, mir darin einen Abend zu geben? Falls Ihnen Jouven lieb ist, so gilt das als Bitte einmal dort mit mir zu essen …« Es war erst knapp vier Wochen her, da hatte Paula Modersohn-Becker vorgeschlagen, dort am Boulevard Montparnasse einen Abend zu verbringen. Und Rilke hatte geantwortet: »Ich werde um ein Viertel vor acht bei Jouven sein (draußen). Hoffentlich werden Spargel da sein und Ihrer Erwartung entsprechend. Und dann geschieht, was Sie wollen.«

Für das letzte Treffen am 27. Juli verabreden sie sich »um 8 bei Jouven«. Der Freund bittet um Nachsicht, dass er sich ein wenig verspäten könne – »das müssten Sie verzeihen und indessen eine gute Wahl treffen. Une tranche de melon ist als Eingang zu empfehlen.« Rainer Maria Rilke verabschiedet sich in die Ferien. Er wird sich mit Clara und der kleinen Ruth in Flandern treffen.

Paula Modersohn-Becker bleibt im schwül-heißen Paris, besucht die

Hoetgers, malt Porträts von Lee Haken. Und sie versucht weiterhin, dem Druck der Familie standzuhalten, deren Solidarität einzufordern und nicht von ihrem Anspruch abzuweichen, dass sie das Richtige tut. »Ach, liebe Schwester, quäle doch nicht Dich und mich«, beginnt sie am 12. August einen Brief an die ältere Milly. »Ich halte mich für gut von Natur, und sollte ich dann und wann etwas Schlechtes tun, so ist das auch natürlich. Vielleicht klingen Dir diese Worte hart oder eingebildet. Der eine denkt eben so, der andere so. Die Hauptsache ist, dass jeder einheitlich denkt mit seinem ganzen Organismus. Wenn man einmal erkannt hat, dass an einem Menschen etwas ›dran‹ ist, wie Ihr es von mir wisst, dann muss man ihn in solch einer Lage, wie ich jetzt bin, ruhig gewähren lassen, auf ihn vertrauen.«

Nicht genug, dass der Ehemann die Trennung nicht akzeptieren will und seine Frau mit unablässigen Beschwörungen, Bitten, Versprechungen quält. Mathilde Becker, alle Geschwister und viele in der großen Verwandtschaft fühlen sich von Paulas Entscheidung zutiefst gekränkt, verletzt, betroffen. Wie Herma es in einem Brief an die Mutter ausdrückt: »Was Kurt sagt, fühle ich sehr; wie ungerecht es ist, dass so viele Menschen von einem leiden müssen, dass *einem e*ine solche Macht gegeben ist.« Ein seltsamer Anspruch der Familie, über Paulas Schicksal Mitspracherecht zu haben, wo es doch darum geht, dass zwei erwachsene Menschen ihre Krise lösen. Nur eine Stimme aus dem Familienchor glaubt an Paula und plädiert für Verständnis: »... müssen nicht wir alle, die wir Paula lieben und bisher als feinen stolzen, guten Menschen gekannt haben, den Sprung wagen und über alles hinweg an sie glauben? Glauben, dass sich hinter der hässlichen Form vielleicht sehr edle, schöne Motive verbergen und ein wehes verzweifeltes Herz?« Es ist ihre geliebte Cousine Maidli, die ihr wenige Tage vor der ersten Paris-Reise im Dezember 1900 geschrieben hatte: »Glück auf den Weg! Du weißt, ich glaube an Dich, weil Du den festen Willen hast, etwas zu erringen, zu erzwingen.«

Am 3. September 1906 schreibt Paula Modersohn-Becker in ihrem Pariser Atelier in der Avenue du Maine zwei Briefe. Der erste geht nach Worpswede: »Lieber Otto, Die Zeit rückt näher, dass ich denke, dass Du kommen könntest.« Sie hatte ihm ja vorgeschlagen, im Herbst zu kommen und gemeinsam mit ihr zu prüfen, ob ihre Ehe eine Zukunft hat. »Nun möchte ich Dich bitten«, fährt sie fort, »um Deinet- und meinetwillen: Erspare uns beiden diese Prüfungszeit. Gib mich frei, Otto. Ich mag Dich nicht zum Manne haben. Ich mag es nicht. Ergib Dich drein ... Ich bitte Dich, alle äußerlichen Dinge nach Deinem Wunsch und Willen zu regeln. Wenn Du noch Freude an meinen Malereien hast, suche Dir aus, was Du behalten willst. Tue bitte keine Schritte mehr, uns zu vereinigen, sie würden nur die Qual verlängern. Ich muss Dich noch bitten, mir ein letztes Mal Geld zu schicken. Ich bitte Dich um die Summe von fünfhundert Mark. Ich gehe für die nächste Zeit aufs Land ... In dieser Zeit will ich Schritte tun, meine äußere Existenz zu sichern. Ich danke Dir für alles Gute, was ich von Dir gehabt habe. Ich kann nicht anders handeln. Deine Paula Modersohn.«

Der zweite Brief geht nach Bremen: »Meine liebe Mutter, ich habe Dir in diesem Sommer viele Schmerzen gemacht, ich habe selbst darunter gelitten. Es gab keinen Weg, Euch zu verschonen. Mutter, ich habe Otto geschrieben, er soll gar nicht kommen. Ich werde in dieser Zeit Schritte tun, meine äußere Existenz für die nächste Zeit zu sichern. Verzeiht mir den Jammer, den ich über Euch bringe. Ich kann nicht anders ... Tut keine Schritte, Ihr könnt nichts mehr hindern. Deine Paula. Ich habe Euch alle herzlich lieb, wenn es Euch im Augenblick auch nicht so scheinen mag.«

Irgendwann zwischen dem 4. und 8. September, wohl eher um den 8., besucht Paula Modersohn-Becker die einzigen Menschen ihres Vertrauens, die ihr in Paris geblieben sind. Sie erzählt Hoetgers von ihrer Entscheidung. Was dann geschieht, schreibt sie Milly am 16. September: »Otto wird nun doch herkommen. Hoetger hat einen Abend in mich hineingepredigt. Darauf habe ich es ihm geschrieben.« Der Brief an Otto Modersohn, der ihre Entscheidung vom 3. September zurücknimmt, datiert vom 9. September: »Lieber Otto, Mein herber Brief war aus einer großen Verstimmung heraus geschrieben ... Auch war mein Wunsch, kein Kind zu bekommen doch ganz vorübergehend und stand auf schwankenden Füßen ... Es tut mir hinterher leid, ihn geschrieben zu haben. Wenn Du mich überhaupt noch nicht aufgegeben hast, so komme bald her, dass wir uns versuchen wieder zu finden. Der Umschlag in meiner Meinung wird Dir merkwürdig vorkommen. Ich armes Menschlein, ich fühle nicht, welches mein richtiger Weg ist. All diese Verhältnisse sind über mich gekommen und ich fühle mich doch ohne Schuld. Ich will Euch ja nicht peinigen. Deine Paula.«

Paula Modersohn-Becker hat über Monate mit aller Kraft an ihrer Überzeugung und ihrer inneren Stimme festgehalten. Jetzt kann sie dem geballten Druck derer, die für sie Geborgenheit, Liebe, Autorität bedeuten, nicht länger standhalten; ist doch irre geworden an dem, was richtig oder falsch ist. Sie kapituliert, aber mit letzter Kraft weist sie den Schuldspruch, den die anderen über sie gefällt haben, zurück.

Es ist richtig: Paula Modersohn-Becker hat bis dahin offensichtlich keine ernsthaften Schritte unternommen, um ihren Lebensunterhalt zu sichern. Im Rausch der Arbeit war ihr die Zeit zu kostbar für praktische Überlegungen. Sie hatte in ihrem Leben nie mit finanziellen Nöten fertig werden müssen. Nach der Trennung fördert Otto Modersohn gezielt ihre Unsicherheit auf dem Gebiet: »Und nochmals, denke an die materielle Seite, bei Geldsorgen kann man nicht seine Kunst leben, Du am wenigsten.« Ein Manöver von Bernhard Hoetger, von dem Paula Modersohn-Becker nichts ahnt, kommt hinzu. Es lässt die Vermutung zu, dass dieser Freund bei der nächtlichen »Predigt« sie mit keinem Wort zu einem eigenen Leben ermutigt, eher Zweifel gesät und eine Zukunft in Paris als alleinstehende Malerin in den dunkelsten Farben geschildert hat.

Ohne ersichtlichen Anlass hatte sich Bernhard Hoetger, von Paula längst über die Ehesituation informiert, im August hinter ihrem Rücken schriftlich bei Otto Modersohn gemeldet. Es drängte ihn – warum? –, seine Begeisterung für Paulas Bilder deutlich einzuschränken: »Wenn ich Ihrer Frau ein Lob spendete, so gab ich stets aus natürlichem und wahrem Drange den Nachsatz hinzu; denn wir können immerhin nur das große Talent Ihrer Frau als eine noch ungepflegte Mitgabe betrachten ... Sie sehen, lieber Modersohn, wie ich darüber denke, dass mein Lob nur dazu dienen soll, ihr Kraft zur Erwerbung ihrer Ziele zu geben.« Seltsame Worte, die den Freund und Vertrauten, auf den Paula Modersohn-Becker in diesen Pariser Monaten baut, wie auf keinen sonst, in ein trübes Licht stellen. Von Charakterstärke und ehrlicher Freundschaft zeugt Hoetgers Brief nicht.

Hoetger, Hauptmann, Overbeck, die Mutter und alle Geschwister, Otto Modersohns Briefe ohne Unterlass – alle geben vor, ihr Bestes zu wollen, indem sie Paula klein machen, schuldig reden. Keiner, der versucht, beide Seiten zu hören; keiner, der ihr Unterstützung anbietet – sei es finanzieller Art, sei es in Form von Kontakten zur Kunstszene oder durch den Kauf eines Bildes, wie Rilke es seinen bescheidenden Verhältnissen gemäß getan hat.

An diesem 9. September 1906 muss sich Paula Modersohn-Becker wie in der Falle gefühlt haben; in einer Sackgasse, aus der es keinen Ausweg gab. Sie, die über ein halbes Jahr mutig den Konventionen und Zwängen der traditionellen Frauenrolle getrotzt hatte, gab auf. Wie in Trance scheint ihr Brief, eher gestammelt als geschrieben; als wäre es nicht sie selbst, die die Feder führt. Als sie eine Woche später an Milly schreibt, hat die nüchterne Wahrhaftigkeit, die ein wesentlicher Teil ihrer Persönlichkeit ist, wieder die Oberhand gewonnen. Paula Modersohn-Becker hat eine Entscheidung getroffen und dabei bleibt es. Aber sie ist nicht bereit, das Versteckspiel mitzumachen und romantisch-harmonische Beweggründe vorzutäuschen. Nicht Liebe, nicht Sehnsucht, nicht Einsicht führen sie zurück zu Otto Modersohn. Die Familie soll es wissen. Auch der Betroffene.

Am 16. September schreibt sie an Otto Modersohn, geschäftsmäßig. Es ist der erste Brief nach der Entscheidung: »Lieber Otto, ich komme heute mit praktischen Fragen über Deinen Aufenthalt hier. Soll ich Dir ein Atelier mieten? ... Wann denkst du ungefähr hier zu sein? ... Dann müsstest Du vielleicht ein Frachtpaket vorher schicken: Bettzeug und so weiter. Ich habe auch noch einiges, was ich brauche, hauptsächlich mein geliebtes Federbett.« Aber da war noch etwas: »Hoetgers bleiben den Winter noch hier und ich hoffe, Du wirst an ihm einen Freund finden. Er spricht sehr lieb von Dir. Dass ich Dir den letzten Brief schrieb, geschah auf seinen Rat ... Herzliche Grüße Deine Paula M.« Das Federbett wird nach Paris kommen und Otto Modersohn mit dazu.

Am 21. September erhält Herma einen Geburtstagsbrief. Wie niemand sonst hatte die Schwester den Rausch und die Qual dieser Pariser Monate miterlebt. Doch kein Wort darüber kommt Paula über die Lippen. Nach den guten Wünschen heißt es: »Dies ist dies Jahr mein ganzer Geburtstagsbrief. Ich mag nicht mehr schreiben. Es ist ja auch genug, wenn Du weißt, dass ich Dich lieb habe.« Es ist alles gesagt.

Zurück zur Familie: Um einige Illusionen ärmer
Paris Oktober 1906 bis März 1907

Es war Herbst in Paris, der erste für Paula Modersohn-Becker. Alle Aufenthalte zusammengenommen, hatte sie weit über ein Jahr in der Stadt an der Seine verbracht. Aber noch nie hatte sie bisher erlebt, dass die Kastanienkugeln auf den Wegen in den Parks lagen, und die Blätter der Platanen in den Alleen vom Jardin du Luxembourg wirbelten. Sie kannte die Herbstgedichte ihres Freundes Rilke im »Buch der Bilder«: »Wer jetzt kein Haus hat, baut sich keines mehr. / Wer jetzt allein ist, wird es lange bleiben, / wird wachen, lesen lange Briefe schreiben ...« Nur noch bis in die erste Oktoberhälfte war sie allein. Dann reiste Otto Modersohn an, auch das Ehepaar Vogeler hatte sich für einen Besuch angesagt, und damit kam Unruhe in Paulas Leben. Sie mietete für sich und ihren Mann je ein Atelier auf dem Boulevard Montparnasse Nr. 49.

Die Nähe der Ateliers ist praktisch für die kommenden Monate; aber der Umzug und die Besucher sind lästig für einen Menschen, der es inzwischen gewohnt war, seinem eigenen Lebensrhythmus zu folgen. Die Mutter bekommt am 1. November 1906 einen Geburtstagsbrief und gleich etwas von der Stimmung mit ab: »Ich bin im Augenblick nicht sehr froh, denn durch meinen Umzug, Ottos Hiersein und die letzte Jubelwoche mit Vogelers bin ich völlig aus der Arbeit gekommen, doch hoffe ich solche Montag wieder zu beginnen. Auf die Dauer ohne Arbeit gefällt mir das Leben nicht.« Die wenigen Emotionen dieses Briefes hat sie gleich zum Anfang verbraucht: »Meine liebe Mutter, ich wünsche Dir, dass Du glücklich bist in Deinem neuen Jahre, so gut es geht. Ich selbst hoffe Dir nicht mehr viel Traurigkeit zu bringen.«

Kein Wort über die eigene Gefühlslage, keine genaue Aussage über die Zukunft. Aber mit dieser müde klingenden Hoffnung ist alles gesagt. Es muss gar nicht heißen, dass die Eheleute schon über den entscheidenden Punkt geredet haben, eher nicht in diesem Trubel. Doch Paula macht sich keine Illusionen. Ihr Brief vom 9. September legte sie zwar theoretisch nicht fest – »dass wir uns versuchen wieder zu finden«, realistisch gesehen, aber war damit die Entscheidung für eine Fortsetzung ihrer Ehe mit Otto Modersohn gefallen.

Gegenüber der Schwester Milly spricht sie es am 18. November aus: »Im Frühling ziehen Otto und ich wieder heim. Der Mensch ist rührend in seiner Liebe.« Einen Tag zuvor hatte sie Clara Rilke geschrieben: »Ich werde in mein früheres Leben zurückkehren mit einigen Änderungen.« Paula Modersohn-Becker macht der Schwester und der Freundin nichts vor. Ein Motiv schält sich – nun endgültig und bedacht – heraus. An Milly: »Ich denke jetzt so: wenn der liebe Gott mir noch einmal erlaubt, etwas Schönes zu schaffen, will ich froh und zufrieden sein, wenn ich einen Ort habe, wo ich in aller Ruhe arbeiten kann, und will dankbar sein für das Teil Liebe, das mir zugefallen ist. Wenn man nur gesund bleibt und nicht zu früh stirbt.« An Clara Rilke: »Die Hauptsache ist: Stille für die Arbeit, und die habe ich auf die Dauer an der Seite Otto Modersohns am meisten.«

Es ist der Brief an Clara Rilke vom 17. November 1906, in dem sie am offensten über ihre Beweggründe spricht. Das Ehepaar Rilke war nach dem Sommerurlaub in Belgien von einer Einladung zur anderen gereist. Doch vergessen hatten sie die Freundin in Paris nicht. »Meine liebe Paula Becker«, hatte Clara Rilke am 19. Oktober geschrieben, »wir denken oft an Sie, was machen Sie wohl? ... Für den Fall, dass Sie allein bleiben wollen und es schwer haben, haben wir vielleicht eine Möglichkeit für Sie. Wenn Sie mir irgendetwas über Ihre Wünsche und Pläne schreiben würden, würde ich mich riesig freuen.« Paula Modersohn-Becker lebt im Augenblick, blickt nicht zurück. Es ist unwahrscheinlich, dass sie nach diesem Brief über eine verpasste Gelegenheit gehadert hat. Aber niemand sonst in ihrer nächsten Umgebung hat ihr ähnliche Solidarität und Unterstützung angeboten.

Der Brief wird ihr gut getan und das Herz bei der Antwort weit geöffnet haben. Doch Selbstmitleid findet sich darin nicht: »Auch ich selbst bin anders geworden, etwas selbständiger und nicht mehr voll zu viel Illusionen. Ich habe diesen Sommer gemerkt, dass ich nicht die Frau bin alleine zu stehen. Außer den ewigen Geldsorgen würde mich gerade meine Freiheit verlocken, von mir abzukommen. Und ich möchte so gerne dahin gelangen, etwas zu schaffen, was ich selbst bin. Ob ich schneidig handle, darüber kann uns erst die Zukunft aufklären ... Ich danke Ihnen für Ihre freundschaftliche Hilfe und wünsche Ihnen zu Ihrem Geburtstag, dass wir zwei feine Frauen werden.«

Und sie fügt noch eine Bemerkung an: »Das Missverständnis zwischen Ihnen und Otto Modersohn wird wohl hoffentlich wieder zum Verständnis führen.« Sie setzt auf Claras Freundschaft für die Zukunft und signalisiert, dass Otto Modersohns Vorwürfe, vor allem Clara Rilke habe sie zur Trennung überredet, bei ihr keinerlei Gehör gefunden haben. »Du und ich und ich und Du und Clara Westhoff auch dazu« – zum Weihnachtsfest 1900 hatte das Foto mit den dreien und Paulas Spruch auf Otto Modersohns Gabentisch gelegen. Sechs Jahre ist das her – schon, erst?

Mit keinem Wort erwähnt Paula Modersohn-Becker gegenüber der Freundin, dass bei einer Ausstellung in der Bremer Kunsthalle mit Werken aus Worpswede auch vier ihrer Bilder hingen und eine lobende Kritik erhielten. Im Dezember 1899 hatte der Bremer Kunstpapst Arthur Fitger vier Bilder der dreiundzwanzigjährigen Paula Becker, die in einem Kabinett der Kunsthalle hingen, in einem Zeitungsartikel auf üble Weise kritisiert. Am 11. November 1906 schreibt Gustav Pauli, seit 1899 Direktor der Kunsthalle und bemüht, dem Bremer Kunstpublikum die Augen für die moderne Malerei zu öffnen, in den »Bremer Nachrichten«: »Mit ganz besonderer Genugtuung begrüßen wir diesmal einen nur allzu seltenen Gast in der Kunsthalle in Paula Modersohn-Becker.« Pauli charakterisiert ihre Kunst, indem er Einwände vorwegnimmt: »Wer die Stilleben und den Mädchenkopf von Paula Modersohn als hässlich, brutal an den Pranger stellt, wird auf ein beifälliges Kopfnicken vieler Leser mit Sicherheit rechnen dürfen.« Er dagegen lobt ihre »ungewöhnliche Energie« und ihren »kultivierten Farbsinn« und nennt sie ein »starkes Talent«. Dann erwähnt er noch, dass sie seit einiger Zeit in Paris lebt, und »der Einfluss der dortigen unvergleichlichen Kultur, namentlich Cézanne, ist nicht zum Schaden bei ihr sichtbar«.

Mathilde Becker ist begeistert. Endlich hat sie etwas Positives über die Tochter zum Vorzeigen bei ihren Damentreffs und überhaupt in der Stadt. Und sie wird sich hüten, kundzutun, was sie von Paulas Bild mit dem Kopf eines Worpsweder Mädchens hält. Der Tochter gegenüber hat sie keine Hemmungen: »Paula, was sagst du zu dieser Fanfare? Niemand anders als unser Museumsdirektor stößt für Dich ins Horn ... Ich kann den Kopf ja nicht ausstehn, aber für Dich freut's mich doch riesig.«

Auch Milly spricht die Schwester auf das Lob an. Paula sieht es pragmatisch. Die Kritik sei gut »für mein Auftreten in Bremen und wird vielleicht mein Weggehen von Worpswede in ein anders Licht stellen«. Dann wird sie ausnahmsweise noch sehr persönlich: »Die Kritik ist mir mehr eine Genugtuung als eine Freude. Die Freuden, die überwältigend schönen Stunden, kommen in der Kunst, ohne dass es die anderen merken. Mit den traurigen geht es ebenso. Darum lebt man in der Kunst meistens ganz allein.« Für den Kunsthandel, für den Ehrgeiz von Museumsdirektoren arbeitet Paula Modersohn-Becker nicht. Da allerdings ist sie sehr egoistisch.

Auch nicht zum Gefallen ihrer Familie? Ob sie das vernichtende Urteil der Mutter mit einem Achselzucken abtat? Und was sagte – oder dachte – sie, als sie erfuhr, dass Bruder Kurt in einem Brief an Otto Modersohn abschätzig davor warnte, das Lob von Gustav Pauli ernst zu nehmen, denn der Artikel enthalte gar nicht »Paulis eigentliche Meinung«. Wir wissen es nicht. Auch Milly blieb Paulas Arbeit fremd. Aber sie hatte eine ehrliche Antwort verdient, denn sie zeigte Interesse. So auch wieder im Februar 1907. Paula antwortet freundlich-weise, als ob Paula die ältere und nicht die jüngere Schwester wäre: »Es hat Dich betrübt, dass ich Dir nichts über meine Arbeit schreibe. Liebe Milly, die Kunst ist schwer, endlos schwer. Und manchmal mag man gar nicht davon sprechen. So etwas muss Dich nicht betrüben.«

Der Herbst geht dahin, die Tage werden kürzer. Es ist fast wie in alten Zeiten in Worpswede: Tagsüber ist Paula Modersohn-Becker mit ihrer Malerei beschäftigt, gegen Abend kommt Otto Modersohn in ihr Atelier. Er sitzt am Tag Bernhard Hoetger Modell, geht in Museen und Galerien. Aber das Ehepaar stöbert auch gemeinsam in Läden mit Trödelkram und alten Büchern. Die beiden fahren hinaus nach Versailles und zu den Königsgräbern in der Kathedrale von St. Denis, besuchen Rodin in seinem Atelier und die traditionsreichen Künstlerdörfer Barbizon und Fontainebleau.

Das neue alte Leben hat eine stille Note, keine Rede von fröhlichen Abenden im Varieté, vom Tanzcafé Bullier am Ende des Boulevards. Dafür viel Kunst: der »Herbst-Salon« im Grand Palais mit Cézanne, der nun zu den Etablierten zählt, mit etlichen Vertretern der Nabis und Henri Matisse, der 1905 erstmals mit einer Gruppe Furore machte, die als »Wilde« – Fauves – in die Kunstgeschichte eingegangen sind; und neue Namen tauchen in Paris auf – Jawlensky, Kandinsky. Auch die große Gauguin-Retrospektive mit 227 Werken hat Paula Modersohn-Becker gesehen. Doch wie sie Cézanne und seine Bedeutung für ihr Werk in ihren Briefen nicht erwähnt hat, spricht sie auch nie über Gauguin. »Von der großen, lebendigen Seele, von der Kunst mag ich nicht schreiben. Sie ist zu fein dazu«, hatte sie im November 1899, wenige Wochen vor ihrer ersten Paris-Reise, geschrieben. Daran hat sich nichts geändert.

Weihnachten 1906 ist Familientreffen bei Mathilde Becker in Bremen. Henner, Hermas Zwillingsbruder, der zur See fährt, hat Landurlaub. Paula und ihr Mann verlassen ihr Pariser Quartier für ein Wiedersehen. Die achtjährige Elsbeth, die von Großmutter Becker aufgenommen wurde und in Bremen in die Schule geht, freut sich riesig. Für zehn Tage sind sie wieder eine Familie im Worpsweder Häuschen, machen Pläne und führen Gespräche mit dem Bauern Brünjes. In Paris ist eine Idee mächtig geworden: »Wir wollen versuchen, Brünjes zu kaufen, um unser Leben freier und breiter um uns zu gestalten, mit allerhand Getier um uns herum.« Das hatte Schwester Milly im November erfahren. Um es vorwegzunehmen: Die Idee ist nicht Realität geworden.

Während der wenigen Tage in Worpswede besucht Paula Modersohn-Becker Clara Rilke, das ist ihr wichtig. Neben dem gemeinsamen Schweigen haben die beiden Frauen wahrscheinlich auch Worte gewechselt in denen Erinnerungen mitschwangen, von denen nur sie beide wussten: Nicht viel mehr als ein Jahr war es her, dass Paula Modersohn-Becker in ihrem Atelier die Freundin malte, im weißen Kleid, mit der Rose in der Hand. Als sie erstmals einem Menschen anvertraute, was sie in ihrer Ehe bedrückte und warum sie Paris brauchte – die Welt, das Leben, die Kunst. Nur Clara und Rainer Maria Rilke hatten von ihrem Aufbruch gewusst und von dem beglückenden Gefühl, ein neues Leben anzufangen. Nur mit ihnen konnte Paula Modersohn-Becker teilen, was ihren Kopf und ihr Herz bei dieser Rückkehr, die allen Plänen und allen Träumen zuwiderlief, bewegte.

Am 8. Februar 1907 feiert Paula Modersohn-Becker ihren einunddreißigsten Geburtstag in Paris. Aus Schreiberhau schickt Martha Hauptmann eine Sandtorte, mit weißem Guß und braunen Plätzchen geschmückt. Gleich am nächsten Tag bedankt sich die Beschenkte: »Ich habe mich sehr darüber gefreut, denn ich dachte, es wäre ein Zeichen, dass Sie mich etwas gerne möchten ... Ich bin noch ein unfertiger Mensch und möchte gerne einmal etwas werden. Es fehlt noch oben und unten; aber ich hoffe still, dass es noch einmal ein Ganzes werde.« Die Hauptmanns kommen vom 14. bis zum 23. März nach Paris. Ihr Programm ist gespickt mit dem Besuch von Kirchen, Museen, Friedhöfen, Galerien. Es fallen nur wenige Stunden für die Modersohns ab. Vielleicht sind alle Beteiligten froh, noch ein wenig Zeit verstreichen zu lassen, bevor sie die Freundschaft neu beleben. Zu viele Briefe stecken noch in den Köpfen.

Ein Kontakt bleibt, auch wenn die Entfernungen voneinander immer größer werden. Rainer Maria Rilke hat den Geburtstag nicht vergessen und schreibt der »lieben Freundin« am 5. Februar 1907 von Capri, wo er seit Dezember ein gastliches Quartier gefunden hat. Er hat soeben Clara Rilke im Hafen von Neapel verabschiedet: Der Einladung einer Freundin folgend, hat sie sich von dort nach Ägypten eingeschifft. Zusammen mit ihren Grüßen schickt Rilke Fotografien von antiken Malereien aus Pompeji.

Gegen Ende des Briefs kommt er ins Schwärmen über Paris, nennt die Museen, die Bilder, die Parks – »Ich hätte alles nötig, was Paris ist«. Und schließt: »Mögen Sie, die Sie dort sind, ebenso fühlen und imstande sein, recht viel davon zu verwenden für ihre Arbeit, Ihren Mut und Ihre Zukunft. Von Herzen Ihr Rainer Maria Rilke.« Natürlich hat Rilke inzwischen von seiner Frau erfahren, wie die Dinge bei Paula Modersohn-Becker stehen. Dem Dichter gelingt mit schlichten Worten eine knappe ungekünstelte Formel, in der sich Einfühlungsvermögen, Sympathie und Ermutigung zu einem starken Band knüpfen. Er hat nichts Konkretes angesprochen, und doch ist alles gesagt.

Sie antwortet am 10. März. Paula Modersohn-Becker weiß, dass hinter Rilkes Wünschen eine Erwartung steht, die sie beide an ihr Leben stellen. Sie erkennen sich darin gegenseitig, seit sie sich im Herbst 1900 in Worpswede erstmals begegnet sind: alle Kräfte anzuspannen, um als Künstler das Größtmögliche zu erreichen. Dieses Ziel hat Paula Modersohn-Becker nach Paris geführt. Sie distanziert sich in ihrer Antwort nicht davon, ist aber zurückhaltend, was sie selbst betrifft: »Erwarten Sie nur nichts von mir. Sonst enttäusche ich Sie vielleicht, denn ehe ich etwas bin, das dauert vielleicht noch lange. Und wenn ich es dann bin, dann bin ich vielleicht nicht das, was Sie dachten.« Es ist ein Zwiegespräch, wie es zwei Menschen führen können, die sich im Innersten verwandt fühlen.

Sie sei nicht mehr »voll zu viel Illusionen«, hatte Paula an Clara Rilke geschrieben. Dass dieser schmerzhafte Erkenntnisprozess sie verändert und tiefe Wunden geschlagen hat, steht zwischen den Zeilen an Rainer Maria Rilke. Nicht, dass sie aufgeben wollte: »Ich möchte ja gerne etwas Schönes, man muss nun abwarten ob der liebe Gott oder das Schicksal es auch will. Ich glaube, das Beste ist, man geht seinen Weg wie im Traume.«

Es liegt wie ein Dämpfer über dem Brief, in dem nichts von Otto Modersohn steht oder von ihrer Familie, in dem die Neuigkeit lapidar und schmucklos daherkommt: »Ich werde wieder nach Worpswede gehen. Hoffentlich ist alles gut.« Auch hier jene leicht müde, mürbe Hoffnung, mit denen ihre Briefe in diesen Wochen und Monaten unterfüttert sind. Es ist der Versuch, nicht resigniert zu klingen und doch ehrlich zu sein; nicht sentimental zu werden und doch den Gefühlen Raum zu geben. »Ich denke oft an Sie«, schließt der Brief, »wenn wir nur alle in den Himmel kommen. Wo Ihnen wohl der nächste Sommer blüht. Ich glaube ich bin mit meinem Leben zufrieden. Ihre Paula Modersohn.« Der Himmel hat für Paula Modersohn-Becker nichts Jenseitiges an sich. In den Himmel zu kommen bedeutet, jenes Ziel, auf das sie ihr ganzes Leben ausgerichtet hat, zu erreichen.

»Ich bin mit meinem Leben zufrieden«: Erst im Nachhinein wird sich Rainer Maria Rilke erschließen, welche neue Wendung dieser Lebensweg genommen hat. Paula Modersohn-Becker erwähnt mit keinem Wort, was sie am Tag zuvor, am 9. März 1907, nach Bremen geschrieben hat: »Meine liebe Mutter, vielleicht wirst Du im Oktober schon wieder Großmutter. Ich küsse Dich. Deine Paula.« Am gleichen Tag geht Post an die hochschwangere Milly: »Wenn alles gut geht, so folge ich im Oktober Deinem Beispiel.« Auch hier gilt: keine Sentimentalitäten.

Die kleine Elsbeth, weiterhin bei der Großmutter in Bremen, hat Ende Februar einen Brief bekommen: »Nun dauert es nicht mehr lange und dann sind wir wieder zusammen und feiern Ostern in Worpswede.« Und so kam es. Als hätte es das Schicksal gefügt, konnte Paula Ende März in Paris noch eine Cézanne-Ausstellung erleben. Am 31. März 1907, Ostersonntag, sitzt die Familie wieder im Häuschen in Worpswede beim Sonntagsbraten.

Erinnerungen folgen Paula Modersohn-Becker nun auf Schritt und Tritt. Aber die Zukunft ist mit dem größten Gepäck anwesend. Ob sie im Atelier am Boulevard Montparnasse beim Verpacken selbst Hand angelegt hat oder mit Argusaugen daneben stand: Nicht wenige Frachtpakete müssen den Weg von Paris nach Worpswede angetreten haben. Wenn Paula Modersohn-Becker sich fragt, ob vor knapp einem Jahr ihr Mut sie auf den richtigen Weg geführt hat und ob ihre Rückkehr das Ende oder wiederum ein neuer Anfang ist, braucht sie nur das Gepäck zu öffnen und ihre Pariser Bilder anzusehen: Dutzende, im Frühjahr und Sommer im Rausch der Freiheit gemalt, im Herbst und Winter in der Stille der Ernüchterung. Das Brausen dem Einen zu hatte nichts von seiner Kraft eingebüßt.

Tabubruch: Nackte Mutter mit Kind
Immer noch Paris bis März 1907

Noch aus Paris hatte Paula Modersohn-Becker im Februar 1907 an ihre Schwester Milly geschrieben: »Otto und ich leben hier in dieser schönen Stadt ein stilles Leben, was durch Arbeit und Lesen seinen Gehalt hat.« Als ob die beiden sich auf einer Insel befinden. Doch sie leben in der Kunstmetropole Paris. Im Viertel Montparnasse, wo die Modersohns ihre Ateliers haben, und im Quartier Montmartre auf der anderen Seite der Seine ist die moderne Malerei zu Hause, hat sie ihre Kennerinnen und Bewunderer.

An einem schönen Herbsttag 1905 geht der einunddreißigjährige Wilhelm Uhde, ein studierter Jurist, den seine Begeisterung für die französische Malerei und Dichtung nach Paris getrieben hat, durch die krummen Gassen von Montmartre. Immer mehr Maler, darunter viele Ausländer, sind hierher gezogen, die in Zimmern ohne Wasser und Heizung, mit einer Matratze für sich und die Freundin, an ihren Staffeleien arbeiten und auf Ruhm und Anerkennung hoffen. Uhde kaufte mit dem Gespür eines Schatzgräbers Bilder von Unbekannten, wartete auf ihren Erfolg, um sie mit Gewinn zu verkaufen, und finanzierte davon sein Leben an der Seine.

An diesem Tag sieht er vor einem Geschäft für Betten und Bettzeug eine Leinwand mit einem Frauenakt. Der Ladenbesitzer hat ein Herz für die Künstler von Montmartre und stellt deren Bilder aus. Die unleserliche Signatur beginnt mit P. Wilhelm Uhde kauft das Bild für zehn Francs und trifft wenige Tage später zufällig in einer Kneipe den Künstler. Der vierundzwanzigjährige Pablo Picasso, ein Spanier, nimmt ihn mit in sein ärmliches Atelier in der Rue Ravignan Nr. 13, das mit Bildern vollgestopft ist. Der deutsche Kunstliebhaber ist fasziniert, eine Freundschaft beginnt.

Ebenfalls im Herbst 1905 ziehen die Geschwister Stein wieder einmal durch die Galerien in der Rue Laffitte am Fuß des Montmartre. Jene Rue

Laffitte, in der Paula Becker im Frühjahr 1900 Cézanne für sich entdeckt hatte und in die ihr Weg viele Male bei jedem Paris-Aufenthalt führte. Die Geschwister Leo und Gertrude Stein, in den USA geboren, leben von den Zinsen des Familienvermögens und können ohne Literatur und bildende Kunst nicht sein. Leo kam 1903 endgültig nach Paris, 1904 folgte ihm die dreißigjährige Gertrude, Schriftstellerin – »a rose is a rose is a rose« – in die Wohnung in der Rue de Fleurus Nr. 27 im Viertel Montparnasse. Wenig später zog ihr Bruder Michael mit seiner Frau Sarah – auch leidenschaftliche Sammler – von San Francisco nach Paris, gleich um die Ecke in die Rue Madame Nr. 58. Schräg gegenüber in Nr. 65 hatte Paula Modersohn-Becker im Frühjahr 1905 im 5. Stock eines Hotels gewohnt.

Jetzt, in der Rue Laffitte, beeindruckt Gertrude und Leo Stein das Bild eines unbekannten Malers namens Picasso. Sie kaufen seine »Akrobatenfamilie mit Affe«, das erste Bild von vielen. Neben Picasso gehört Cézanne zu ihren Favoriten; die Wände füllen sich mit Bildern von Gauguin, Matisse, Renoir und Künstlern, die noch keiner kennt. Picasso kommt zum Abendessen und versteht sich sogleich bestens mit Gertrude Stein. Jeder Künstler bringt weitere Freunde und Freundinnen mit.

Um den Besucherstrom zu regulieren, richten Gertrude und Leo Stein im Winter 1906 einen Jour Fixe ein: Samstagabend ab neun Uhr stehen die Türen in der Rue de Fleurus Nr. 27 für alle offen. Wilhelm Uhde gehört zu den regelmäßigen Gästen. Der Salon der Steins wird ein Mittelpunkt der Pariser Kunstszene. (Und bleibt es für dreißig Jahre, bis Gertrude Stein mit ihrer Lebensgefährtin Alice B. Toklas vor den deutschen Besatzern flieht. Eine Tafel am Haus erinnert daran.)

Im Frühjahr 1907 wird bei den Steins – und in anderen Pariser Kunstsalons – heftig über ein neues Bild von Picasso diskutiert. Selbst seine treuen Anhänger reagieren erschrocken auf ein großformatiges Bild, das heute in den Kunstbüchern als Wendepunkt der modernen Malerei abgebildet ist – »Die Mädchen von Avignon«. Die fünf nackten Frauen mit ihren kräftigen Körpern, breiten Schenkeln und Schultern, den zum Teil anatomisch falsch angesetzten eckigen, verschatteten Gesichtern, mit den schief stehenden Augen und den großen Ohren widersprechen rigoros dem Schönheitsideal der abendländischen Malerei. Picasso hat auch die klassische Perspektive aufgegeben und die Körper nur durch Farbgegensätze modelliert.

Die Ähnlichkeiten im Werk von Paula Modersohn-Becker und Picasso in diesen Jahren sind verblüffend, was die Thematik und die künstlerische Umsetzung betrifft. Beide malen Kinder auf ganz neue Weise. Beide malen bevorzugt Porträts und Selbstporträts und bewegen sich in ihrem Stil zur gleichen Zeit in eine Richtung, die man Kubismus nennen wird. Picasso hat die deutsche Malerin sicher nicht gekannt, Paula Modersohn-Becker seine Bilder höchstwahrscheinlich nicht gesehen; jedenfalls nicht »Die Mädchen von Avignon«, die im Februar 1907 begonnen wurden. Beide malen und zeichnen Frauen im Akt und wagen es, den eigenen Körper auf der Leinwand bloßzustellen. Paula Modersohn-Becker begann die Erkundung des eigenen Körpers im Mai 1906 mit dem selbstbewussten Halbakt zum sechsten Hochzeitstag (Tafel 10). »Je weiter man geht, desto eigener, desto persönlicher, desto einziger wird ja ein Erlebnis, und das Kunstding endlich ist die notwendige, ununterdrückbare, möglichst endgültige Aussprache dieser Einzigkeit.« Kongenial beschreibt Rainer Maria Rilke in einem Brief an seine Frau Clara die Schritte in Richtung auf das Äußerste, die Paula Modersohn-Becker in diesem Pariser Sommer tut.

Bevor Herma Ende Juni aus Paris abreiste, ließ Paula sich von ihrer Schwester nackt fotografieren, die Hände unterschiedlich vor der Brust erhoben, je eine Frucht haltend. Als sie sich anschließend mit den gleichen Gebärden lebensgroß nackt malt, muss sie auch ihren großen Spiegel genutzt haben, denn die Haltung der Arme ist spiegelverkehrt zur Fotografie. Bei einem zweiten Ganzakt hat Paula Modersohn-Becker die Gesichtszüge völlig aufgelöst (Tafel 11). Wer sie kennt, weiß, dass der Hut, den sie dem Akt aufgesetzt hat, ihr Markenzeichen ist.

Nur ganz wenige männliche Künstler in der Geschichte der europäischen Malerei bis zum Beginn des 20. Jahrhunderts haben sich in voller Größe im Akt gemalt. (Dürer ist einer von ihnen und auch Picasso.) Keine weibliche Künstlerin ist vor Paula Modersohn-Becker dieses Wagnis eingegangen. Und sie war noch nicht am Ende des Wegs. Parallel zu Akt-Selbstbildnissen beginnt sie die zeichnerischen Vorarbeiten zu einem weiteren Schritt, mit dem sie in der Malerei Neuland betritt. Der Ausgangspunkt ist ein traditionelles Motiv, eines der beliebtesten in der europäischen Malerei: Mutter und Kind, seit Jahrhunderten verkörpert in der religiösen Prägung von Maria und dem Jesuskind.

Als Paula Modersohn-Becker 1906 in Bremen Weihnachten feiert,

Paula Modersohn-Becker: Skizze von ihrem letzten Pariser Atelier, Boulevard Montparnasse Nr. 49, Bremen 1906/07

skizziert sie für die Anwesenden ihr Pariser Atelier am Boulevard Montparnasse auf einen Briefumschlag. Rechts an der Wand hängt eines von drei großformatigen Bildern, die sie im Sommer und Herbst mit dem gleichen Motiv gemalt hat: »Liegende Mutter mit Kind«. Doch ihre Darstellung widerspricht radikal den eingefahrenen Traditionen. Sie malt nicht nur den Säugling nackt – das war auch beim Jesuskind üblich –, sondern ebenso die Mutter. Nicht weniger ungewöhnlich ist die Komposition: Mutter und Kind befinden in der Horizontale, liegen auf einem weißen, inselartigen Tuch, wie der Welt enthoben. Keine Requisiten rundherum, keine Gegenstände, die Hinweise geben, Zusammenhänge herstellen könnten. Die gesamte Aufmerksamkeit richtet sich auf die Symbiose von Mutter und Kind (Tafel 12).

Zwei Bildtraditionen werden in dieser Mutter-Kind-Komposition aufgebrochen, geradezu konterkariert. Bisher trennte die Sprache der Bilder strikt zwischen Frau und Mutter. Eine Mutter wurde niemals nackt dargestellt, immer bekleidet – als göttliche Mutter Maria sowieso, aber auch als bürgerliche Mutter in weltlichen familiären Zusammenhängen. Die Darstellung einer nackten Mutter – so natürlich sie ist – verstört, denn sie widerspricht unseren Sehgewohnheiten, ist nicht im kollektiven Bildgedächtnis abgespeichert.

Zugleich hat sich das Umgekehrte über Jahrhunderte festgesetzt: Eine nackte Frau wird in der Malerei nie als Mutter dargestellt. Sie ist stets die Umsetzung männlicher Blicke auf ein weibliches Modell und soll beim männlichen Betrachter erotischen Anklang finden. Aus diesem Blickwinkel hemmt der Säugling, der vor dem nackten Frauenkörper liegt, die erotische Ausstrahlung schon im Ansatz. Am Anfang die abgearbeiteten Moorfrauen und junge Mädchen im Akt, dann sie selbst und schließlich eine nackte Mutter mit Kind: Mit diesen Bildern bricht Paula Modersohn-Becker in einem großen künstlerischen Auftritt ein zentrales Monopol männlicher Künstler. Ihre Motive sind zu zahlreich, um Zufall zu sein. Zahlreich variiert sie das Mutter-Kind-Thema und setzt sich als Frau künstlerisch mit dem weiblichen Körper auseinander.

Noch am Ende des 20. Jahrhunderts bereitet diese Konstellation – Malerin malt nackten Frauenkörper – selbst den Kunstexperten, die die Malerei von Paula Modersohn-Becker kennen und hoch schätzen, große Schwierigkeiten: »Was den Mann ... bei der Betrachtung des weiblichen Aktes ... wohl immer über eine nur reproduktive, platt naturalistische Sachaufnahme anatomischer Fakten hinausführt, ist dies: bewusst oder unbewusst wird er immer auch ein offenes oder geheimes *erotisches* Interesse an seinem künstlerischen Gegenstand nehmen ... Diese natürliche, aus der Polarität der Geschlechter zwischen Künstler und Modell entsprungene Gabe, die bloße Sachstudie in eine höhere Stufe künstlerischer Verwirklichung zu sublimieren, ist der Malerin oder Zeichnerin so nicht geschenkt.« Diese These von Günter Busch – zuerst 1960 veröffentlicht und bis in die neunziger Jahre mehrfach in Büchern und Katalogen über Paula Modersohn-Becker verbreitet – bedeutet, dass eine Frau in einem für die Kunst wesentlichen und vielfältigen Themenbereich nicht im gleichen Maße Künstler sein kann wie der Mann, weil ihr die »Gabe der Sinnlichkeit« fehlt. Bei Paula Modersohn-Becker erkennt Busch in den Aktbildern nur ein »interesseloses Wohlgefallen«; preist das von ihm konstatierte weibliche Defizit aber sogleich als eine »neue Dimension, die über das Erotische und Sexuelle« hinausgeht.

Dass dem Blick von Frauen auf den weiblichen Körper Sinnlichkeit abgesprochen wird und die Frau deshalb dem Mann künstlerisch unterlegen sein soll, ist ein Vorurteil, das am Beginn des 20. Jahrhunderts angesehene Verteidiger fand. Zwar wurden Frauen zunehmend als Künstlerinnen wahrgenommen und einzelnen wurde sogar ungewöhnliches Talent zugesprochen – aber auch von wohlmeinenden Kritikern wurden sie stets mit dem Etikett »große Ausnahme« versehen. Im Jahre 1908 erschien der Aufsatz »Die Frau und die Kunst« von Karl Scheffler, ein Pamphlet gegen die Frau als Künstlerin, das sie unter dem Anschein wissenschaftlicher Autorität zurück an Heim und Herd verwies.

Der Kunstkritiker Karl Scheffler, geboren 1869, war Autodidakt. Er erwarb sich einen Ruf als Kunstfachmann durch Aufsätze und Schriften und Artikel für die angesehene »Frankfurter Zeitung«. Schefflers Grundthese ist nicht neu: Die Natur habe der Frau »die Kraft versagt, die Talent genannt wird ... sie ist die geborene Dilettantin«. Er leugnet nicht, dass es auch unter den weiblichen Künstlern herausragende Talente gibt. Seine drastische Erklärung: »Der Mann steigert seine Natur, wenn er Künstler wird.« Eine Künstlerin dagegen »verleugnet ihre weibliche Art« und muss diese »Perversion« mit »Krankhaftigkeit, Impotenz und Verkümmerung der Gebärorgane bezahlen«. Karl Scheffler war kein Außenseiter, sondern für die interessierte Öffentlichkeit einer der tonangebenden Kunstkritiker. Er verbreitete deutschlandweit, was Arthur Fitger, die Bremer Autorität in Sachen Kunst, unangefochten in der Provinz unter das Volk brachte.

Paula Modersohn-Becker wusste, dass sie als Künstlerin in zweifacher Hinsicht radikal gegen die geltende Meinung verstieß: indem sie für sich ein herausragendes Talent beanspruchte und weil sie sich alle Freiheiten nahm, was die Ausführung ihrer Bilder und was ihre Thematik betraf.

Vor dem Hintergrund dieser Diskussion lässt sich deuten, dass der Kinderwunsch, den Paula Modersohn-Becker im Februar 1906 der Freundin Clara im Gespräch anvertraute, keineswegs einer romantischen Träumerei von Mütterlichkeit entspricht, sondern eine Herausforderung an jene ist, die in der Künstlerin eine »vermännlichte Frau« sahen. Sie will den Gegenbeweis antreten: »Ihre Sehnsucht ist ja nur: nicht verheiratet sein«, schreibt Clara Rilke ihrem Mann. Mit dieser Ansicht steht Paula Modersohn-Becker ziemlich allein. Selbst die radikale Sozialistin Clara Zetkin kämpft zwar für die uneingeschränkte Berufstätigkeit der Frau, will aber die Institution Ehe nicht aufgeben. Sie ist überzeugt, »als Weib wird die Frau das Höchste leisten«, wenn sie einerseits als Berufstätige »ein voll erblühter Mensch ist«, andererseits »im Familienkreis als belebende, vorwärtsdrängende Macht sich betätigt« und ihren Kindern ein »kraftvoll entfaltetes Menschtum als kostbarstes Erbteil« weitergibt. Da ist die bürgerlich geprägte Paula Modersohn-Becker kühner. Ihr Ziel ist die volle Berufstätigkeit als Künstlerin und das Erlebnis der Mutterschaft – ohne in einer Ehe auszuharren, die sie als Freiheitsentzug empfunden hatte.

»Ich male lebensgroße Akte und Stilleben mit Gottvertrauen und Selbstvertrauen. Die letzte Woche bin ich erst abends aus meinem Bau herausgekrochen.« Das war im Mai 1906. Und so ist es mit Paula Modersohn-Becker das ganze Jahr weitergegangen bis Anfang 1907. Die Gelassenheit, die aus ihren Pariser Briefen nach der Ankunft von Otto Modersohn spricht, speist sich aus der Erfahrung, dass sie trotz des erzwungenen tiefen Einschnitts in größtmöglicher innerer Freiheit ihren künstlerischen Weg weitergehen kann. Denn sie ist noch längst nicht am Ende, was ihre Sicht auf den weiblichen Körper betrifft und die Umsetzung ihrer sinnlichen Empfindungen und Fantasien auf die Fläche einer Leinwand in Form und Farbe.

Vom großen Querformat »Liegende Mutter mit Kind« (Tafel 12) hat Paula Modersohn-Becker neben zahlreichen Vorzeichnungen drei Bildfassungen gemalt. Nur eine davon hat den Zweiten Weltkrieg überstanden. Das Thema lässt sie nicht los. In den Wintermonaten 1906/07 entstehen zwei sehr ähnliche Bilder einer »Mutter mit Kind auf dem Arm«. Es ist jeweils ein Halbakt, der mit der unteren Bauchrundung der kräftigen Frau abschließt. Während das Gesicht der liegenden Mutter mit seinen geschlossenen Augen nur angedeutet ist und keinerlei emotionale Ausstrahlung hat, nimmt der schelmisch-spöttische Gesichtsausdruck dieser Frau mit den mandelförmigen Augen – auch wenn ihr Blick zu Seite geht – sofort gefangen. Das Kind hält eine Orange, die Mutter eine Zitrone mit der rechten Hand zwischen den Brüsten (Tafel 14).

Es sind Attribute, die Paula Modersohn-Becker in viele Bilder als Teil der Komposition aufnimmt. Höchstwahrscheinlich gibt es mehrere Sinnschichten, und die Deutung der Früchte als Zeichen der Fruchtbarkeit ist nicht abwegig. Keineswegs zufällig ist bei den zwei Darstellungen von Mutter und Kind die formale Verwandtschaft von Mensch und Ding – von Brust und Zitrone und der Haltung der rechten Hand; eine

Ähnlichkeit, die mit dem Schatten des Halses aufgenommen wird und sich verschlankt in der Nasenform fortsetzt. In der formalen äußeren Verwandtschaft von Mensch und Natur spiegelt sich die innere.

Das Bild vermittelt die Schwere eines Körpers und hat doch gar nichts Dumpfes an sich, im Gegenteil. Im Blick der Frau liegt etwas, das sich auf Französisch am besten ausdrücken lässt – Flair, Esprit. Und es hat auch nichts vom Klischee einer sentimentalen Mütterlichkeit an sich. (Dazu passt, dass die Bilder von Paula Modersohn-Becker im Dritten Reich als »entartete Kunst« galten: Hier findet keine Heroisierung, keine Romantisierung von Mutterschaft statt.)

Die stehende nackte Mutter mit dem Kind auf dem Arm kommt der tief ins kollektive Bild-Gedächtnis eingeprägten Darstellung »Maria mit dem Jesuskind« noch näher als die liegende Mutter. Um so größer ist die originäre Kraft dieses Bildes, bei dem sich keine Vergleiche mit der klassischen Darstellung ins Bewusstsein schieben und sich auch kein Gefühl von Provokation einstellt. Paula Modersohn-Becker knüpft an eine lange Tradition an, aber mit großem künstlerischen Selbstbewusstsein und einer eigenständigen Bildaussage. Sie hat sich die Freiheit genommen, aus den Vor-Bildern der Vergangenheit und ihrem Gegenwartsempfinden etwas Neues zu schaffen, das die Malerei ein Stück weit in die Zukunft treibt.

Wie als Abschluss entsteht im Frühjahr 1907, noch in Paris, das Bild »Kniende Mutter mit Kind an der Brust« (Tafel 13): Wieder gibt es viel zu entdecken, zu entschlüsseln. Was bedeuten die ringsum arrangierten Orangen? Ist der weiße Kreis, auf dem die Mutter kniet, ein Symbol für den Mond? Schlägt man den Bogen von der »Liegenden Mutter mit Kind« (Tafel 12) über die »Mutter mit Kind auf dem Arm« (Tafel 14) bis zu dieser farblichen Explosion, die dennoch formal streng durchdacht ist, so wird deutlich: Diese Bilderfolge ist ein kostbares Unikat in der modernen Malerei des 20. Jahrhunderts.

Ob die Mütter auf den Bildern von Paula Modersohn-Becker Archetypen sind, ob sie »Urmütter« oder »Erdmütter« darstellen: Die Künstlerin gibt in ihren Briefen und Tagebüchern keinerlei Hinweise. Es lohnt, darüber nachzudenken; in ihren Bildern stecken viele Schichten. Aber am Anfang allen Nachdenkens muss stehen: Paula Modersohn-Becker ist Künstlerin; in ihrer Zeit ähnlich Großes zu schaffen wie die alten Meister, das ist ihr Ziel. Sie ist eine Künstlerin, die darauf pocht, in ihrer Arbeit Verstand und Gefühl einzusetzen. Wenn der kreative Rausch sie erfasst, so geht dieser Phase eine andere voraus: »Ich komme innerlich der Schönheit näher. In den letzten Tagen habe ich viel Form gefunden und gedacht.« Kunst war für sie wesentlich auch eine intellektuelle Auseinandersetzung.

Ende Februar 1907 gibt Paula Modersohn-Becker der achtjährigen Elsbeth, die bei der Großmutter Becker in Bremen lebt, in einem Brief einen konkreten Einblick in ihre Arbeit, den sie Erwachsenen verweigert: »Ich male jetzt ein kleines italienisches Mädchen. Die heißt Dolores Kataldi.« Damit sind die drei Kinderakte angesprochen, die zur überreichen Ernte des Pariser Jahres gehören: das »Hockende Mädchen mit Storch«, der »Kinderakt mit Goldfischglas« und der »Sitzende Mädchenakt mit Blumenvasen«.

Die drei Bilder demonstrieren den breiten künstlerischen Horizont von Paula Modersohn-Becker in diesen Monaten fern vom dörflichen Worpswede. Im Vergleich zu den Mutter-Kind-Bildern und ihren Selbstbildnissen nutzt sie eine andere Farbpalette und eine andere Maltechnik. Eine märchenhaft-tropische Stimmung durchzieht die Kinderbilder, erinnert an Gauguin und an die magischen Bilder des Henri Rousseau, genannt der »Zöllner«, den sie im Sommer 1906 zusammen mit Bernhard Hoetger in seinem Atelier am Rand von Montparnasse besucht hatte.

Es gäbe noch so viel zu berichten. Da ist die rätselhafte Komposition dreier Frauen im Halbakt, die nach Form und Inhalt im Zusammenhang mit ihrem ungewöhnlichen Selbstbildnis zum 6. Hochzeitstag vom Mai 1906 entstanden ist. Das Bild ist in den Wirren des Zweiten Weltkriegs verloren gegangen. In der Mitte hat sie sich selbst gemalt, die Frau zu ihrer Linken hat deutliche Ähnlichkeit mit Clara Rilke, und die zur Rechten könnte ihre Cousine Maidli sein. Alle haben Früchte oder Blumen in der Hand, die beiden Frauen an den Seiten erheben einen Arm wie in ritueller Gebärde. Paula, im Haar einen Blumenkranz, trägt in der rechten erhobenen Hand eine Schale mit zwei Orangen. Alle drei umhüllt unterhalb der Bauchrundung ein Tuch, wie es die berühmte antike Statue der Venus von Milo schmückt, die die Malerin viele Male im Louvre gesehen hat. Und wie es ähnlich indische Göttinnenskulpturen tragen, von denen Tante Cora ihr Fotos mitgebracht hatte und die Paula Modersohn-Becker zahlreich im Pariser Museum Guimet gesehen hat, ein Schatzhaus asiatischer Kunst, das sie häufig besuchte.

*Fotografie eines verschollenen Selbstbildnisses –
eine Komposition von drei weiblichen Halbakten,
rechts wohl Clara Rilke, Paris 1906/07*

Venus – Aphrodite – die Drei-Frauen-Komposition: Identifiziert sich die Künstlerin mit der Liebesgöttin? Verkörpern die drei Frauen je einen Aspekt der Göttin? Oder führt die Spur vielleicht zu einem Bild des englischen Malers Dante Gabriel Rossetti von 1877: »Astarte Syriaca«, eine Drei-Frauen-Darstellung der babylonisch-syrischen Fruchtbarkeitsgöttin? Die Ähnlichkeiten in Haltung und Gebärden der Komposition Rossettis mit dem Bild von Paula Modersohn-Becker sind verblüffend. Mit großer Wahrscheinlichkeit kannte sie Rossettis Bild.

Dante Gabriel Rossetti zählt zu den Vorläufern des Symbolismus, eine Kunstrichtung, die gegen Ende des 19. Jahrhunderts vor allem in

Großbritannien, Frankreich und Belgien Dichter und Maler stark beeinflusste. Die Malergruppe der Nabis, von denen Paula Modersohn-Becker viele Anregungen aufnahm, wurzelt noch im Erbe der Symbolisten. Symbolistische Dichter wie Baudelaire und Rimbaud waren der Kennerin der französischen Literatur vertraut. In ihren Bildern, in denen nichts dem Zufall überlassen ist, kann die Spur des Symbolismus, der im deutschen Kulturbereich eher fremd geblieben ist, noch zu Entdeckungen führen und manches Bildrätsel lösen helfen.

Bei jedem Paris-Aufenthalt lebte Paula Modersohn-Becker mitten unter den Künstlern von Montparnasse. Hätte es nicht Anknüpfungspunkte gegeben? Auch und vor allem bei den deutschen Künstlern an der Seine? Sie besaß doch weitreichende Kontakte aus ihrer Berliner Zeit an der »Zeichen- und Malschule« und den Jahren im Künstlerdorf Worpswede.

Bei ihrem Arbeitsurlaub 1897 in Worpswede faszinierte sie besonders die achtzehnjährige Adele von Finck, die »in Hosen« zu Tisch kam: »Sie hat in Paris studiert, wie lange? Mit welchem Erfolg? Ich weiß es nicht, jedenfalls möchte ich rasend gerne etwas von ihr sehen.« Einen besseren Kontakt, um in der Pariser Kunstszene Fuß zu fassen, hätte Paula Modersohn-Becker kaum finden können.

Adele von Finck war befreundet mit Ida Gerhardi und Maria Slavona, zwei ihrerseits befreundete deutsche Malerinnen, denen Paris zur zweiten Heimat geworden war. Ida Gerhardi, 1862 geboren, in Dortmund aufgewachsen, ging 1890 nach Paris und begann ein Malstudium an der Kunstademie Colarossi, deren Akt- und Zeichenkurse Paula Becker bei mehreren Aufenthalten belegte. Ida Gerhardi lebte bis 1913 unverheiratet als professionelle Malerin in Paris, arbeitete als Agentin für deutsche Galerien und prominente Kunstsammler und organisierte Ausstellungen. 1905 wurden ihre Bilder im renommierten Salon der »Unabhängigen« im Grand Palais ausgestellt. Sie wohnte gegenüber der Akademie Colarossi. Wer als junger deutscher Künstler an die Seine kam, wurde umgehend an Ida Gerhardi verwiesen. Sie kannte Modelle, Künstler und Sammlungen, preiswerte Ateliers und Lokale und gab gerne Rat.

Ihre Freundin Maria Slavona, 1865 in Lübeck geboren, ging auf die Malschule des »Vereins der Berliner Künstlerinnen und Kunstfreundinnen« und war ebenfalls 1890 nach Paris gereist, um sich dort als Malerin durchzusetzen. Bald hatte sie Erfolg mit Porträts und Landschaftsbildern. 1900 heirateten Maria Slavona und der Schweizer Kunstsammler Otto Ackermann und machten ihre Wohnung am Montmartre zu einem Treffpunkt der Avantgarde. Pissaro zählte zu ihren Freunden, Munch, Rilke, Liebermann und Käthe Kollwitz waren bei ihr zu Gast. Eine beständige Freundschaft verband Maria Slavona und Ida Gerhardi mit Wilhelm Uhde, dem Kunstkenner und Picasso-Freund. Uhde und Otto Ackermann wiederum waren Stammgäste im Café Dôme mitten im Viertel Montparnasse.

Wer in Paris mit moderner Kunst zu tun hatte, wusste, im Café Dôme an der Ecke Boulevard Montparnasse, Rue Delambre trafen sich die deutschen Künstler, Maler und Literaten. Mit den abgewetzten Lederbänken und trüben Spiegelwänden strahlte das Dôme die Atmosphäre eines Wartesaals dritter Klasse aus. Aber das Lokal war gut geheizt und das Essen preiswert. An den Samstagabenden gingen Uhde und Ackermann von hier direkt zum Salon der Geschwister Stein in der Rue de Fleurus, nur Minuten entfernt.

Macht man die unsichtbaren Verknüpfungen der deutschen Künstlerszene zu sichtbaren Fäden, dann zieht sich ein Netz von Kontakten durch Montparnasse bis hinüber zum Montmartre. Paula Modersohn-Becker hätte bei allen Paris-Aufenthalten, nicht zuletzt die vielen Monate 1906/07, sozusagen an jeder Ecke Kontakte knüpfen können. Sie besuchte die Obst- und Blumenhändler, die Lokale und Crémeries, wo man sich begegnete und auch ohne Worte wiedererkannte.

Da Ida Gerhardi, Wilhelm Uhde und Maria Slavona in ihren Erinnerungen kein Wort über Paula Modersohn-Becker verlieren, auch nicht Adele von Finck, sind sie sich in Paris wohl nie begegnet. Dasselbe gilt für Käthe Kollwitz, die 1904 mehrere Monate in Paris nur wenige Häuser weiter als Ida Gerhardi wohnte, sich von Uhde in die dunklen Spelunken rund um die berühmten »Hallen« führen ließ und an den Abenden bei Maria Slavona die Pariser Kunstszene kennen lernte. Paula Modersohn-Becker war neugierig, auf Menschen und auf die Kunst. Aber sie hat offensichtlich keinerlei Beziehungen zu deutschen Künstlerkolleginnen gesucht. Ist sie davon ausgegangen, mit ihrer Malerei überall auf verschlossene Türen zu stoßen?

Der Erfolg einer Künstlerin hing davon ab, ob sie jene Öffentlichkeit erreichte, die an Kunst interessiert war, an ihr verdiente oder sie aus Begeisterung förderte. Überzeugt, dieses Ziel gemeinsam besser zu erreichen, taten sich 1906 sechs Künstlerinnen aus München – darunter Ida Gerhardi – mit den fünf Berliner Kolleginnen Dora Hitz, Sabine Lepsius, Julie Wolfthorne – alle mit längerer Paris-Erfahrung – und Käthe Kollwitz in der Ausstellungsgemeinschaft »Verbindung bildender Künstlerinnen« zusammen. Die Frauen fühlten sich mit ihrer Arbeit in der männer-dominierten Berliner »Secession« – deren moderne Ausrichtung sie künstlerisch mittrugen – an den Rand gedrängt. Ihr Kalkül, innerhalb einer Gruppe auch als einzelne mehr Aufmerksamkeit zu erfahren, ging prompt auf. Zumindest auf neugieriges Interesse, aber auch auf Solidarität für eine noch unbekannte Kollegin hätte Paula Modersohn-Becker bei diesen Malerinnen stoßen können.

Ist Paula Modersohn-Becker nie an den Samstagabenden im Salon der Steins gewesen, ein kurzer Spaziergang von ihrem Atelier entfernt? Es ist kaum zu glauben, dass sie nicht von den Cézanne-Schätzen in der Rue de Fleurus gehört hat. Man möchte annehmen, dass die moderne Kunst bei den Steins und die Kenntnis von Picassos Bildern zu den verschwiegenen Geheimnissen von Paula Modersohn-Becker gehören, die sie nirgendwo zu Papier brachte, weil sie davon so tief berührt wurde. Es liegt im Bereich des Möglichen; einen Hinweis oder auch nur die kleinste Spur gibt es dafür allerdings nicht.

Und eines ist richtig: Paula Modersohn-Becker war glücklich, allein mit ihren Bildern zu feiern; der Tisch im Atelier festlich gedeckt, Blumen in den Vasen und im Haar. So hatte sie es schon in den ersten Worpsweder Jahren als Paula Becker geliebt. Und die Einsamkeit war ihr eine vertraute Begleiterin seit Kindertagen.

Als sie sich entschließt, aus der Ehe auszubrechen, um, nur auf sich gestellt, das Äußerste in der Kunst zu wagen, hat sie das Gefühl, »ich bekäme ein neues Leben geschenkt«. Nach sechs Monaten allein in Paris, ohne weiterführende Beziehungen in der Kunstszene, will sie weitergehen auf diesem Weg, gegen allen Druck und alle Drohungen – »Gib mich frei, Otto«. Dann sechs Tage später die Kapitulation: »… so komme bald her, dass wir uns versuchen wieder zu finden.«

Doch als nach außen ihr neues Leben gescheitert ist, macht Paula Modersohn-Becker die Erfahrung, dass ihre Arbeit als Malerin weiterhin gelingt und sie weiterhin mit Glücksmomenten erfüllt. Diese Erfahrung ist für sie der Beweis, dass sie ihren eigenen Ansprüchen gerecht wird – auch wenn sie als Veränderte nach Worpswede zurückkehrt, um etliche Illusionen ärmer. »Ob ich schneidig handle, darüber kann uns erst die Zukunft aufklären«, schreibt sie am 17. November 1906 aus Paris an Clara Rilke.

Außer Clara ist es Rainer Maria Rilke, der Paula Modersohn-Becker glaubwürdig Mut machen kann. Einer, der sich ebenfalls müht, inmitten äußerer Zwänge seine künstlerische Freiheit zu bewahren, um ein großes Werk zu schaffen. (Er gesteht immerhin, dass seine Dichterarbeit auf Kosten seiner Frau und seines Kindes geht, auch wenn er diese Erkenntnis nicht in die Lebenspraxis umsetzt.) »Ich werde wieder nach Worpswede gehen. Hoffentlich ist alles gut so«, hatte Paula Modersohn-Becker am 10. März 1907 an Rainer Maria Rilke geschrieben. Nur eine Woche später antwortet er mit einem langen Brief und zeigt darin den inneren Horizont ihres Lebens auf: dass sie ihrem Weg treu geblieben ist, und der führt auch unter den neuen-alten Bedingungen nicht ins Scheitern sondern ins Gelingen.

Rilke schreibt: »Ich meine doch, Ihr Leben hat Kräfte, zu ersetzen und nachzuholen und zu sich selbst zu kommen um jeden Preis. Und wenn die äußeren Umstände andere geworden sind, als wir einmal meinten, so ist ja doch nur eines entscheidend: dass Sie sie mutig tragen und die Möglichkeit sich errungen haben, innerhalb des Bestehenden alle Freiheit zu finden, die das in Ihnen, was nicht untergehen darf, nötig hat, um das Äußerste zu werden, was es werden kann. Denn die Einsamkeit ist wirklich eine innere Angelegenheit, und es ist der beste und hilfreichste Fortschritt, das einzusehen und danach zu leben.«

Hinter der Gelassenheit von Paula Modersohn-Becker steckt eine riesige Kraftanstrengung, und es würde ihr nicht gerecht, an einer Legende zu stricken: dass es zu ihrer Rückkehr nach Worpswede und in die Ehe mit Otto Modersohn keine Alternative gegeben hätte. Ob nicht auch ein gelungenes Leben allein in Paris möglich gewesen wäre, muss offen bleiben. Richtig ist, dass Paula Modersohn-Becker nicht zurückblickt im Zorn, sondern zu ihrer Entscheidung steht. Als sie Ostern 1907 wieder in Worpswede ist, hat sie Tragfähiges im Gepäck – ihre Bilder, den Brief ihres Freundes Rainer Maria Rilke und den Willen, weiterhin das Äußerste zu werden.

Das Malen geht weiter: Eine nüchterne Schwangerschaft
Worpswede April bis Oktober 1907

Sie war zurück – die verlorene Tochter, die verlorene Ehefrau. Das kleine Paradies in Worpswede war wieder intakt; die Familie wieder heil. Im Mai 1906 hatte Mathilde Becker beklagt, dass keine strahlende Tochter, keine glückliche Familie sie mehr empfing, wenn sie nach Worpswede hinausfuhr. Im Mai 1907 saß sie mit der wieder vereinten Familie zum Festmahl um den Tisch im kleinen Erkerzimmer. Es war Himmelfahrt. Kurt, ihr Ältester, Arzt in Bremen und enger Freund von Otto Modersohn, kam überraschend »auf dem Rade herangeflogen im frischgewaschenen Panamahut«. Damit »stieg die innerliche Freude auf den Höhepunkt«.

Der jubelnde Brief, den Herma Becker wenige Tage später von ihrer Mutter bekommt, schildert eine Idylle, in der es nur glückliche Menschen gibt. Paula ist »so überaus reizend, Güte und Schalkhaftigkeit atmend«. Otto Modersohn »opfert ihr seine höchste Gemütlichkeit, sein Pipchen«. Dazu wie »Sphärenmusik« die »stille Harmonie der Herzen«. Bruder Kurt, der Paulas Versuch, die Ehe zu beenden, streng verurteilt hatte, nennt es ein Wunder, und der Mutter scheint es wie das Erwachen aus einem schweren Alptraum. Alles ist wie früher, nur noch schöner.

Anfang April hatte Paula Modersohn-Becker an Rainer Maria Rilke geschrieben. Dreizehn Monate war es her, dass sie das Haus in der Hembergstraße, ihr Atelier und die dörfliche Enge von Worpswede ohne Wissen des Ehemannes hinter sich gelassen hatte: »Ich sitze wieder in meinem kleinen Atelier bei Brünjes mit den grünen Wänden und unten hellblau. Ich gehe denselben Weg hierher wie in alten Zeiten und mir ist wunderlich zu Mute. Dies ist für mich die liebste Stube aus meinem ganzen Leben. Ich habe Wünsche zu arbeiten, um so mehr als ich die letzten Monate in Paris auch nichts tat.« Rilke gegenüber, mit dem Paula Becker im September 1900 lange Dämmerstunden in der bunten Stube gesessen und über Gott und die Welt geredet hat, spricht sie aus, was Zuhause-Sein auch nach dieser Rückkehr für sie bedeutet: das Alleinsein-Dürfen in ihrer Stube beim Bauern Brünjes.

In der Regel schweigsam über ihre Kunst und die damit verbundenen Emotionen, machte Paula Modersohn-Becker im November 1906 eine Ausnahme, als sie ihrer Schwester Milly offenbarte: »Die Freuden, die überwältigend schönen Stunden, kommen in der Kunst, ohne dass es die andern merken. Mit den traurigen geht es ebenso. Darum lebt man in der Kunst doch meistens ganz allein.« Dass Einsamkeit und Künstlersein zusammengehören, musste sie Rainer Maria Rilke nicht sagen. Allerdings stellte sie ihre Arbeit selbst gegenüber dem vertrauten Freund in ein falsches Licht. Bis in die letzten Pariser Tage hat sie ohne Pause gearbeitet, so dass Otto Modersohn Angst um ihre Gesundheit bekam. Trotz Schwangerschaft will sie sich in Worpswede keineswegs erst einmal ausruhen; sie hat Vorstellungen im Kopf für Neues, die sie umgehend auf die Leinwand umsetzen möchte.

Zwischen der Malerin und dem Dichter gehen bis in den Herbst 1907 hinein noch einige Briefe hin und her. Keiner ist dabei, in dem nicht der eine magische Name auftaucht – Cézanne. Zumal der »Herbstsalon« im Pariser Grand Palais eine umfassende Retrospektive über den bahnbrechenden Maler aus der Provence bietet und Rilke fast täglich dort ist. Cézanne wird zum Knotenpunkt für eine Dreier-Korrespondenz, denn er verbindet Paula Modersohn-Becker noch vor Rilke mit seiner Frau, als sie noch Clara Westhoff hieß und die beiden Freundinnen Paris erlebten. »Sie fragen nach Cézanne«, schreibt ihr Clara Rilke am 18. Oktober 1907, »davon sind nun alle Briefe Rainer Marias voll. Er läßt Ihnen sagen, dass 56 Cézanne, 174 Bilder und Zeichnungen der Berthe Morisot und 16 der Eva Gonzales im Salon d'Automne seien. Ich glaube, er weiß gar nicht, wie unmöglich es jetzt für Sie ist zu kommen, dass er so ungerührt die Zahlen nennt.« Vielleicht hat Rilke bewusst für seine Freundin die beiden anderen angesehenen Namen auf dem Herbstsalon genannt, beides Frauen.

Paula Modersohn-Becker antwortet postwendend am 21. Oktober: »Ich denke und dachte dieser Tage stark an Cézanne und wie das einer von den drei oder vier Malerkräften ist, der auf mich gewirkt hat wie ein Gewitter und ein großes Ereignis. Wissen Sie noch 1900 bei Vollard.« Natürlich erinnerte sich die Freundin, wie Paula Becker sie zum Kunsthändler Vollard führte, um ihr eine Entdeckung zu zeigen, die sie bis in den Sommer 1907 niemandem sonst anvertraute.

Clara Rilke, die in diesen Wochen bei ihrer Mutter in Bremen war, hatte versprochen, bald vorbeizukommen und aus Rilkes Briefen vorzulesen. Paula, hochschwanger, ist gierig auf Cézanne und auf die neuesten Entwicklungen in der Malerei. In ihrer Antwort gesteht sie: »Mein Drang zu wissen, was dort alles sei im Salon d'Automne war so groß, dass ich ihn [Rilke] vor einigen Tagen bat, mir wenigstens den Katalog zu schicken. Kommen Sie doch bald mit den Briefen, am liebsten gleich Montag, denn ich hoffe ja endlich bald anderweitig in Anspruch genommen zu sein. Wenn ich hier jetzt nicht absolut notwendig wäre, müsste ich in Paris sein.« Clara Rilke kommt zum Briefe-Vorlesen, und Rilke schickt neben dem Katalog noch zwei Aufsätze über Cézanne an die Freundin im Teufelsmoor.

Wie sehr Paula Modersohn-Becker darauf bedacht ist, auch als Mutter und mit Kind weiterhin als eine Frau zu gelten, die ernsthaft einer Arbeit nachgeht, erfährt ihre Schwester Milly im Oktober: »Auch schreibe mir nie wieder eine Postkarte mit ›Windeln‹ oder ›froher Nachricht‹. Du weißt ja, ich bin eine Seele, die am liebsten die anderen Leute nicht wissen lässt, dass sie sich mit Windeln beschäftigt.« Der Mutter schreibt sie am 22. Oktober: »Ich wollte wohl gerne nach Paris reisen, da sind 56 Cézanne aufgestellt!« Rilke gegenüber hatte sie schon im August mit Blick auf die Cézanne-Retrospektive bedauert: »Leider habe ich diesen Herbst keine Zeit, mir das alles anzusehen.« Sehr deutlich schwingt da mit: Aber ich werde wieder Zeit haben.

Für Paula Modersohn-Becker ist es kein Gegensatz, mit ihrer Schwangerschaft nüchtern umzugehen, auch als Mutter an ihrer Arbeit als Künstlerin festzuhalten und zugleich als Lebensphilosophie im »Mysterium der Mutterschaft« etwas Heiliges zu sehen, etwas Göttliches. Nach einem der Septemberabende 1900 in ihrem Atelier hielt Rilke im Tagebuch fest, dass Paula Becker mit dem Begriff »Gott« nichts anfangen kann: »Nein, mir ist Gott überhaupt ›sie‹, die Natur. Die Bringende, die das Leben hat und schenkt.«

Ein Kind, das sie sich wünscht, ist keine Alternative, kein Ersatz zu ihrem künstlerischen Ringen. Der traditionellen und populären These eines Karl Scheffler, nach der Frausein und Künstlersein einander ausschließen, widerspricht Paula Modersohn-Becker diametral – mit ihrem

Leben, aber auch mit den persönlichen Wünschen, die sie im Sommer 1907 in ihren Briefen nicht verschweigt.

Mochte ihre Mutter von der »Harmonie der Herzen« schwärmen, vom glücklichen Familienleben und Auf-Händen-Tragen. Paula Modersohn-Becker geht als Schwangere darin nicht auf. Auch wenn es nicht viele Familienbriefe gibt aus diesem Sommer: Es fällt auf, dass sie nirgendwo emotional über ihre Schwangerschaft spricht. Das Ungeborene nimmt sie nicht in den Blick, äußert nicht die leiseste Vorstellung darüber.

Die Mutter, die das erwartete Enkelkind spaßeshalber »Rembrandt« getauft hat, erfährt im Juni: »Das Ding, was du Rembrandt nennst, pukkert glaube ich. Ich kann daraus nicht klug werden, finde überhaupt, dass so ein Menschlein entsetzlich lange dauert, ehe es wird. Mir kommt es vor wie drei bis vier Jahre.« Bloß keine falsche Romantik, keine Sentimentalitäten, keine Verklärung.

Anfang Oktober – die Geburt ist auf Ende des Monats berechnet – schreibt sie an Schwester Herma: »Ich male wieder und wenn ich eine Tarnkappe hätte, wollte ich es wohl noch länger so weiter treiben.« Paula hält nichts davon, sich als Schwangere in Watte zu packen; würde am liebsten vor der Staffelei stehen, bis die Wehen kommen. Wahrscheinlich tuschelte man schon längst im Dorf, dass die Frau von Otto Modersohn lieber zu Hause auf dem Sofa liegen sollte, statt immer noch in ihrem Atelier zu arbeiten.

Als sie Anfang Juli eine Einladung von Bernhard Hoetger und seiner Frau bekam, die sich auf Schloss Holthausen in Westfalen eingemietet hatten, hatte Paula Modersohn-Becker nicht gezögert, sich allein auf die Reise zu machen. Offensichtlich trotz wohlmeinender Einwände. »Lieber Kerl«, schreibt sie aus Holthusen an Otto Modersohn, »ich freue mich, dass ich die Reise gemacht habe. Wer wagt, der gewinnt.«

Gegenüber dem Bildhauer Bernhard Hoetger, der mit seiner Frau Lee ein Jahr zuvor in Paris für sie zum Bezugspunkt geworden war, in künstlerischen wie in persönlichen Dingen, macht sie Wochen nach ihrem Besuch eine programmatische Aussage: »Ich habe diesen Sommer wenig gearbeitet und von dem wenigen weiß ich nicht, ob Ihnen etwas gefallen wird … Ich möchte das Rauschende, Volle, Erregende der Farbe geben, das Mächtige. Meine Pariser Arbeiten sind zu kühl und zu einsam und zu leer. Sie sind die Reaktion auf eine unruhige oberflächliche

Zeit und streben nach einfachem großen Eindruck. Ich wollte den Impressionismus besiegen, indem ich ihn zu vergessen versuchte. Dadurch wurde ich besiegt. Mit dem verarbeiteten, verdauten Impressionismus müssen wir arbeiten.«

Das Bekenntnis überrascht und verwirrt: Sagt Paula Modersohn-Becker sich los von den vielen unterschiedlichen Bildern, die sie über Monate wie im Rausch geschaffen und als bedeutenden Schritt auf ihrem Weg bezeichnet hat? Sollen die Pariser Monate plötzlich eine künstlerische Sackgasse gewesen sein?

Die Zeilen an Hoetger sind nur als Abschrift und Bruchstück erhalten, sie tragen kein Datum. Doch bei aller Vorsicht: Aus ihnen spricht, was typisch ist für Paula Modersohn-Becker. Wenig gearbeitet habe sie – das ist die übliche Untertreibung. Sie hat gearbeitet und nicht wenig. Und es ist auch nichts neues, wie sie sich und ihre Kunst klein macht, vor allem im Vergleich zu den ganz Großen, und dazu zählt sie Bernhard Hoetger.

Unter den Bildern aus dem Pariser Jahr sind gewiss auch solche, die Kühle, Einsamkeit und Leere vermitteln. Daneben gibt es eine große Zahl, in denen es Paula Modersohn-Becker gelungen ist, das Rauschhafte, das Volle und Mächtige der Farben auf einen Höhepunkt zu treiben. Sie hat die außerordentliche schöpferische Kraft dieser Monate gespürt und ausgesprochen, als sie mitten in der Arbeit war. Vielleicht brauchte sie den distanzierten Rückblick, um im Kopf frei zu sein für eine neue Etappe.

Von lebendiger Farbigkeit ist ein Selbstporträt, das im Sommer 1907 entstanden ist. Die großen braunen Augen nehmen das betrachtende Gegenüber fest in den Blick. Die erhobene rechte Hand hält einen Blumenzweig, der sich in zwei Stengel mit je einer Blüte teilt. Deutet die zweifache Blüte auf das Ungeborene hin, das, unsichtbar, als zweite Person mit zu diesem Selbstbildnis gehört? Eine Frau blickt aus dem Bild, die weiß, was sie will und noch viel vorhat.

Stellt man dieses Bild in die Reihe der Pariser Selbstporträts – von den Halb- und Ganzakten abgesehen –, ergibt sich eine erstaunliche Bandbreite. Es beginnt im Sommer 1906 mit hintergründig-koketten Gesichtern, die Hand streng am Kinn, eine souveräne und tatkräftige Person. Gemalt sind diese Selbstporträts – so lässt sich rückblickend sagen – in kubistischer Manier, die sich schon im Porträt von Werner

Sombart im Frühjahr andeutete und in den Porträts von Lee Hoetger im August fortsetzt. Ein Stil, den fast zeitgleich in seinem Atelier auf Montmartre Picasso in Porträts und Selbstporträts entwickelt, ohne dass Paula Modersohn-Becker davon Kenntnis haben kann.

Im Winter 1906 und Frühjahr 1907, noch in Paris, gestaltet sie zwei weitere Selbstporträts aus einem ganz neuen Ansatz. Angeregt haben sie die ältesten Porträts, die sich im europäisch-griechisch-römischen Kulturraum erhalten haben – Mumienporträts aus Ägypten. Die ersten Originale entdeckte Paula Becker 1903 im Louvre und kaufte sofort Fotografien davon. Im Februar 1907 schenkt sie Otto Modersohn zum Geburtstag den neu aufgelegten Katalog einer Ausstellung mit Mumienporträts, die 1888 in München gezeigt wurde und anschließend durch die wichtigsten Museen Europas reiste. Es waren Mumienporträts, die der Wiener Kaufmann Theodor Graf, der in Kairo mit Antiquitäten, Stoffen und Teppichen handelte, 1887 aufgekauft hatte. Die Mumienporträts waren kurz zuvor in der Oase Faijum, südlich von Kairo und westlich des Nils, in einer antiken Totenstadt entdeckt worden.

Die hochformatigen Porträts stammen aus dem 2. bis 4. Jahrhundert n. Chr., wurden meist auf Lindenholz gemalt, die Farben vor dem Auftragen mit Bienenwachs gemischt. Wenn gemäß altägyptischem Totenbrauch der oder die Tote einbalsamiert und mit Bandagen umwickelt wurde, legte man die bemalte Holztafel auf das Gesicht und wickelte sie mit ein. Die Porträtierten tragen idealisierte Züge, sind aber als Individuen erkennbar. Die Maler waren Griechen, seit Generationen in Ägypten zu Hause, aber dem antiken griechischen Stil verpflichtet.

Die Frauen auf den Mumienporträts von Faijum tragen elegante feine Stoffe, kostbare Ketten und Ohrringe. Ob die Verstorbenen im Leben oder erst nach dem Tod gemalt wurden, ist bis heute ungewiss. Es ändert nichts an der Botschaft dieser Bilder: Vom festlichen Leben geht es durch den Tod in eine andere, nicht minder festliche Welt. Die großen dunklen Augen haben alle diese andere Welt im Blick, erwartungsvoll, fast in freudiger Spannung – während sie durch das Porträt als Person noch im Diesseits präsent sind.

Die ägyptischen Porträts sind eine faszinierende Anregung für Paula Modersohn-Becker, für die seit dem vielfachen Einbruch des Todes in ihre Kindertage, zumal dem Tod der gleichaltrigen Cora neben ihr in der Sandgrube, die Verknüpfung von Leben und Tod zum Lebensgefühl gehörte. Die Tagebucheintragung im Juli 1900 ist eine von mehreren zu diesem Thema: »Ich weiß, ich werde nicht sehr lange leben. Aber ist das denn traurig? Ist ein Fest schöner, weil es länger ist? Und mein Leben ist ein Fest, ein kurzes intensives Fest.«

Es ist vielfach von Künstlern überliefert, dass sie in der Angst leben, nicht genug Zeit zu haben, um ein großes ausgereiftes Werk zu schaffen. Auch Paula Modersohn-Becker kennt das: »Wenn man nur gesund bleibt und nicht zu früh stirbt«, hat sie im November 1906 an ihre Schwester Milly geschrieben. Sie spürt die Vergänglichkeit, und das bedeutet für sie Bedrängnis und Ansporn: Denn mit ihrem Werk kann sie dem Tod den Stachel nehmen. Im Kunstwerk unsterblich zu werden, ist nur möglich, wo der Tod zum Leben gehört. Wer überzeugt ist, Spuren für die Ewigkeit zu legen, kann sich gelassen das eigene Grab ausmalen.

Angeregt von den Mumienporträts aus Faijum malte Paula Modersohn-Becker in Paris zwischen Oktober 1906 und März 1907 das »Selbstbildnis mit Zitrone« und das »Selbstbildnis mit Kamelienzweig« (Tafel 16). Fast meint man eine fremde Frau zu sehen. Nicht um fotografische Wiedererkennbarkeit geht es, sondern um die extreme Selbsterfahrung, wo Lebenslust und Todesgewissheit eins werden. In beiden Augenpaaren liegt ein freundlich-hintergründiger Blick, verzieht sich der Mund zu einem kaum wahrnehmbaren Lächeln. Ist es leichter Spott? Weil die Künstlerin mehr als die Betrachtenden weiß und ihr Geheimnis nie verraten wird? Wieder gibt es mehrere Sinnschichten zu entdecken und zu deuten: Ist die Zitrone eine Frucht des Todes? Steht der Kamelienzweig für das ewige Leben? Was sollen uns die Farben sagen?

Geheimnisvoll ist auch ein großformatiges Bild, im Sommer oder Herbst 1907 entstanden, das einen Bogen schlägt zu den Worpsweder Anfängen. »Seitdem wandle ich getreulich morgens und nachmittags zu meiner Mutter Schröder ins Armenhaus. Es sind ganz eigenartige Stunden, die ich dort verbringe«: Das war am 18. September 1898. Die zweiundzwanzigjährige Paula Becker hatte sich elf Tage zuvor als Malerin in Worpswede niedergelassen und sich die Menschen im Armenhaus als Modelle genommen. Mutter Schröder, auch »Dreebeen« genannt, war eine der ersten gewesen.

Neun Jahre später, im Oktober 1907, bittet Paula Modersohn-Becker ihre Schwester Milly, nicht ständig auf den Geburtstermin zu lauern und fügt hinzu: »Anna Dreebeen ist neulich schon dreimal nachts auf gewesen, weil bei uns Licht war und war des Morgens sehr enttäuscht, als ich bei ihr vorbeischwebte.« Sie lebt immer noch, die damals schon »steinalt« war, und natürlich im Armenhaus, das gegenüber dem Haus der Modersohns liegt. Längst ist die alte Frau ein Teil ihres Worpsweder Lebens, verbinden die beiden unterschiedlichen Frauen viele Stunden im gemeinsamen Schweigen und im Zuhören, wenn Paula an der Staffelei arbeitet. Die Essenz dieser Stunden ist eingegangen in das Bild »Alte Armenhäuslerin mit Glasflasche« (Tafel 15).

Die Dreebeen sitzt in der Dämmerung in einem Feld von wildem Mohn. Ein langstieliger Fingerhut wächst aus ihrer rechten Hand; der schräg nach links gehende Blick ist eindringlich, vielsagend. Den magischen Kräften von Mohn und Fingerhut entspricht die exotisch-gewitterschwüle Farbkomposition, mächtig, voll, erregend, rauschend.

All das wäre kein geringer malerischer Ertrag in diesen Monaten der Schwangerschaft. Aber der größte Teil von Paula Modersohn-Beckers Schaffen in diesem Sommer und Herbst 1907 ist noch gar nicht benannt: die Stilleben. Seit 1903 waren sie neben Selbstporträts und Bildern von Kindern, Mädchen und alten Frauen zum dritten künstlerischen Standbein geworden. Es sind Dinge des Alltags, die sie arrangiert: Früchte – Zitronen und Orangen, Äpfel und Bananen –, Gemüse – mal Kürbis, mal schwarze Bohnen –, eine Pfanne mit Spiegeleiern, eine Zuckerdose und eine Hyazinthe im Glas, dazwischen immer wieder ihr hellbrauner Henkelkrug, der auch mit nach Paris reiste. Nicht selten drapiert sie Stoffe und Tücher als Untergrund.

»Das Ding an sich«, dem sie mit ihrer Präsentation im Bild so nahe wie möglich kommen will, gibt den Bildern eine ruhige, nüchterne Kraft. Ob hinter der Zahl ihrer Gegenstände und dem Arrangement eine tiefere, symbolische Bedeutung steckt? Es mag wohl sein. Im November, nach der Geburt zur Bettruhe verpflichtet, arrangiert Paula Modersohn-Becker einmal Früchte auf der Bettdecke und sagt ihrem Mann: »Das sind meine Märchen.« Manchmal lebt sich ihre feine Ironie im Miteinander der Dinge aus. Im »Stilleben mit Porzellanhund« sitzt der Hund mit seinen Löckchen-Ohren ziemlich fehl am Platz zwischen Orangen und Zitronen und glotzt blöde an die unsichtbare Decke. Das ist einfach lustig.

Ein Thema malt Paula Modersohn-Becker in diesen Sommer- und Herbstmonaten mit Vorliebe: Blumen – Jasmin im Krug, ein Feldblumenstrauß, Stilleben mit Anemonen in der Vase, Stilleben mit Rhododendron im Topf, Tulpen, ein Rosenstrauch. Ein Stilleben versammelt einen Georginenstrauß in bauchigem Behälter neben dem geliebten Henkelkrug und einem bemalten Tonteller.

Blumen: Ohne sie war ihr Leben nicht zu denken. Seit den frühesten Tagen der Dresdener Kindheit lernten die Becker-Kinder, Blumenkränze zu winden und sich damit zu schmücken. Der geliebte alte Garten mit seinen Blumenbeeten hinterm Haus in der Friedrichstraße wird zum Flucht- und Ruhepunkt. Kaum ein Frühlingsbrief aus Paris, in dem Paula Modersohn-Becker nicht von den blühenden Kastanien, vom Blumenduft der Gärten und vom Blumenstrauß in ihrem Atelierzimmer erzählt. Am 25. März 1902 notiert die Sechsundzwanzigjährige: »*Kätzchen* blühten schon vor meinem Geburtstag ... Und jetzt blühen bei uns und bei Brünjes im Garten *Schneeglöckchen* ... Und vor fünf Tagen ... da fand ich bei der Ziegelei den gelben Huflattich.« Nach einem Tag Gartenarbeit: »Ich lerne allmählich jede Blume dort kennen, tue ihnen etwas zu Gute und wir fühlen allmählich, dass wir zusammengehören.«

Neben der Freude am konkreten Blühen und Duften wird die Blume für die junge Paula Becker zum Zeichen, um sehr persönlichen Empfindungen und Eindrücken Gestalt zu geben: »Um mich her glüht es von Leidenschaften. Jeder Tag lässt mich eine neue rote Blume gewahren, glühend, scharlachrot. Alle um mich her tragen sie, einige still eingehüllt im Herzen. Und sie ist wie ein erblühender Mohn ...« Das schreibt sie während des ersten Paris-Aufenthalts ins Tagebuch. Im Herbst des gleichen Jahres 1900 erfährt Otto Modersohn bald nach ihrer Verlobung: »Sieh, wir müssen erst ganz, ganz tief in uns gegenseitig hineinschaun, ehe wir uns die letzten Dinge geben sollen ... Wir müssen uns erst die tausend anderen Blumen unseres Liebesgartens pflücken, ehe wir uns in einer schönen Stunde die wunderbare tiefrote Rose pflücken.« Auch nach der Heirat wird sie in Briefen an ihren Mann die Blumensprache wieder aufnehmen, um Unaussprechliches zu benennen.

Blumen: Ohne sie ist die Kunst von Paula Modersohn-Becker nicht zu denken. Es gibt keinen Maler, der durch sein Werk so konsequent eine Spur der Blumen gelegt hat. Eines der frühesten Bilder aus der Berliner Zeit zeigt eine ältere Frau, der die Mohnblume aus dem Körper zu wachsen scheint. Seit ihrer ersten Zeit als Malerin in Worpswede entsteht kaum ein Bild ohne Blumen. Ein Junge am Fluss, ein Kleinkind auf rotkarierter Decke, viele Male die jüngere Schwester Herma: das sind nur einige von vielen Porträtierten, bei denen die Blumen zu Lebewesen werden, mit denen sie versunken ins Gespräch vertieft sind; die sie anschauen, als ob es keine Welt ringsumher gäbe; die sie fest umklammern oder hochhalten wie ein Triumphzeichen. Zu allgegenwärtig ist dieses Motiv in ihrem Werk, um nicht als ein starkes, vieldeutiges Zeichen zu erscheinen. Paula Modersohn-Becker hat sich dazu nicht geäußert. Das schafft Raum für unterschiedliche Deutungen.

Eine Spur könnte Jahrhunderte zurückführen in die Mythologie. Im griechischen Mythos von der Erdmutter Demeter konzentriert sich die Botschaft von Leben, Tod und Wiederkehr in der Ähre und hochgehaltenen Blume. Demeters Tochter Kore (griechisch: das Mädchen) wird beim Blumenpflücken von Hades, dem Gott der Unterwelt, entführt. Demeter erreicht, dass Kore als Persephone jeden Herbst für zwei Drittel des Jahres zur »Erdmutter« zurückkehrt. Die Wiederkehr wurde ab dem 7. Jahrhundert v. Chr. jährlich im September in den Mysterien von Eleusis gefeiert. In den Ritualen des Kultes von Eleusis werden sowohl Kornähren als auch Blumen hochgehalten. Ähre und Blume als Verheißung: Kore ist wiedergekommen und wird immer wieder zurückkehren, das Leben ist stärker als der Tod.

Im Christentum lebt das Erbe des Mythos weiter. Ein Begräbnis ohne Blumen ist kaum denkbar. Der eine, intensiv erlebte Tod, der Paula Modersohn-Becker seit ihrer Kindheit begleitet, ist mit diesem Zeichen verbunden. »Von Blumen bedeckt lag sie da und noch ein Freudelächeln schwebte auf ihren Lippen«, schreibt Paulas Bruder Kurt in sein Tagebuch, nachdem er die tote Cousine Cora im Sarg gesehen hatte. Die vielen Bilder mit bekränzten Kindern und mit der hochgehaltenen Blume, die Selbstbildnisse mit Blumen, die exotischen Pflanzen und Blumen in den Pariser Kinderakten: Ruft Paula Modersohn-Becker damit auch immer wieder Cora ins Gedächtnis, ins Leben zurück?

Knapp hundert Jahre vor Paula Modersohn-Becker lebte in Dresden der Maler Philipp Otto Runge. Aus einem Brief Runges an seine Mutter: »In den Blumen fühlt unser Gemüt doch noch die Liebe und Einigkeit selbst alles Widerspruchs in der Welt; eine Blume recht zu betrachten, bis auf den Grund in sie hineinzuschauen, da kommen wir nie mit zu Ende ... Dann erweitert sich der Raum in unserm Innern und wir werden zuletzt selbst zu einer großen Blume ...« Runges Freund, der

Dichter Novalis, machte die »Blaue Blume« zum Zeichen für die lebenslange Suche des Menschen nach sich selbst.

Es sind die Romantiker, die im Lebensgefühl, in der Literatur und der Malerei den Blumen eine überragende Bedeutung zuweisen. Sie verkörpert die Einheit von Mensch und Natur, symbolisiert den Zusammenhang von Tod und Leben und Ewigkeit. Um 1800 finden in Dresden die Begründer der deutschen Romantik zueinander: die Maler Caspar David Friedrich und Philipp Otto Runge, die Dichter und Schriftsteller Novalis und Ludwig Tieck, der die ersten romantischen Märchen schreibt – mit dem »gestiefelten Kater« beginnt es – und in Hans Christian Andersen einen genialen Nachfolger findet.

Eine Blumenspur von Paula Modersohn-Becker zu den Romantikern findet sich in ihrem Tagebuch. »Lasset die Blumen fest in der Erde wurzeln, aber in ihre Kelche lasset keine Erde fallen!« notiert sie im Frühjahr 1897. Die geliebte Berliner Lehrerin Jeanne Bauck hat ihren Schülerinnen diesen Satz von Jean Paul, ein weiterer Schriftsteller aus der Romantiker-Generation, ans Herz gelegt. In den Märchen, die Paula Becker in ihr Tagebuch schreibt, kommunizieren die Blumen mit den Menschen, in schönster romantischer Tradition. Sie fühlte sich als moderner Mensch, nahm in Literatur und Kunst begierig auf, was ihre Zeit prägte. Und es ist die Romantik, die um 1900 eine Wiedergeburt erlebt.

Nietzsches »Zarathustra« – »Brüder, bleibt der Erde treu!« –, Wagners Opern, Lebensreform-Bewegungen aller Art, der Aufbruch der Jugend in die Natur: Der Zeitgeist, enttäuscht von der Kälte einer Welt, die nur auf Technik, Rationalität und materiellen Gewinn setzte, hatte tiefe Wurzeln in der Romantik geschlagen. Auf dem Rückweg vom Weihnachtsfest bei Carl Hauptmann im Riesengebirge machte das Ehepaar Modersohn-Becker im Januar 1906 in Berlin Station. Noch vor der offiziellen Eröffnung bekam es Zutritt zur großen Berliner Kunstausstellung, die dem 19. Jahrhundert gewidmet war. Im Mittelpunkt standen die wiederentdeckten Bilder von Philipp Otto Runge und Caspar David Friedrich, die über ein halbes Jahrhundert unbeachtet in den Kellern der Museen gelagert hatten.

In der Sammlung »Blütenstaub« hat Novalis es auf eine prägnante Formel gebracht: »Wir träumen von Reisen durch das Weltall: ist denn das Weltall nicht in uns? ... Nach innen geht der geheimnisvolle Weg. In uns oder nirgends ist die Ewigkeit mit ihren Welten, die Vergangenheit und Zukunft.« Das war Paula Modersohn-Becker aus der Seele gesprochen: In ihr und nirgendwo anders lag der Weg zu ihrem Ziel und damit auch zu einem Weiterleben in der Kunst. Das war der Himmel, den sie anstrebte, wenn sie im März 1907 gegenüber Rainer Maria Rilke den Wunsch aussprach: »Wenn wir nur alle in den Himmel kommen.« Und an Bernhard Hoetger im Sommer: »Man kann nur wieder und wieder bitten: lieber Gott, mach mich fromm, dass ich in den Himmel komm.« Trotzdem: Das klingt befremdlich. Ist es nur eine Laune, die Paula Modersohn-Becker einen Kindervers zitieren lässt?

Im Sommer 1899 war mit dem »Mystiker« Hermann Büttner ein »neuer Stern« im Worpsweder Kreis aufgetaucht. Vier Jahre später brachte Büttner in einer neuen Übersetzung die Predigten von Meister Eckhart heraus, dem mittelalterlichen Mönch, der überzeugt war, dass Gott im Menschen seinen Ort hat. Zwei Jahre danach, 1905, erschien in einer neuen Ausgabe der »Cherubinische Wandersmann« von Angelus Silesius, ein evangelischer Christ der Barockzeit, der katholischer Priester wurde. Er ist ebenfalls überzeugt, dass der Weg nach innen gehen muss, wenn man den größten Schatz finden will.

Im Gesangbuchlied über den »Morgenstern der finstern Nacht« spricht Angelus Silesius in der zweiten Strophe Jesus direkt an: »Schau, dein Himmel ist in mir!« Der Herausgeber des schlesischen Mystikers war Wilhelm Bölsche, den das Ehepaar Modersohn im Juni 1901 während der Hochzeitsreise bei Carl Hauptmann im Riesengebirge kennen lernte. Bölsche war von Hause aus naturwissenschaftlich geprägt. Mit seinem Bestseller »Das Liebesleben in der Natur« hat er das Genre des populärwissenschaftlichen Sachbuchs begründet. Die Suche nach dem Sinn hinter allen Dingen und wissenschaftlichen Fortschritten führte ihn zum Mystiker der Barockzeit. Und die »Mystik des Lebens« beschwört der belgische Philosoph Maurice Maeterlinck, der zu Paula Modersohn-Beckers geistigen »Leuchttürmen« zählt.

Was auf den ersten Blick weit auseinanderzudriften scheint, erweist sich als ein engmaschiges geistig-kulturelles Netz am Beginn des 20. Jahrhunderts. An den Schnittpunkten begegnen und beeinflussen sich Menschen und Inhalte aus Gegenwart und Vergangenheit. Ohne das Alleinsein kann Paula Modersohn-Becker keine Kunst schaffen. Aber sie lebt nicht von der Welt abgeschnitten. Sie liest viel, Bücher – klassische wie moderne – und Zeitschriften, und ist bewusst wie unbewusst den Einflüssen ihrer Zeit ausgesetzt. Romantik wie christliche Mystik, die vieles gemeinsam haben, gehören zum Mosaik der Moderne.

Paula Modersohn-Becker hat das Wort »fromm« gar nicht so selten benutzt. Nach heutigem Sprachgebrauch wäre »spirituell« eine Vokabel, die dem nahe kommt, was die Malerin meinte. Sie ging in keine Kirche, das institutionelle Christentum sagte ihr nichts. Dass Spiritualität nicht an Institutionen gebunden ist, ist die Botschaft der christlichen Mystiker und der Romantiker. Paula Modersohn-Becker war ein spiritueller, ein frommer Mensch.

Im Januar 1899 hatte sie im Tagebuch von »Gott« gesprochen und geschrieben: »Gott sage ich und meine den Geist, der die Natur durchströmt, dessen auch ich ein winzig Teilchen bin, den ich im großen Sturm fühle.« Im Mai 1906 notiert sie in Paris: »Wenn Ottos Briefe zu mir kommen, so sind sie wie eine Stimme von der Erde und ich selber bin wie eine, die gestorben ist und in seligen Gefilden weilt und diesen Erdenschrei hört.« Ihr Wunsch, fromm zu sein, bedeutet, den Dingen und den Menschen, die sie malt, auf den Grund gehen zu können und sich selbst in die tiefste Tiefe zu blicken. Wahrhaftig zu sein, den Weg nach innen anzutreten.

In Gegensätzen zu leben war für Paula Modersohn-Becker von Jugend an kein Schrecken, sondern Antrieb und Motor. Sich den Blumen verwandt und sich selbst als Teil der Natur zu fühlen, schließt nicht aus, dass man im Alltag pragmatisch handelt. Spirituell zu sein und zugleich eigene Interessen, eigenen Ehrgeiz zu entwickeln, warum soll das nicht zusammengehen? Paula Modersohn-Becker akzeptiert den Tod als die andere Seite des Lebens, als Hintergrund, der ihre Kunst noch lebendiger erstrahlen lässt. Aber sie ist nicht todessüchtig. Die Einunddreißigjährige ist voller Lust auf das Leben, hat als Künstlerin neue Pläne und Wünsche an die Zukunft. »Ich wollte wohl gern auf eine Woche nach Paris reisen ...« Das schreibt sie der Mutter offen am 22. Oktober. Elf Tage später, am 2. November 1907, bringt Paula Modersohn-Becker in Worpswede ihre Tochter Mathilde zur Welt.

Leben und Tod
Worpswede November 1907

Die Nacht von Freitag auf Samstag war dramatisch gewesen. Die Wehen hatten eingesetzt, und die Hebamme war bei Paula Modersohn-Becker im kleinen Haus in der Hembergstraße. Als sie keine Herztöne des Kindes mehr hörte, bat sie Otto Modersohn, den Arzt zu holen. Sie befürchtete, das Kind sei tot. Mathilde Becker hat die Ereignisse in einem Brief geschildert. Der Arzt kam, am Morgen stagnierten die Wehen: »Gegen 2 Uhr hat der Arzt Paula chloroformiert und das Kind mit der Zange geholt.« Es lebte, und der Arzt gratulierte Otto Modersohn, der angstvoll im Garten auf und ab lief: »Ne prachtvolle kleine Deern.« Gemäß der Familientradition erhielt sie den Namen der Großmutter mütterlicherseits – Mathilde, sehr bald nur noch Tille genannt.

Die stolze Großmutter kommt am Nachmittag aus Bremen mit einem Strauß schönster Rosen und findet ihre Tochter »mit ihrem Wickelkind im Arm und selig strahlen die braunen Augen«. Am Dienstag ist Mathilde Becker wieder da, erlebt eine Badeszene und kann die Enkelin »im Akt« sehen: »Es ist wahrhaftig ne prachtvolle Deern, groß und entwickelt wie 3 Wochen alt. Sie hat den Kopf voll brauner Haare, blanke Äuglein und gestikuliert lebhaft mit den Armen umher ... Paula liegt in ihren schneeweißen Kissen unter ihren geliebten Gauguins und Rodins. Durch die kleinen weißgetupften Fenstergardinen lacht die Wintersonne und die roten Geranien stehen davor und lachen ihr entgegen.«

Mittwoch, den 6. November, kommt ein Telegramm aus Breslau, an Otto Modersohn adressiert: »Ihnen + Ihrer Frau herzliche Wünsche – Rilke.« In diesen Tagen schaut Clara Rilke mit der sechsjährigen Ruth auf einen kurzen Besuch vorbei: »Im November stand ich mit meiner kleinen Tochter an ihrem Bett, in dem sie mit ihrem kleinen, wenige Tage alten Mädchen lag – mit dem glücklichsten Lächeln, das ich je an ihr gesehen habe.« Die Freude war groß, und Paula Modersohn-Becker, die das Ende der Schwangerschaft herbeigesehnt hatte, glücklich. Man glaubt es dem bekannten Foto anzusehen. Trotzdem darf nicht unerwähnt bleiben: Sie selbst bleibt stumm in diesen Tagen für die Außenstehenden. Wir haben nur die Worte und Bilder, die andere – vor allem Mathilde Becker, die Mutter – überliefern.

Einen Satz hat Heinrich Vogeler aufgezeichnet. In seinen späteren Erinnerungen bringt der Freund manches durcheinander, was die gemeinsame Zeit mit Paula Modersohn-Becker betrifft. Aber diese Bemerkung, die ganz kurz vor der Geburt gefallen sein soll, schreibt er am 24. November 1907 nieder, und man kann sie – bei aller Vorsicht – typisch nennen. Paula sagt ihrem Freund Vogeler, »jetzt werde ich bis Weihnachten einen großen Schnitt machen« – und dann wieder an die Arbeit gehen, darf der Satz wohl ergänzt werden. Zumal Vogeler wenige Zeilen zuvor von der Malerin schreibt, sie sei »bis zum letzten Tag vor der Geburt voller fieberhafter Arbeit« gewesen.

Am Sonntag, dem 10. November, ist Mathilde Becker wieder »draußen bei den Glücklichen«. Ein Brief an ihre Tochter Milly meldet über die junge Mutter: »Leider hat Paula seit zwei Tagen störende Schmerzen im Bein. Als wir das hörten, fürchteten wir beim ersten Wort Venenentzündung. Das ist aber zum Glück nicht der Fall, sondern es scheint eine Art Nervenschmerz zu sein.« Bruder Kurt war ebenfalls nach Worpswede gekommen. Da seine Schwester Paula fest ans Bett gebunden ist, hat er eine Idee. Mathilde Becker erzählt: »Vor Tische gingen Otto Kurt und ich auf Kurts Wunsch in Paulas Atelier – das durfte sie aber nicht wissen. Da sahen wir ein höchst originelles Blumenstück von Sonnenblumen und Malven und mehrere gute Stilleben, auch die großen Pariser Akte interessierten uns sehr. Aber die strahlenden Malven machten alles tot.«

Die drei wussten genau, wie heilig Paula Modersohn-Becker die kleine Stube bei Brünjes war, wo sie arbeitete und die Einsamkeit genossen hat. Überzeugt, dass hier niemand ohne ihre Zustimmung die Blicke schweifen ließ, hatte sie ein Bild auf der Staffelei belassen und einige Pariser Bilder aufgestellt. Hier ohne Paulas Erlaubnis einzudringen war ein großer Vertrauensbruch. Der kurze Kommentar von Mathilde Becker über die Bilder im Atelier spricht Bände, zumal, wenn man eine Bemerkung hinzunimmt, die sie eine Woche später macht.

Die Pariser Akte sind »interessant«: Mathilde Becker weiß als Kennerin der klassischen Malerei, dass Akte zum Repertoire großer Künst-

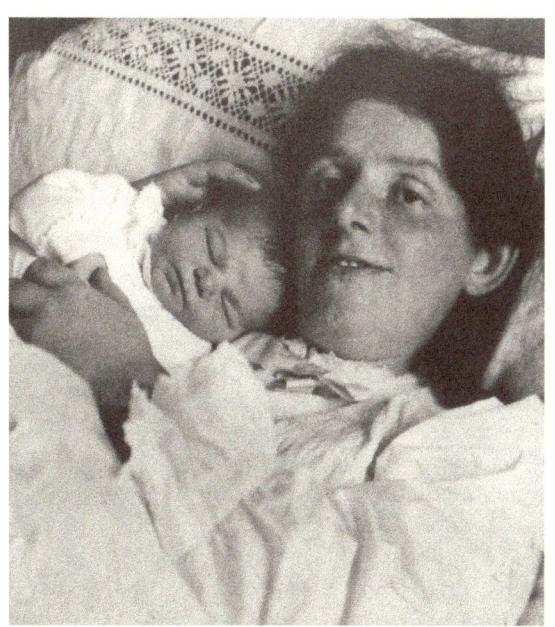

*Paula Modersohn-Becker mit Tochter Mathilde,
Worpswede November 1907*

ler gehören. Aber ihr Herz schlägt für das »originelle Blumenstück«. Das sind die Bilder, die Mathilde Beckers Ideal von Schönheit in der Kunst entsprechen. Am 18. November schreibt sie an ihre Tochter Herma, dass Otto Modersohn Land dazupachten oder kaufen will, weil Paula viel im Garten malen möchte. Und Mathilde Becker kommentiert: »Gott sei Dank!« Endlich – so ihre Wunsch-Interpretation – keine Bilder mehr mit alten Frauen aus dem Armenhaus, bleichen Tagelöhnerkindern und seltsam plumpen Müttern im Akt.

Mathilde Beckers Brief vom 18. November 1907 trägt den Absender »Sunnyside«. Sie ist drei Tage zuvor in Richtung Dresden aufgebrochen und hat sich bei ihrer Schwägerin Cora von Bültzingslöwen – die weltläufige Tante Cora – in der Villa Sunnyside einquartiert. Hier in Pillnitz, mit Blick über das weite Elbtal und vielen Erinnerungen an die Dresdener

Jahre, will Mathilde Becker Weihnachten feiern, in trauriger Verbundenheit mit ihrer Schwägerin. Denn im Frühjahr 1907 war Coras Mann Wulf von Bültzingslöwen – Mathilde Beckers letzter Bruder – gestorben. Am 20. November, Mittwoch, ist Bußtag, ein kirchlicher Feiertag. Der Wetterbericht für Norddeutschland meldet »trüb, trocken, ziemlich kalt«. Wieder einmal kommt Kurt Becker – der sich gemäß einer Familientradition später »Becker-Glauch« nennen wird – aus Bremen angeradelt. Schon von weitem kündigt er sich mit einem ausgelassenen »Hu-ih« an, Schwester Paula ruft aus ihrer Stube ein fröhliches »Hu-ih« zurück. Sie hatte die ganze Zeit wegen der Schmerzen im Bein auf ärztlichen Rat im Bett gelegen. Jetzt untersucht sie der Bruder und erklärt, sie kann aufstehen. Endlich. Was dann geschieht, hat Clara Rilke von Otto Modersohn erfahren und aufgeschrieben:

»An das Fußende ihres Bettes ließ sie einen großen Spiegel stellen und kämmte davor ihre schönen Haare, flocht sie zu Zöpfen und machte sich eine Krone daraus. Sie steckte sich Rosen an, die man ihr geschickt hatte und ging dann, als Mann und Bruder sie stützen wollten, leicht vor ihnen her ins andere Zimmer, wo die Lichter angezündet waren, der Kronleuchter, ein Barockengel mit einem Lichterkranz um den Leib und viele andere Kerzen.«

Paula Modersohn-Becker, einunddreißig Jahre alt, setzt sich in einen Lehnstuhl, lässt sich Tochter Mathilde – Tille – in die Arme legen, freut sich riesig und meint: »Nun ist es fast so schön wie Weihnachten.« Auch die Kerzen am zweiten Kronleuchter, eine breite goldene Schale, brennen alle. Plötzlich will sie einen Fuß hochlegen. Einige schwere Atemzüge. Paula Modersohn-Becker sagt leise: »Wie schade«. Und stirbt. Eine Embolie, die einen Herzschlag ausgelöst hat.

In der Villa Sunnyside bricht die fünfundfünfzigjährige Mathilde Becker sogleich auf nach Worpswede, als sie vom Tod ihrer Tochter Paula erfährt. Ihre Schwägerin Cora von Bültzingslöwen begleitet sie. Am 22. November steht in den »Bremer Nachrichten« und der »Weser-Zeitung« »Statt besonderer Ansage« diese Todesanzeige: »Heute starb ganz plötzlich und unerwartet meine liebe Frau Paula Modersohn, geb. Becker. Worpswede, 20. Nov. 1907. Otto Modersohn«. Am 24. November schreibt Heinrich Vogeler an den Freund und Bremer Dichter Rudolf Alexander Schröder: »Wir haben Paula Modersohn begraben.«

Am 27. November fährt Otto Modersohn zusammen mit seiner Schwiegermutter Mathilde Becker nach Pillnitz in die Villa Sunnyside. Er bleibt bis Ende des Jahres. Über Weihnachten kommen noch Kurt und Herma Becker an die Elbe. Paulas Schwester Milly Rohland-Becker, die in Basel lebt und selber im März eine Tochter geboren hat, nimmt vorläufig die kleine Mathilde auf. Elsbeth, deren Mutter im Juni 1900 gestorben war, ist bei den Großeltern mütterlicherseits untergebracht.

Rainer Maria Rilke hat in Venedig vom Tod der Freundin erfahren. Er bricht seinen Aufenthalt vorzeitig ab und trifft am 30. November 1907 bei Clara Rilke und Tochter Ruth in Bremen ein.

Im Juni 1908 zieht Otto Modersohn in das benachbarte Fischerhude. Er heiratet im Jahr darauf noch einmal und stirbt 1943.

Anfang November 1908 vollendet Rainer Maria Rilke in Paris in drei Tagen das »Requiem für eine Freundin«: »Dass wir erschraken, da du starbst, nein, dass / dein starker Tod uns dunkel unterbrach, / das Bisdahin abreißend vom Seither: das geht uns an ... / Wir haben, wo wir lieben, ja nur dies: / einander lassen; denn dass wir uns halten, / das fällt uns leicht und ist nicht erst zu lernen.«

Am 20. November 1908 macht sich Mathilde Becker von Bremen auf den Weg nach Worpswede. Es ist ein schwerer Gang am ersten Jahrestag. Das Grab ihrer Tochter schmückt nur eine Namenstafel in Kreuzform, die Heinrich Vogeler geschnitzt hat. An diesem Tag steht davor eine Schale mit Obst. Mathilde Becker hat keinen Zweifel, dass Clara Rilke auf diese besondere Weise Paula Modersohn-Becker ins Gedächtnis ruft. Zurück in Bremen schreibt sie ihr und beschreibt, was sie unvermutet am Grab sah: »Vor dem Täflein aufgebaut auf großer runder Schüssel die herrlichsten Früchte: Granatäpfel in wundervoller

Farbe und Birnen und Feigen und Bananen ...« Und sie bestätigt, dass Clara der Mensch war, den Paula »mehr liebte als einen anderen Menschen auf der Welt«.

Wer hundert Jahre nach dem Tod von Paula Modersohn-Becker den Friedhof von Worpswede besucht, findet links an der Kirche vorbei ihre letzte Ruhestätte. Auf der Grabfläche steht im Hintergrund aufrecht ein Grabstein: »Hier ruht in Frieden / Helene Modersohn, geborene Schröder / geb. 11.7.1868, gest. 14.6.1900«; davor liegt eine Steinplatte mit zwei Blumenranken: »Elsbeth Modersohn / *6.8.1898 † 7.2.1984«; links daneben eine schmucklose Platte: »Tille Modersohn / 2.11.1907– 20.8.1998«; und direkt davor dicht am Weg eine kleine ellipsenförmige Steinplatte: »Paula Modersohn-Becker / 1876–1907«.

Anhang

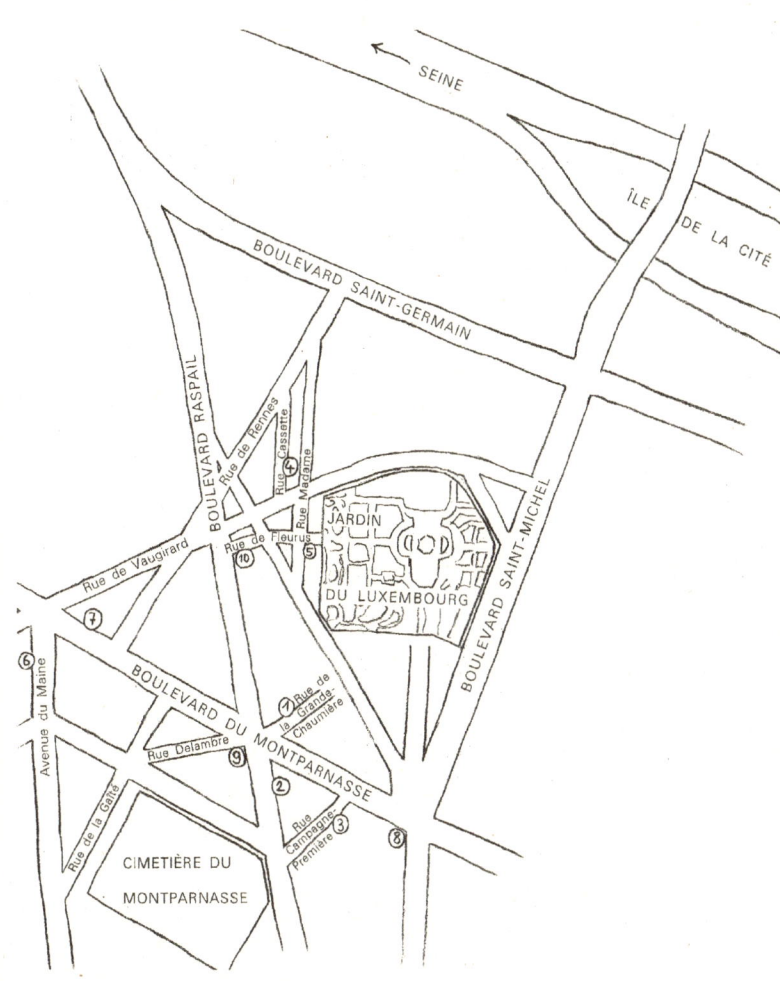

Paula Modersohn-Becker in Paris

1. *Kunst-Akademie Colarossi* **2.** *203 Boulevard Raspail, Paulas Hotel 1900 und 1903*
3. *9 Rue Campagne-Première, Paulas Atelier 1900* **4.** *29 Rue Cassette, Paulas Hotel 1903, 1905 und 1906* **5.** *65 Rue Madame, Paulas Hotel 1905* **6.** *14 Avenue du Maine, Paulas Hotel 1906* **7.** *49 Boulevard du Montparnasse, Ateliers von Paula und Otto 1906/07* **8.** *Bal Bullier* **9.** *Café Dôme* **10.** *Gertrude Stein*

Verzeichnis der Abbildungen

Farbtafeln

Selbstbildnis vor Fensterausblick auf Pariser Häuser, 1900
  Paula Modersohn-Becker-Stiftung, Bremen — Tafel 1

Brustbild der Schwester Herma mit Marienblümchenkranz,
  um 1900 *(bpk/Nationalgalerie,
  Staatliche Museen zu Berlin/Jörg P. Anders)* — Tafel 2

Mädchen mit Uhrgewicht, 1900
  (Stuttgart, Staatsgalerie) — Tafel 3

Mädchen mit Kind vor roten Blumen, 1902
  (akg-images) — Tafel 4

Säugling mit der Hand der Mutter, 1903
  (akg-images/Erich Lessing) — Tafel 5

Brustbild der Bildhauerin Clara Rilke-Westhoff, 1905
  (bpk/Hamburger Kunsthalle/Elke Walford) — Tafel 6

Bildnis Rainer Maria Rilke, Juni 1906
  Paula Modersohn-Becker-Stiftung, Bremen — Tafel 7

Stilleben mit gelbem Napf, 1906
  (akg-images) — Tafel 8

Bildnis Werner Sombart, März 1906
  (Bremen, Kunsthalle/Lars Lohrisch) — Tafel 9

Selbstbildnis am 6. Hochzeitstag, Mai 1906
  *(akg-images/Paula Modersohn-Becker Museum,
  Bremen)* — Tafel 10

Selbstbildnis als stehender Akt mit Hut, 1906 *Paula Modersohn-Becker-Stiftung, Bremen*	Tafel 11
Liegende Mutter mit Kind, 1906 *(akg-images/Paula Modersohn-Becker Museum,* *Bremen)*	Tafel 12
Kniende Mutter mit Kind an der Brust, 1907 *(akg-images)*	Tafel 13
Mutter mit Kind auf dem Arm, Halbakt II, 1906 *(akg-images/Erich Lessing)*	Tafel 14
Alte Armenhäuslerin, 1907 *(akg-images/Paula Modersohn-Becker Museum,* *Bremen)*	Tafel 15
Selbstbildnis mit Kamelienzweig, 1906/07 *(Essen, Museum Folkwang)*	Tafel 16

Abbildungen im Text

Woldemar Becker und Mathilde von Bültzingslöwen als Verlobte, Chemnitz um 1871	Seite 12
Milly und Paula Becker, Dresden 1887	Seite 24
Herma, Paula, Mutter und Vater, Günther, Milly, Kurt und Henner Becker, Bremen 1895	Seite 67
Paula Becker und Edmund Schaefer, Kurt Becker, Ella Rabe, Cora von Bültzingslöwen und ihr Sohn Fritz, Berlin-Schlachtensee um 1897	Seite 76
Clara Westhoff: Porträtbüste Paula Becker, 1899	Seite 117
Paula Becker und Clara Westhoff in Paulas Atelier, Worpswede um 1899	Seite 127
Paula Modersohn-Becker und Otto Modersohn in dessen Atelier in der alten Dorfschule, Worpswede 1901	Seite 181

Otto Modersohn und Paula Modersohn-Becker
  mit Elsbeth, Worpswede um 1902   Seite 200
Paula Modersohn-Becker vor ihrer dritten Paris-Reise,
  Worpswede Anfang 1905   Seite 235
Paula Modersohn-Becker: Skizze von ihrem letzten
  Pariser Atelier, Boulevard Montparnasse Nr. 49,
  Bremen 1906/07   Seite 291
Fotografie eines verschollenen Selbstbildnisses –
  eine Komposition von drei weiblichen Halbakten,
  Paris 1906/07   Seite 297
Paula Modersohn-Becker mit Tochter Mathilde,
  Worpswede November 1907   Seite 317

*Wiedergabe der schwarz/weiß-Abbildungen mit freundlicher
Genehmigung der Paula Modersohn-Becker-Stiftung, Bremen.*

Karte © Carl Hanser Verlag   Seite 323

Umschlagabbildung

Paula Modersohn-Becker, Selbstbildnis, 1897. Gouache, 24,5 x 26,5 cm
Paula Modersohn-Becker-Stiftung, Bremen

Literaturhinweise

Es war ein langer Weg von der ersten schmalen Publikation ausgewählter Dokumente 1917 bis zu dem 1979 von Günter Busch und Liselotte von Reinken vorgelegten umfangreichen Band »Paula Modersohn-Becker in Briefen und Tagebüchern«, der erstmals um wissenschaftliche Kriterien bemüht war, mit Kommentaren und einem ausführlichen Apparat von Hinweisen und Hintergrundinformation. In den darauf folgenden Biografien wurden allerdings wichtige Briefe von Paula, ihren Eltern und Geschwistern, Otto Modersohn und anderen Zeitzeugen, die danach auftauchten, nicht mehr wahrgenommen oder – bewusst? – weggelassen.

Zu den anregenden Impulsen für eine Neubewertung zählen Aufsätze von Renate Berger und Gisela Götte. Der Katalog zur Ausstellung »Paula Modersohn-Becker von Dresden her« hat 2003 ihre Dresdener Kindheit wiederentdeckt. Zum 100. Todestag am 20. November 2007 wird eine Ausstellung in der Bremer Kunsthalle – »Paula in Paris« – erstmals die Verknüpfung ihrer Kunst mit der Pariser Avantgarde vor Augen führen. Die Kunstsammlungen Böttcherstraße in Bremen werden Originale der ägyptischen Mumienporträts den Selbstbildnissen der Malerin gegenüberstellen.

1998 haben Günter Busch und Wolfgang Werner ein Werkverzeichnis der Gemälde vorgelegt, Anne Röver-Kann bereitet mit Wolfgang Werner das Werkverzeichnis der Zeichnungen vor.

Leben und Werk

W. Augustiny: Paula Modersohn-Becker, Fischerhude 1971; Nachdruck 1986

T. Babovic, A. Brenken: Auf Paula Modersohn-Beckers Spuren, Hamburg 1995

W. Becker-Glauch: Paula Modersohn-Becker. Die hochgehaltene Blume, in: Musik-, Kunst- und Tanztherapie, Münster 2001

R. Berger: Verlust und Selbstbehauptung. Paula Modersohn-Becker, Clara Rilke-Westhoff und Rainer Maria Rilke, in: Malerinnen auf dem Weg ins 20. Jahrhundert, siehe »Malerei, Bildende Kunst«

E. u. E. Berger (Hg.): Carl Hauptmann. Chronik zu Leben und Werk, Stuttgart-Bad Cannstatt 2001

E. Berger (Hg.): Carl Hauptmann und seine Worpsweder Künstlerfreunde. Briefe und Tagebuchblätter, 2 Bde., Berlin 2003

Blickwechsel. Käthe Kollwitz – Paula Modersohn-Becker – Zwei Künstlerinnen zu Beginn der Moderne, Bremen 2000

H. Bock, G. Busch (Hg.): Edvard Munch. Probleme – Forschungen – Thesen, München 1973

M. Bohlmann-Modersohn: Paula Modersohn-Becker. Eine Biographie mit Briefen, München 1991

dies.: Paula und Otto Modersohn, 2. Aufl. Reinbek 2004

dies.: Otto Modersohn. Leben und Werk, Fischerhude 2005

Briefe und Tagebuchblätter von Paula Modersohn-Becker, hg. und biographisch eingeführt von S. D. Gallwitz, München 1926

G. Busch: Paula Modersohn-Becker. Malerin, Zeichnerin, Frankfurt/M. 1981

H. Eulenberg: Sterblich Unsterbliche, Berlin 1926

H. Friedel (Hg.): Paula Modersohn-Becker 1876–1907. Retrospektive, München 1997

H. Gärtner: Worpswede war ihr Schicksal. Modersohn, Rilke und das Mädchen Paula. Eine Liebesgeschichte der besonderen Art, Düsseldorf 1994

C. Garwer: Paula Modersohn-Becker: Der französische Einfluß in ihrem Werk, Diss. Ruhr-Universität Bochum 1989

G. Götte: Paula Modersohn-Becker; S. Salzmann: Paula Modersohn-Becker und Bremen, in: Kunsträume. Die Länder zu Gast in der Nationalgalerie Berlin, Berlin 1987

W. Grape: Die Malerin Paula Modersohn-Becker, in: Neues zu entdecken. Zur Kunst in und um Bremen vom 12. bis zum 20. Jahrhundert, Fischerhude o. J.

D. Hansmann: Akt und nackt. Der ästhetische Aufbruch um 1900 mit Blick auf die Selbstakte von Paula Modersohn-Becker, Weimar 2000

P. J. Harke: Stilleben von Paula Modersohn-Becker, Worpswede 1988

C. Hauptmann: Leben mit Freunden. Gesammelte Briefe, hg. von W.-E. Peukert, Leipzig 1928

R. Hetsch (Hg.): Paula Modersohn-Becker. Ein Buch der Freundschaft, Berlin 1932

ders. (Hg.): Paula Modersohn-Becker. Ein Buch der Freundschaft, neu bearbeitet von W.-D. Stock, Fischerhude 1985

B. Hülsmann: Paula Modersohn-Becker. In Freiheit zu sich selbst, Stuttgart 1988

B. Jahn (Hg.): Paula Modersohn-Becker. Briefe und Aufzeichnungen, Leipzig 1982

M. Keuthen: »... und ich male doch!«. Paula Modersohn-Becker, München 1999

U. Krempel, S. Meyer-Büser (Hg.): Garten der Frauen. Wegbereiterinnen der Moderne in Deutschland 1900–1914, Hannover 1997

D. Krininger: Modell – Malerin – Akt. Über Suzanne Valadon und Paula Modersohn-Becker, Neuwied 1986

Otto Modersohn, Paula Modersohn-Becker und die Modersohns, Bd. 4 Schriften zu Kunstwerken der Kunsthalle Bremen, Bremen 1973

Paula Modersohn-Becker, Bernhard Hoetger, Ausstellung, Kunst- und Museumsverein Wuppertal 1954

Paula Modersohn-Becker: Aus dem Skizzenbuch, Nachwort von G. Busch, München 1960

Paula Modersohn-Becker zum hundertsten Geburtstag, Ausstellungskatalog, Bremen 1976

Paula Modersohn-Becker in Briefen und Tagebüchern, hg. von G. Busch und L. von Reinken, Frankfurt/M. 1979. Revidierte und erweiterte Ausgabe, bearbeitet von Wolfgang Werner, Frankfurt/M. 2007

Paula Modersohn-Becker, Briefe und Aufzeichnungen, hg. von B. Jahn, Leipzig 1982

Paula Modersohn-Becker. Das Frühwerk, Ausstellungskatalog, Bremen 1985
Paula Modersohn-Becker. Worpswede – Paris, Ausstellungskatalog, Neuss 1985
Paula Modersohn-Becker. Mensch und Landschaft, Kunsthalle Emden, Ausstellungskatalog, Worpswede 1987
Paula Modersohn-Becker. Zeichnungen, Aquarelle, Gouachen, Pastelle, Kunsthalle Bremen, Ausstellung und Katalog Chr. Hopfengart, Bremen 1997
Otto Modersohn, Paula Modersohn-Becker. Ein Künstlerehepaar zu Beginn der Moderne, Ausstellungskatalog, Wiesloch 1997
Paula Modersohn-Becker in Bremen. Die Gemälde aus den drei Bremer Sammlungen, Ausstellungskatalog, Bremen 1997
Paula Modersohn-Becker. 1876–1907, Werkverzeichnis der Gemälde, hg. von G. Busch und W. Werner, 2 Bde. München 1998
Paula Modersohn-Becker: *Stillende Mutter*, 1902, Kulturstiftung der Länder, Düsseldorf 2002
Paula Modersohn-Becker – Briefwechsel mit Rainer Maria Rilke, hg. von R. Stamm, Frankfurt/M. 2003
Ch. Murken-Altrogge: Paula Modersohn-Becker, Köln 1991
dies.: Paula Modersohn-Becker. Leben und Werk, 7. Aufl. Köln 2000
dies. und A. H. Murken: Medizinisches im künstlerischen Werk von Paula-Modersohn-Becker, Deutsches Ärzteblatt, 1977, Heft 18, S. 1354–1353
W. Müller-Wulckow: Das Paula-Modersohn-Becker-Haus, Bremen 1930
C. Nooteboom: »Paula Modersohn-Becker, Stilleben 1905«, »Rilke, gemalt von Paula Modersohn-Becker«, in: So könnte es sein. Gedichte, Frankfurt/M. 2001
G. Pauli: Paula Modersohn-Becker, München 1922
G. Perry: Paula Modersohn-Becker. Her Life and Work, London 1979
D. J. Radycki: Paula Modersohn-Becker: The gendered discourse in modernism, Ann Arbor 1993
L. von Reinken: Paula Modersohn-Becker, Reinbek 1983
A. Röver: Die Nachzeichnungen Paula Modersohn-Beckers, in »Niederdeutsche Beiträge zur Kunstgeschichte«, Bd. 16, München 1977
H. Schlaffer (Hg.): Ehen in Worpswede. Paula Modersohn-Becker – Otto Modersohn. Clara Rilke Westhoff – Rainer Maria Rilke, Korrespondenzen 7, Stuttgart 1994
U. M. Schneede (Hg.): Paula Modersohn-Becker. Zeichnungen, Pastelle, Bildentwürfe, Hamburg 1977
St. Schröder: Paula Modersohn-Becker. Auf einem ganz eigenen Weg, Roman, Freiburg 1995
M. Steenfatt: Ich, Paula. Die Lebensgeschichte der Paula Modersohn-Becker, Weinheim 2002
B. Uhde-Stahl: Paula Modersohn-Becker. Frau – Künstlerin – Mensch, Stuttgart 1989
H. G. Wachtmann: Paula Modersohn-Becker, Von der Heydt-Museum Wuppertal, Kommentare zur Sammlung, Heft 1 1976
G. Wendt: Clara und Paula. Zwei Freundinnen und zwei Künstlerinnen, Hamburg 2002
G. Werner: Paula Modersohn-Becker. Von Dresden her, hg. von den Staatlichen Kunstsammlungen Dresden, Dresden 2003

Dresden

R. Förster: Damals in Dresden. Porträt einer Stadt um 1900, Frankfurt/M. 1988
U. Fuchs: Der Bildhauer Adolf Donndorf (1835–1916). Sein Leben und sein Werk, Stuttgart 1986
Klaus Günzel: Romantik in Dresden. Gestalten und Begegnungen, Frankfurt/M. 1997
W. Hädecke: Dresden. Eine Geschichte von Glanz, Katastrophe und Aufbruch, München 2006
J. Hawthorne: Saxon Studies, Boston 1876
V. Helas: Architektur in Dresden 1800–1900, Braunschweig 1986
B. Hünlich: Paula Modersohn-Beckers Dresdener Erinnerungen, Dresdener Kunstblätter, 26. Jg., Heft 6, Dresden 1982
ders.: Paula Modersohn-Becker und ihre Geburtstadt, Dresdener Kunstblätter, Dresden 1986
F. Kracke: Das Königliche Dresden. Erinnerungen an Sachsens Landesväter und ihre Residenzstadt, Boppard/Rh. 1972
K. Nitzschke (Hg.): Dresden. Ein Reise-Lesebuch, Frankfurt/M. 1991
K. Nitzschke, L. Koch (Hg.): Dresden. Stadt der Fürsten – Stadt der Künstler, Bergisch Gladbach 1991
Ludwig Richter und sein Kreis, Ausstellung zum 100. Todestag im Albertinum zu Dresden, Königstein 1984
R. u. M. Seydewitz: Das Dresdener Galeriebuch. Vierhundert Jahre Dresdener Gemäldegalerie, Dresden 1957
K.-H. Wiggert: So war unser Dresden, Taucha 1995

Paris:
Kunstszene der Belle Époque

G. Adriani: Toulouse-Lautrec und das Paris um 1900, Köln 1978
M. Arnold: Toulouse-Lautrec, Reinbek 1982
J. M. Brinnin: The Third Rose. Gertrude Stein and Her World, London 1960
S. Buisson, Ch. Parisot: Paris Montmartre. Die Maler und ihre Welt 1860–1920, Paris 1996
C. de Duve: Le Petit Matisse, Belgien 2004
H. Frank: van Gogh, Reinbek 1996
J. Grimm (Hg.): Französische Literaturgeschichte, Stuttgart 1989
R. L. Herbert: Impressionismus. Paris – Gesellschaft und Kunst, Stuttgart 1989
D.-H. Kahnweiler: Meine Maler – Meine Galerien, Köln 1961
E. Klossowski: Die Maler von Montmartre, Berlin 1903
A. Kramer: Gertrude Stein und die deutsche Avantgarde, Eggingen 1993
C. Mauriac: Proust, Reinbek 1993
J. R. Mellow: Charmed Circle. Gertrude Stein & Company, London 1974
F. Olivier: Neun Jahre mit Picasso. Erinnerungen aus den Jahren 1905 bis 1913, Zürich 1957

B. Palmbach: Paris und der Impressionismus. Die Großstadt als Impuls für neue Wahrnehmungsformen und Ausdrucksmöglichkeiten in der Malerei, Weimar 2001

J. Richardson: The Bohemians. La Vie de Bohème in Paris 1830–1914, London 1969

W. Rösler (Hg.): Aristide Bruant. Am Montmartre, Chansons und Monologe. Nachdichtung von H. Kahlau, Berlin 1986

J. Rosteck: Die Sphinx verstummt. Oscar Wilde in Paris, Berlin 2000

St. Sabin: Gertrude Stein, Reinbek 1996

A. Salmon: Montparnasse, mémoires, Paris 2003

D. Souhami: Gertrude und Alice. Gertrude Stein und Alice B. Toklas, München 1994

G. Stein: Autobiographie von Alice B. Toklas, Hamburg 1996

W. Uhde: Die Freundschaften Fortunats, Berlin 1927

A. Vollard: Erinnerungen eines Kunsthändlers, Zürich 1980

W. Wiegand: Picasso, Reinbek 1992

Paris:
Deutsche MalerInnen/KünstlerInnen
zwischen 1890 und 1914

F. Ahlers-Hestermann: Pause vor dem Dritten Akt, Hamburg 1949

M. Anczykowski (Hg.): Bernhard Hoetger. Skulptur – Malerei – Design – Architektur, Bremen 1998

M. Flügge: Paris ist schwer. Deutsche Lebensläufe in Frankreich, Berlin 1992

D. Golücke (Hg.): Bernhard Hoetger. Bildhauer, Maler, Baukünstler, Designer, Worpswede 1984

W. Hausenstein: Albert Weisgerber, München 1918

Th. Heuss: Erinnerungen 1905–1933, Tübingen 1963

Paul Klee: Tagebücher, 1898–1918, bearbeitet von W. Kersten, Stuttgart 1988

Leben und Meinungen des Malers Hans Purrmann, an Hand seiner Erzählungen, Schriften und Briefe zusammengestellt von B. und E. Göpel, Wiesbaden 1961

Pariser Begegnungen 1904–1914. Café du Dôme – Académie Matisse – Lehmbrucks Freundeskreis, Ausstellungskatalog Duisburg 1965

E. Thiemann: Bernhard Hoetger, mit einer biographischen Einführung von B. Küster, Worpswede 1990

W. Uhde: Von Bismarck bis Picasso, Zürich 1938

Paris:
Metropole der Urbanität 1870–1914

H. Ch. Adam (Hg.): Eugène Atget's Paris, Köln 2001

N. G. Albert: Saphisme et décadence dans Paris fin-de-Siècle, Paris 2005

W. Benjamin: Illuminationen, Frankfurt/M. 1961

Y. Bizet: 1900 – Paris au fil des jours dans la carte postale ancienne, Paris 2003

K. Bußmann: Paris und die Ile de France, Köln 1980

C. Condemi: Les Cafès-Concerts, Histoire d'un divertissement (1849–1914), Paris 1992

R.-L. Cottard: Vie et histoire du XIVième arrondissement, Paris 1995

R. Dorgelès: Ich hab' dich sehr geliebt, Vivette ... Geschichten vom Montmartre, Bonn 1948

M. Gaillard: Paris – Les Expositions Universelles de 1855 à 1937, Paris 2003

ders.: Paris à la Belle Époque. Au temps de Proust, Paris 2003

K. H. Götze: Immer Paris. Geschichte und Gegenwart, Berlin 2002

K. Korn: Zola in seiner Zeit, Frankfurt/M. 1984

D. Lejeune: La France de la Belle Époque 1896–1914, Paris 2000

B. Marchand: Paris, histoire d'une ville, XIXième – XXième siècle, Paris 1993

A. Martin-Fugier: La place des bonnes. La domesticité féminine à Paris en 1900, Paris 2004

C. Mignot: Grammaire des Immeubles Parisiens. Six siècles de façades du Moyen Âge à nos jours, Paris 2004

Montmartre en Ballade – Montmartre auf Reisen – Tournée Madame Yvette Guilbert. Sammlung der zum Vortrag kommenden Chansons, Berlin um 1900

L. Pitt: Promenades dans le Paris disparu. Un voyage dans le temps au cœur du Paris historique, Paris 2002

Ch. Prochasson: Paris 1900. Essai d'histoire culturelle, Paris 1999

D. Quesney: Retour à Paris. Identical shots, a hundred years apart, Paris 2005

G. Riat: Paris. Les Villes d'Art célèbres, Paris 1900

K. Stierle: Der Mythos von Paris. Zeichen und Bewusstsein der Stadt, München

Ph. Thiébaut: 1900. Katalog der Ausstellung im Pariser Grand Palais, Ausstellung Paris 2000

P. Varejka: Paris – Brève histoire de la capitale, Paris 2000

A. Weiss: Paris war eine Frau. Die Frauen von der Left Bank, Dortmund 1996

J. Willms: Paris. Hauptstadt Europas 1789–1914, München 1988

E. Zola: Zum Paradies der Damen, Budapest 1908

Bremen

M. Berck: Die goldene Wolke. Eine verklungene Bremer Melodie, Bremen 1954

H. Cyrus: Denn ich will aus mir machen das Feinste. Malerinnen und Schriftstellerinnen im 19. Jahrhundert, Bremen 1987

dies.: Zwischen Tradition und Moderne. Künstlerinnen und die bildende Kunst in Bremen bis Mitte des 20. Jahrhunderts, Bremen 2005

H. Cyrus u. a. (Hg.): Von A bis Z. Bremer Frauen, Bremen 1991

A. Kippenberg: Geschichten aus einer alten Hansestadt, Hamburg 1947

W. Kloos: Die Bremerin, Bremen 1965

H. Krueger (Hg.): Briefe von und an Heinrich Bulthaupt, Leipzig 1912

Th. Neteler: Verleger und Herrenreiter. Das ruhelose Leben des Alfred Walter Heymel, Göttingen 1995

G. Pauli: Erinnerungen aus sieben Jahrzehnten, Tübingen 1936

H. Roselius: Ludwig Roselius und sein kulturelles Werk, Braunschweig 1954

R. A. Schröder: Unmut, Berlin 1898
Th. Spitta: Aus meinem Leben. Bürger und Bürgermeister in Bremen, München 1969
H. Wulf: Geschichte und Gesicht der bremischen Lehrerschaft, 2 Bde., Bremen 1958

Worpswede

H. Bethge: Worpswede, Berlin 1907
G. Boulboullé, M. Zeiss: Worpswede – Kulturgeschichte eines Künstlerdorfes, Köln 1989
A. L. Grams Wehdeking: Worpswede um die Jahrhundertwende. Ein Rückblick, München 1979
U. Hamm: Studien zur Künstlerkolonie Worpswede 1889–1908. Unter besonderer Berücksichtigung von Fritz Mackensen, München 1978
M. Hausmann u. a.: Worpswede. Eine deutsche Künstlerkolonie um 1900, Ottersberg-Fischerhude 1986
C. Hauptmann: Briefe mit Modersohn, Leipzig 1935
G. Hosenfeld-Krummacher: Damals in Worpswede … Jugenderinnerungen, Fischerhude 1987
H.-Ch. Kirsch: Worpswede. Die Geschichte einer deutschen Künstlerkolonie, München 1987
H.-D. Mück (Hg.): Insel des Schönen. Künstlerkolonie Worpswede 1889–1908, Katalogbuch zur Ausstellung, 2 Bde., Apolda 1998
R. M. Rilke: Worpswede – Otto Modersohn. Mit Anhang des Briefwechsels R. M. Rilke und O. Modersohn, Nachwort H. Naumann, Fischerhude 1989
K.-R. Schütze: Heinrich Vogeler, Worpswede – Leben und architektonisches Werk, Berlin 1980
H. Vogeler: Erinnerungen, hg. von E. Weinert, Berlin 1952
G. Wietek (Hg.): Deutsche Künstlerkolonien und Künstlerorte, München 1976

Rainer Maria Rilke und Clara Rilke-Westhoff

L. Albert-Lasard: Wege mit Rilke, Frankfurt/M. 1952
E. Alpers: Clara Rilke-Westhoff und Rainer Maria Rilke, Fischerhude 1987
Lou Andreas-Salomé: Lebensrückblick, neu hg. von E. Pfeiffer, Frankfurt/M. 1974
Die Bildhauerin Clara Rilke-Westhoff 1878–1954, Sigmaringen 1988
B. L. Bradley: Rilkes Buddha-Gedichte von 1905 und 1906, in: Rilke heute. Beziehungen und Wirkungen, hg. von I. H. Solbrig u. J. W. Storck, Frankfurt/M. 1975
H. Engelhardt (Hg.): Materialien zu Rainer Maria Rilke »Die Aufzeichnungen des Malte Laurids Brigge«, Frankfurt/M. 1974
P. H. Feist: Sezession, Ausstellungen, Galerien im Berlin der Jahrhundertwende, in: Blätter der Rilke-Gesellschaft, Bd. 23/2000, Stuttgart 2000
Th. Fiedler: Rainer Maria Rilke – Ellen Key. Briefwechsel. Mit Briefen von und an Clara Maria Rilke-Westhoff, Frankfurt/M. 1993

R. Freedman: Rainer Maria Rilke, 2 Bde., Frankfurt/Main 2001–2002
B. Glauert-Hesse (Hg.): »Paris tut not«. Rainer Maria Rilke – Mathilde Vollmoeller – Briefwechsel, Göttingen 2001
G. Götte, J.-A. Birnie Danzker (Hg.): Rainer Maria Rilke und die bildende Kunst seiner Zeit, München 1996
K. Kippenberg: Rainer Maria Rilke. Ein Beitrag, Frankfurt/M. 1948
W. Leppmann: Rilke. Sein Leben, seine Welt, sein Werk, Bern 1981
Paula Modersohn-Becker – Otto Modersohn – Louise Modersohn-Breling – Ulrich Modersohn – Christian Modersohn, Katalog zur Ausstellung auf Schloss Nordkirchen, 1969
H. Nalewski: Rainer Maria Rilke in seiner Zeit, Leipzig 1985
H. Naumann: Rainer Maria Rilke und Worpswede, Fischerhude 1990
ders.: Neue Malte-Studien, Rheinfelden 1997
R. Pettit: Rainer Maria Rilke in und nach Worpswede, Worpswede 1983
H. W. Petzet: Das Bildnis des Dichters. Rainer Maria Rilke – Paula Becker-Modersohn. Eine Begegnung, Frankfurt/M. 1976
R. M. Rilke: Worpswede, Bielefeld 1903
R. M. Rilke: Auguste Rodin, Leipzig 1921
R. M. Rilke: Briefe an seinen Verleger, 1906 bis 1926, Leipzig 1934
R. M. Rilke – Lou Andreas-Salomé. Briefwechsel, Zürich 1964
R. M. Rilke: Briefe über Cézanne, hg. von Clara Rilke, Wiesbaden 1952
R. M. Rilke: Briefe an Sidonie Nádherný, hg. von B. Blume, Frankfurt/M. 1973
R. M. Rilke: Die Briefe an Karl und Elisabeth von der Heydt 1905–1922, hg. von I. Schnack und R. Scharffenberg, Frankfurt/M. 1986
R. M. Rilke: Die Gedichte, Frankfurt/M. 1986
R. M. Rilke: Briefe in zwei Bänden, hg. Von H. Nalewski, Frankfurt/M. 1991
R. M.Rilke: Tagebuch. Westerwede. Paris, 1902, hg. von Hella Sieber-Rilke, Frankfurt/M. 2000
M. Sauer: Die Bildhauerin Clara Rilke-Westhoff, 1878–1954. Leben und Werk (mit Œuvre-Katalog), Bremen 1986
dies.: Clara Rilke-Westhoff. Die Bildhauerin, 1878–1954, Frankfurt/M. 1996
I. Schnack: Rainer Maria Rilke. Leben und Werk im Bild, Frankfurt/M. 1973

Malerei, Bildende Kunst

J. Ch. Ammann: Louis Moilliet. Das Gesamtwerk, Köln 1972
R. Berger: Malerinnen auf dem Weg ins 20. Jahrhundert. Kunstgeschichte als Sozialgeschichte, Köln 1982
dies.: »Und ich sehe nichts, nichts als die Malerei«. Autobiographische Texte von Künstlerinnen des 18.–20. Jahrhunderts, Frankfurt/M. 1987
dies. (Hg.): Camille Claudel 1864–1943. Skulpturen-Gemälde-Zeichnungen, Berlin 1990
dies., D. Hammer-Tugendhat (Hg.): Der Garten der Lüste. Zur Deutung des Erotischen und Sexuellen bei Künstlern und ihren Interpreten, Köln 1985
Wilhelm von Bode als Zeitgenosse der Kunst. Zum 150. Geburtstag, Berlin 1995

F. Borzello: Wie Frauen sich sehen. Selbstbildnisse aus fünf Jahrhunderten, München 1998

G. Breitling: Die Spuren des Schiffs in den Wellen. Eine autobiographische Suche nach den Frauen in der Kunstgeschichte, Berlin 1980

H.-P. Bühler: Die Schule von Barbizon. Französische Landschaftsmalerei im 19. Jahrhundert, München 1979

M. von Bunsen: Die Welt, in der ich lebte, Leipzig 1929

J. Cassou, E. Langiu, P. Pevsner: Durchbruch zum 20. Jahrhundert. Kunst und Kultur der Jahrhundertwende, München 1962

W. Chadwick: Women, Art, and Society, London 1990

C. Cosnier: Marie Bashkirtseff – Ich will alles sein. Ein Leben zwischen Aristokratie und Atelier, Berlin 1994

J. Coulin: Clara von Rappard. Das Leben einer Malerin, Basel 1920

G. M. Daiber (Hg.): Tagebuch der Maria Bashkirtseff, Frankfurt/M. 1983

A. Dorgerloh: Das Künstlerehepaar Lepsius. Zur Berliner Porträtmalerei um 1900, Berlin 2003

H. Düchting: Franz Marc, Köln 1991

I. Ehrhardt, S. Reynolds (Hg.): SeelenReich. Die Entwicklung des deutschen Symbolismus 1870–1920, München 2000

C. Einstein: Die Kunst des 20. Jahrhunderts, Berlin 1926

A. Ellridge: Gauguin und die Nabis, Frechen 2002

G. Fiege: Caspar David Friedrich in Selbsterzeugnissen und Bilddokumenten, Reinbek 1977

A. von Finck: »Wie ich Puvis de Chavanne und Maria Slavona kennenlernte«, Der Wagen, S. 71–74, Lübeck 1932

T. Garb: Sisters of the Brush. Women's Artistic Culture in Late Nineteenth-Century Paris, London 1994

H. Gärtner, A. Purfürst (Hg.): Berliner Romantik. Orte, Spuren und Begegnungen, Berlin 1992

G. Greer: Das unterdrückte Geschlecht, Berlin 1980

D. Gronau: Max Liebermannn. Eine Biographie, Frankfurt/M. 2001

M. Heitmann, B. Kaufhold: »... mein höchster Stolz ist, dass meine Kunst weiblich sei«, Vally Cohn und ihre geretteten Briefe, Kalonymos, Beiträge zur deutsch-jüdischen Geschichte aus dem Salomon Ludwig Steinheim-Institut, Heft 4, 5. Jg., Duisburg 2002

H. Hesse-Frielingshaus u. a.: Karl Ernst Osthaus. Leben und Werk, Recklinghausen 1971

K. Hille: Fünf Malerinnen der Frühen Moderne, Leipzig 2002

S. Hinz (Hg.): Caspar David Friedrich in Briefen und Bekenntnissen, München 1968

A. Hoberg: Maria Marc. Leben und Werk, 1876–1955, Ausstellungskatalog, München 1995

H. H. Hoffstätter: Symbolismus und die Kunst der Jahrhundertwende, Köln 1965

J. G. von Hohenzollern, P.-K. Schuster (Hg.): Von Manet bis van Gogh. Hugo von Tschudi und der Kampf um die Moderne, München 1997

B. Jürgs (Hg.): Denn da ist nichts mehr, wie es die Natur gewollt. Portraits von Künstlerinnen und Schriftstellerinnen um 1900, Berlin 2001

Käthe, Paula und der ganze Rest. Ein Nachschlagewerk, hg. vom Verein der Berliner Künstlerinnen e. V., Berlin 1992

Käthe Kollwitz: Tagebuchblätter und Briefe, hg. von Hans Kollwitz, Berlin 1949

J. L Koerner: Caspar David Friedrich and the subject of landscape, London 1990

A. Kostenevitch: Bonnard und die Nabis. Aus den Museumssammlungen Russlands, Bournemouth 1996

T. Lampa: Frauen sehen Frauen. Amerikanische Malerinnen des Impressionismus, 1997

August Macke und die frühe Moderne in Europa, Ausstellungskatalog, Ostfildern-Ruit 2001

J. Meier-Graefe: Entwicklungsgeschichte der modernen Kunst, 3 Bde, Stuttgart 1904

L. Nead: The Female Nude. Art, Obscenity und Sexuality, London 1992

U. Perucchi-Petri: Die Nabis und Japan, München 1976

Picasso and Portraiture. Representation and Transformation, ed. W. Rubin, London 1996

Picasso und seine Zeit. Die Sammlung Berggruen, hg. von K. Schuster, A. Schneider, H. J. Papies, R. März, Berlin 1996

R.-M. Paris: Camille Claudel, 1864–1943, Frankfurt/M. 1989

G. Pollock: Mary Cassatt, London 1980

dies. (Hg.): Generations & geographies in the Visual Arts, London 1996

dies.: Vision and Difference. Feminism, femininity and the histories of art, London 2003

H. von Preuschen: Der Roman meines Lebens. Ein Frauenleben um die Jahrhunderte, Berlin 1926

Profession ohne Tradition. 125 Jahre Verein der Berliner Künstlerinnen, Berlin 1992

A. Rittmann: Briefe Ida Gerhardi, 1862–1927. Eine westfälische Malerin zwischen Paris und Berlin, Münster 1993

A. Roeßler: Neu-Dachau. Ludwig Dill, Adolf Hölzel, Arthur Langhammer, Künstlermonographien, hg. von H. Knackfuß, Bielefeld 1905

Ph. O. Runge: Briefe und Schriften, hg. und kommentiert von P. Betthausen, München 1982

M. Sauer: L'Entrée des femmes à l'École des Beaux-Arts 1880–1923, Paris 1990

R. Schleinitz: Richard Muther – ein provokativer Kunstschriftsteller zur Zeit der Münchener Secession, Hildesheim 1993

W. Seipel (Hg.): Bilder aus dem Wüstensand. Mumienportraits aus dem Ägyptischen Museum Kairo, Ausstellungskatalog, Wien 1999

G. Sello: Malerinnen des 20. Jahrhunderts, Hamburg 1994

Maria Slavona 1865–1931, eine deutsche Impressionistin, Ausstellung, Berlin 1981

B. Söntgen (Hg.):Rahmenwechsel. Kunstgeschichte als feministische Kulturwissenschaft, Berlin 1996

B. Stenzel: Harry Graf Kessler – Ein biographischer Beitrag zu Auffassungen von Literatur, Kunst und Politik in Deutschland im Zeitraum von der Jahrhundertwende bis zum ersten Drittel des 20. Jahrhunderts, Diss., Jena 1994

J. Storm: Suzanne Valadon, München 1962

W. Uhde: Fünf Primitive Meister – Rousseau, Vivin, Bombois, Bauchant, Seraphine – Zürich 1947

H. Uhde-Bernays: Die Münchner Malerei im 19. Jahrhundert, 2. Teil: 1850–1900, neu hg. von E. Ruhmer, München 1983

Marianne Werefkin: Die Farbe beisst mich ans Herz, hg. vom Verein August Macke Haus e. V., Bonn 1999

A. Wesenberg (Hg.): Max Liebermann. Jahrhundertwende, Berlin 1997

Ph. Wolff-Arndt: Wir Frauen von einst. Erinnerungen einer Malerin, München 1929

V. Wygodzinski: Briefe und Aufzeichnungen. Als Handschrift für ihre Freunde gedruckt, Leipzig 1910

M. Zillhardt: Louise Breslau und ihre Freunde, Editions des Portiques 1932, ins Deutsche übertragen von E. von Bressendorf, Starnberg 1979

Gesellschaft – Philosophie – Religion – Literatur – Politik

J. Alber: Vom Armenhaus zum Wohlfahrtsstaat. Analysen zur Entwicklung der Sozialversicherung in Westeuropa, Frankfurt/M. 1982

H. Chr. Andersen: Sämtliche Märchen, Düsseldorf 2003

S. Anselm, B. Beck (Hg.): Triumph und Scheitern in der Metropole. Zur Rolle der Weiblichkeit in der Geschichte Berlins, Berlin 1987

C. Balk: Theatergöttinnen. Inszinierte Weiblichkeit: Clara Ziegler – Sarah Bernhardt – Eleonora Duse, Berlin 1994

R. Brandon: Being Divine. A Biography of Sarah Bernhardt, London 1992

A. Basil (Hg.): Ein wilder Garten ist mein Leib. Die Frau um die Jahrhundertwende, Wien 1968

Bildnisse Hugo Erfurth, aus der Sammlung der Folkwangschule Essen, 1961

B. Beuys: Familienleben in Deutschland. Neue Bilder aus der deutschen Vergangenheit, Reinbek 1980, Neudruck München 2006

W. Bölsche: Das Liebesleben in der Natur. Eine Entwicklungsgeschichte der Liebe, 2 Bde., Leipzig 1900/01

G. Brinker-Gabler (Hg.): Bertha von Suttner. Kämpferin für den Frieden – Lebenserinnerungen, Reden und Schriften, Frankfurt/M. 1982

H. Bußmann, R. Hof (Hg.): Genus. Zur Geschlechterdifferenz in den Kulturwissenschaften, Stuttgart 1995

B. von Dewitz: Hugo Erfurth – Menschenbild und Prominentenportrait 1902–1936, Köln 1989

E. Dickmann, M. Friese (Hg.): Arbeiterinnengeschichte im 19. Jahrhundert, Münster 1994

Femme Flaneur. Erkundungen zwischen Boulevard und Sperrbezirk, hg. vom Verein A. Macke-Haus e. V., Beiträge R. E. Täuber, U. Scheub, G. Cepl-Kaufmann, Bonn 2004

M. Fick: Sinnenwelt und Weltseele. Der psychophysische Monismus in der Literatur der Jahrhundertwende, Tübingen 1993

J. M. Fischer: Jahrhundertdämmerung. Ansichten eines anderen Fin de siècle, Wien 2000

D. Frandsen: Helene Lange. Ein Leben für das volle Bürgerrecht der Frau, Freiburg 1980

Französische Dichtung, 3. Bd.: Von Baudelaire bis Valéry, Zweisprachige Ausgabe, hg. Von F. Kemp und H. T. Siepe, München 1991

L. Gall (Hg.): Stadt und Bürgertum im 19. Jahrhundert, München 1990

W. Goldstein: Carl Hauptmann. Ein Lebensbild, Darmstadt 1978

W. Hamacher: Wissenschaft, Literatur und Sinnfindung im 19. Jahrhundert. Studien zu Wilhelm Bölsche, Würzburg 1993

G. Häntzschel (Hg.): Bildung und Kultur bürgerlicher Frauen 1850–1918, Tübingen 1986

G. Hauptmann: Die Versunkene Glocke: ein deutsches Märchendrama, Berlin 1897

A. Hauser: Sozialgeschichte der Kunst und Literatur, München 1975

D. Heisserer: Wo die Geister wandern. Eine Topographie der Schwabinger Bohème um 1900, München 1993

F. Hölderlin: Werke, Briefe, Dokumente, München 1969

R. Huch: Die Romantik. Blütezeit, Ausbreitung, Verfall, Hamburg 1985

Der Internationale Kongress für Frauenwerke und Frauenbestrebungen in Berlin, 19.–26. September 1896. Eine Sammlung der auf dem Kongress gehaltenen Vorträgen und Ansprachen, Berlin 1897

J. P. Jacobsen: Frau Marie Grubbe. Interieurs aus dem 17. Jahrhundert, Rostock 1990 (Originalausgabe 1876)

ders.: Niels Lyhne, 1880

J. Jofen: Das letzte Geheimnis. Eine psychologische Studie über die Brüder Gerhart und Carl Hauptmann, Bern 1972

C. G. Jung, K. Kerényi: Einführung in das Wesen der Mythologie. Der Mythos vom göttlichen Kind und eleusinische Mysterien, Amsterdam 1941

R. Kauffeldt, G. Cepl-Kaufmann: Berlin-Friedrichshagen. Literaturhauptstadt um die Jahrhundertwende. Der Friedrichshagener Dichterkreis, 1994

G. Keller: Der grüne Heinrich. Zweite Fassung, hg. von P. Willwock, Frankfurt/M. 1996

E. Key: Essays, Berlin 1899

J. Kocka (Hg.): Bürgertum im 19. Jahrhundert, Bd. 1: Einheit und Vielfalt, Göttingen 1995

König der Romantik. Das Leben des Dichters Ludwig Tieck in Briefen, Selbstzeugnissen und Berichten. Vorgestellt von K. Günzel, Berlin 1981

Ch. Krauß: ... und ohnehin die schönen Blumen. Essays zur frühen christlichen Blumensymbolik, Tübingen 1994

H. Kreuzer: Die Bohème. Beiträge zu ihrer Beschreibung, Stuttgart 1968

A. Lange: Das Wilhelminische Berlin. Zwischen Jahrhundertwende und Novemberrevolution, Berlin 1984

J. Langbehn: Rembrandt als Erzieher – von einem Deutschen, Leipzig 1890; Neuausgabe Leipzig 1922

R. Leander: Träumereien an französischen Kaminen. Mit Bildern von Olga von Fialka, Leipzig 1878, Faksimileausgabe Wiesbaden 1976

F. Lenger: Werner Sombart 1863–1941. Eine Biographie, München 1994

M. Lurker: Die Botschaft der Symbole. In Mythen, Kulturen und Religionen, München 1990

M. Maeterlinck: Weisheit und Schicksal, Jena 1918 (zuerst auf Deutsch 1899)
ders.: Gedichte, Jena 1906
N. von Milde: Frauenfrage und Männerbedenken. Ein Beitrag zur Verständigung, Berlin 1890
dies.: Goethe, Schiller und die Frauenfrage, Weimar 1896
W. J. Mommsen: Bürgerstolz und Weltmachtstreben, 1890–1918, Berlin 1995
Th. Nipperdey: Deutsche Geschichte 1800–1918, 3 Bde., München 1998
F. Nietzsche: Also sprach Zarathustra, Stuttgart 1964
Novalis: Heinrich von Ofterdingen, hg. von W. Frühwald, Stuttgart 1987
R. Otto, W. Rösler: Kabarettgeschichte. Abriß des deutschsprachigen Kabaretts, Berlin 1977
F. Prinz, M. Krauss (Hg.): München – Musenstadt mit Hinterhöfen. Die Prinzregentenzeit 1886 bis 1912, München 1988
M. Proust: Auf der Suche nach der verlorenen Zeit, 13 Bde., Frankfurt/M. 1964
A. Rich: On Lies, Secrets, and Silence. Selected Prose 1966–1978, New York 1979
G. A. Ritter, J. Kocka (Hg.): Deutsche Sozialgeschichte, Bd. 2: 1870–1914, München 1974
I. Rogoff (Hg.): The divided heritage. Themes and problems in German Modernism, Cambridge 1990
R. Safranski: Nietzsche. Biographie seines Denkens, München 2000
E. Shorter: Der weibliche Körper als Schicksal. Zur Sozialgeschichte der Frau, München 1982
ders.: Moderne Leiden. Zur Geschichte der psychosomatischen Krankheiten, Reinbek 1992
W. Sombart: Der Bourgeois. Zur Geistesgeschichte des modernen Wirtschaftsmenschen, München 1913
U. Spörl: Gottlose Mystik in der deutschen Literatur um die Jahrhundertwende, Paderborn 1997
Th. Steinfeld, H. Suhr (Hg.): In der großen Stadt. Die Metropole als kulturtheoretische Kategorie, Frankfurt/M. 1990
H. Stohn: Lehrbuch der deutschen Literatur für höhere Mädchenschulen und Lehrerinnen-Bildungsanstalten, 3. verbesserte Auflage, Leipzig 1883
M. Stürmer: Das ruhelose Reich. Deutschland 1866–1918, Berlin 1983
S. R. Suleiman (Hg.): The Female Body in Western Culture, London 1986
L. Tieck: Der Runenberg. Märchen und Novellen, Rudolstadt 1963
A. Ular: Die Bahn und der Rechte Weg des Lao-Tse, der chinesischen Urschrift nachgedacht, Frankfurt/M 1976 (Original 1903)
W. Walz: Die Geschichte der Bahn: Erlebnis Eisenbahn, Stuttgart 1983
H.-U. Wehler: Das deutsche Kaiserreich 1871–1918, 4. ergänzte Aufl. Stuttgart 1980
ders.: Deutsche Gesellschaftsgeschichte, Bd. 3, München 1994
P. Wilhelmy-Dollinger: Die Berliner Salons. Mit historisch-literarischen Spaziergängen, Berlin 2000
H. A. Winkler: Der lange Weg nach Westen. Bd. 1: Deutsche Geschichte vom Ende des Alten Reiches bis zum Untergang der Weimarer Republik, München 2000
J. Zinnecker: Sozialgeschichte der Mädchenbildung, Weinheim 1973
Zug der Zeit – Zeit der Züge. Deutsche Eisenbahn 1835–1985, 2. Bde., Berlin 1985

Berichterstattung zum Attentat auf den König von Preußen durch Oskar Becker im Juli 1861

Kölnische Zeitung 15.–19. Juli, 15. August, 23.–25. September 1861
Königlich Privilegirte Berlinische Zeitung von Staats- und Gelehrten Sachen, Verlag Vossische Erben: 17. September, 25. und 27.September 1861

Register

Ackermann, Otto 299
Andersen, Hans Christian 18, 20, 312
Angelus Silesius 313
Anguissola, Sonfonisba 79 f., 82
Arons, Bartholomäus 94 f.
August der Starke 13, 21 ff.
Bach, Johann Sebastian 22
Bardeleben, Karl von 44
Bashkirtseff, Marie 118 ff., 123, 197, 242
Bauck, Jeanne 93, 99, 102 ff., 133 f., 213 f., 312
Baudelaire, Charles 298
Beauvoir, Simone de 141
Becker, Adam von 11, 14, 15 f., 29 f., 68
Becker, Arthur 25, 43, 98, 120, 153
Becker, Carl Woldemar (Vater) 9, 11 ff., 21 ff., 30 ff., 40 f., 43, 46, 51 ff., 57, 60 ff., 67 ff., 71 ff., 90 f., 93 f., 96 ff., 102, 111, 118, 124, 132, 135, 137, 140 ff., 146, 148, 153 f., 158, 184 ff., 202, 238, 241, 254, 257
Becker, Grete (Margarethe) 25, 120, 153
Becker, Günther (Bruder) 9, 14, 16, 26, 36, 58, 67, 227, 253, 267, 276, 278, 310, 325
Becker, Hans (Bruder) 14, 16
Becker, Henner (Henry; Bruder) 16., 21, 26, 37, 40, 67, 111, 199 f., 227 f., 284
Becker, Herma (Schwester) 16 f., 21, 26, 37, 40, 67, 111, 160 f., 187, 196, 223, 226 ff., 230 ff., 237 ff., 241, 244 f., 248 f., 252 f., 256, 261 f., 264, 267, 269, 272, 276, 278 f., 284, 290, 302, 305, 311, 317, 319
Becker(-Glauch), Kurt (Bruder) 9 f., 12 ff., 19 ff., 26, 36 f., 39 f., 43 f., 57 f., 63, 66 f., 76, 112, 129, 147, 227, 230, 238, 253, 260, 267, 276, 278, 283, 302, 310 f., 316, 318 ff.
Becker, Mathilde geb. von Bültzingslöwen (Mutter) 9 f., 13 ff., 20 f., 25 ff., 34, 36 ff., 48, 54 f., 60, 62, 67 ff., 72 f., 76, 78 f., 90, 93, 95, 97, 111, 116, 122, 124, 135, 141, 156, 182, 195, 198–202, 204, 222, 224, 227, 235, 237, 240, 245, 249, 252, 254–257, 260 f., 264, 266 f., 272, 276 ff., 280, 282 ff., 286, 296, 302, 304 f., 315 ff.
Becker, Milly (Bianca Emilie; Schwester) 9 f., 13 f., 16 f., 20, 22, 24, 26, 34, 39, 42 f., 47, 53 f., 58, 67, 97, 123, 136, 144, 149, 161, 164 f., 175 f., 190, 201, 222 f., 226, 229 f., 241, 252 f., 265, 267, 271, 276 ff., 281, 283 f., 286, 288, 303 f., 308, 310, 316, 319 f.
Becker, Oskar 11, 27 ff., 121, 257
Becker, Wilhelmine (Tante Minchen) 14 ff., 47
Beckmann, Max 156
Beethoven, Ludwig van 62, 164
Berger, John 132
Berger, Renate 257, 325
Bernewitz, Carl 134
Bernstein, Carl 61
Bismarck, Otto von 18, 26, 31
Bock, Marie 135, 151
Bölsche, Wilhelm 313
Bojer, Ellen 240, 268
Bojer, Johan 240, 268

Böttcher, Adelheid 128
Bonnard, Pierre 242 f.
Brünjes, Hermann 152, 160, 190, 196, 199, 204, 229, 247, 284
Bültzingslöwen, Cora (Cornelia) von geb. Hill 10 f., 15, 43, 46, 58, 76 f., 93 ff., 101, 110, 134, 246, 253, 257, 296, 317 ff.
Bültzingslöwen, Freddy (Fritz) von 9 f., 76
Bültzingslöwen, Günther von 10, 13, 15, 34
Bültzingslöwen, Wulf von 10 f., 43, 46, 77, 93 f., 101, 110, 125, 253, 256 f., 318
Büttner, Hermann 313
Busch, Günter 292, 325
Carriera, Rosalba 80 f.
Casorti, Auguste 42 f.
Cézanne, Paul 5, 131, 140, 177, 244 f., 282 ff. 286, 300, 303 f.
Chevalier, Maurice 145
Colarossi, Philippo 138, 145, 145, 212, 242, 298
Cora siehe Bültzingslöwen, Cora (Cornelia) von
Cora siehe Parizot, Cora
Cordelia und König Lear 183
Corinth, Lovis 156
Cottet, Charles 149
Cranach, Lucas der Ältere 22, 80, 101, 130
Dante Alighieri 26
Degas, Edgar 131, 212
Delbrück, Elise von 84
Delbrück, Rudolf von 84
Demeter 311
Denis, Maurice 242 ff.
Dürer, Albrecht 22, 59 f., 101, 126, 226, 290
Duncan, Isadora 231 f.
Ende, Hans am 63 f., 155, 203, 216
Finck, Adele von 107, 135, 298 f.
Fijol, Meta 129 f., 132
Fitger, Arthur 64, 135 f., 282, 293
Flaubert, Gustave 113

Fontane, Theodor 62
Franzius, Ludwig 57
Friedrich, Caspar David 312
Friedrich August I., Kurfürst siehe August der Starke
Gauguin, Paul 5, 245, 284, 289, 296, 315
Gerhardi, Ida 298 ff.
Goethe, Johann Wolfgang 17, 22, 26, 39, 51, 105, 113
Götte, Gisela 325
Gogh, Vincent van 5, 255
Gonzales, Eva 303
Gottheiner, Marie 43, 95
Graf, Theodor 307
Grimm, Herman 59
Gurlitt, Fritz 61, 100 f.
Hades 311
Haken, Lee (Helene) 269, 271, 276, 277, 279, 305, 307
Hamsun, Knut 153
Hauptmann, Carl 154, 162, 164 f., 175, 179, 186, 188, 190, 194, 196, 201, 205 f., 213, 221 f., 228, 231, 233, 246 f., 252, 256 f., 265 ff., 270, 273 ff., 278, 285, 312 f.
Hauptmann, Gerhart 62, 94, 110, 112, 118, 154, 186
Hauptmann, Martha 186, 188, 196, 216, 220 ff., 225, 228, 233, 246, 252, 256, 265, 284 f.
Haussmann, George Eugène 143
Hayashi, Sammlung 217
Herder, Johann Gottfried 25
Herz, Henriette 84
Heydt, Karl von der 255
Hill, Marie geb. Becker 14 f., 25, 32, 40 f., 43, 46 ff., 52, 55 f., 66, 78, 120, 126, 128, 156, 174, 180 f., 199, 203, 208 f., 221, 229, 231 f., 234, 247
Hill, Charles 15, 46 ff., 52, 55 f.
Hitz, Dora 88 f., 300
Hölderlin, Friedrich 112
Hoetger, Bernhard 269, 271, 276–279, 283, 296, 305 f., 313
Holbein, Hans 22, 73, 101

Hugo, Victor 216
Ibsen, Henrik 62, 112, 161
Jacobsen, Jens Peter 113
Jakob 261
Janson, Ida 44 f.
Jawlensky, Alexej 284
Jean Paul 312
Jesuskind 290 f., 295
Kandinsky, Wassily 284
Katali, Dolores 296
Kauffmann, Angelika 81
Keller, Gottfried 20
Kippenberg, August 46
Kippenberg, Johanne 46
Key, Ellen 268
Kollwitz, Käthe 155, 159, 299 f.
Kore 311
Lammers, Mathilde 45 f.
Leander, Richard von 17
Leonardo da Vinci 101, 113
Lepsius, Sabine 109, 300
Lessing, Gotthold Ephraim 112
Leyster, Judith 80, 82
Liebermann, Max 61, 100, 149, 299
Löhe, Wilhelm 35
Lübke, Wilhelm 82
Luther, Martin 46, 133
Macke, August 230
Mackensen, Fritz 63 ff., 98, 111, 115, 126 f. 129, 149, 155, 203, 216, 244, 247
Maeterlinck, Maurice 120, 166, 244, 313
Maillol, Aristide 268
Manet, Edouard 61, 100, 212
Marcolini, Camillo 13
Maria 290 f., 295
Matisse, Henri 5, 283, 289
Mechthild von Magdeburg 112
Meister Eckhart 313
Menzel, Adolph 61, 101
Meunier, Constantin 100
Michelangelo Buonarroti 59, 93
Milde, Natalie von 105
Millet, Jean François 149
Minchen siehe Becker, Wilhelmine

Modersohn, Elsbeth 124, 180, 185 ff., 196, 198 ff., 204, 219, 222 ff., 228, 247, 262, 273, 284, 286, 296, 325
Modersohn, Helene geb. Schröder 124, 144, 150 f., 154 f., 158, 195, 325
Modersohn, Tille (Mathilde) 314 f., 317 ff.
Modersohn, Otto 18, 63 ff., 123 f., 136, 144, 148 ff., 154 ff., 160 ff., 164 f., 169, 171 f., 174 ff., 190 ff., 194 ff., 199 ff., 211 ff., 221 ff., 236 ff., 245, 247 ff., 251 ff., 255 f., 258 ff., 262 ff., 269 ff., 280 ff., 288, 294, 300 ff., 305, 307, 309 f., 314 f., 317 ff.
Moilliet, Louis 230
Monet, Claude 61
Moretto, Alessandro 101
Morisot, Berthe 303
Mozart, Wolfgang Amadeus 136
Munch, Edvard 100, 299
Muther, Richard 60, 62
Nathusius, Philipp von 44
Nietzsche, Friedrich 62, 113 ff., 120 ff., 127, 132, 157 f., 207, 312
Nipperdey, Thomas 30
Novalis 312
Otto, Luise 36
Overbeck, Fritz 63 f., 151, 155, 203, 216, 247, 275, 278
Palma Vecchio 80
Parizot, Cora 9 f., 16, 20, 43, 134, 154, 171, 178, 227, 307, 311
Parizot, Emilie 10, 16
Parizot, Günther 10
Parizot, Herma geb. von Bültzingslöwen 10, 13, 15, 44, 58, 134, 176,
Parizot, Maidli (Mathilde) 9 f., 134 ff., 171, 176, 178, 187 f., 276, 296
Parlaghy, Vilma 86 f.
Pauli, Gustav 135, 282 f.
Persephone 311
Piaf, Edith 145
Picasso, Pablo 5, 131, 288 ff., 299 f., 307
Pietsch, Ludwig 85 f.
Pissarro, Camille 61, 299

Preuschen, Hermione von 86f., 89f., 104, 108
Puvis de Chavannes, Pierre 100, 149
Rabe, Ella 70, 76
Rabe, Paula geb. von Bültzingslöwen 69
Raffael 22
Rappard, Clara von 87f.
Rassow, Christiane 254
Redon, Odilon 100
Reinken, Liselotte von 325
Rembrandt Harmensz van Rijn 22, 59, 73, 130, 177, 213
Renoir, Auguste 100, 130, 289
Reyländer, Ottilie 67, 126
Rilke, Rainer Maria 20, 32, 139, 141, 155, 162, 163–173, 174, 176, 179f., 184ff., 189, 190ff., 203, 206f., 214ff., 232, 240, 248ff., 255ff., 259f., 265, 268, 270ff., 275, 279ff., 284ff., 290, 293, 299, 301ff., 313, 315, 319
Rilke-Westhoff, Clara *siehe* Westhoff, Clara
Rilke, Ruth 191, 206, 215f., 249f., 255, 259, 275, 301, 315, 319
Rimbaud, Arthur 298
Rodin, Auguste 136, 206, 248, 268, 283, 315
Röver-Kann, Anne 325
Rohland-Becker, Milly *siehe* Becker, Milly
Rosenhagen, Hans 88, 90
Rossetti, Dante Gabriel 297
Rousseau, Henri 296
Rubens, Peter Paul 22, 101, 130
Runge, Philipp Otto 311f.
Sand, George 226
Sartre, Jean-Paul 141
Schaefer, Edmund 76
Scheffler, Karl 293, 304
Schiller, Friedrich 35, 51, 56
Schröder, Anna (Dreebeen) 125, 131, 308f.
Schröder, Martha *siehe* Vogeler, Martha
Schröder, Rudolf Alexander 319

Schubert, Franz 164
Schulte, Eduard, Kunsthändler 100
Sérusier, Paul 100, 243
Shakespeare, William 17, 39, 56, 183
Shaw, George Bernard 268
Shaw, Charlotte 268
Siemens, Ellen von 84
Siemens, Werner von 83f.
Simmel, Georg 89f.
Simon, Lucien 149
Slavona, Maria 298f.
Sombart, Nicolaus 274
Sombart, Werner 252f., 274f., 306f.
Spitta, Theodor 39, 42
Spitzemberg, Hildegard, Baronin 94
Stein, Gertrude 288f., 299f.
Stein, Leo 288f., 299f.
Stein, Lorenz von 35
Stein, Michael 289
Stein, Sarah 289
Stifter, Adalbert 112
Therbusch, Anna Dorothea 81f.
Tieck, Ludwig 312
Tizian 101
Toklas, Alice B. 289
Toulouse-Lautrec, Henri de 100, 131, 144
Uhde, Wilhelm 288f., 299
Valadon, Suzanne 131
Vallotton, Felix 100, 243
Venus 80, 130, 296f.
Vogeler, Heinrich 63f., 116, 152, 155, 161, 163ff., 174f., 185, 188, 194, 202, 230ff., 241, 247, 273, 280, 316, 319f.
Vogeler, Martha 165, 174f., 185, 188, 206, 220, 230ff., 241, 271, 273, 280
Voigt, Robert 262f.
Volkmann-Leander, Richard von 17
Vollard, Ambroise 139f., 245, 303f.
Vuillard, Jean-Edouard 242f.
Wagner, Richard 312
Weber, Carl Maria von 21f.
Weber, Marianne 159, 187
Weber, Max 159
Werner, Anton von 101
Werner, Wolfgang 325

Westhoff, Clara 75, 107, 115 ff., 123, 126 f., 136, 139 ff., 145, 153, 161 f., 164, 168 f., 173 ff., 179 f., 184 ff., 189, 190 ff., 201, 206 f., 214 ff., 232, 247 ff., 255, 257 ff., 261, 265, 268, 275, 281 f., 284 ff., 290, 293, 296, 301, 303 f., 315, 318 f.

Wiegandt, Bernhard 57
Wilhelm I., König von Preußen, Kaiser 27 ff., 31, 87
Wilhelm II., Kaiser 86
Wolfthorne, Julie 300
Zetkin, Clara 293

Inhalt

Eine Kindheit in Dresden
1876 bis 1888 — 9

Onkel Oskar:
Ein Schatten zieht mit — 27

Jugend in Bremen
April 1888 bis April 1892 — 34

Bei der Tante in England: Schwierig und wegweisend
April bis Dezember 1892 — 47

Wieder in Bremen: Examen zur Lehrerin
Januar 1893 bis März 1896 — 56

In Berlin: Ich lebe jetzt ganz mit den Augen
April bis Mai 1896 — 71

Selbstbewusste Frauen in der Kunstgeschichte
Der »Verein der Berliner Künstlerinnen und Kunstfreundinnen« — 78

Leidenschaft für die Farben, Distanz zum Elternhaus
Berlin Oktober 1896 bis Mai 1898 — 91

Jeanne Bauck, die Emanzipation
und Paula Becker mittendrin — 103

Im Zeichen von »Zarathustra«
Worpswede September 1898 bis Dezember 1899 — 111

Bruch mit der Tradition:
Akt ist nicht gleich nackt — 125

Selbstbewusste junge Frau am offenen Fenster
Paris Januar bis Juni 1900 — 137

Heimliche Verlobung
Worpswede im September 1900 (I) — 152

Liebe Freundin – lieber Freund Worpswede im September 1900 (II)	163
Von einer Familie in die andere Worpswede Frühjahr 1901	174
Farbiger Tafelteil	nach 176
Viele Abschiede und ein Neubeginn Worpswede Herbst 1901 und Frühjahr 1902	190
Das Unaussprechliche: Durch die Blume gesagt Immer noch Worpswede 1902 bis Februar 1903	199
Fünf Wochen Arbeitseifer und Lebenslust Paris Februar bis März 1903	211
Das stille Glück reicht nicht Worpswede März 1903 bis Februar 1905	221
Ein zweiter Liebesfrühling: Ersehnt, doch misslungen Paris 14. Februar bis 7. April 1905	236
Heimliche Vorbereitungen für ein neues Leben Worpswede April 1905 bis Februar 1906	247
Fort aus der Ehe: Meine Liebe ist ja doch kaputt Paris Februar bis September 1906	262
Zurück zur Familie: Um einige Illusionen ärmer Paris Oktober 1906 bis März 1907	280
Tabubruch: Nackte Mutter mit Kind Immer noch Paris bis März 1907	288
Das Malen geht weiter: Eine nüchterne Schwangerschaft Worpswede April bis Oktober 1907	302
Leben und Tod Worpswede November 1907	315
Verzeichnis der Abbildungen	325
Literaturhinweise	329
Register	343